T0299114

بسم الله الرحمن الرحيم

الوسيـــــط
في عقد البيع
Contract of Sale
دراسة معمقة ومقارنة بالفقه الغربي والإسلامي
الجزء الأول
انعقاد العقد

الوسيــط
في عقد البيع

Contract of Sale

دراسة معمقة ومقارنة بالفقه الغربي والإسلامي

الجزء الأول

انعقاد العقد

تأليف الدكتور

طارق كاظم عجيل

رئيس قسم القانون الخاص

الطبعة الأولى

1431هـ-2010م

المملكة الأردنية الهاشمية
رقم الإيداع لدى دائرة المكتبة الوطنية
(2009 / 6 / 2463)

346.043
عجيل، طارق
الوسيط في عقد البيع/ دراسة مقارنة / طارق كاظم عجيل .
_ عمان : دار الحامد ، 2009 .
( ) ص .
ر. أ. : (2009 / 6 / 2463) .
الواصفات : /العقود// البيع/

❖ أعدت دائرة المكتبة الوطنية بيانات الفهرسة والتصنيف الأولية .
❖ يتحمل المؤلف كامل المسؤولية القانونية عن محتوى مصنفه ولا يعبّر هذا المصنف عن رأي دائرة المكتبة الوطنية أو أي جهة حكومية أخرى.

* (ردمك) ISBN 978-9957-32-454-4

دار الحامد للنشر والتوزيع

شفا بدران - شارع العرب مقابل جامعة العلوم التطبيقية
هاتف: 5231081 -00962 فاكس : 5235594 -00962
ص.ب . (366) الرمز البريدي : (11941) عمان - الأردن

Site : www.daralhamed.net
E-mail : info@daralhamed.net
E-mail : daralhamed@yahoo.com
E-mail : dar_alhamed@hotmail.com

المحتويات

الموضـــوع	الصفحة

الفصل الثاني
المحل

مقدمة

1- مدلول اصطلاح العقود المسماة:

يقصد بالعقود المسماة Contrat nommes تلك العقود التي وضع لها المشرع اسما ونظم إحكامها بنصوص خاصة إلى جانب النصوص التي وضعها لتحكم العقد بوجه عام.

إما العقود غير المسماة فهي التي لم يضع لها المشرع اسما خاصا ولم ينظم إحكامها بقواعد خاصة Contrat junommes.

إن مدلول مصطلح العقود المسماة في القانون الحديث يختلف عنه في القانون الروماني. ذلك إن العقود غير المسماة كان يقصد بها في القانون الروماني تلك العقود التي لا تنعقد و لا ترتب أثارها إلا إذا قام أحد طرفيه بتنفيذ ما اتفق عليه. فهي عقود لا تحميها دعوى، وقد ظهرت كاستثناء من مبدأ الشكلية في العقود حيث كانت القاعدة في القانون الروماني إن مجرد توافق الإرادتين لا ينتج أي التزام إلا إذا افرغ في أحد الإشكال المقررة[1].

2- معيار التميز بين العقود المسماة وغير المسماة:

يقوم تقسيم العقود إلى مسماة وغير مسماة على أساس ما إذا كان هناك تنظيم خاص للعقد، فيكون عقد مسمى، أو لم يتوفر هذا التنظيم التشريعي فيكون العقد غير مسمى[2].

---

[1] د.سعدون العامري، الوجيز في العقود المسماة، ج1، البيع والإيجار، ط2، بغداد، 1971، ص1-2، د.خميس خضر العقود المدنية الكبيرة، البيع والتامين والإيجار، ط2، 1979،ص9.

[2] د. إسماعيل غانم ، في النظرية العامة للالتزام، ج1، مصادر الالتزام، مصر، 1966، ص53، د. عبد الحي حجازي، موجز النظرية العامة للالتزام ، ج1، مصادر الالتزام، المطبعة العالمية، القاهرة، 1955، ص163.

ومع ذلك يذهب بعض الفقه إلى إن العقود المسماة إنما هي العقود التي يشيع استعمالها في الحياة العملية لما لها من أهمية خاصة، ومن ثم يضع المشرع لها تنظيما خاصا تحت أسماء معينة[1].

ولكن الأخذ بهذا الرأي على إطلاقه يؤدي بنا إلى مخالفة صريحة لإحكام القانون، إذ الحقيقة إن شيوع عقد من العقود أو انتشاره لا يكفي وحده لاعتباره من العقود المسماة، بل إن المعيار في التمييز بين العقود المسماة وغير المسماة هو تنظيم القانون لتلك العقود تنظيما مباشرا وهذا ما نص عليه المشرع الفرنسي صراحة في المادة (1107 مدني فرنسي).

فإذا تولى المشرع تنظيم عقد من العقود وأعطى له اسما معينا صار عقد مسمى بغض النظر عن مدى شيوعه وانتشاره، وخير دليل على ما نقول عقد الإيراد المرتب مدى الحياة، فهو في ظل القانون المدني العراقي يعد من قبيل العقود المسماة بلا ادني شك، لان المشرع عالجه بنصوص خاصة رغم عدم انتشاره وشيوع استعماله في الوقت الحاضر، في مقابل عقود تعد من قبيل العقود غير المسماة لعدم معالجة المشرع لها بنصوص خاصة رغم انتشارها وشيوعها كعقد النشر وعقد الإعلان وعقد الفندقة وعقد الحراسة في العراق وغيرها من العقود غير المسماة.

3- تفسير العقد وتكييفه:

لكي يستطيع قاضي الموضوع إن يتعرف على طبيعة العقد يحتاج أولا إلى تفسير هذا العقد لتفهم مدلول العبارات التي عبر بها الطرفان عن قصديهما.

فإذا ما تم للقاضي تفسير العقد باستخلاص الإرادة المشتركة للمتعاقدين، فانه يتعين لتحديد القواعد القانونية التي تنطبق على هذا العقد إن تحدد طبيعته القانونية، أي الفئة التي ينتمي إليها، هل هو بيع أو إيجار أو مقاولة.... الخ.
وهذا هو التكييف[2].

---

[1] د. توفيق حسن فرج، عقد البيع والمقايضة، 1979، ص6-7.

[2] د. إسماعيل غانم، المصدر السابق، ج1، ص304.

التفسير:

أريد إن أبين بادئ ذي بدء إن مشكلة التفسير لا تكاد تظهر في ظل القوانين الشكلية كالقانون الروماني، ذلك إن المتعاقدين كانوا مضطرين في ظل هذه القوانين إن يلتزموا بمراعاة إشكال معينة، ومتى روعيت هذه الإشكال نشا الالتزام صحيحا معلوم الحدود لا يختلف باختلاف المتعاقدين.

إما في النظم القانونية الحديثة حيث تجردت الإرادة من الأوضاع الشكلية المعقدة و أطلقت لها الحرية في صياغة العقود وإبرامها دون التقيد بإشكال أو قوالب ثابتة معدة سلفا، الأمر الذي ترتب عليه اختلاف صيغ العقود ونصوصها باختلاف الأشخاص وتفاوت مصالحهم وطرائق تعبيرهم ومراعاتهم للدقة في هذا التعبير ومقدار عنايتهم بأمورهم ومن هنا ظهرت فكرة التفسير وتطورت[1].

إن مشكلة تفسير العقد تأتي بعد البحث في انعقاد العقد وصحته. إذ لا جدوى تذكر من تفسير العقد إلا إذا كان صحيحا، حتى يكون قابلا للتنفيذ. والقاعدة العامة في التفسير تقضي بان العقد إذا كانت عبارته واضحة فلا يجوز الانحراف عنها من طريق تفسيرها للتعرف على إرادة المتعاقدين.

ولكن يجب إن لا يفهم من ذلك إن العبارة إذا كانت واضحة فلا يجوز تفسيرها. بل إن قاضي الموضوع قد يجد نفسه مضطرا إلى تفسير العبارات الواضحة، مهما بلغ وضوحها، وسلس معناها، وارتفع عنها اللبس والإبهام، ذلك إن وضوح العبارة غير وضوح الإرادة. فقد تكون عبارات العقد واضحة. ولكن الظروف تدل على إن المتعاقدين أساءا استعمال هذا التعبير الواضح، فقصدا معنى وعبرا عنه بلفظ لا يستقيم له هذا المعنى بل هو واضح في معنى أخر[2]. ففي هذه الحالة لا يأخذ القاضي

---

[1] د. حلمي بهجت بدوي، أصول الالتزامات، ك1، نظرية العقد، القاهرة، 1943، ص276-277وقارن د. عبد الحي حجازي، مصدر سابق، ص175.

[2] انظر في ذلك قرار محكمة التمييز رقم 1013/ حقوقية / 1968 بتاريخ 1968/10/3 والذي جاء فيه (الأصل في تفسير عبارات العقد إن يؤخذ بالمعنى الحقيقي ولا يجوز الانحراف عنه إلى غيره من المعاني إلا إذا تأيد من ظروف الدعوى ما يدل على إن المتعاقدين أساءا استعمال هذا التعبير وقصدا معنى أخر فيجب حينئذ البحث عن النية المشتركة للمتعاقدين)، قضاء محكمة التمييز، مج5، ص249.

بالمعنى الواضح للفظ، ويجب عليه إن يعدل عنه إلى المعنى الذي قصد إليه المتعاقدين. وهو في انحرافه عن المعنى الواضح للفظ ملزم إن يبين أسباب هذا الانحراف لخضوع سلطته في ذلك لرقابة محكمة التميز (النقض) حيث تقول محكمة النقض المصرية في هذا المعنى (لمحكمة الموضوع السلطة التامة في تفسير صيغ العقود والشروط والقيود المختلف عليها بما تراه هي أوفى بمقصود المتعاقدين، ومستعينة في ذلك بجميع ظروف الدعوى و ملابساتها ولها بهذه السلطة إن تعدل عن المدلول الظاهر إلى خلافه، بشرط إن تبين في حكمها لم عدلت عن هذا الظاهر إلى خلافه، وكيف أفادت تلك الصيغ هذا المعنى الذي أقنعت به ورجحت انه هو مقصود العاقدين، بحيث يتضح من هذا البيان أنها قد أخذت في تفسيرها باعتبارات مقبولة يصح عقلا استخلاص ما استخلصه منها. فان قصر حكمها في ذلك كان باطلا لعدم اشتماله على الأسباب الكافية التي يجب قانونا إن يبنى عليها)[1].

كما قضت محكمة التميز عندنا بأنه (لمحكمة الموضوع السلطة التامة في تفسير العقود والشروط المختلف عليها بما تراه أوفى بمقصود المتعاقدين مستعينة في ذلك بظروف الدعوى وملابساتها بشرط إن تبين في حكمها كيف أفادت تلك الشروط المعنى الذي اقتنعت به ورجحت انه مقصود العاقدين بحيث يتضح من هذا البيان أنها قد أخذت في تفسيره باعتبارات معقولة يصح عقلا استخلاص ما استخلصته منها وما دامت عبارة العقد تحتمل المعنى الذي أخذت به)[2].

كل هذا إذا كانت عبارات العقد واضحة، إما إذا كانت عبارات العقد غامضة أو متناقضة في الدلالة على المعنى المقصود منها فمن البديهي إن يلجئ القاضي إلى تفسير العقد حتى يزيل هذا الغموض إذ لا يمكن افتراض إن الطرفين قد قصدا الغموض و التناقض، بل يجب جلاء هذا الغموض وقطع ذاك التناقض على اعتبار إن إرادة الطرفين الحقيقية إنما هي إرادة محددة واضحة[3].

---

(1) مشار إليه عند د. السنهوري، الوسيط، ج1، دار النهضة العربية، ط2، 1964،ص670-672.

(2) قرار محكمة التمييز رقم 317 / حقوقية / 1965 بتاريخ 24 / 6 / 1965، مجلة القضاء، ع2، س21، 1966، ص108- 111.

(3) د. غني حسون طه، الوجيز في النظرية العامة للالتزام، ك1، مصادر الالتزام، مطبعة المعارف، بغداد، 1971، ص347، د. حلمي بهجت بدوي، مصدر سابق، ص279.

والقاضي في تفسيره لعبارات العقد إنما يعتد بالإرادة المشتركة للمتعاقدين[1]، لا بالإرادة الفردية لكل منهما، لان الإرادة المشتركة هي التي التقى عندها المتعاقد المتعاقدان، فهي التي يؤخذ بها، ولكن أين نجد هذه الإرادة المشتركة؟

اختلف الفقه في ذلك وذهبت الآراء مذاهب شتى:

الرأي الأول:

يرى جانب من الفقه إن النية المشتركة التي يجب إن تكون محلا للتفسير لا يمكن إلا إن تكون الإرادة الظاهرة التي توافق عليها طرفا العقد. ذلك إن التفسير لا يكون إلا في العقد الصحيح. والعقد لا يكون صحيحا إلا إذا طابقت الإرادة الظاهرة التي توافق عليها طرفا العقد الإرادة الباطنة، وإلا لدخل العقد عيب من عيوب الإرادة ولما كان صحيحا. الأمر الذي يترتب عليه عدم التدرج بتفسير العقد لتغليب الإرادة الباطنة على الإرادة الظاهرة، فالإرادة الظاهرة وحدها هي التي تكون محلا للتفسير على أساس أنها مطابقة للإرادة الباطنة.

تقويم هذا الرأي:

والحقيقة لا يمكن التسليم بهذا الاتجاه على إطلاقه ذلك إن افتراض مطابقة الإرادة الظاهرة للإرادة الباطنة دائما عند تفسير العقد قولا لا يخلو من إسفاف واضح ذلك لأنه قد يقع في كثير من الأحيان إن تنحرف الإرادة الظاهرة المشتركة عن الإرادة الباطنة المشتركة ومع ذلك يبقى العقد صحيحا مع ما بين الإرادتين المشتركتين من تغاير ولا يمكن القول إن العقد دخله عيب من عيوب الإرادة ولم يعد صحيحا، فالعقد صحيح والمتعاقدان متوافقان على أمر واحد، وعلى قاضي الموضوع إن يعتد عند تفسيره للعقد بالإرادة الباطنة المشتركة ولا يقيم للإرادة الظاهرة وزنا إلا على أساس أنها تعبر في العادة عن الإرادة الباطنة ما لم يقم الدليل على إن الإرادة الظاهرة لا تعبر تعبير دقيقا عن الإرادة الباطنة، وان بين الإرادتين تغاير، فتكون العبرة في هذه

---

[1] انظر: قرار محكمة التمييز رقم 1013 / حقوقية / 1968 بتاريخ 3 / 10 / 1968، قضاء محكمة التمييز، مج5، ص249.

الحالة بالإرادة الباطنة لا بالإرادة الظاهرة، وتكون الأولى لا الثانية هي محل التفسير[1].

الرأي الثاني:

ويذهب هذا الرأي إلى إن النية المشتركة للمتعاقدين لا تعدو إن تكون الإيجاب الذي وجهه الموجب إلى الطرف الأخر مفهوما على النحو الذي اخذ به الطرف الأخر أو كان يستطيع إن يأخذ به. فالإيجاب يصدر من الموجب ، ويتلقاه الطرف الأخر، ويفهمه أو كان يستطيع إن يفهمه على نحو معين. فهذا الفهم الحاصل فعلا أو المستطاع تحصيله هو الذي نقف عنده لأنه هو القدر المتيقن الذي تلاقى عنده المتعاقدان.

تقويم هذا الرأي:

ويعاب على هذا الرأي أمران:

1- انه يفترض إن التعاقد يتم عن طريق تعبير تام نهائي يتلقاه من وجه إليه هذا التعبير. ولكن الذي يقع في العمل غير ذلك. فالمتعاقدان يتفاوضان، ويتساومان، ويتبادلان تعبيرات غير نهائية، ثم ينتهيان أخر الأمر إلى تعبير واحد يرتضيانه معا، ولسنا نعلم من منهما فهم صاحبه، فهو ثمرة مفاوضات دارت بينهما، ولكل منهما نصيبه فيها [2].

2- إن هذا الرأي يرى إن النية المشتركة للمتعاقدين هي الإيجاب كما اخذ به الطرف الأخر أو كان يستطيع إن يأخذ به، وهذا يعني الاعتداد بهذه الإرادة الأخيرة دون إن نقيم أدنى وزن لإرادة الموجب وهذا يعني الاعتداد بالإرادة الفردية لمن وجه إليه الإيجاب عند التفسير دون الاعتداد بالإرادة المشتركة وهذا ما لم يقل به احد من الفقه.

---

(1) د. السنهوري، مصدر سابق، ص676-677.

(2) نقلا عن د. السنهوري، مصدر سابق، ص678.

الرأي الثالث:

يـذهب الفقيـه الفرنسي- سـالي (Saleilles) إلى إن الإرادة المشـتركة للمتعاقـدين هـي هـذه الإرادة القانونية التي يجمع القاضي عندها إرادة كل من العاقدين، بعد إن يقارب ما استطاع مـا بـين الإرادتـين، دون إن يضحي احدهما لمصلحة الأخرى.

تقويم هذا الرأي:

إن الرأي الذي ذهب إليه العلامة سالي إذا كان موافقا لما تجري عليه المحـاكم في تفسـيرها للعقـود، فانه غير موافق للمنطق القانوني السليم إذ يستبدل القاضي بالإرادة الحقيقية للمتعاقدين إرادة ليسـت لهمـا، يقوم هو بنسيج خيوطها ثم يفرضها عليهما فرضا[1].

والحقيقة إن الرأي الأخير هو الأقرب للواقع، بعد الأخذ بما يأتي:

1- الأصل تطابق الإرادتان الظاهرة والباطنة وعلى قاضي الموضوع إن يتخذ من الإرادة الظاهرة المشتركة محلا للتفسير ما لم يقم دليل على خلاف ذلك.

2- إذا قام دليل لدى قاضي الموضوع بعدم تطابق الإرادة الظاهرة مـع الإرادة الباطنـة وجـب عليـه إن ينبـذ الإرادة الظاهرة وان يعتد بالإرادة الباطنة وان يجعل منها محلا للتفسير.

3- الاستعانة بالظروف التي أحاطت بإبرام العقد وتنفيذه للوصول إلى النية المشتركة للمتعاقدين.

وقد وضع المشرع الفرنسي مجموعة من القواعد يستأنس بها القاضي في تفسير العقود لا عـلى سـبيل الإلزام بل على سبيل الإرشاد. من ذلك إذا تحملت العبارة أكثر مـن معنـى واحـد فتحمـل عـلى المعنـى الـذي يجعلها تنتج أثرا قانونيا (م 1157مدني فرنسي). ومن ذلك أيضا إن عبارات العقد يفسر بعضها بعضـا (م 1161 مدني فرنسي). ومن ذلك أخيرا إن تخصيص حالة بالذكر لا يجعلها تنفرد بالحكم (م 1164 مدني فرنسي).

---

[1] د. السنهوري، مصدر سابق، ص678.

كما وضع المشرع العراقي بعض القواعد ليسترشد بها القاضي في تفسير العقود وهي قواعد لا تخلو من التكرار في المواد (155-167) اقتبس معظمها من مجلة الإحكام العدلية، أهمها ما جاء في المادة (155 مدني عراقي) بان (العبرة في العقود للمقاصد والمعاني لا للألفاظ والمباني). والمادة (156 مدني عراقي) التي تنص على إن (الأصل في الكلام الحقيقة إما إذا تعذرت الحقيقة فيصار إلى المجاز) والمادة (158 مدني عراقي) التي جاء فيها (إعمال الكلام أولى من إهماله، لكن إذا تعذر إعمال الكلام يهمل) وغيرها من القواعد.

منطقة تفسير العقد:

بعد إن عرفنا تفسير العقد وقواعده نحاول هنا إن نحدد منطقة تفسير العقد، فقد ذهب جانب من الفقه إلى القول إن نظرية تفسير العقد ضرورية للبحث في انعقاد العقد وفي صحته وفي تحديد أثاره، إذ يتوقف على تفسير التعبير عن الإرادة لكل من المتعاقدين، معرفة ما إذا كانت هاتان الإرادتان متطابقتان، وهذا هو انعقاد العقد، وما إذا كانت الإرادة الظاهرة تتفق مع الإرادة الباطنة، وهذه هي صحة العقد وما هو مدى هاتين الإرادتين المتطابقتين الصحيحتين، وهذا هو تفسير العقد لتحديد أثاره [1].

والحقيقة إن هذا الاتجاه مبالغا فيه إلى درجة لا يمكن معها قبوله ذلك إن البحث في تفسير العقد يأتي بعد البحث في انعقاد العقد والبحث في صحته – كما بينا أنفا – إذ لا جدوى من تفسير العقد إلا إذا كان صحيحا، حتى يكون قابلا للتنفيذ.

ونحن بعد إن حصرنا منطقة تفسير العقود بالعقود الصحيحة القابلة للتنفيذ صار لزاما علينا إن نميز بين كلا من الغلط والتفسير نفيا لما قد يقع بينهما من لبس ودفعا لما قد يؤدي إليه هذا الالتباس من تداخل بين منطقة انعقاد العقد ومنطقة تفسير العقد.

فالنزاع الذي يقوم بين المتعاقدين والذي يتخذ صورة الطعن بالغلط يفترض إن الطاعن يدعي بان إرادته الباطنة لم توافق إرادة الطرف الأخر. فكأنه يدعي بان الإرادتين لم تقترنا إلا في الظاهر. ومؤدى هذا الطعن بطلان العقد [2].

---

(1) د. السنهوري، مصدر سابق، ص611 هامش(2).

(2) د. حلمي بهجت بدوي، مصدر سابق، ص277.

بينما إذا كان النزاع ينحصر في ادعاء كلا من الطرفين بان الإرادتين الباطنيتين مقترنتان، ولكن كلا منهما يجذب هذا الاقتران لناحيته فيدعي الأول بأنهما قد اقترنتا على معنى معين ويدعي الأخر إنهما اقترنتا ولكن على معنى ثان. كان على القاضي إن يفسر العقد وصولا إلى وصف العقد على الوجه الصحيح تمهيدا لتحديد نطاق الالتزامات العقدية.

سلطة قاضي الموضوع في تفسير العقود ورقابة محكمة التمييز:

إن لمحكمة الموضوع كامل السلطة في تفسير العقود المختلف على معناها بحسب ما تراه أدنى إلى نية المتعاقدين، مستعينة في ذلك بجميع وقائع الدعوى وظروفها إذ المتفق عليه فقها وقضاء إن استظهار نية أو إرادة المتعاقدين المشتركة مسألة موضوعية لا مدخل فيها لمحكمة التمييز ما دامت الوقائع التي بينتها محكمة الموضوع في حكمها والظروف التي بسطتها فيه تؤدي إلى النتيجة القانونية التي قررتها.

ونحن نرى إن محكمة التمييز إذا كانت لا تراقب محكمة الموضوع ولا تفرض سلطانها عليها في مسألة تفسير العقود بصورة مباشرة فإنها تراقبها ولكن بصورة غير مباشرة عن طريق اشتراطها تسبيب الإحكام، وقد تؤدي هذه الرقابة إلى نقض الحكم لان عدم التسبيب أو نقص تسبيبها أو تناقض أسبابها تعد من وجوه النقض لوقوع بطلان جوهري في الحكم[1].

تكييف العقـــد:

على محكمة الموضوع بعد انتهائها من تفسير العقد، واستخلاص ما قصده المتعاقدان من عقدهما أو كان هذا القصد واضحا لا يحتاج إلى تفسير، إن تكيف هذا

---

(1) انظر في موقف القضاء العراقي: قرار محكمة التمييز رقم 1718/ حقوقية/ 1962 بتاريخ 1968/12/18، وقرار محكمة التمييز رقم 3277/ حقوقية/ 1962 بتاريخ 1963/4/10، قضاء محكمة التمييز، مج1، ص50، قرار محكمة التمييز رقم 1013/ حقوقية/ 1968 بتاريخ 1968/10/3، قضاء محكمة التمييز، مج5، ص249، قرار محكمة التمييز رقم 154/م1971/1 بتاريخ 1971/11/16، النشرة القضائية، س2، ص52.

العقد باعطاءه الوصف القانوني الخاص به وهل هو عقد من العقود المسماة أم انه مجرد عقد غير مسمى على أساس النتيجة القانونية الأساسية التي ارتضاها الطرفان اثر له[1].

ويمكن تعريف التكييف بأنه: عملية فنية على قدر كبير من الأهمية، يهدف القاضي من وراء إجراءها تحديد ماهية العقد أو تحديد الوصف القانوني له بإعطائه اسما من أسماء العقود المسماة أو الاكتفاء بالقول انه عقد غير مسمى يتعين على القاضي إن يستخلص قواعده بنفسه عن طريق إخضاعه لنظرية العقد أي تطبيق القواعد العامة عليه.

أهمية التكييف:

إن قاضي الموضوع لا يستطيع إن يبت في النزاع الذي يعرض إمامه بشان تنفيذ عقد من العقود إلا إذا كيف العقد وأعطاه الوصف الصحيح الذي يتفق مع حقيقة ما قصده المتعاقدان منه، فعلى القاضي إن يحدد ما إذا كان العقد المتنازع عليه أو على تنفيذه عقد مسمى أو عقد غير مسمى، وإذا انتهى إلى انه من العقود المسماة، تعين عليه إن يحدد أي من العقود المسماة هو: هل هو بيع أم مقايضة أم هبة أم قرض .... الخ، ولذلك تعتبر عملية تكييف العقود من صميم عمل القاضي، والقاضي في قيامه بها لا يتقيد بالوصف أو التكييف الذي يعطيه المتعاقدان لعقدهما، فالعبرة في التكييف هي بحقيقة ما قصده المتعاقدان من عقدهما، ولكن كيف يتعرف القاضي على قصد المتعاقدين؟

إن القاضي يستطيع التعرف على قصد المتعاقدين عن طريق تفسير العقد، لذلك كانت دراسة مسالة تفسير العقد مقدمة على دراسة تكييفه.

منطقة تكييف العقد:

قلنا سابقا إن قاضي الموضوع لكي يستطيع إن يكيف العقد لابد له قبل ذلك من إن يفسره، ولما كان التفسير لا يمكن إن يرد إلا على عقد صحيح قابلا للتنفيذ، فكذلك

---

[1] د. إسماعيل غانم، مصدر سابق، ج1، ص308.

هو الحال بالنسبة للتكييف، فقاضي الموضوع لا يكيف العقد إلا بعد إن يبحث في شروط انعقاده وصحته، فإذا فرغ منهما قام بتفسير العقد للوصول إلى قصد المتعاقدين ثم يضفي الوصف القانوني عليه عن طريق تكييفه لمعرفة طبيعته القانونية وهل هو عقد مسمى يخضع للإحكام الخاصة به أم انه عقد غير مسمى يخضع للقواعد العامة في النظرية العامة للالتزامات.

ومع ذلك قد تختلط الصورية مع التكييف غير الصحيح الأمر الذي يقتضي ضرورة تحديد منطقة كلا منهما.

إن الصورية تختلف عن التكييف غير الصحيح في النقاط الآتية:

1- إن الصورية تنطوي حتما على تصرف ظاهر يخفي وضعا حقيقيا، بينما في التكييف غير الصحيح لا يوجد إلا تصرف واحد كيفه المتعاقدان تكييفا خاطئا.

2- يقع عبء إثبات صورية التصرف على من يدعيه، بينما لا يكلف من يدعي عدم صحة التكييف بإثبات ادعاءه.

3- محكمة الموضوع لا يجوز لها من تلقاء نفسها وبدون طلب يقدم لها ممن له مصلحة في إثبات صورية التصرف، إن تبحث في صورية التصرف، بينما على المحكمة من تلقاء نفسها إن تصحح التكييف المعطى للعقد من قبل الإطراف متى قام لديها من الأدلة ما يرجح عدم صحة هذا التكييف ودون حاجة إلى طلب الإثبات من احد.

ومع ذلك قد يستخدم التكييف رغم صحته - كما تستخدم الصورية - وسيلة للتحايل على إحكام القانون، فقد يجد القاضي إن المتعاقدين قد كيفا العقد تكييفا صحيحا وهما مع ذلك يريدان التحايل على القانون. فما موقفه من ذلك؟

إن القاضي ما دام التكييف صحيح لا يجوز له إن يتحول عنه ولكن له إن يرد على المتعاقدين قصدهما فيبقي على التكييف صحيحا ولكن يحرم المتعاقدان مما أرادا إن يصلا إليه عن طريق هذا التكييف.

فهذا شخص يريد إن يعطي شخصا أخر أكثر من ثلث تركته بعد موته مع وجود وارث، فهو إذا عمد إلى الوصية لم يستطع بلوغ هذا الغرض إذ لا تجوز

الوصية بأكثر من ثلث التركة، فيعمد إلى البيع أو الهبة، ويتجرد عن الملكية في الحال، ولكنه يستبقي لنفسه حق الانتفاع. فالتكييف هنا صحيح، ولكن المتصرف قصد التحايل على القانون، فيبقى قاضي الموضوع على تكييفه الصحيح بيع أو هبة، ولكن يرد على المتصرف قصده فلا ينفذ التصرف إلا في ثلث التركة. ومن ثم يجعل للتصرف حكم البيع من حيث عدم جواز الرجوع فيه إعمالا للتكييف الحقيقي، ويجعل له حكم الوصية من حيث عدم نفاذه إلا في ثلث التركة وذلك حتى يرد على المتصرف قصده المشوب بالتحايل على القانون[1].

تكييف العقود المركبة أو المختلطة (Contrat Complex):

العقد المركب أو المختلط (mixte,Complexé) هو عبارة عن مزيج من عدة عقود مسماة أو غير مسماة يهدف المتعاقدان من وراء إبرامها تحقيق غرض اقتصادي معين.

ومثال العقد المركب: العقد المبرم بين صاحب الفندق والنزيل (Contrat d hôtellerie) فهو مزيج من عقد إيجار بالنسبة للمسكن، وبيع بالنسبة إلى المأكل، وعمل بالنسبة للخدمة، ووديعة بالنسبة إلى الأمتعة، وكذلك العقد بين صاحب المسرح والنظارة (المتفرجين) مزيج من عقد إيجار بالنسبة للمقعد، وعمل بالنسبة إلى وسائل التسلية التي تعرض على المسرح وكذلك عقد الليسنج فهو مزيج من عقد البيع بالنسبة إلى شراء الآلات والمعدات من قبل شركة الليسنك، وإيجار بالنسبة للعقد المبرم بين شركة الليسنك والعميل، ووعد بالبيع للعميل في نهاية مدة الإيجار.

وليست هناك أهمية كبيرة لمزج عدد من العقود وتسميتها جميعا بالعقد المختلط أو المركب، فان هذا العقد إنما تنطبق فيه إحكام العقود المختلطة التي يشتمل عليها مثال ذلك العقد الذي يمزج بين البيع والمقاولة، فالبائع يلتزم بتسليم الشيء المبيع (بيع) ويقوم بتنفيذ عمل معين لحساب المتصرف إليه (مقاولة) كشخص يشتري قطعة قماش ويلتزم البائع في نفس الوقت بتفصيلها حلة له.

---

[1] د. السنهوري، الوسيط، ج4، البيع والمقايضة، دار النهضة العربية، 1960، ص6 هامش(1).

في هذه الحالة التزامات البائع تخضع لإحكام عقد البيع، والتزامات المقاول تخضع لإحكام عقد المقاولة.

إن تكييف هذا النوع من العقود المركبة لا يثير أي إشكاليات، فالقاضي يخضع كل عنصر من عناصر هذا العقد في نفس الوقت أو على سبيل التتابع لقاعدة قانونية مختلفة بناء على إرادة الإطراف أو نص القانون في بعض الأحيان، وهذا النوع من التكييف يطلق عليه الفقه مصطلح التكييف ألتوزيعي(Qualification distributive)، إلا إن الصعوبة الجدية التي تواجه القاضي في تكييف العقود المركبة تظهر إذا كانت القواعد الخاصة بالعقود المندمجة مختلفة ونظامها القانوني متعارض الأمر الذي يفرض على القاضي إن يؤخذ العقد المختلط كوحدة قائمة بذاتها، مرجحا أو مغلبا احد هذه العقود على غيره باعتباره العنصر الأساسي لتطبيق إحكامه دون غيره وهذا ما يطلق عليه مصطلح التكييف ألحصري.

ولكن ما هي المعايير التي يستعين بها القاضي لتغليب احد هذه العقود المندمجة التي يتكون منها العقد المختلط؟

قد يلجأ قاضي الموضوع في سبيل تغليب احد العقود المندمجة التي يتكون منها العقد المختلط إلى فكرة (الفرع يتبع الأصل). فالعقد المركب له بصفة عامة نفس الطبيعة التي لعنصره الأساسي. فيطبق قاعدة أو مبدأ الفرع يتبع الأصل (Principle Accessorium Sequiter principle laccessare suit le) مثال ذلك عقد القسمة بمعدل فان الأمر يتوقف على أهمية وطبيعة المعدل للبت فيما إذا كان بيعا أو قسمة، ويصدق الأمر بالنسبة لعقد نقل الأثاث (Le contrat de déménagement) الذي يتضمن في نفس الوقت عقد نقل وعقد مقاولة، وعملية حزم الأثاث وتنزيله وشحنه، أي العمل الذي يمثل عقد المقاولة.
كذلك عقد الاشتراك بالتلفون عقد يدور بين عقد المقاولة وعقد الإيجار وقد غلب القضاء المصري عقد المقاولة فرفض دعوى إعادة وضع اليد رفعها مشترك قطع عنه الاتصال[1].

---

[1] د. السنهوري، الوسيط، ج4، ص7-8، د. سعدون العامري، مصدر سابق، ص4.

ولكن القاضي وهو يبحث عن العقد الرئيسي أو المميز قد يجد نفسه مضطر إلى إضفاء طبيعة جديدة على العقد المركب خاصة إذا كان هـذا العقـد لـه طبيعـة مختلفـة عـن مكوناتـه. مثـال ذلـك عقـد الليسـنج (Leasing) الذي ظهر في أوائل ستينيات القرن الماضي في أوربا. وهذا العقد في حقيقته عملية تمويلية ولكنـه يتم بوسائل قانونية تقليدية (عقد بيع، إيجار، وعد بالبيع) حيث انه يستمد خصائصه من عدة صيغ تعاقديـة تتعاصر وتتداخل لتكون عقدا أخر مختلفا عن مفردات هذه الصيغة الجمعية وظهـر هـذا العقـد كعقـد غـير مسمى ذا طبيعة خاصة، ثم بعد ذلك تدخل المشرـع في فرنسـا فأعطـاه اسـما (Credit-bail) وخصـه بنظـام قانوني[1].

مشكلة العقود التي تستعصي على التكييف بأنها عقود مسماة:

قد يجد القاضي في بعض الأحيان نفسه مضطر إلى وصف العقد الـذي يعـرض إمامـه بأنـه عقـد غـير مسمى لعدم إمكانية تصنيفه ضمن أي من العقود المسماة بل ولعدم إمكانية تصنيفه ضـمن أي مـن أنظمـة العقود الخاصة للخصائص التي يتمتع بها هذا العقد محل النزاع.

إن هذا العقد يطلق عليه الفقه العقد ذو الطبيعة الخاصة(Contrat sui generic) ويجب على قاضي الموضوع إلا يلجئ إلى رفض تكييف العقد الذي يعرض إمامه بأنه عقد مسمى أو عقـد يمكـن إخضـاعه لأحـد أنظمة العقود الخاصة إلا عـلى سـبيل الاحتيـاط وعنـدما يسـتحيل فعـلا إدخـال العقـد في أي مـن الطوائـف الموجودة من قبل وذلك للأسباب الآتية:

1- إن عدم تكييف العقد بأنه عقد مسمى يؤدي إلى إهدار التنظيم التشريعي الذي حرص المشرع على تبويبه بنصوص خاصة للاختلاف في الطبيعة بين العقود المسماة ولتسهيل على المتعاقدين في حالة عدم اتفـاقهم إلا على العناصر الجوهرية للعقد تاركين الإحكام الجزئية لحكم القواعد التكميليـة الواجبـة التطبيـق في حالة عدم الاتفاق على ما يخالفها.

---

(1) د. نبيل إبراهيم سعد، عقد البيع، الاسكندرية، ص17-18.

2- إن عدم تكييف العقد بأنه عقد مسمى يؤدي إلى إفلات الإطراف من الخضوع لنظام القانوني لأحد العقود المسماة، وبصفة خاصة إذا كان هذا النظام له طابع أمر.

ولكن كيف يستطيع القاضي إن يتعامل مع العقود غير المسماة ولأي إحكام يخضعها؟

تخضع العقود غير المسماة في إحكامها للقواعد العامة في نظرية العقد، شانها في ذلك شان العقود المسماة حسب منطوق نص المادة (67) من القانون المدني العراقي الذي يجري على الوجه الأتي (1- تسري على العقود المسماة منها وغير المسماة القواعد العامة التي يشتمل عليها هذا الفصل 2- إما القواعد التي ينفرد بها بعض العقود المدنية فتقررها الإحكام الواردة في الفصول المعقودة لها وتقرر قوانين التجارة القواعد الخاصة بالعقود التجارية).

على إن القواعد العامة الواردة في الكتاب الأول من القسم الأول من القانون المدني الخاصة بنظرية العقد قد لا تكفي في بعض الأحيان للإحاطة بجميع نواحي العقد غير المسمى الأمر الذي يجعل القاضي إمام مهمة البحث عن القواعد التي يستعين بها والتي تكفي للإحاطة بجميع نواحي العقد غير المسمى فما هي هذه القواعد؟

إن القواعد التي يستطيع قاضي الموضوع إن يرجع إليها في هذه الحالات هي القواعد الخاصة بعقد مسمى معين وتطبيق ما يمكن تطبيقه منها على العقد غير المسمى عن طريق القياس، أي عن طريق مقارنة العقد غير المسمى بعقد مسمى، وتبين أوجه الشبه وأوجه الاختلاف بينهما، واستخلاص من القواعد التي تناسب العقد غير المسمى مما نص عليه القانون بشان العقد المسمى [1].

مثال ذلك: الاتفاق على نقل ملكية شيء مقابل عمل معين هو عقد غير مسمى يقترب من عقد البيع، ولذلك يمكن استعارة بعض قواعد البيع لتطبق على الالتزامات

---

[1] د. محمد لبيب شنب، دروس في نظرية الالتزام، مصادر الالتزام، دار النهضة العربية، القاهرة، 1967-1977، ص36-37، د.عبد الحي حجازي، مصدر سابق، ص166.

المتعلقة بالضمان (garantie) مثلا، لان الضمان عام في عقود التمليك بمقابل خاصة إذا عرفنا إن إحكام الضمان كان من الممكن جعلها نظرية عامة في العقد دون إن يقتصر على عقد البيع، وهذا ما فعله المشروع التمهيدي للقانون المدني الألماني. ولكن لما كان عقد البيع هو العقد الذي يغلب فيه استعمال هذا الضمان ويكون تنظيم هذا العقد ناقصا لو خلا منه، فقد درجت التقنينات – والى هذا انتهى القانون الألماني نفسه في صورته النهائية – على إدماج هذا الضمان في عقد البيع دون إن يعني قصره عليه بل ظلت إحكام الضمان تجاوز نطاق عقد البيع إلى كل عقد مسمى وغير مسمى ما دام هذا العقد ناقل للملكية[1].

سلطة قاضي الموضوع في تكييف العقود ورقابة محكمة التمييز:

من المسلم به إن محكمة التمييز تعتبر الخطأ في التكييف خطأ في القانون تبسط رقابتها عليه فهي تشرف على محكمة الموضوع فيما تعطيه هذه من الأوصاف والتكييف القانوني لما تثبته من إحكامها من الوقائع، وذلك لتعرف ما إذا كان هذا التكييف قد جاء موافقا للقانون أو مخالفا له. فلها إن تقضي بان العقد الذي وصفته محكمة الموضوع بأنه بيع إن هو إلا هبة. كذلك فان الآثار التي يرتبها قاضي الموضوع على هذا التكييف القانوني تكون خاضعة لرقابة محكمة التمييز، فإذا وصف قاضي الموضوع العقد بأنه بيع ولكنه رتب عليه إحكاما تخالف الإحكام التي يرتبها القانون كان لمحكمة التمييز إن تنقض حكمه.

والمسألة التي تعرض في التكييف هي معرفة هل النتيجة التي حصلها القاضي من الواقع في الدعوى تخالف ما كان ينبغي استنتاجه منها لو اخذ فيها بحكم القانون مما جاء به من تحديد طبيعة عناصر هذا الواقع وتعيين وصفه القانوني أو من تقرير ما يترتب على وجود هذه العناصر من اثار وإحكام قانونية[2].

[1] د. السنهوري، مصدر سابق، ج4، ص622.

[2] د. حلمي بهجت بدوي، مصدر سابق، ص282-283.

تعريف عقد البيع:

عرفت المادة 506 من القانون المدني العراقي البيع بأنه (مبادلة مال بمال)[1]. كما نصت المادة 507 على انه (البيع باعتبار المبيع إما إن يكون بيع العين بالنقد وهو البيع المطلق أو بيع النقد بالنقد وهو الصرف أو بيع العين بالعين وهو المقايضة).

ويلاحظ على التعريف الذي أورده مشرعنا المدني بعد الجمع بين المادتين 506 و507 الملاحظات الآتية:

1- إن تعريف المشرع العراقي للبيع بأنه مبادلة مال بمال هو في حقيقته تعريفا لعقد المعاوضة لا فقط لعقد البيع، ذلك لان المال في لغة القانون هو ذلك الحق ذو القيمة المالية، كما إن موضوع الحق أو محله يختلف باختلاف الحقوق المالية، فموضوع أو محل الحق الشخصي هو عمل أو امتناع عن عمل، ومحل الحق العيني هو شيء مادي معين بالذات، وموضوع الحق المعنوي أو الذهني هو الفكرة الجديدة (المبتكرة) أي شيء غير مادي، وبالتالي فان التعريف الذي أورده المشرع العراقي للبيع في المادة 506 يمكن إن ينطبق على عقد الإيجار وعقد المقايضة وعقد القرض بفائدة وعقد المقاولة وعقد الوكالة باجر أو أي عقد أخر من عقود المعاوضة.

2- إن تعريف المشرع العراقي للبيع غير مانع، فهو لم يقتصر على البيع المطلق الذي يكون المقابل فيه مبلغ من النقود بل شمل المقايضة والصرف رغم إغفاله بيع السلم الذي أشارت إليه المادة 130 من مجلة الإحكام العدلية، والسبب في ذلك يرجع إلى إن المشرع العراقي أجاز أصلا إن يكون محل الالتزام معدوما وقت التعاقد إذا كان ممكن الحصول في المستقبل وعين تعيينا نافيا للجهالة والغرر (م 129 مدني عراقي).

---

[1] إما البيع لغة: فضد الشراء، والبيع: الشراء أيضا، وهو من الأضداد. وبعت الشيء: شريته، أبيعه بيعا ومبيعا، وهو شاذ وقياسه مباعا. والابتياع: الاشتراء. انظر: ابن منظور (الإمام العلامة أبي الفضل جمال الدين محمد بن مكرم ابن منظور الإفريقي المصري)، لسان العرب، مج2، دار صادر، ط3، بيروت، 2004،ص193.

3- إن تعريف المشرع العراقي للبيع غير جامع أيضا، فهو لا ينطبق على بيع الأشياء أو الأموال التي لم تعين إلا بنوعها ولا على بيع الأشياء المستقبلة، إذ لا يترتب على البيع في هاتين الصورتين سوى إنشاء التزام بنقل الملكية.

والحقيقة على خلاف ما ذهب إليه الفقهاء والشراح العراقيين من إن عقد البيع الأصل فيه إن ينقل الملكية فورا دون إن يرتب التزاما بنقلها[1]، إذ إن عقد البيع يرتب التزاما بنقل الملكية دون إن ينقل الملكية فورا. وذلك للأسباب الآتية:

(أ) إن المشرع العراقي يشترط حتى ينشا الالتزام بنقل الملكية وينفذ فور نشوءه، إن يكون المبيع معينا بالذات أو يكون المبيع مجموعة أشياء مثلية بيعت جزافا و إن تكون مملوكة للبائع.

إن هذه الشروط يجب توفرها في محل الالتزام وليست في عقد البيع ذاته، مما يعني إن المشرع يشترط إن ينشأ التزام بنقل الملكية تتوفر في محله شروط معينة هي إن يكون محل الالتزام معينا بالذات أو إن يكون قد عين بصورة جزافية وان يكون مملوكا للبائع، حتى ينفذ الالتزام بمجرد قيامه.

(ب) إن عدم توفر الشروط السابق ذكرها في محل الالتزام لا تغير من طبيعة العقد شيئا، حيث يبقى العقد بيعا ويلتزم البائع بالقيام بالإعمال اللازمة لنقل الملكية.

(ج) إن القول بان عقد البيع ينشأ التزام بنقل الملكية يتفق مع إحكام السجل العيني، فعقد بيع العقار خارج دائرة التسجيل العقاري ينشأ التزام في ذمة البائع بنقل الملكية، ولما كان التزام البائع بنقل الملكية هو التزام بعمل فلا يمكن اجبار البائع بدون تدخل المشرع على نقل الملكية إذا هو امتنع عن ذلك، حيث يقتصر حق المشتري في هذه الحالة على المطالبة بالتعويض.

(د) لقد نص المشرع تحت عنوان التزامات البائع، على أول التزام يقع على عاتق البائع وهو نقل الملكية، كما نصت المادة 535 مدني عراقي على انه (يلتزم البائع

---

[1] د. عبد المجيد الحكيم، هل يمكن إن يوجد التزام بنقل الملكية وهل يمكن إن يكون للالتزام اثر، بحث منشور في مجلة القضاء، ع2، س21، 1966، ص36 وما بعدها.

بما هو ضروري لنقل ملكية المبيع إلى المشتري، وان يكف عن أي عمل من شانه إن يجعل نقل الملكية مستحيلا أو عسيرا).

يتبين لنا من كل ما تقدم إن نصوص القانون العراقي سواء من الناحية الموضوعية أو الشكلية تدل بما لا يقبل الشك على إن موقف المشرع العراقي واضح من مسألة نقل الملكية، فالبيع في هذا القانون يرتب التزام في ذمة البائع بنقل الملكية دون إن تنتقل فيه الملكية فورا وبمجرد إبرام العقد.

4- إن نص المشرع العراقي في المادة 506 بان البيع هو مبادلة مال بمال، هو في الحقيقة ليس تعريف لعقد البيع، وإنما هو وصف لعملية البيع ذاتها، فقد جاء التعريف خاليا من بيان أشخاص هذا العقد والآثار التي تترتب على انعقاده.

لذلك نقترح تعريف البيع بأنه (عقد يلتزم بمقتضاه البائع بنقل الملكية وتسليم المبيع إلى المشتري مقابل مبلغ من النقود يلتزم المشتري بأدائه وتسلم المبيع).

تطور عقد البيع:

لم يكن عقد البيع أول ظهوره ينقل الملكية أو يرتب التزام بنقلها، وإنما كان يرتب فقط التزاما في ذمة البائع بنقل حيازة المبيع إلى المشتري وعدم التعرض له.

ونحن هنا نتابع تطور هذا العقد فنبحثه في القانون الروماني مرورا بالقانون الفرنسي القديم والفقه الإسلامي وصولا إلى القوانين المدنية الحديثة.

أولاً: عقد البيع في القانون الروماني.

كان عقد البيع في القانون الروماني لا يصلح سببا للتمليك أي طريقا من طرق اكتساب الملكية، بل كان مجرد سند يهيئ لاكتساب الملكية، إما الملكية فلا تكتسب إلا بعد إجراء أوضاع خاصة معروفة هي الإشهاد أو الدعوى الصورية أو التسليم[1].

---

[1] د. حلمي بهجت بدوي، مصدر سابق، ص5، د. عبد المجيد الحكيم، البحث المشار إليه سابقا، ص41.

إما قبل تمام هذه الأوضاع أو الإجراءات الشكلية ونقصد بها الإشهاد أو الدعوى الصورية أو التسليم، فان عقد البيع لم يكن يلزم البائع إلا بتمكين المشتري من وضع يده على المبيع والانتفاع به، وحيازته حيازة هادئة سالمة من التعرض.

وكان سبب ذلك يرجع إلى إن حق التملك وإلزام الغير في نطاق القانون الروماني كان قاصرا على الرومان وحدهم. ولما ألزمت ضرورات التطور الاقتصادي التعامل مع غير المواطنين الرومانيين (الأجانب)، اضطر المشرع الروماني بموجب قانون الشعوب إلى إن يرتب للبيع أثرا واحدا هو التزام البائع بتمكين المشتري من وضع اليد ومن الحيازة الهادئة حتى يتيسر للمواطنين الرومان التعامل مع الأجانب طبقا لذلك.

وهذا يعني إن بيع ملك الغير كان جائزا في القانون الروماني ما دام البائع قادرا على شراء المبيع من صاحبه الأصلي ونقل ملكيته للمشتري عندما يحين أوان ذلك عند التسليم أو الإشهاد أو إذا لم يشتر البائع المبيع ولكن المشتري تملكه بالتقادم[1].

ولكن يلاحظ إن عقد البيع في القانون الروماني إذا كان لا يستلزم نقل الملكية، فقد كان من طبيعته نقلها. وذلك لسببين:

1- لا يجوز في نطاق القانون الروماني، إن يشترط البائع على المشتري إلا ينقل ملكية المبيع، فهذا الشرط يتنافى مع طبيعة البيع، ومن ثم كان غير جائز.

2- من الجائز في نطاق هذا القانون، إن يشترط المشتري على البائع إن ينقل له ملكية المبيع، فهذا الشرط لا يتنافى مع طبيعة البيع، ومن ثم كان جائز. وعند ذلك كان على البائع إن ينقل ملكية المبيع للمشتري ولا يقتصر على نقل الحيازة الهادئة[2].

ثانياً: البيع في القانون الفرنسي القديم.

انتقلت الفكرة المسيطرة على القانون الروماني في هذا الصدد إلى القانون الفرنسي القديم، فكان البيع لا ينقل الملكية إلى المشتري ولا يرتب التزاما في ذمة البائع بنقلها.

---

[1] د. عباس الصراف، شرح عقدي البيع والإيجار في القانون المدني الجديد، مطبعة الأهالي، بغداد، 1955،ص18-19.
[2] د. السنهوري، مصدر سابق، ج4، ص407-408.

فإذا أريد نقل الملكية فيجب إتباع أوضاع مادية معينة، ولكن في نطاق القانون الفرنسي القديم لم يبقى من الأوضاع التي كانت مطبقة في القانون الروماني سوى القبض وحده حيث اختفى الإشهاد والتنازل القضائي.

فكان البيع في القانون الفرنسي القديم لا ينقل إلى المشتري إلا حيازة المبيع، إما الملكية فلم تكن تنتقل إلا بالقبض.

ولكن تطورا في النظرة إلى عقد البيع حصل في أخر مراحل تطور القانون الفرنسي القديم، أدى إلى إن يصبح البيع طريقا غير مباشرا لنقل الملكية، حيث جرى التعامل بين الناس على إن تنتقل الملكية إلى المشتري بالقبض. ثم إلف الناس إن يجعلوا هذا القبض امرأ صوريا،فكانوا يكتبون في بياعاتهم إن القبض قد تم، فكان من وراء هذا القبض الصوري إن تنتقل الملكية إلى المشتري، والمفروض أنها انتقلت بالقبض، والواقع أنها انتقلت بذكر حصول القبض في العقد. على إن ذكر حصول القبض ما لبث إن أصبح هو أيضا شرطا مألوفا في عقد البيع[1].

ثالثاً: البيع في الفقه الإسلامي.

عرفت مجلة الإحكام العدلية في المادة 105 عقد البيع بأنه (مبادلة مال بمال على وجه مخصوص ويكون منعقدا وغير منعقد).

وعرفه صاحب كتاب مرشد الحيران في المادة 343 بأنه (تمليك البائع مالا للمشتري بمال يكون ثمنا للمبيع).

وعرفه صاحب تذكرة الفقهاء بأنه (انتقال عين مملوكة من شخص إلى غيره بعوض مقدر على وجه التراضي)[2].

وعرفه صاحب السرائر بأنه (انتقال عين مملوكة من شخص إلى غيره بعوض مقدر على وجه التراضي)[3].

---

(1) د. السنهوري، مصدر سابق، ج4، ص408-409.

(2) العلامة الحلي (الحسن بن المطهر)، تذكرة الفقهاء، ج7، كتاب البيع، النجف، 1955، ص3.

(3) الحلي (أبي جعفر محمد بن إدريس محمد العجلى)، السرائر الحاوي لتحرير الفتاوى، سلسلة الينابيع الذهبية، ج14، ص289، وفي نفس المعنى عرفه العلامة الحلي (الشيخ جمال===

وعرفه صاحب سبل السلام بأنه (تمليك مال بمال بالتراضي)[1].

وعرفه المقدسي صاحب كتاب الإقناع بأنه (مبادلة مال ولو في الذمة أو منفعة مباحة كممر الدار بمثل احدهما على التأبيد من غير ربا أو قرض)[2].

وعرفه الكاساني بأنه (مبادلة شيء مرغوب فيه بشيء مرغوب فيه)[3].

وعرفه الحصكفي بأنه (مبادلة شيء مرغوب فيه بمثله)[4].

وعرفه الشلبي بأنه (مبادلة المال المتقوم بالمال المتقوم تمليكا وتملكا)[5].

=== الدين أبي منصور الحسن بن سديد الدين يوسف بن زين الدين علي بن محمد بن مطهر الحلي)، قواعد الإحكام في مسائل الحلال والحرام، سلسلة الينابيع الذهبية، ج14، ص501، كذلك عرفه الطوسي (أبي جعفر محمد بن الحسن)، المبسوط في فقه الأمامية، سلسلة الينابيع الذهبية، ج35، ص149، كذلك عرفه العلامة الحلي (الحسن بن يوسف بن المطهر)، مختلف الشيعة في إحكام الشريعة، ج5، المتاجر والديون وتوابعها، مطبعة مكتبة الإعلام الإسلامي، ط2، قم، ص83.

[1] السيد الإمام محمد بن إسماعيل الكحلاني ثم الصنعاني المعروف بالأمير، سبل السلام، مجـ2، دار إحياء التراث العربي، بيروت، ط4، 1960، ص3.

[2] المقدسي (شيخ الإسلام المحقق أبي النجا شرف الـدين الحجـاوي المقدسي)، الإقناع في فقـه الإمام احمـد بـن حنبـل، ج2، تصحيح وتحقيق عبد اللطيف محمد موسى السبكي، المطبعة المصرية، ص56.

[3] الكاساني (علاء الدين أبي بكر بن مسعود الكاساني الحنفي)، بدائع الصنائع في ترتيب الشرائع، ج5، دار إحياء التراث العربي، بيروت، ط2، 1402، ص133.

[4] التمرتاشي (الشيخ شمس الدين)، رد المحتار على الـدر المختار حاشية ابن عابدين، على شرح الشيخ محمد بـن علـي الحصكفي، لمتن تنوير الإبصار، ومعه تقريرات الرافعي وضعت في الهامش زيادة في المنفعة، تحقيق عبد المجيد طعمـه حلبي، ج7، دار المعرفة، ط1، بيروت، 2000، ص9-10.

[5] الشلبي (شهاب الدين احمد الشلبي)، حاشية الشلبي على تبيين الحقائق للزيلعي، ج4، مطبوع بهامش تبين الحقائق، المطبعة الأميرية ببولاق، مصر، ط1، 1315، ص2.

وعرفه النووي بأنه (مبادلة مال بمال أو نحوه تمليكا)[1].

وعرفه ابن قدامه بأنه (مبادلة مال بمال تملكا وتمليكا)[2].

ويلاحظ على هذه التعاريف كلها أنها لا تفرق بين البيع والمقايضة، لان البيع في الفقه الإسلامي إما إن يكون بيع العين بالنقد وهو البيع المطلق أو بيع العين بالعين وهو المقايضة أو بيع النقد بالنقد وهو الصرف أو بيع مال اجل بثمن عاجل وهو السلم.

إما عن التصوير الفني لانتقال الملكية فقد جاء في البدائع (وإما بين صفة الحكم فله صفتان.... الثانية الحلول، وهو ثبوت الملك في البدلين للحال، لأنه تمليك بتمليك، وهو إيجاب الملك من الجانبين للحال، فيقتضي ثبوت الملك في البدلين للحال. بخلاف البيع بشرط الخيار، لان الخيار يمنع انعقاد العقد في حق الحكم، فيمنع وقوعه تمليكا للحال. وبخلاف البيع الفاسد، فان ثبوت المالك فيه موقوف على القبض، فيصير تمليكا عنده).

يتبين لنا من هذا النص إن عقد البيع في الفقه الإسلامي ينقل الملكية بذاته ولا يقتصر على إنشاء التزام بالتسليم أو التزام بنقل الملكية كما هو الحال في الفقه اللاتيني.

وقد كان مقتضى انتقال الملك بالبيع في الفقه الإسلامي إن يملك المشتري التصرف في المبيع بمجرد البيع، حتى قبل القبض. وهذا هو مذهب مالك، إما عند الشافعية والحنابلة فلا يجوز للمشتري إن يتصرف في المبيع قبل قبضه سواء كان منقولا أو عقارا وذلك لأسباب مختلفة أهمها:

---

(1) النووي (أبي زكريا محيي الدين يحيى بن شرف النووي)، المجموع شرح المهذب، دار الفكر، ج9، بيروت، بلا سنة طبع، ص149.

(2) ابن قدامه (موفق الدين أبي محمد عبد الله بن احمد ابن قدامه المقدسي)، المغني شرح مختصر الخرقي، تحقيق د.عبد الله بن المحسن التركي ود.عبد الفتاح محمد الحلو، هجر للطباعة والنشر والتوزيع، ج6، القاهرة، ط1، 1408، ص5.

1- إن انتقال الملكية إلى المشتري لا تتأكد إلا بالقبض، فإذا تأكدت الملكية بالقبض كان للمشتري إن يتصرف فيها.

2- إن المبيع قبل القبض يكون في ضمان البائع لا في ضمان المشتري، ولا يجوز للمشتري إن يبيع ما ليس في ضمانه.

3- إن المشتري الذي لم يبيع ما لم يقبض لا يكون قادرا على التسليم، فلا يجوز له إن يبيع المبيع حتى يقبضه ليكون قادرا على تسليمه.

إما الحنفية فيميزون بين المنقول والعقار، فيجيزون بيع العقار قبل قبضه لان هلاك العقار غير محتمل، ولا يجيزون بيع المنقول قبل قبضه لاحتمال تلف المنقول قبل القبض فيبطل البيع بذلك ويؤدي إلى الغرر بالمشتري الجديد.

وإذا كان عقد البيع في الفقه الإسلامي ينقل الملكية فان القبض يزيد الملكية تأكيدا، فهو الذي يطلق يد المشتري في التصرف في أكثر المذاهب.

ولكن ما يؤخذ على موقف الفقه الإسلامي من عقد البيع ما يلي:

1- إن التعاريف التي أوردها الفقهاء المسلمون لا تنطبق على بيع المثليات، ولا على بيع الأشياء المستقبلة في الأحوال التي يجوز فيها هذا البيع، لان المثليات المبيعة لا تنتقل ملكيتها إلا بفرزها، ولان الأشياء المستقبلة لا تنتقل ملكيتها إلا بعد وجودها. فلا يترتب على البيع في هاتين الحالتين سواء إنشاء التزام بنقل الملكية.

2- إن موقف الفقه الإسلامي من البيع لا يتفق مع القوانين الحديثة التي تجيز للمشتري إن يتصرف في المبيع قبل القبض الأمر الذي يترتب عليه عدم مجارات الفقه الإسلامي لما يفرضه التطور في العلاقات الاقتصادية وسرعة التعامل من ضرورة تمكين المشتري من التصرف بالمبيع قبل قبضه وهذا ما أخذت به جميع القوانين المدنية الحديثة.

رابعاً: البيع في القوانين المدنية الحديثة.

جاء القانون المدني الفرنسي الحديث (قانون نابليون لسنة 1804) متأثرا بصورة مباشرة وغير مباشرة بتقاليد القانون الفرنسي القديم، فقد يبدو لأول وهلة إن

الملكية في القانون الفرنسي الحديث لا تنتقل إلى المشتري بمجرد إبرام العقد حيث نصت المادة 1582 منه على انه (البيع اتفاق بموجبه يلتزم احد المتعاقدين بتسليم المبيع، ويلتزم الأخر بدفع الثمن).

فهذا التعريف للبيع لازال يحمل أثار القانون الفرنسي القديم، إلا إن نصوص القانون الفرنسي الحديث الأخرى تدل بما لا يقبل الشك على إن المشرع الفرنسي قد خطا أخر مرحلة من مراحل التطور فجعل البيع ذاته ناقلا للملكية إذ يرتب في ذمة البائع التزام بنقل الملكية إلى المشتري.

فقد نصت المادة 1583 مدني فرنسي على انه (.... يكسب المشتري من البائع قانونا ملكية المبيع، بمجرد اتفاقهما على المبيع والثمن، ولو كان المبيع لم يسلم والثمن لم يدفع).

كما اعتبرت المادة 719 مدني فرنسي العقد ذاته سبب من أسباب كسب الملكية، كما قضت المادة 1138 مدني فرنسي بان الالتزام بتسليم شيء إنما يتم بمجرد اتفاق الطرفين المتعاقدين.

وقضت المادة 1599 مدني فرنسي ببطلان بيع ملك الغير[1].

إما عن موقف القانون المدني الألماني الصادر عام 1900 فقد نصت المادة 433 منه على انه (بموجب عقد البيع يلتزم البائع لشيء ما بتسليمه إلى المشتري وبنقل ملكية هذا الشيء إليه).

ويلاحظ على موقف القانون الألماني انه يربط نقل الملكية بالتسليم حيث يسمح التسليم للمشتري وضع يده على المبيع وينشى حقه في الملكية في إن واحد[2].

وعلى خطى القانون الألماني سار قانون الالتزامات السويسري في تصويره لطبيعة عقد البيع حيث نصت المادة 184منه على انه (البيع عقد يلتزم بمقتضاه البائع

[1] د. عباس الصراف، مصدر سابق، ص20.

[2] عبد الناصر توفيق العطار، نظرية الأجل في الالتزام، بلا مكان وسنة طبع، ص112-113هامش (1).

بتسليم المبيع إلى المشتري وبنقل الملكية إليه مقابل الثمن الذي يلتزم المشتري بأدائه له).

إما موقف القانون الانكليزي فان البيع فيه لا ينقل الملكية ولكن يرتب التزام في ذمة البائع بنقلها إلى المشتري[1].

إذ يعرفه بأنه "عقد ينقل البائع بمقتضاه ـ أو يتعهد بنقل ـ ملكية البضاعة إلى المشترى نظير مقابل نقدي يسمى الثمن"[2]. فيجب أن يقدم كل طرف شيئاً في مقابل ما يحصل عليه، فيقدم البائع ـ أو يتعهد بتقديم ـ ملكية البضاعة، ويقدم المشترى أو يتعهد بتقديم نقود كثمن لها[3]. وعلى ذات النهج يُعرف الفقه الأمريكي البيع بأنه (نقل حق الملكية من البائع إلى المشتري مقابل سعر معين)[4]، كما عرف القانون التجاري الأمريكي الموحد البيع بأنه "نقل ملكية البضاعة من البائع إلى المشترى مقابل ما يدفعه الأخير من ثمن"[5].

إما عن موقف القانون المدني المصري، فقد نصت المادة 418 منه على انه (البيع عقد به يلتزم البائع إن ينقل للمشتري ملكية شيء أو حقا ماليا أخر في مقابل ثمن نقدي).

---

(1) انظر في تعريف البيع في القانون الانكليزي:

- Ewan Maclutyre, BUSINESS Law, second edition, Longman, England, 2005. P. 232.

(2) المادة الثانية من قانون بيع البضائع الإنجليزي لعام 1979 Sale of goods Act 1979 ، وتعرف عقد البيع بأنه:

"A contract by which the seller transfers or agrees to transfer the property in goods to the buyer for a money consideration, called the price".

(3) David Tiplady, "Introduction to the law of international trade", BSP Professional books, 1989, P. 1, No. 1-01.

(4) Henry R. Cheesenan, BUSINESS LAW, Fifth Edition, PEARSON Prentice Hall, United States, 2004, P. 384.

(5) المادة 106-2 من القانون التجاري الأمريكي الموحد Uniform commercial code، وتنص في فقرتها الأولى على أنه: 1 " ... A "Sale" Consists in the passing of title from the seller to the buyer for a price..".

ويجمع الفقه المصري في الوقت الحاضر على إن عقد البيع لا ينقل الملكية مباشرة وإنما يولد التزاما على عاتق البائع بنقلها إلى المشتري مقابل ثمن نقدي يلتزم به الأخير.

خصائص عقد البيع:

نستطيع بعد إن عرفنا عقد البيع، إن نبين الخصائص التي تميزه عن غيره من العقود، وهذه الخصائص هي:

1- البيع عقد رضائي:

الأصل في العقود الرضائية، والعقد ألرضائي هو الذي يكفي التراضي لانعقاده. وعقد البيع عقد رضائي لأنه ينعقد بمجرد الاتفاق الذي يتم بتبادل إرادتين متطابقتين. فهو ليس عقد شكليا يجب إتباع شكل خاص في انعقاده. وهو كذلك ليس عقد عينيا لا ينعقد إلا بتسليم المبيع.

ومع ذلك فقد أورد المشرع العراقي على مبدأ رضائية عقد البيع جملة من الاستثناءات أهمها:

(أ) ما نصت عليه المادة 508 مدني عراقي من انه (بيع العقار لا ينعقد إلا إذا سجل في الدائرة المختصة واستوفى الشكل الذي نص عليه القانون).

(ب) ما نصت عليه المادة 979 من القانون المدني العراقي حيث اشترطت في البيع إذا كان الثمن إيراد مرتبا إن يكون مكتوبا وإلا كان باطلا.

(ج) ما نص عليه القسم (5)7/ من قانون المرور الجديد الصادر بموجب أمر سلطة الائتلاف رقم 86 لسنة 2004على انه (لا ينعقد بيع المركبة إلا إذا سجل في دائرة التسجيل المختصة واستوفى الشكل المنصوص عليه في الفقرة (3) من هذا القسم إلا ما استثنى بقانون)[1].

---

[1] منشور في الوقائع العراقية- رقم العدد 3984 -2004/6/1، ص15.

(د) ما نصت عليه المادة (2) من قانون تعديل تسجيل المكائن المرقم 56 لسنة 1952[1] حيث اشترطت تسجيل الماكنة عند بيعها لدى الكاتب العدل في المنطقة التي توجد فيها الماكنة[2] وإلا عد عقد البيع باطلا[3].

(هـ) ما نصت عليه المادتان (22و23)[4] من قانون تسجيل السفن رقم 19 لسنة 1942[5] والمادة (3) من قانون التجارة البحرية العثماني[6]، حيث اشترطت

---

(1) وقد تم تعديل قانون تسجيل المكائن رقم 31 لسنة 1939 بهذا القانون الذي يحمل رقم 56 لسنة 1952 والمنشور في الوقائع العراقية - رقم العدد 3115 - بتاريخ 1952/6/16.

(2) والماكنة كما عرفتها المادة (1) من قانون تعديل تسجيل المكائن المرقم 56 لسنة 1952 بأنها (يراد بتعبير الماكنة جهاز أو مجموعة أجهزة إلية معدة لتوليد الطاقة أو تحويلها أو نقلها واستخدامها لغرض معين سواء كانت تشغل بالبخار أو النفط أو الكهرباء أو بأية واسطة غير يدوية)، وانظر أيضا في تعريف الماكنة؛ قرار محكمة التمييز رقم 389 / م1 / 1972 بتاريخ 28 / 8 / 1972، النشرة القضائية، ع3، س3، ص33.

(3) انظر في بطلان بيع الماكنة في حالات عدم تسجيل البيع لدى الكاتب العدل: قرار محكمة التمييز رقم 199 / هيئة عامة / 1971 بتاريخ 22 / 1 / 1972، النشرة القضائية، ع1، س3ص32، قرار محكمة التمييز رقم 406 / م1 / 1972 بتاريخ 25 / 5 / 1972، النشرة القضائية، ع2، س3، ص32، قرار محكمة التمييز رقم 422 / م2 / 1973 بتاريخ 24 / 4 / 1973، النشرة القضائية، ع2، س4، ص54، قرار محكمة التمييز رقم 11 / هيئة عامة أولى / 1973 بتاريخ 24 / 6 / 1973 ، النشرة القضائية، ع3، س4، ص52، قرار محكمة التمييز رقم 801 / م2 / 1973 بتاريخ 8 / 4 / 1974، النشرة القضائية، س5، ص39، قرار محكمة التمييز رقم 1748 / م3 / 1974 بتاريخ 4 / 6 / 1975، مجموعة الإحكام العدلية، ع2، س6، ص35، قرار محكمة التمييز رقم 441 / هيئة عامة أولى / 1977 بتاريخ 15 / 4 / 1978، مجموعة الإحكام العدلية، ع2، س9، ص20.

(4) نصت المادة (23) على انه (تتم صفقة البيع بسند رسمي...).

(5) انظر هذا القانون والجدول المربوط به في الوقائع العراقية - رقم العدد 2021 - بتاريخ 1942/5/4 وكذلك في مجموعة القوانين والأنظمة، لسنة 1942، ص65.

(6) وهذا القانون العثماني لازال ساري المفعول إلى يومنا هذا لعدم صدور قانون يحل محله أو يلغيه. جاء في قرار محكمة التمييز رقم 338 / تنفيذ / 1964 بتاريخ 31 / 10 / 1964 بأن (قانون التجارة البحرية العثماني لا زال ساري الحكم ونافذ المفعول...)، قضاء محكمة===

تسجيل السفينة عند بيعها بسند رسمي في دائرة الملاحة الداخلية أو في مركز أخر من مراكز التسجيل[1] وإلا كان البيع باطلا[2].

(و) ما نصت عليه المادة (40) من قانون الطيران رقم 148 لسنة 1974 من انه (الطائرة مال منقول فيما يتعلق بتطبيق القوانين والأنظمة النافذة في الدولة ومع ذلك فان نقل ملكية الطائرة يجب إن يتم بموجب سند رسمي ولا يكون له أي اثر تجاه الغير إلا بعد قيده في السجل الخاص بذلك)[3].

2- البيع عقد معاوضة:

البيع من عقود المعاوضة لان كلا الطرفين يأخذ مقابل لما يعطي فالمشتري يأخذ المبيع في مقابل الثمن والبائع يأخذ الثمن مقابل المبيع[4].

فعقد البيع لا يتضمن نية التبرع من قبل الطرفين، ومع ذلك قد يخفي البيع هبة مستترة، حيث يكون المظهر الخارجي للتصرف انه من عقود المعاوضة، ولكن من

=== تمييز العراق، مج2، القرارات الصادرة سنة 1964، تصدر عن المكتب الفني في محكمة تمييز العراق، مطبعة الإدارة المحلية، بغداد، 1968، ص318- 319.

(1) عرفت المادة (1/عاشرا) من قانون الموانئ رقم 21 لسنة 1995 السفينة بأنها الوحدة العائمة التي تعد أو تخصص للملاحة البحرية على وجه الاعتياد، وتعتبر ملحقات السفينة اللازمة لها جزء منها). انظر نص القانون كاملا منشور في الوقائع العراقية - رقم العدد 3590 - بتاريخ 1995/11/20، ص376.

(2) قضت محكمة التمييز في قرارها المرقم 236 / مدنية رابعة / 1978 بتاريخ 1978/3/29 بأنه (لا يتم بيع الزورق البخاري إلا بتسجيله في دائرة الملاحة وفقا لإحكام قانون تسجيل السفن رقم 19 لسنة 1942)، مجموعة الإحكام العدلية، ع1، س9، 1978، 17- 18.

(3) وقد تشدد المشرع العراقي في حالة التصرف بالطائرة إلى شخص أجنبي عن طريق بيعها أو رهنها أو أي تصرف أخر حيث اشترط فوق الشكلية موافقة سلطات الطيران المدني حيث نصت المادة 41 على انه (لا يجوز إجراء أي تصرف قانوني بأية طائرة مسجلة في السجل الوطني إلى شخص أجنبي سواء بالبيع أو الرهن أو أي تصرف أخر إلا بعد موافقة سلطات الطيران المدني). انظر نص القانون كاملا منشور في الوقائع العراقية- رقم العدد 2415 - بتاريخ 1974/11/18، ص438.

(4) Ewan Maclutyre, op. cit, p. 232.

حيث الموضوع يشكل التصرف عقد من عقود التبرع. كما إن البيع قد يشكل هبة مكشوفة وذلك عندما يكون الثمن اقل بكثير من قيمة الشيء ويكون لدى البائع نية التبرع[1].

ولتحديد نوع العقد يجب النظر إلى العملية القانونية التي تعاقد عليها الطرفان في جملتها، حيث يتعين على قاضي الموضوع الاعتداد بعناصرها المادية وعناصرها النفسية على السواء. فعقد التبرع لا يتحقق إلا بتوفر عنصرين: الأول مادي يتمثل بانتفاء المقابل أو العوض النقدي، والثاني نفسي يتمثل بتوفر نية التبرع. فإذا تخلف احد العنصرين كان العقد معاوضة[2].

ويترتب على اعتبار عقد البيع من طائفة عقود المعاوضة جملة من النتائج أهمها:

1- إن مسؤولية كلا الطرفين هي مسؤولية عادية تخضع للقواعد العامة في المسؤولية العقدية.

2- الأصل إن شخصية المتعاقد في عقد البيع لا تعتبر محل اعتبار وبالتالي لا يؤثر الغلط في شخصية البائع أو المشتري في العقد.

3- في نطاق دعوى عدم نفاذ التصرفات لا يجوز للدائن إن يبطل عقد البيع المبرم بين مدينه والغير إلا إذا اثبت تواطؤ المدين مع هذا الغير.

كما تنقسم عقود المعاوضة إلى عقود محققة وعقود احتمالية حيث نص القانون المدني الفرنسي على هذا التقسيم في المادة 1104.

ويعتبر عقد المعاوضة محققا إذا كان مدى وقدر المنافع التي يحصل عليها كل من الطرفين محددا وقت التعاقد. ويعتبر احتماليا إذا كان مقدار ومدى المنافع التي يحصل عليها الطرفين لا يمكن تحديدها وقت إبرام العقد وإنما يمكن تحديدها في المستقبل. فإلى أي طائفة ينتمي عقد البيع باعتباره من عقود المعاوضة؟

---

[1] د. نبيل إبراهيم سعد، مصدر سابق، ص41.

[2] د. إسماعيل غانم، مصدر سابق، ص67.

الأصل في عقد البيع انه من العقود المحددة إذ المنفعة التي يحصل عليها المشتري محددة عند التعاقد بقيمة العين المبيعة وتلك التي يحصل عليها البائع محددة أيضا بمقدار الثمن.

ومع ذلك يمكن إن يكون لعقد البيع طبيعة احتمالية إذا كان من غير الممكن تحديد المركز لأحد المتعاقدين وقت إبرام العقد، ومثال ذلك:

1- إذا كان المبيع حق انتفاع حيث لا يمكن تحديد مدى المنفعة التي تعود على المشتري وقت إبرام العقد، إذ إن حق المنفعة ينقضي بوفاة المنتفع ولا ينتقل إلى الورثة ولما كان وقت الموت لا يمكن التنبؤ به فان البيع في هذه الصورة سيكون ذو طبيعة احتمالية.

2- إذا كان المبيع حق متنازع فيه حيث لا يمكن أيضا تحديد مدى المنفعة التي ستعود على المشتري وقت إبرام العقد لان الأخير قد يكسب الحق أو يخسره.

3- إذا كان الثمن إيراد مرتب مدى الحياة حيث لا يمكن تحديد الثمن وقت إبرام العقد بصورة دقيقة، فقد تطول مدة حياة البائع أو المشتري الذي تم ربط الإيراد بحياته فيزداد الثمن أو تقصر فينقص هذا المبلغ[(1)].

ويلاحظ أخيرا إن أهمية التميز بين عقد البيع المحدد وعقد البيع الاحتمالي تظهر فيما يتعلق بتطبيق إحكام الغبن. فقد كان الرأي السائد فقها وقضاء إن الغبن لا يؤثر في العقود الاحتمالية لان الأساس الذي تقوم عليه هذه العقود هو غبن احتمالي يتحمله احد المتعاقدين.

والحقيقة إن الفرق بين عقد البيع المحدد والاحتمالي، فيما يتعلق بتطبيق نظرية الغبن، ينحصر في كيفية هذا التطبيق، لا في قصر هذه النظرية على عقد البيع المحدد وحده.

فعقد البيع الاحتمالي كعقد البيع المحدد، يمكن إن نتصور وقوع الغبن فيه، على الرغم من إن طبيعته تفترض احتمال الكسب والخسارة، فلا يكفي في نطاق البيع الاحتمالي القول إن هناك غبنا لحق احد الطرفين، إن يتبين، بعد انعقاد العقد وتحقق

---

(1) د. نبيل إبراهيم سعد، مصدر سابق، ص41-42.

الواقعة التي يتوقف عليها تحديد مقدار الالتزام أو وجوده، إن هناك اختالا في التعادل بين ما حصل عليه هذا المتعاقد وبين ما أعطاه. بل يجب الاعتداد بوقت انعقاد العقد ذاته، فينظر إلى احتمال الكسب واحتمال الخسارة، فلا محل للقول بان هناك غبنا وقع في عقد البيع الاحتمالي، ولو حصل بعد ذلك - بعد وقوع الحادثة التي يتوقف عليها مقدار الالتزام - إن ما أداه احد المتعاقدين يفوق بكثير ما أخذه. وعلى العكس إذا اختل التعادل وقت انعقاد العقد بين احتمال الكسب واحتمال الخسارة، فان الغبن يكون قد تحقق، كما في بيع منزل كبير القيمة في مقابل إيراد مدة وجيزة. فالغبن في عقود البيع الاحتمالية، اذا هو عدم التعادل بين احتمال الكسب واحتمال الخسارة وقت انعقاد العقد[1].

3- البيع عقد ملزم للجانبين:

عرفت المادة 1102 من القانون المدني الفرنسي العقد الملزم للجانبين بأنه (يكون العقد ملزما للجانبين إذا التزم العاقدان على وجه التبادل كل منهما نحو الأخر).

الحقيقة إن هذا التعريف ينطبق على عقد البيع حيث يكون فيه كل من الطرفين (البائع والمشتري) دائنا ومدينا بمقتضى العقد.

فالبائع مدين بنقل ملكية المبيع إلى المشتري وبضمان التعرض والاستحقاق وضمان العيوب الخفية والتسليم، ودائن بالثمن وضرورة تسلم المبيع من قبل المشتري.

إما المشتري فهو مدين بدفع الثمن وتسلم المبيع، ودائن بنقل الملكية وضمان التعرض والاستحقاق وضمان العيوب الخفية والتسليم.

ويترتب على كون عقد البيع ملزما للجانبين، انه لا يستطيع احد المتعاقدين إن يستقل بفسخ العقد أو إنهاءه دون موافقة الطرف الأخر. ومع ذلك فقد أجازت القوانين الخاصة بحماية المستهلك والقوانين المنظمة للتجارة الالكترونية للمشتري (المستهلك) إن يرجع عن إبرام العقد رغم صدور القبول خلال فترة حددتها بعض القوانين بمدة سبعة أيام من وقت صدور القبول أو تسلم المبيع.

---

[1] د. إسماعيل غانم، مصدر سابق، ص72-73.

إن حق الرجوع الذي منحته القوانين الحديثة للمشتري يعد استثناء خطيرا على طبيعة عقد البيع باعتباره عقدا ملزما للجانبين حيث يعتبر عقد البيع الذي يجوز فيه للقابل الرجوع، من العقود الملزمة لجانب واحد (البائع) فالبيع هنا نافذ غير لازم بالنسبة للمشتري.

ويترتب على وصف عقد البيع بأنه عقد ملزم للجانبين جملة من النتائج أهمها:

1- إذا لم يقم احد طرفي عقد البيع بتنفيذ التزامه جاز للطرف الأخر إن يتحلل من التزامه بان يطلب فسخ عقد البيع فينحل العقد بأثر رجعي.

2- إذا هلكت العين المبيعة قبل إبرام العقد أو بعد إبرام العقد وقبل التسليم، فان التزام البائع بنقل الملكية في الحالة الأولى والتزامه بالتسليم في الحالة الثانية يصبح مستحيلا فينقضي بسبب استحالة التنفيذ وينقضي تبعا لذلك التزام المشتري بدفع الثمن وينفسخ العقد من تلقاء نفسه. فلا يستطيع البائع الذي استحال عليه تنفيذ التزامه بنقل الملكية أو التزامه بالتسليم إن يطالب المشتري بتنفيذ التزامه بدفع الثمن، فتكون الخسارة الناتجة عن استحالة التنفيذ عليه أي على البائع.

3- إن لكل من الطرفين في عقد البيع، إذا ما طالبه الطرف الأخر بتنفيذ التزامه دون إن يكون الطالب قد نفذ ما عليه من التزام، إن يلجئ إلى الدفع بعدم التنفيذ، فإذا امتنع المشتري عن دفع الثمن كان للبائع إن يمتنع عن تنفيذ التزامه بالتسليم حتى يقوم المشتري بتنفيذ ما عليه من التزام.

4- البيع عقد ناقل للملكية.

لم يكن عقد البيع في ظل القوانين القديمة - وكما مر بنا سابقا - يولد التزاما بنقل الملكية، فلم يكن عقدا ناقلا للملكية، ولكنه تطور بعد ذلك تدريجيا حتى أصبح ينقل الملكية في الوقت الحاضر.

فعقد البيع في القوانين الحديثة يعتبر من أهم العقود الناقلة للملكية بطبيعته. لهذا فقد تناوله مشرعنا المدني في الباب الأول من الكتاب الثاني تحت عنوان (العقود التي تقع على الملكية).

ومع ذلك فقد لاحظ الأستاذان (أوبري ورو) انه (إذا كان نقل الملكية من طبيعة عقد البيع إلا أنها ليس من مستلزماته).

ويترتب على ذلك إن عقد البيع قد ينعقد دون إن ينقل الملكية مباشرة بعد إبرام العقد ويكون ذلك في حالتين:

الأولى: إذا اتفق الطرفان على إرجاء انتقال الملكية إلى فترة لاحقة، فمثل هذا الاتفاق صحيح لعدم مخالفته للنظام العام أو الآداب. ومع هذا فان بعض فقهاء القانون المدني ينكرون على هذا العقد الذي يتأخر فيه انتقال الملكية باتفاق الطرفين انه عقد بيع ويعتبرونه مجرد عقد غير معين.

وقد جانب كل من الفريقين النظرة الفقهية السليمة، فالملكية وكما هو معروف تستعصي طبيعتها على التوقيت، والأجل توقيت فلا يجوز إن تقترن به الملكية حيث نصت المادة 292 من القانون المدني العراقي على انه (لا يصح في العقد اقتران الملكية بأجل).

وبالتالي إذا اتفق البائع مع المشتري على إلا تنتقل إليه ملكية المبيع (العقار مثلا) إلا بعد سنة من تاريخ ابرام العقد ينتفع فيها البائع بسكنى العقار، وجب تفسير قصد المتبايعين بان البائع اشترط الاحتفاظ بحق الانتفاع دون انتظار انقضاء السنة.

إن هذا التفسير يفي بجميع الإغراض التي قصد إليها المتعاقدين، فقد احتفظ البائع في سكنى العقار سنة، وانتقلت الملكية في الرقبة دون المنفعة إلى المشتري قبل انقضاء السنة.

إما إذا قلنا بغير ذلك، وقررنا إن البائع يحتفظ بالملكية كاملة انتفاعا ورقبة، مدة سنة، كما ذهب إلى ذلك الأستاذان (أوبري ورو)، فان سؤال يثور مفاده ماهية الزيادة التي حصلت في حق البائع؟

الواقع إن البائع يكون في نفس الوضع الذي احتفظ فيه لنفسه بحق الانتفاع فقط، فهذا الحق وحده هو الذي يستطيع إن يستغله وان يتصرف فيه إما ملكية الرقبة لمدة سنة فلا يفيده شيئا، ولا تجدي ملكية الرقبة إلا إذا كانت دائمة[1].

---

[1] انظر: د. السنهوري، مصدر سابق،ج4، ص420 هامش (1).

الثانية: إذا كان انتقال الملكية مباشرة مستحيلا لعدم تعيين الشيء المبيع، ولهذه الحالة ثلاث صور:

الصورة الأولى: هي صورة بيع الأشياء المعينة بالنوع، مثال ذلك إن يبيع شخص لأخر خمسين طنا من الحنطة بمبلغ قدره مائة إلف دينار، في هذه الصورة لا تنتقل الملكية إلى المشتري إلا بالإفراز (م 531 م.ع).

الصورة الثانية: البيع بخيار التعيين، وهو البيع الذي ينصب على أشياء معينة ويكون وفاء البائع بأحدهما مبرئا لذمته، وفي هذا النوع من البيوع لا تنتقل الملكية في الحال وبمجرد انعقاد العقد وإنما تتراخى إلى فترة لاحقة هي فترة استعمال حق الخيار ممن شرط الخيار لمصلحته[1].

الصورة الثالثة: عقد الاستصناع، وهو عمل شيء معين مادته من الصانع (م 865 م.ع) ولا تنتقل ملكية هذا الشيء، إلا إذا تم صنع هذا الشيء أو تقدم صنعه لدرجة تكفي لتعيينه كما يذهب إلى ذلك فقهاء القانون المدني، أو من يوم رؤيته من قبل المشتري كما يذهب إلى ذلك فقهاء الشريعة الإسلامية، إما قبل ذلك فان هذه المواد تبقى ملكا للبائع (الصانع) وتكون تبعة هلاكها بقوة قاهرة أو حادث فجائي عليه لا باعتباره مالكا لان الهلاك يدور مع التسليم وجودا وعدما، وإنما لان المبيع لم يوجد بعد.

ومع ذلك قد يتفق المتعاقدان على إن الملكية لا تنتقل إلا عند قبول المشتري بالشيء الموصى بصنعه وتسلمه له، ومثل هذا الاتفاق جائز لعدم مخالفته للنظام العام والآداب، ولا تنتقل الملكية إلى المشتري في هذه الحالة إلا بعد قبوله بالشيء الموصى بصنعه وتسلمه له.

تمييز عقد البيع من غيره من العقود:

قد يثور اللبس بين البيع وبين بعض عقود أخرى فيدق تمييزه منها، وبعد إن بينا خصائص عقد البيع نستطيع إن نميزه من هذه العقود.

---

[1] انظر المواد 298- 301 من القانون المدني العراقي.

أولاً: تمييز البيع من المقايضة.

إن الفرق الأساسي بين البيع والمقايضة إن الثمن في عقد البيع يجب إن يكون من النقود، إما في المقايضة فان العوض يكون مالا أخر من غير النقود. وتطبق على المقايضة إحكام البيع إلا فيما يخالف طبيعتها، لان كلا من المقايضين يعتبر بائعا للشيء الذي قايض به ومشتريا للشيء الذي قايض عليه (م 597 ف2 م.ع).

ولا تتلبس المقايضة بالبيع إلا في حالتين هما:

(1) إذا كان المقابل أوراقا مالية، الظاهر إن المقابل هنا وان أمكن معرفة قيمته بالنقود بمجرد تبين سعر السوق، إلا إن العبرة فيه بطبيعته وقت العقد، وبما انه ليس نقد فيكون العقد مقايضة لا بيعا، ولكن ما الحكم إذا كان المقابل إيرادا مدى الحياة؟ الراجح في الفقه إن العقد بيع قدر فيه الثمن وهو من النقود على وجه احتمالي في صورة إيراد.

(2) إذا كان المقابل بعضه من النقود وبعضه من غير النقود، الرأي الراجح انه إذا كان العنصر الغالب هو النقود فالعقد بيع، إما إذا كان العنصر الغالب هو من غير النقود فالعقد مقايضة، إما إذا كان المقابل نصفه من النقود والنصف الأخر من غير النقود فالعقد مركب من بيع ومقايضة[1].

ثانياً: تمييز البيع من الهبة بشرط.

تتميز الهبة من البيع بميزة جوهرية هي إن الهبة تمليك مال لأخر بلا عوض (م 601ف1 م.ع)، والبيع تمليك بمقابل[2]، إلا انه يحدث أحيانا إن يشترط الواهب على الموهوب له بعض الشروط المالية وعندئذ تمحو هذه الشروط نية التبرع لدى الواهب وهكذا تختلط الهبة بشرط بعقد البيع، والتفرقة بينهما على جانب كبير من الصعوبة عندما يكون الشرط قابلا للتقدير بالنقد ويكون مساويا أو قريبا من قيمة العين، والضابط في التمييز بين هذين الفرضين بنية التبرع، فاذا كانت موجودة في جانب العاقد الذي اعطى الشيء كان العقد هبة مهما بلغ مقدار العوض، والا فالعقد

---

(1) د. سعدون العامري، مصدر سابق، ص25.

(2) Ewan Maclutyre, op. cit, P. 103.

بيع، ووجود نية التبرع مسألة وقائع يفصل فيها قاضي الموضوع وحده دون رقابة عليه من محكمة التمييز.

وقد قررت المحاكم الفرنسية إن العقد يعتبر هبة إذا كان الشرط المدرج فيه لمصلحة شخص أخر غير الواهب، سواء أكان المستفيد من هذا الشرط هو الموهوب له نفسه أو شخص أخر أجنبيا عن عقد الهبة.

ثالثاً: تمييز البيع من القرض بفائدة.

عرفت المادة 684 من القانون المدني العراقي القرض بأنه (هو إن يدفع شخص لأخر عينا معلومة من الأعيان المثلية التي تستهلك بالانتفاع بها ليرد مثلها).

كما نصت الفقرة الثانية من المادة 692 على انه (لا تجب الفائدة في القرض إلا إذا شرطت في العقد).

يتبين لنا من النصوص أعلاه إن المعيار الفاصل بين البيع والقرض هو ذلك الالتزام الذي يفرضه عقد القرض على المقترض بضرورة رد الأعيان المثلية محل العقد بعد الانتفاع بها المدة المحددة للعقد.

فالالتزام بالرد في نطاق عقد القرض يعتبر التزاما جوهريا بينما لا نجد مثل هذا الالتزام ضمن النصوص المنظمة لعقد البيع، وعلى فرض وجوده في بعض الحالات كما في عقود بيع اسطوانات بيع الغاز وقناني المشروبات الغازية حيث لا يملك المشتري سوى الغاز أو المشروب الغازي وعليه إن يرد بعد ذلك اسطوانة الغاز أو القنينة الفارغة، فان هذا الالتزام يعد التزام استثنائيا محضا لا يتعلق بذاتية عقد البيع بقدر تعلقه بالإلية التي يتم تسليم المبيع فيها إلى المشتري.

وعلى الرغم من هذا الفارق الواضح بين البيع والقرض فان بين العقدين صفات مشتركة، حيث يعتبر كل من البيع والقرض من العقود الواردة على الملكية، إلا إن نقل الملكية في عقد البيع يختلف عنه في القرض، حيث إن المشتري بموجب عقد البيع يصبح مالكا للمبيع بصورة نهائية، بينما لا يصبح المقترض بموجب عقد القرض مالكا بصفة نهائية وإنما عليه التزام برد مثل الشيء المقترض.

ومع هذا يشتبه البيع بالقرض بفائدة ويحدث ذلك في حالة ما لو اشترى شخص عينا بثمن مرتفع مؤجل ثم باعه في الوقت ذاته إلى نفس البائع أو شخص يعمل لحسابه بثمن منخفض معجل[1].

إن هذا البيع المزدوج في حقيقته عقد قرض بربا فاحش، لان المشتري (المقترض) لم يأخذ المبيع مطلقا بل اخذ مبلغا من النقود معجلا في مقابل التزامه بمبلغ مؤجل اكبر منه أي بفائدة هي الفرق بين الثمنين. وعلى قاضي الموضوع في هذه الحالة إن يجري إحكام القرض وان يسقط البيعين من حسابه، ومن ثم ينقص الفوائد الفاحشة إلى الحد المسموح به قانونا.

رابعاً: تمييز البيع من الوصية.

عرفت المادة 64 من قانون الأحوال الشخصية العراقي الوصية بأنها تصرف في التركة مضاف إلى ما بعد الموت مقتضاه التمليك بلا عوض.

والوصية تتحد مع البيع في أنها تمليك وتختلف عنه في أنها تمليك دون مقابل مضاف إلى ما بعد الموت، في حين إن البيع تمليك بمقابل يقع بين الإحياء، وتختلف الوصية عن البيع أيضا في أنها تصرف من جانب واحد بينما البيع تصرف من جانبين.

ولكن قد يقصد الموصي التهرب من إحكام الوصية فيعطيها صورة البيع، ولذلك كان الحكم على حقيقة التصرف من اختصاص محكمة الموضوع التي تستخلص نية المتعاقدين من شروط العقد ومن الظروف التي أحاطت به، فإذا قررت إن التصرف

---

[1] ويعرف الفقه الإسلامي هذا العقد، ويسميه بيع العينة، انظر في جوازه في الفقه الإسلامي في بعض المذاهب: ابن رشد (الإمام الحافظ أبي الوليد محمد بن احمد بن انس)، ملحق المدونة الكبرى للإمام مالك بن انس، مقدمات ابن رشد لبيان ما اقتضته المدونة من الإحكام، ضبطه وخرج آياته وأحاديثه الشيخ زكريا عميرات، مج5، منشورات محمد علي بيضون، دار الكتب العلمية، بيروت، ط1، 2005، ص390، الإمام محمد أبو زهرة، الملكية ونظرية العقد في الشريعة الإسلامية، دار الفكر العربي، القاهرة، بلا سنة طبع، ص214، كما يعرف القانون الفرنسي القديم هذا العقد، ويسميه بوتييه Mohatra.

وان كان بيعا في ظاهره إلا انه في واقع الأمر وصية، فلا رقابة للمحكمة العليا عليها في القوانين المقارنة.

ومن أهم[1] القرائن التي تعول عليها المحاكم في استنباط نية الايصاء لا البيع إن يشترط على المشتري عدم التصرف في الرقبة أو إن يتفق المتعاقدان على عودة ملكية المبيع إلى البائع إذا توفي المشتري قبله، أو إن يذكر البائع في العقد انه تنازل عن الثمن.

خامساً: تمييز البيع من الوفاء بمقابل.

نصت المادة 339 من القانون المدني العراقي على انه (إذا قبل الدائن في استيفاء حقه شيئا أخر غير الشيء المستحق قام هذا مقام الوفاء).

كما نصت المادة 400 مدني عراقي على انه (يسري على الوفاء بمقابل من حيث انه ينقل ملكية الشيء الذي أعطى في الدين إحكام البيع وبالأخص ما يتعلق منها بأهلية المتعاقدين وضمان الاستحقاق وضمان العيوب الخفية. ويسري عليه من حيث ما يقضي الدين إحكام الوفاء وبالأخص ما تعلق منها بتعيين جهة الدفع وانقضاء التأمينات).

هذا ويلاحظ إن عقد البيع يختلط بالوفاء بمقابل Dation en Paiement اختلاطا كبيرا جعل بعض الفقهاء ومنهم الفقيه الفرنسي الكبير بوتييه يذهب إلى القول إن الشيء الذي يقدم كمقابل للدين المستحق هو عبارة عن العين المبيعة وان محل الالتزام الأصلي هو الثمن، والمدين هو البائع والدائن هو المشتري.

---

[1] وقد وضع المشرع المصري في المادة 917 مدني مصري قرينة قانونية على قيام الوصية حيث نصت على انه (إذا تصرف شخص لأحد ورثته واحتفظ بأية طريقة كانت بحيازة العين التي تصرف فيها، وبحقه في الانتفاع بها مدى حياته، اعتبر التصرف مضافا إلى ما بعد الموت وتسري عليه إحكام الوصية ما لم يقم دليل يخالف ذلك).

ويلاحظ على القرينة التي أوردها المشرع المصري أنها قرينة قانونية بسيطة وليست قاطعة، أي يجوز إثبات عكسها، أي إن المتصرف إليه يستطيع أن يثبت انه رغم توفر شروط هذه القرينة إلا إن العقد مع ذلك يعتبر عقد بيع بما يترتب عليه آثار.

إلا إن الذي يميز البيع عن الوفاء بمقابل يفترض حتما وجود التزام سابق ويترتب على هذا إن صحة الوفاء بمقابل مرتبطة بصحة هذا الالتزام السابق والحال على خلاف ذلك في عقد البيع فانه عقد قائم بذاته.

سادساً: تمييز البيع من الإيجار.

عرفت المادة 722 من القانون المدني العراقي الإيجار بأنه (تمليك منفعة معلومة بعوض معلوم لمدة معلومة، و به يلتزم المؤجر بتمكين المستأجر من الانتفاع بالمأجور).

يتبين لنا من هذا النص إن العملية القانونية التي يقصد المتعاقدان تحقيقها من وراء إبرام عقد الإيجار هي تمكين المستأجر من الانتفاع بالمأجور، بينما العملية القانونية المقصود تحقيقها من وراء إبرام عقد البيع هي نقل ملكية المبيع إلى المشتري لقاء ثمن معين.

فالبيع يختلف عن الإيجار في إن الأول يؤدي إلى نقل الملكية من البائع إلى المشتري، بينما لا يؤدي الثاني إلى نقل حقا قائما في ذمة المؤجر إلى ذمة المستأجر، بل يقتصر على إن ينشىء المؤجر التزاما لمصلحة المستأجر يقابله حق شخصي لمصلحة الأول، ومحل هذا الالتزام هو تمكين المستأجر من الانتفاع بعين معينة لقاء اجر معلوم.

ولا وجه للالتباس بين العقدين إذا كان محل العقد مالا ماديا، أي حق ملكية شيء مادي، وذلك لوضوح الفرق بين اتجاه قصد العاقدين إلى نقل الملكية أو اتجاهه فقط إلى إلزام المالك بتمكين العاقد الأخر من الانتفاع بالشيء محل العقد مدة معينة مع بقاء ملكيتها في ذمة المالك[1].

ومع ذلك وعلى الرغم من كون محل العقد مالا ماديا يختلط البيع بالإيجار ويصعب التمييز بينهما في الفروض الآتية :

---

[1] د. سليمان مرقس، شرح القانون المدني،3 ، العقود المسماة، عقد البيع، مطبعة النهضة العربية، 1968، ص28.

1- عقد البيع الايجاري.

يمكن تعريف البيع الايجاري بأنه اتفاق المتعاقدين على إيجار شيء معين لمدة معينة مقابل اجر معين، على إن يكون المستأجر إذا أوفى بالتزاماته جميعا إن يتملك المأجور في نهاية العقد حيث تعد الأجرة التي دفعها إقساط للثمن. مما يعني إن العقد يبدأ إيجار وينتهي بيعا بين الطرفين[1].

وتلجئ الشركات والمحلات التجارية لترويج تجارتها ولتسهيل الدفع على المشترين إلى إبرام مثل هذه العقود وهي تقصد من وراء ذلك تحصين نفسها مما يأتي:

1- من تصرف المشتري بالمبيع قبل سدد جميع الإقساط، حيث لا يستطيع المشتري باعتباره مستأجرا إن يقوم بالتصرف بالمبيع وإلا عد مرتكبا لجريمة التبديد التي تضعه تحت طائلة المسؤولية الجنائية.

2- من خطر إفلاس المشتري قبل الوفاء بجميع الإقساط، إذ لو أفلس المشتري وهو لا يزال مستأجرا، فان البائع يستطيع إن يسترد المبيع من تفليسة المشتري، لأنه لا يزال مالكا للمبيع ملكية باتة.

وحتى يحكم ستر البيع بالإيجار من قبل الطرفين يتفقا في بعض الحالات على إن يزيد الثمن قليلا على مجموع الإقساط، فتكون الإقساط التي يدفعها المشتري هي إقساط الأجرة لا إقساط الثمن، فإذا وفاها جميعا ووفى فوق ذلك مبلغا إضافيا يمثل الثمن انقلب الإيجار بيعا باتا[2].

وقد أثار تكييف عقد البيع الايجاري خلافا في الفقه - ظهر هذا الخلاف في ظل القانون المصري القديم لغياب النص - فقد ذهب رأي إلى إن العقد إيجار مقترن بشرط فاسخ ومصحوب ببيع معلق على شرط واقف، وهذا الرأي منتقد لان امتناع المستأجر عن دفع الأجرة في نطاق عقد الإيجار يمنح المؤجر الحق في المطالبة بفسخ

---

(1) د. جعفر ألفضلي، الوجيز في العقود المدنية، البيع والإيجار والمقاولة، ط2، عمان، 1997، ص24.

(2) د. السنهوري، مصدر سابق، ج4، ص178.

العقد دون حاجة إلى اشتراط تعليق العقد على شرط فاسخ يتحقق بامتناع المستأجر عن دفع الأجرة المستحقة، وذهب رأي أخر إلى اعتبار العقد مركبا يهدف إلى غرضين مختلفين في وقت واحد، نقل الملكية إلى المشتري و تامين البائع من الخسارة، ولا يمكن الفصل بين الغرضين دون إن تشوه إرادة المتعاقدين، و من ثم يكون العقد عقدا غير مسمى، والحقيقة إن أهم ما يوجه من نقد إلى هذا الرأي إن فكرة العقد غير المسمى يجب عدم اللجوء إليها إلا إذا استعصى علينا تكييف العقد بأنه عقد مسمى. بينما ذهبت محكمة النقض المصرية إلى إن حقيقة العقد بيع لا إيجار، ولكنه بيع احتفظ فيه البائع بالملكية حتى الوفاء بالثمن.

وبرأي محكمة النقض المصرية اخذ القانون المدني المصري في المادة 430 وعنه اخذ القانون المدني العراقي في المادة 534 منه[1].

وحسن فعل المشرع العراقي بتكييف العقد بأنه عقد بيع بالتقسيط، ذلك آن الغرض الذي يرمي إلى تحقيقه الطرفان واضح، فقد قصدا إن يكون الإيجار عقدا صوريا يستر العقد الحقيقي وهو البيع بالتقسيط، والمبلغ الإضافي الذي جعله المتعاقدان ثمنا ليس إلا ثمنا رمزيا والثمن الحقيقي إنما هو هذه الإقساط التي يسميانها الأجرة.

ويترتب على تكييف العقد بأنه عقد بيع جملة من النتائج أهمها:

1- انتقال ملكية المبيع إلى المشتري معلقة على شرط واقف منذ إبرام العقد.

2- إذا تم فسخ العقد لإخلال المشتري بالتزامه بدفع جميع الإقساط، فان البائع لا يستطيع إن يحتفظ بالإقساط التي قبضها من المشتري إلا إذا كان هناك شرط بين الطرفين يجيز للبائع إن يستبقي هذه الإقساط كلها أو جزء منها تعويضا له عن فسخ البيع. ومع ذلك فقد أجاز المشرع للمحكمة تبعا للظروف إن تخفض التعويض المتفق عليه، وفقا لإحكام التعويضات الاتفاقية (م 534 ف2 مدني عراقي).

3- إذا تصرف المشتري بالمبيع قبل الوفاء بكامل الثمن جاز ذلك ولا يقع تحت طائلة قانون العقوبات باعتباره مرتكبا لجريمة تبديد.

4- إذا أفلس المشتري، فلا يستطيع البائع إن يسترد المبيع من التفليسة.

---

[1] د. السنهوري، مصدر سابق، ج4، ص179 هامش(1).

2- عقد البيع والتأجير التمويلي.

يمكن تعريف التأجير التمويلي بأنه أسلوب من أساليب التمويل يقوم بموجبه الممول (المؤجر) نحو المبادرة بشراء أصل رأسمالي يتم تحديد مواصفاته عن طريق المستأجر الذي يستلم هذا الأصل من المورد بعد معاينته وتحرير محضر بشأنه وشريطه إن يقوم بأداء قيمة ايجارية محددة للمؤجر في فترات متتابعة ومحددة مقابل استخدام وتشغيل هذا الأصل [1].

وفي إطار تلك العلاقة العقدية يبقى المؤجر محتفظا بحق ملكية الأصول الرأسمالية المؤجرة، ويكون للمستأجر في نهاية مدة العقد إن يختار بين احد البدائل الآتية:

1- شراء الأصل المؤجر نظير ثمن يتفق عليه يراعى في تحديده المبالغ السابق سدادها من قبل المستأجر إلى الشركة المؤجرة طيلة مدة العقد.

2- تجديد عقد الإيجار من قبل المستأجر مع الشركة المؤجرة لمدة أخرى بالشروط التي يتفق عليها الطرفان مع الأخذ في الاعتبار تقادم الأصل المؤجر.

3-   إرجاع الأصل إلى الشركة المؤجرة.

يتضح لنا من تعريف عقد الإيجار التمويلي والخيارات الممنوحة للمستأجر بموجبه انه لا يعدو إن يكون عقد إيجار عادي يكون للمستأجر فيه حق الخيار بشراء محل العقد في نهاية المدة أو تجديد العقد أو إرجاع الأصل إلى الشركة المؤجرة.

مع ذلك قد يختلط عقد الإيجار التمويلي بالبيع بالتقسيط على اعتبار إن التأجير التمويلي كالبيع بالتقسيط يمنح المستفيد الائتمان الذي يكون محله ثمن المبيع يتم تسديده من قبل المستفيد الذي يعلن رغبته بنقل الملكية إليه نهاية العقد.

---

[1] انظر في عقد التأجير التمويلي مفصلا: زياد أبو حصوه، عقد التأجير التمويلي، دراسة مقارنة، دار الرأي للطباعة والنشر، بيروت، ط1، 2005، د. قدري عبد الفتاح الشهاوى، موسوعة التأجير التمويلي، منشاة المعارف، الإسكندرية، 2003.

كما يمكن إن يختلط عقد التأجير التمويلي بالبيع الايجاري على أساس إن ما يدفعه المستفيد في نطاق عقد التأجير التمويلي من إقساط تؤخذ بنظر الاعتبار عندما يعلن المستفيد عن رغبته فيتملك الأصول الرأسمالية في نهاية العقد.

ولأهمية عقد الإيجار التمويلي في دفع عجلة التنمية الاقتصادية عن طريق توفير التمويل اللازم لإنشاء المشاريع الاقتصادية، عالجت بعض الدول هذا العقد بقانون خاص جعل هذا العقد يتميز بخصائص تجعله في بعض الأحيان غير خاضع للقواعد العامة، ومن هذه الدول فرنسا التي نظمت عقد الإيجار التمويلي بالقانون رقم 66-455 في 1966/7/2 الذي تم تعديله وإضافة بعض الإحكام إليه بموجب اللائحة التنظيمية رقم 67- 837 في 1967/9/28، كما تم تعديله أيضا بموجب القانون رقم 84- 148 في أول مارس سنة 1984.

كما صدر القانون رقم 86- 12 بتاريخ 1986/1/6 مكملا للقانون الأول رقم 66- 455 في 1966/7/2، كما أعقب ذلك صدور القانون رقم 89- 1008 بتاريخ 1989/12/31.

كما صدر في مصر القانون رقم 95 لسنة 1995 بشان التأجير التمويلي المعدل بالقانون رقم 16 لسنة 2001[1]، وفي لبنان أيضا صدر القانون رقم 160 لسنة 1999 الخاص بتنظيم عمليات التأجير التمويلي، وفي الأردن صدر القانون المؤقت رقم 16 لسنة 1998.

إما إذا كان محل العقد شيئا غير مادي وخاصة إذا كان حقا شخصيا يخول المنفعة كالحق في اخذ ثمار عين معينة أو حاصلاتها مدة معلومة، مثال ذلك إن يتفق مالك ارض مع شخص معين على إن يكون لهذا الأخير الحق في اخذ الثمار التي تغلها الأرض كلها أو بعضها في مقابل عوض مالي محدد، أو كأن يتفق على إن يمنح صاحب بستان شخصا معينا الحق في اخذ ثماره في مدة محددة، أو إن يتفق على إن

---

[1] ظهرت فكرة التأجير التمويلي في صورتها الأولية المعروفة باصطلاح Lesing في الولايات المتحدة الأمريكية لدى رجل الصناعة الأمريكي D.P.Boothe jounor الذي كان يملك مصنعا صغيرا لإنتاج بعض المواد الغذائية المحفوظة.

يمنح صاحب منجم شخصا أخر الحق في استخراج الفحم منه مدة محددة، في هاتين الحالتين وما يماثلهما يدق تكييف العقد، هل هو بيع للثمار أو الفحم، باعتبارها أشياء مستقبلة ومنقولة بحسب المآل، أم هو عقد إيجار للأرض والمنجم؟

إن تكييف العقد في هذه الحالة ليس مجرد جدل فقهي أو ترف عقلي، بل له أهمية عملية من نواح عديدة أهمها:

1- من ناحية مصروفات جني الثمار.

إذا تم تكييف العقد بأنه عقد بيع، كانت مصروفات جني الثمار على مالك الأرض باعتباره بائعا، على اعتبار إن البيع إنما يرد على الثمار نفسها، وهذا ما يتطلب من مالك الأرض وضعها تحت تصرف المشتري منفصلة عن الأرض وبالتالي تقع عليه مصاريف جنيها باعتباره مدينا بالتسليم ما لم يتم الاتفاق على خلاف ذلك.

إما إذا كيفنا العقد إيجارا، كانت نفقات جني الثمار على المستأجر لا على مالك الأرض، لان المستأجر هو من يتحمل عادة نفقات استغلال الشيء المؤجر للحصول على منافعه.

2- من ناحية ضمانات الوفاء بالمقابل (الثمن أو الأجرة).

إذا تم تكييف العقد بأنه عقد بيع كان لصاحب الأرض باعتباره بائعا امتياز بائع المنقول الذي يقع على الثمار فقط.

إما إذا كيفنا العقد إيجارا، كان للمالك باعتباره مؤجرا، ضمانا للوفاء بما يستحق له، امتياز المؤجر الذي يقع على نفس الثمار وعلى ما يكون المستأجر قد وضعه في العين من الآلات ونحوها.

3- من ناحية تجديد العقد.

إذا تم تكييف العقد بأنه عقد بيع، فان حق المشتري في جني الثمار ينتهي بفوات المدة التي منحت إياه بموجب العقد، ما لم تظهر بشكل قاطع رغبة المتعاقدين في بيعها لفترة أخرى محددة.

.

إما إذا كيفنا العقد إيجارا، وبقى المستأجر في العين بعد فوات المدة المتفق عليها وعلم بذلك صاحب الأرض ولم يعترض، قامت هناك قرينة على إن الإيجار قد تجدد تجديدا ضمنيا.

لقد اختلف الفقه والقضاء في تعيين الضابط أو المعيار الذي يعول عليه في تكييف مثل هذا العقد، فظهرت عدت أراء في الفقه والقضاء، نعرضها ثم نقومها، لنرى المعيار الأصلح لتكييف هذا العقد.

أولاً: المعيار الذي يميز بين الثمار والمنتجات (الحاصلات).
نعرضه أولاً، ثم نقومه ثانياً.

1- عرض المعيار.

ذهب جانب من الفقه الفرنسي والمصري يؤيده القضاء في ذلك، إلى إن تكييف العقد يتوقف على محله، فإذا كان محل العقد المنتجات (الحاصلات produits) التي لا تتجدد في أوقات دورية بل تقتطع من الأرض وتفقدها جزءا من أصلها، كمعادن المناجم وأحجار المحاجر، كان العقد بيعا.

إما إذا ورد التصرف على الثمار (fruits) أي إن العقد يخول المستفيد اخذ الثمار التي هي عبارة عما تغله الأرض في أوقات دورية متقاربة دون إن يترتب على ذلك انتقاص من ذاتها، كالقمح والشعير والقطن والفاكهة، كان العقد إيجارا، على أساس إن الإيجار يمنح المستأجر ريع الأرض مع بقاء أصلها سليما، بخلاف الحاصلات التي تقتطع من الأرض جزءا من أصلها.

2- تقويم المعيار.

إن هذا المعيار لا يمكن إن يكون سليما في جميع الحالات، إذ لا مانع يمنع إن يرد البيع على ثمار العين دون إن يلتزم المالك بتمكين الطرف الأخر اخذ غلة العين.

فكثير ما يمنح مالك الأرض لأخر حق اخذ ما تنتجه الأرض من قمح وشعير أو قطن، دون إن يقوم هناك أدنى شك على إن العقد بيع وليس إيجارا، كما يمكن إن

يكون العقد إيجارا رغم وروده على الحاصلات، إذا كان اخذ هذه الحاصلات هو الطريق الطبيعي لاستغلال العين.

وتأييدا لهذا المعنى قضت إحدى المحاكم الفرنسية بان (العقد يعتبر بيعا للحشائش لا إيجارا للأرض، رغما من إن المتعاقدين كانا قد خلعا عليه اسم الإيجار)[1].

ثانياً: المعيار الذي يميز بين ورود العقد على كل الثمار أو على بعضها.

نعرضه أولاً، ثم نقومه ثانياً.

1- عرض المعيار.

إزاء النقد الذي وجه للمعيار الأول، ذهب جانب من الفقه والقضاء الفرنسي، إلى إن المعيار الفاصل في تكييف العقد بيعا أو إيجارا، هو ورود العقد على كل الثمار التي تنتجها الأرض أو على بعضها، فإذا ورد العقد على كل ثمار الأرض كان العقد إيجارا على أساس إن المؤجر يلتزم بتمكين المستأجر من الانتفاع بالمأجور، وهذا ما يخول المستأجر حق اخذ كل ما تنتجه الأرض من ثمار، إما إذا ورد العقد على بعض الثمار التي تنتجها الأرض كان العقد بيعا.

2- تقييم المعيار.

وهذا المعيار كسابقه لا يقدم حلا دقيقا للمسألة التي نحن بصددها، إذ لا يوجد ثمة ما يمنع من إن يتم تأجير الأرض إلى الغير على إن تقتصر منفعة المستأجر على بعض نواحي الأرض دون البعض الأخر. فلا يوجد، مثلا، ما يمنع من إن يؤجر بستان على إن تقتصر منفعة المستأجر على زراعة الشعير بين أشجاره لترعاها ماشيته.

---

[1] حكم Toulon الفرنسية في 28 نوفمبر 1928، مشار إليه في .Juris cl. Civ., bail general, fasc. A, no 72 نقلا عن د. عبد الفتاح عبد الباقي، إحكام القانون المدني المصري، عقد الإيجار، الإحكام العامة، ج1، دار الكتاب العربي، مصر، 1952، ص20-21، د. سليمان مرقس، مصدر سابق، ص29-30.

كما لا يوجد ما يمنع إن يعتبر العقد بيعا وهو يرد على كل ثمار الأرض، مثال ذلك إن يبيع مالك بستان جميع ثمار بستانه.

ثالثاً: المعيار الذي يميز بين كون العقد ينشىء التزام بنقل الملكية أم مجرد التزام بتمكين المتصرف إليه من اخذ الثمار أو الحاصلات.

نعرضه أولاً، ثم نقومه ثانياً.

1- عرض المعيار.

ذهب جانب من الفقه الفرنسي إلى إن المعيار الذي يمكن الاستعانة به لاعتبار مثل هذا العقد بيعا أو إيجارا يتوقف على طبيعة الآثار التي تترتب عليه.

فإذا كان العقد ينشأ التزام في ذمة مالك الأرض أو المنجم بنقل ملكية حق ثابت من قبل في ذمته إلى ذمة المتصرف إليه، كان العقد بيعا.

إما إذا اقتصر العقد على إنشاء التزام في ذمة المالك بتمكين المتصرف إليه من اخذ الثمار أو الحاصلات، كان العقد إيجارا.

2- تقويم المعيار.

إن هذا المعيار يجعلنا ندور في حلقة مفرغة، فهو يكيف العقد على أساس ما يرتبه من اثأر في ذمة كلا الطرفين، بينما نحن نحتاج إلى تكييف العقد لمعرفة الآثار التي يرتبها العقد في ذمة إطرافه.

فاثأر العقد ليست سوى نتيجة لاتجاه إرادة العاقدين إليها، وان مسألة التكييف تنحصر في معرفة ما اتجهت إليه إرادة العاقدين.

رابعاً: المعيار الذي يميز بين كون العقد ينشىء التزام بالقيام بالإعمال اللازمة لنضج المحصول وحصاده أم لا.

نعرض المعيار أولاً، ثم نقومه ثانياً.

1- عرض المعيار.

يميز أصحاب هذا الرأي لمعرفة كون العقد بيعا أو إيجارا بين ما إذا كان مكتسب الحق في الحصول على ثمار الأرض يجري في الأرض الإعمال الأزمة لنضج المحصول وحصاده، أم لا، فإذا كان لم يقم بمثل هذه الإعمال كان العقد بيعا، إما إذا قام بمثل هذه الإعمال كان العقد إيجارا.

2- تقويم المعيار.

صحيح إن عقد الإيجار ينشيء التزام في ذمة المستأجر بالقيام بالإعمال الأزمة للحصول على غلة العين، ولكن ليس ثمة ما يمنع في نطاق عقد البيع إن يتفق البائع مع المشتري على إن يقوم الأخير بالإعمال اللازمة لنضج المحصول وحصاده، ويخصم ما أنفقه في هذا السبيل من الثمن المسمى في العقد، حيث لا يتغير هذا الاتفاق من طبيعة العقد شيئا.

خامساً: المعيار الذي يقوم على أساس كيفية الوفاء بالأجرة.

نعرض المعيار أولاً، ثم نقومه ثانياً.

1- عرض المعيار.

يذهب أصحاب هذا الاتجاه إلى القول إننا نستطيع عن طريق النظر إلى الكيفية التي يتم وفاء المقابل فيها إن نعرف كون العقد بيعا أم إيجارا.

فإذا تم الاتفاق على إن مكتسب الثمار يدفع المقابل دفعة واحدة، كان العقد بيعا.

إما إذا اتفق على إن الوفاء بهذا المقابل يكون على إقساط دورية منتظمة، كان العقد إيجارا.

2- تقويم المعيار.

إن هذا المعيار على إطلاقه ليس صحيحا، إذ لا يوجد ما يمنع في نطاق عقد البيع إن يكون الثمن على إقساط حيث نصت المادة 574/ مدني عراقي على انه (... ويجوز اشتراط تقسيط الثمن إلى إقساط معلومة تدفع في مواعيد معلومة...).

كما لا يمنع أيضا في نطاق عقد الإيجار إن تكون الأجرة المتفق عليها بين الطرفين دفعة واحدة، حيث نصت المادة 765 مدني عراقي على انه (يصح اشتراط تعجيل الأجرة وتأجيلها وتقسيطها إلى إقساط تؤدى في أوقات معينة).

سادساً: المعيار الذي يقوم على أساس كيفية تحديد المقابل.

نعرضه أولا، ثم نقومه ثانيا.

1- عرض المعيار.

ينظر هذا المعيار في تكييف العقد بيعا أو إيجارا إلى الكيفية التي يتم فيها تحديد المقابل، فإذا تم تحديد المقابل الذي يلتزم بدفعه المتصرف إليه إلى صاحب الأرض على أساس مبلغ معين للطن من القمح أو الفحم مثلا، كان العقد بيعا.

أما إذا تم تحديد المقابل دون إن يؤخذ بنظر الاعتبار كمية الثمار التي يجنيها المستفيد من الأرض، أو كمية المعادن والأحجار التي يستخرجها مكتسبها، كان العقد إيجارا.

2- تقييم المعيار.

إن هذا المعيار كسابقه لا يسلم من النقد، إذ ليس ثمة ما يمنع من إن يحدد الثمن في نطاق عقد البيع دون الأخذ بنظر الاعتبار ما يأخذه المشتري من منفعة الشيء، أو إن تحدد الأجرة في نطاق عقد الإيجار على أساس ما يأخذه المستأجر من منفعة العين، ولا يغير ذلك في الحالتين من طبيعة العقد شيئا.

وإزاء النقد الموجه لكل معيار من المعايير السابقة، فان من غير الممكن الاعتماد على أين منها ضابط للتمييز بين كون العقد بيعا أو إيجارا، ويمكن اعتبار المعايير سابقة الذكر قرائن يستدل بها قاضي الموضوع على إرادة المتعاقدين الحقيقية دون أن تكون قاطعة في الدلالة على القصد الحقيقي للمتعاقدين، وقاضي الموضوع في تكييفه للعقد على انه بيع أو إيجار يجب عليه إن يتخذ أساسا له القصد الحقيقي للمتعاقدين، دون اعتبار للاسم الذي يضفيانه على اتفاقهم، وهو في هذا يخضع لرقابة محكمة التمييز (النقض)، فالتكييف كما مر بنا سابق مسألة قانون تخضع لرقابة المحكمة العليا (التمييز).

سابعاً: تمييز البيع من العارية.

عرفت المادة 847 من القانون المدني العراقي الإعارة بأنها (عقد به يسلم شخص لأخر شيئا غير قابل للاستهلاك يستعمله بلا عوض على إن يرده بعد الاستعمال. ولا تتم الإعارة إلا بالقبض).

من هذا التعريف يتبين لنا إن لعقد العارية خصائص تميزه عن عقد البيع أهمها:

1- العارية من العقود الواردة على الانتفاع بالشيء، بينما البيع من العقود الواردة على ملكية الشيء.

2- العارية من العقود العينية التي لا تتم إلا بالقبض، بينما البيع من العقود الرضائية التي يكفي في انعقادها توافق الإرادتين.

3- إن محل عقد العارية يجب إن يكون شيء غير قابل للاستهلاك، بينما في البيع قد يكون محل العقد شيئا قابلا للاستهلاك أو غير قابلا لذلك.

4- إن العارية ترتب التزاما في ذمة المستعير برد العارية في نهاية العقد، بينما لا يرتب البيع مثل هذا الالتزام في ذمة المشتري لان ملكية الشيء تنتقل إليه بموجب العقد.

5- الأصل في العارية أنها بدون عوض، بينما في البيع الثمن ركن في العقد يترتب على تخلفه بطلان العقد باعتباره بيعا.

وعلى الرغم من كل هذه الفروق بين البيع والعارية يقع في بعض الأحيان في الحياة العملية إن يختلطا ويصعب التمييز بينهما.

والمثال على ذلك إن يكون المبيع معبأ في أوعية خاصة تسلم إلى المشتري مقابل دفع مبلغ معين يرد له عند قيامه برد هذه الأوعية، كما في المشروبات الغازية المعبئة بقناني من الزجاج، ويطلق على هذا العمل في المجال التجاري اسم (La vente avec consignation de l emballage). فهل يعتبر العقد في هذه الصورة بيعا للمواد المعبأة وعارية فيما يتعلق بالأوعية. أم بيعا للمواد المعبأة وللأوعية الخاصة بها مقترنا برخصة احتمالية للمشتري بردها إلى البائع مقابل استرداد ما دفعه[1].

---

[1] د. نبيل إبراهيم سعد، مصدر سابق، ص53.

الحقيقة إن تكييف العقد في هذه الحالة يتوقف على تفسير الإرادة المشتركة للمتعاقدين واقتصاديات العقد، مع الأخذ بنظر الاعتبار إن العرف في العراق يقضي بان العقد فيما يتعلق بالأوعية يعتبر عارية لا بيع[1].

ثامناً: تمييز البيع من المقاولة.

عرفت المادة 864 من القانون المدني العراقي المقاولة بأنها (عقد به يتعهد احد الطرفين إن يصنع شيئا أو يؤدي عملا لقاء اجر يتعهد به الطرف الأخر).

من هذا النص يتبين لنا إن لعقد المقاولة من الخصائص ما يجعل التمييز بينه وبين البيع امرأ يسيرا ومن أهم هذه الخصائص التي يفترق فيها عقد المقاولة عن البيع هي:

1- إن عقد المقاولة من العقود الواردة على العمل، بينما عقد البيع من العقود الواردة على الملكية.

2- إن العملية القانونية التي يقصد المتعاقدان تحقيقها من وراء إبرام عقد المقاولة هـي قيـام المقـاول بعمل معين أو صنع شيء لمصلحة رب العمل مقابل اجر، بينما العملية التي يقصد المتعاقدان تحقيقها من وراء عقد البيع هي نقل ملكية شيء لقاء ثمن معين.

3- لا يشترط في عقد المقاولة إن يكون الأجر المتفق عليه بين الطرفين مبلغ من النقود، بينما نجد إن الـثمن في عقد البيع يجب إن يكون مبلغ من النقود وإلا كان العقد مقايضة أو عقد غير مسمى.

وإذا كان الأصل في عقد المقاولة إن رب العمل هو الذي يقدم المادة ويقتصر التزام المقاول على التعهد بتقديم عمله، فان لا مانع يمنع إن يتعهد المقاول بتقديم العمل

---

[1] ويلاحظ إن العقد مادام عارية فان البائع هو من يكون مسؤولا عما تسببه هذه الأشياء مـن ضرر وهـي في يـد المشـتري: انظر في ذلك قضية:

- (Gedding v Marsh [1920] 1 KB 668) .
- Smith & Keenan 's, English Law, 14th Edition, Longman, England, 2004, P.753.

والمادة معا، حيث نصت المادة 865 مدني عراقي على انه (1- يجوز إن يقتصر المقاول على التعهد بتقديم عمله على إن يقدم رب العمل المادة التي يستخدمها المقاول أو يستعين بها في القيام بعمله، ويكون المقاول أجيرا مشتركا. 2- كما يجوز له إن يتعهد المقاول بتقديم العمل والمادة، ويكون العقد استصناعا).

ولا شك فان العقد الذي يقتصر فيه المقاول على التعهد بتقديم عمله فقط يتمخض عقد المقاولة، ولكن الصعوبة تثور في تكييف العقد الذي يلتزم فيه المقاول بتقديم المادة والعمل معا وهو ما يسمى بعقد الاستصناع (marche a façon)[1]. ومثاله إن يتعاقد شخص مع خياط على إن يصنع له بذلة ويقدم الخياط القماش من عنده. فهل يعتبر هذا العقد مقاولة، أو يكون عقد بيع وقع على شيء مستقبل هو البذلة المتفق على خياطتها؟

أريد إن أبين أولا وقبل كل شيء إن المشرع العراقي قد أورد ذكر عقد الاستصناع ضمن النصوص الخاصة بعقد المقاولة وعالج بعض إحكامه إلا انه لم يفرد له نصوص خاصة به ولم يعالجه على انفراد، الأمر الذي ترتب عليه إن هذا العقد بقي يدور بين البيع والمقاولة.

ويترتب على تكييف عقد الاستصناع بأنه عقد مقاولة أو بيع شيء مستقبل نتائج عملية على قدر كبير من الأهمية تتبين في الوجوه الآتية:

1- يجوز لرب العمل في نطاق عقد المقاولة إن يتحلل من العقد ويقف التنفيذ في أي وقت قبل تمامه على إن يعوض المقاول (م 885 مدني عراقي)[2] ، إما في نطاق عقد البيع فلا يجوز التحلل منه بإرادة احد الطرفين المنفردة.

2- بموجب المادة 572 /1 مدني عراقي تسري الفوائد عن الثمن من يوم أعذار المشتري بدفعه أو من يوم تسليم المبيع إليه إذا كان قابلا لإنتاج ثمرات أو إيرادات

---

(1) انظر في عقد الاستصناع وموقف الفقه الإسلامي منه : د. ناصر احمد إبراهيم النشوى، عقد الاستصناع، دار الفكر الجامعي، ط1، الإسكندرية، 2007.

(2) انظر في ذلك قرار محكمة التمييز رقم 623/ إدارية/1981 بتاريخ 1981/5/20 مجموعة الإحكام العدلية، ع2، س13، 1981، ص33.

أخرى، إما في نطاق عقد المقاولة فلا يستحق المقاول فوائد على الأجر المستحق له إلا من يوم المطالبة القضائية بهذه الفوائد طبقا للقواعد العامة.

3- للبائع حق امتياز على المبيع عقارا كان المبيع أو منقولا[1]، إما في نطاق عقد المقاولة فلا امتياز للمقاول إلا إذا كان العمل تشييد بناء أو منشات أخرى أو إعادة تشييدها أو ترميمها أو صيانتها (م 1379مدني عراقي).

4- الثمن في عقد البيع ركن يترتب على عدم الاتفاق عليه بطلان العقد، إما في نطاق المقاولة فان عدم الاتفاق على الأجر لا يؤدي إلى بطلان العقد بل تجب الأجرة على أساس قيمة العمل ونفقات المقاول (م 880 مدني عراقي).

إن الأهمية المترتبة على اختلاف تكييف العقد بأنه مقاولة أو بيع شيء مستقبل أدى إلى اختلاف الفقه والقضاء في ذلك فظهرت عدة أراء أهمها :

أولاً: الاتجاه القائل بان العقد مقاولة دائما.

نعرضه أولاً، ثم نقومه ثانياً.

1- عرض الاتجاه.

ذهب جانب من الفقه الفرنسي تؤيده بعض إحكام القضاء إلى إن العقد الذي يقدم فيه احد إطرافه العمل والمادة معا هو عقد مقاولة دائما، والمادة ليست إلا تابعة للعمل. ويكون العقد في هذه الحالة ملزم للمقاول (الصانع) بصنع الشيء المطلوب فيقع على العمل، وهو في الوقت ذاته يقع على الشيء المصنوع فينقل الملكية إلى رب العمل ولا يخرج العقد مع ذلك عن كونه عقد مقاولة. إذ إن تملك رب العمل للشيء الذي صنعه المقاول ليس إلا نتيجة ضرورية لازمة لكون المقاول يقوم بالصنع لحساب رب العمل، والعقود الواردة على الملكية لا تقتصر على البيع في نظر أصحاب هذا الاتجاه، فهناك القرض والشركة والدخل الدائم والصلح، وكذلك المقاولة إذا اتخذت صورة الاستصناع بان كان محلها صنع شيء من مواد يقدمها المقاول[2].

---

[1] انظر المادة 1376 الخاصة بامتياز بائع المنقول، و المادة 1378 الخاصة بامتياز بائع العقار.

[2] ويرى احد فقهاء الحنفية وهو أبو سعيد البردعي بان الاستصناع يقع على العمل دون المادة، انظر: حاشية رد المحتار على الدر المختار، شرح تنوير الإبصار، لمحمد أمين بن عبد العزيز بن احمد الشهير بابن عابدين، مطبعة الحلبي، القاهرة، ط2، 1386، ج5، ص225.

ويستند أصحاب هـذا الاتجاه لتـدعيم وجهـة نظرهم بنصـوص القـانون المـدني الفرنسيـ وإعمالـه التحضيرية، حيث يذهبون إلى إن المادة 1787 مدني فرنسي لا تميز بين مـا إذا كان الـذي قـدم المـادة هـو رب العمل أو الصانع، كما إن هذه المادة تضمن مشروعها في إحدى مراحله التشريعية فقرتين أخريين تقضي فقـرة منهما بان العقد مقاولة إذا قدم المادة رب العمل، وتقضي الأخرى بان العقد بيع إذا كان الصانع هو من الذي قدم المادة، وقد تم حذف هاتان المادتان، مما يعني إن المشرع أراد العدول عن هذا التفريق و اعتبار العقد مقاولة في الحالتين.

2- تقويم هذا الاتجاه.

لا يمكن الأخذ بهذا التكييف للأسباب الآتية:

1- إن الأخذ بما ذهب إليه أصحاب هذا الاتجاه القائل بان المقاولة تنقل ملكية الشيء المصنوع إلى رب العمل مع بقائها مقاولة يجعل للمقاولة طبيعة أخرى تختلف تماما عن طبيعتها باعتبارها عقدا يرد على العمل. فلم يقل احد قبل ذلك إن المقاولة قد ترد على الملكية فتنقلها.

2- إن انتقال ملكية الشيء المصنوع إلى رب العمل لا يعني إطلاقا إن المقاولة أصبحت تنقل الملكية، وإنما يعني ذلك إن المقاولة اندمجت في عقد أخر أو اختلطت بعقد أخر، وهذا العقد الأخر الذي نقل الملكية إما إن يكون بيعا إذا كان المقابل مبلغ من النقود، أو مقايضة إذا كان المقابل من غير النقود.

3- إذا قدم المقاول المادة كان مسؤولا عن جودتها وعليه ضمانها لرب العمل بموجب المادة 866 مدني عراقـي، وهذا يعني إن المشرع لم يجعل العقد في هذه الظروف مقاولة محضة، إذ لا مانع يمنع مـن إن تخـتلط المقاولة بعقد أخر هو الذي يقع على المادة دون العمل، ويصح بالتالي القـول إن للمقـاول دوريـن، دور البائع الذي قدم المادة، ودور المقاول الذي قدم العمل. ويكون العقد بالتالي خليط مـن مقاولة وبيـع لا مقاولة محضة.

ثانياً: الاتجاه القائل بان العقد بيع شيء مستقبل.

نعرضه أولاً، ثم نقومه ثانياً.

1- عرض الاتجاه.

ذهب جانب من الفقه الفرنسي إلى إن العقد الذي يلتزم فيه احد طرفيه بتقديم المادة والعمل معا إنما هو في حقيقته بيعا لشيء مستقبل. وقد ساق هذا الاتجاه الذي لا يدخل في الاعتبار إن الصانع إنما يتعاقد أصلا على العمل، والمادة إنما جاءت تابعة للعمل[1]، مجموعة من الحجج لتدعيم وجهة نظره هي:

1- إن المادة 1711 من القانون المدني الفرنسي تقضي بان العقد يكون مقاولة إذا كانت المادة مقدمة من الصانع، مما يعني وفق لمفهوم المخالفة إن العقد لا يكون مقاولة إذا كانت المادة مقدمة من الصانع، فيكون العقد بيعا.

2- كما إن المادة 1787 من القانون المدني الفرنسي كانت تحتوي قبل صدورها بالشكل الحالي على فقرتين هما الفقرة الثانية والثالثة، الذين كان نصهما الأتي (2- وفي الحالة الأولى (المادة يقدمها رب العمل) يتمخض العقد مقاولة 3- وفي الحالة الثانية (المادة يقدمها الصانع) يكون العقد بيع شيء بمجرد صنعه).

وقد حذفت هاتان الفقرتان لأنهما اقرب إلى تقرير قواعد فقهية، ويفسر أصحاب هذا الاتجاه الحذف الذي تم من قبل واضعو القانون المدني الفرنسي بان الأخيرين كانوا يكتفون إذن من الناحية الفقهية بان العقد الذي يقدم فيه الصانع المادة بأنه عقد بيع[2].

---

(1) جاء في نظرية الغرر للضرير ص460 (فذهب بعضهم إلى إن الاستصناع عقد بيع مستقل واقع على شيء مستقبل، وهذا الرأي متفق مع مذهب الحنفية...)، الصديق محمد الأمين الضرير، الغرر و أثره في العقود في الفقه الإسلامي، ط1، 1386هـ.

(2) د. السنهوري، الوسيط، ج7، مج 1، العقود الواردة على العمل، دار النهضة العربية، 1964، ص25 هامش(1).

2- تقويم الاتجاه.

الحقيقة إن القول بان العقد الذي يتعهد فيه الصانع بتقديم المادة والعمل معا هو عقد بيع قول فيه مجافاة لحقيقة قصد المتعاقدين، فلو كان قصد المتعاقدين إن يلتزم المقاول بتقديم شيء مصنوع إلى رب العمل، لجاز له إن يقدم لرب العمل شيئا يكون قد صنعه قبل العقد.

وهو إذا قدم الشيء المصنوع من قبل، وقبل رب العمل ذلك، فان ملكية هذا الشيء المصنوع من قبل لا تنتقل بموجب العقد الأصلي، وإنما تنتقل بموجب عقد جديد يكيف على انه بيع، لا لشيء مستقبل، بل لشيء حاضر.

ثالثاً: الاتجاه القائل (بقاعدة الفرع يتبع الأصل).

ذهب جانب كبير من الفقه و القضاء الفرنسي يؤيده الفقه والقضاء العربي في ذلك[1] ، إلى إن تكييف العقد في هذه الحالة باعتباره بيعا أو مقاولة يتوقف على نسبة قيمة المادة إلى العمل استنادا إلى قاعدة الفرع يتبع الأصل (assessorium sequiter principale)، فإذا كانت المادة هي الأصل تبعها العمل وكان العقد بيعا مثال ذلك إن يتعهد تاجر سيارات مستعملة بتوريد كميات منها إلى صاحب معرض بعد إن تجري عليها تصليحات طفيفة.

إما إذا كانت قليلة الأهمية مقارنة بالعمل، كان العقد مقاولة، مثال ذلك إن يتعهد رسام برسم لوحة لشخص معين ويتعهد في ذات الوقت بتقديم القماش الذي يرسم عليه والألوان التي يرسم بها، فبمقارنة المادة المقدمة من قبل الرسام بالعمل المبذول في رسم ألوحة يتبين لنا إن العمل يفوق بكثير من حيث القيمة والأهمية المواد المستعملة في الرسم فيكون العقد في هذه الحالة مقاولة لا بيع، مع ملاحظة إن الأرض في نطاق العقارات تعتبر هي الأصل دائما، الأمر الذي يترتب عليه، إن العقد يعتبر عقد مقاولة إذا كان البناء قد تم على ارض مملوكة لرب العمل حتى لو تعهد المقاول بتقديم مادة البناء والعمل معا.

---

[1] د. محمد لبيب شنب، شرح إحكام عقد المقاولة، دار النهضة العربية، القاهرة، 1962، ص16 وما بعدها.

إما إذا كان البناء قد تم على ارض مملوكة للمقاول على إن يسلم الأخير هذا المجموع (الأرض والبناء) عند الانتهاء من العمل، فان العقد يكون بيعا.

إما إذا تساوت القيمتان قيمة المادة مع قيمة العمل، أو كانت للمادة قيمة محسوسة لا مجرد قيمة طفيفة إلى جانب قيمة العمل، كالخشب الذي يورده النجار لصنع الأثاث والقماش الذي يورده الخياط لصنع البذلة، فان العقد في هذه الحالة يصبح مزيجا من بيع ومقاولة، سواء كانت قيمة المواد اكبر من قيمة العمل أو اصغر، ويقع البيع على المادة وتسري إحكامه فيما يتعلق بها، وتقع المقاولة على العمل وتنطبق إحكامها عليه[1].

وقد أخذت محكمة النقض الفرنسية حديثا بهذا المعيار بعد إن هذبته وذلك بالتركيز على موضوع العقد: فإذا كانت المواد التي يتم توريدها تتعلق بشيء يتم على مراحل Une chose de série كان العقد بيعا، إما ذا كان الأداء يرد على عمل فني "Travail spécifique" كان العقد مقاولة، ويترتب على تكييف العقد في هذه الصورة بأنه مزيج من البيع والمقاولة جملة من النتائج أهمها:

1- إن الشيء محل العقد تنتقل ملكيته إلى رب العمل بمجرد تمام صنعه تطبيقا لإحكام عقد البيع، الأمر الذي يترتب عليه إن الدولة إذا استولت على الشيء المصنوع كان التعويض مستحقا لرب العمل لا للصانع.

2- إن تم الحجز على موجودات المقاول بعد إكمال صنع الشيء، فان الأخير لا تشمله إجراءات الحجز لأنه مملوك لرب العمل لا للصانع تطبيقا لإحكام عقد البيع.

3- إذا هلك الشيء المصنوع بعد تمام صنعه وقبل التسليم، كان الهلاك على الصانع باعتباره بائعا على أساس إن تبعة الهلاك تدور مع التسليم طبقا لإحكام عقد البيع،

---

[1] و يلاحظ في نطاق بيع العقارات تحت الإنشاء اصدر المشرع الفرنسي قانون 3 يناير 1967 الذي انشأ بموجبه عقدا جديدا، له إحكامه الخاصة، التي خرج فيها المشرع الفرنسي عن إحكام القواعد العامة كما مزج بين إحكام عقد البيع وإحكام عقد المقاولة. انظر في ذلك مفصلاً:

Ph. Malurie, L. Aynes, Droit civil, Les contrats spéciaux ed, 1995/1996, Cujas no 77,P.65.

كما يتفق هذا الحكم مع إحكام عقد المقاولة إذ أن تبعة هلاك الشيء على المقاول قبل التسليم.

4- إن الصانع يضمن العمل الذي أنجزه ضمان المقاول، فتسري هنا إحكام المقاولة لا البيع.

رابعاً: الاتجاه القائل بان العقد مقاولة ابتداء بيع انتهاء.

نعرضه أولاً، ثم نقومه ثانياً.

1- عرض الاتجاه.

يذهب الأستاذان (أوبري ورو) إلى إن العقد الذي يتعهد فيه الصانع بتقديم المادة والعمل معا، هو في حقيقته مقاولة قبل إن يتم صنع الشيء فإذا ما تم صنعه وسلم إلى رب العمل انقلب بيعا.

على إن القائلين بهذا الرأي يقررون مع ذلك إن عقد لمقاولة تبقى بعض إحكامه سارية حتى بعد تنفيذ العقد وتسليم الشيء المصنوع إلى رب العمل، ومن هذه الإحكام ضمان الصانع لعمله فهذا الضمان تسري عليه إحكام المقاولة[1].

2- تقويم الاتجاه.

يذهب العلامة السنهوري إلى إن "العقد لا تتغير طبيعته بمجرد تنفيذه، وطبيعة العقد إنما تتحدد وقت انعقاده، فإذا ما تحددت بقيت دون تغيير قبل التنفيذ وبعده"[2].

خامساً: الاتجاه القائل بان العقد غير مسمى.

نعرضه أولاً، ثم نقوه ثانياً.

1- عرض الاتجاه.

يعرف دافيد عقد الاستصناع في رسالته الموسومة (عقد الاستصناع) بأنه العقد الذي بمقتضاه يتعهد مقاول بان يصنع شيئا بالمادة التي يقدمها، وان يسلم هذا الشيء عندما ينتهي في مقابل ثمن إلى من طلبه.

---

[1] د. السنهوري، الوسيط، ج7، مج1، ص26- 27 هامش (3).

[2] المصدر السابق نفسه.

ويصل الأستاذ دافيد إلى نتيجة مفادها إن عقد الاستصناع يقوم على عنصران هـما: العمـل، والمـادة...
مما يعني إن لهذا العقد طبيعة خاصة تختلف اختلافـا كبـيرا عـن العقـود الأخـرى... وبالتـالي فهو عقـد غـير
مسمى.

2- تقويم هذا الاتجاه.

إن القول بان لعقد الاستصناع مقومات تميزه عن غيره، لا يعني انه عقد غير مسمى، فاسمه معروف
وهو "عقد الاستصناع" ولا يمنع من إن يكون عقد الاستصناع هذا ليس إلا مزيجا من البيع والمقاولة، خاصة إذا
عرفنا إن فكرة العقد غير المسمى هي فكرة لا يجب اللجوء إليها إلا إذا استعصى عقد على التكييف بأنه عقـد
مسمى أو خليط من أكثر من عقد مسمى.

وقد ظهر إضافة إلى عقد الاستصناع باعتباره مثالا على امتزاج البيع بالمقاولة، عقود أخرى هـي بيع
المفتاح في اليد Vente de clefs en main، وبيع المنتجات في اليـد Vente de produit en main وقد شاع
استعمال هذه العقود في الوقت الحاضر في نطاق العلاقات الدولية، وبصفة خاصة بين الدول المتقدمة والـدول
النامية. مثال ذلك بيع مصانع تسليم المفتاح، حيث تلجئ الـدول الناميـة إلى إبرام مثل هـذه العقـود لعـدم
امتلاكها الكوادر الفنية اللازمة للإشراف على العمل إثناء تنفيذه أو حتى بعد تشغيله. حيـث يلتـزم البـائع في
نطاق هذه البيوع بالتزامات أكثر من الالتزامات التي يرتبها عقد البيع وفق للقواعد التقليدية، فالتزام البـائع
بالضمان لا يبدأ إلا من وقت التسليم، أي بعد وقت قليل من إتمام التجهيزات اللازمة، وان المصنع يجب إن
يعمل بطريقة اعتيادية.

إما في نطاق بيع المصانع تسليم المنتجات، فنجد إن التزام البائع بالضمان تجاه المشتري يذهب بعيدا
إلى ما بعد التسليم، فعلى البائع إن يشرف بعض الوقت على عمـل المصـنع وجودة المصـنوع بعمـال وفنيـي
الدولة المشترية حيث إن البائع يكون ملزما بإعدادهم لذلك منذ بداية العقد[1].

---

[1] Ph. Malurie, L. Aynes, op. cit, no 77. P.65.

مما سبق يتبين لنا إن عقد مصانع تسليم المفتاح، أو عقد بيع تسليم المنتجات هي صورة أخرى من الصور التي يمتزج فيها البيع بالمقاولة حيث تسري إحكام العقدان معا.

تاسعاً: تمييز البيع من الوديعة.

عرفت المادة 951 من القانون المدني العراقي الإيداع بأنه (عقد به يحيل المالك أو من يقوم مقامه حفظ ماله إلى أخر. ولا يتم إلا بالقبض).

من هذا النص يتبين لنا إن لعقد الوديعة مجموعة من الخصائص تميزه عن عقد البيع، ونحن عن طريق ذكر هذه الخصائص ومقارنتها بخصائص عقد البيع نستطيع إن نميز كلا العقدين من الأخر بسهولة، وذلك على النحو الأتي:

1- عقد الوديعة من العقود الواردة على العمل، بينما البيع من العقود الواردة على الملكية.

2- عقد الوديعة من العقود التي ترتب التزام في ذمة المودع لديه برد الوديعة عند انتهاء العقد أو عند طلب المودع ذلك (م 969 مدني عراقي)، بينما عقد البيع يؤدي إلى انتقال الملكية نهائيا إلى المشتري.

3- عقد الوديعة قد يكون بعوض أو بدون عوض[1]، بينما البيع دائما بعوض.

4- الأصل في عقد الوديعة انه من العقود الملزمة لجانب واحد، بينما الأصل في البيع انه عقد ملزم لجانبين.

5- عقد الوديعة في القانون المدني العراقي من العقود العينية التي لا تتم إلا بالقبض، بينما البيع من العقود الرضائية التي يكفي لانعقادها توافق الإرادتين.

---

(1) انظر قرار محكمة التمييز رقم 119/م1975/3 بتاريخ 1975/7/21 والذي جاء فيه (ليس للوديع أجرة على حفظ الوديعة ما لم يشترط ذلك في العقد)، مجموعة الإحكام العدلية، ع3، س6، ص21.

6- الوديعة إذا كانت بدون اجر وهلكت بدون تعد أو تقصير من الوديع كان هلاكها على المودع (المالك) (م 950 مدني عراقي)[1]، بينما في نطاق عقد البيع فان هلاك المبيع بعد التسليم يكون على المشتري باعتباره مالكا ولان تبعة الهلاك تدور مع التسليم وجودا وعدما.

وعلى الرغم من كل هذه الفروق التي ذكرناها أعلاه، يحدث في العمل إن يختلط البيع بالوديعة ويصعب التمييز بينهما.

مثال ذلك، إن يسلم تاجر الجملة إلى تاجر المفرد بضاعة ويشترط الأخير على الأول انه سيبيع ما يستطيع بيعه منها، على إن يرد ما تبقى منها بعد انتهاء مدة معينة أو إن يتلقى صاحب مكتبة عددا من الكتب من مؤلفها، لكي يتولى بيعها بثمن محدد يستقطع منه نصيبا له. على إن يرد ما تبقى من الكتب إلى المؤلف بعد انتهاء مدة معينة.

لقد عرف القانون الروماني هذا العقد وكان يطلق عليه اسم (Contrat estimatoire) aestimatum، كما يطلق على هذا العقد في الوقت الحاضر اسم (وديعة البيع) (depot-vente).

ولكن السؤال الذي يثور في هذا الصدد هو، ما هي الإحكام الواجبة التطبيق على هذا العقد، فهل هو عقد بيع تطبق عليه إحكامه، أم وكالة بالبيع، أم عقد وديعة، أم عقد غير مسمى؟

إن تكييف العقد بأنه بيع أو وديعة يتوقف على تحديد ما اتجهت إليه إرادة المتعاقدين، كما إن القول بهذا التكييف أو ذاك تتوقف عليه جملة من النتائج أهمها:

1- إن تكييف العقد بأنه عقد بيع يترتب عليه انتقال ملكية محل العقد إلى المشتري وبالتالي تقع تبعة الهلاك عليه بعد التسليم، إما إذا اعتبرنا العقد وديعة فان الملكية

---

[1] انظر قرار محكمة التمييز رقم 492/صلحيه/1963 بتاريخ 1963/3/11 والذي جاء فيه (الوديع أمينا ولا يلزمه الضمان...)، قضاء محكمة التمييز، مج1، ص27، كذلك قرار محكمة التمييز رقم 1216/صلحيه/1963 بتاريخ 1963/9/14، وفي نفس المعنى قرار محكمة التمييز رقم 183/م1972/1 بتاريخ 1982/7/25، النشرة القضائية، ع3، س3، ص25.

لا تنتقل وبالتالي تقع تبعة الهلاك على المودع ما لم يثبت الأخير إن الوديعة هلكت بصنع الوديع أو بتعـد أو تقصير منه (م 2/950 مدني عراقي).

2- إن تكييف العقد بأنه عقد بيع مقترن بوكالة، يترتب عليه إن تـاجر الجملـة يتحمـل تبعـة البضـائع غـير المباعة، كل هذا إذا كان رد البضاعة امرأ إلزاميا، إما إذا كان رد البضاعة امرأ اختياريـا كـان العقـد بيعـا وتحمل تاجر التجزئة المخاطر التجارية للبضائع غير المباعة.

يجب علينا أولا وقبل كل شيء إن نستبعد من البحث التكييف القائل بان العقد في هذه الحالة وكالة محضة للأسباب الآتية:

1- لا يفرض العقد محل البحث على تاجر التجزئة التزام بتقديم حساب إلى تاجر الجملـة بينمـا نـرى إن هـذا الالتزام في نطاق عقد الوكالة من الالتزامات الجوهرية التي يفرضها العقد على الوكيل.

2- لا يجوز في نطاق عقد الوكالة إن يشتري الوكيل المال الموكل ببيعه، بينما نجد في نطاق العقد محل البحث انه يجوز لتاجر التجزئة إن يشتري المال لنفسه.

3- يتحمل تبعة الهلاك في العقد محل البحث تاجر التجزئة، بينما لا يتحمل الوكيل في نطاق عقد الوكالة تبعة هلاك المال الموكل ببيعه.

كما نستبعد من نطاق البحث أيضا التكييف القائل بان العقد هو عبارة عن وديعة باجر وذلك للأسباب الآتية:

1- في نطاق عقد الوديعة للمودع في كل وقت إن يطلب رد الوديعة، إلا إذا كانـت بـاجر فيجـب لطلـب الـرد عذر مشروع (م 969 مدني عراقي)، بينما لا يجوز لتاجر الجملة إن يطلب من تاجر التجزئة رد البضـاعة محل العقد سواء كان لديه عذر مشروع أو لم يكن لديه عذر.

2- يتحمل تبعة الهلاك في العقد محل البحث تاجر التجزئة، بينما لا يتحمـل الوديـع في نطـاق عقـد الوديعـة تبعة الهلاك إذا كان بسبب لا يمكن التحرز منه (م 953 مدني عراقي).

3- لا يجوز للوديع إن يستعمل الوديعة أو ينتفع بها دون إذن صاحبها (م 956 مدني عراقي)، بينما يجوز لتاجر التجزئة إن يستعمل البضاعة وينتفع بها دون قيد أو شرط.

كما لا يمكن الأخذ بالرأي الذي يذهب إلى تكييف العقد بأنه عقد غير مسمى يلتزم فيه تاجر التجزئة التزاما تخييريا نحو تاجر الجملة، إما برد الشيء ذاته وإما برد السعر المعين.

ذلك لان فكرة العقد غير المسمى يجب إلا نلجئ إليها دائما لمجرد إن يجمع الاتفاق بين عدة عقود مسماة أو ينطوي على عدة اداءات ينتمي كل منها إلى عقد من العقود المسماة.

ويلاحظ إن المحاكم الفرنسية، بصفة عامة، تذهب إلى تكييف العقد في هذه الحالة بأنه عقد بيع تحت شرط فاسخ[1]، أو انه عقد غير مسمى[2]، قريب من البيع بحيث تقع تبعة الهلاك في هذا العقد على المشتري[3].

والحقيقة إن القول بتكييف أو أخر يتوقف على نية المتعاقدين، ويستخلصها قاضي الموضوع من ظروف الواقع.

ويلاحظ إن الواقع في العراق فيما يتعلق بهذه العقود التي يبرم بين تجار الجملة وتجار التجزئة، إن ملكية البضاعة تنتقل إلى تاجر التجزئة وان للأخير إن يبيعها بالسعر الذي يراه، إلا إن له أن يرد الى تاجر الجملة البضاعة التي لم يستطع بيعها.

ونحن نرى إن العقد في هذه الصورة هو عقد بيع مقترن بشرط يجيز للمشتري إن يرد البضاعة غير المباعة، تطبيقا لنص المادة (131 مدني عراقي) الذي عالج

---

[1] انظر في اتجاه بعض المحاكم الفرنسية إلى تكييف البيع في هذه الحالة بأنه بيع معلق على شرط واقف.

- Versailles 8nov. 1990, D.92, som. 193 not crit.0. Tourna fond.

[2] Paris, 18 mai 1953, J.C.P.53. II. 7776.

[3] Ph. Malaurie, L. AYNES, op. cit, no 89. P.72.

نظرية الشروط المقترنة بالعقد والذي نصه الأتي (1- يجوز إن يقترن العقد بشرط يؤكد مقتضاه أو يلائمه أو يكون جاريا به العرف أو العادة).

فالعادة جرت بين تجار الجملة وتجار التجزئة خاصة فيما يتعلق بالمواد التي تباع وفق موديل يتغير من وقت إلى أخر كالملابس النسائية والحقائب والأحذية بان لتاجر التجزئة إن يرد البضاعة التي انتهى موديلها في الأسواق قبل إن يستطيع بيعها.

الباب الأول
انعقاد عقد البيع

الكلام الباطل
وحكم المقتطفات

تمهيد

دراسة انعقاد عقد البيع هي دراسة لأركانه التي لا ينعقد صحيحا إلا بها.

والقاعدة إن العقد سواء كان من العقود المسماة كالبيع أو غير المسماة إنما ينعقد بالتراضي أي بتوافق الإرادتين وذلك بان يعرب شخص لأخر عن إرادة تتجه إلى إحداث اثر قانوني هو إنشاء الالتزام فيعرب الأخر عن موافقته أي عن إرادة مطابقة للأولى[1].

على إننا إذا رجعنا إلى نصوص القانون وجدناها لا تكتفي بالتراضي لانعقاد العقد فالمادة 1108 من القانون المدني الفرنسي تنص على انه (الشروط الجوهرية لصحة الاتفاق هي رضا الملتزم وأهليته للتعاقد ومحل معين هو موضوع التعهد وسبب مشروع للالتزام).

وقد انتقد جانب كبير من فقهاء وشراح القانون المدني الفرنسي نص المادة 1108 في انه يخصص شرطى الرضا والأهلية بالملتزم وحده مع إن رضا الطرف الأخر وأهليته مطلوبان كذلك في انعقاد العقد، ويذهبون إلى إن ركن العقد الوحيد في القانون الفرنسي هو التراضي، إما المحل والسبب فهما ركنيين في الالتزام ذاته لا في العقد، وان الدقة العلمية تقضي بالكلام عليهما في نظرية الالتزام في ذاته مجرد عن مصدره[2].

ويستطرد هؤلاء الفقهاء في طرح وجهة نظرهم فيقولون إن ركن العقد الوحيد الرضا[3]، دون غيره، وإما الرضا فإثره إنشاء الالتزامات، وللالتزام أركان لابد من

---

(1) د. حلمي بهجت بدوي، مصدر سابق، ص68.

(2) د. احمد حشمت أبو ستيت، نظرية الالتزام في القانون المدني الجديد، ك1، مصادر الالتزام، ط2، مطبعة مصر 1954، ف72، د. أنور سلطان، النظرية العامة للالتزام، ج1، مصادر الالتزام، القاهرة، 1962، ف45.

(3) ويذهب فقهاء الحنفية إلى إن للبيع ركن واحد هو الإيجاب والقبول، أي إن التراضي لدى المذهب الحنفي ركن العقد الوحيد والحقيقي، انظر في ذلك : حاشية ابن عابدين، مصدر===

استيفائها حتى يعتبر قائما، فكل التزام لابد له من محل، ومحل الالتزام يجب إن يكون موجودا ومشروعا وجائزا، كما لابد من سبب، والسبب يجب إن يكون قائما وصحيحا ومشروعا. ويسلم هؤلاء الفقهاء بان هناك تجوزا منطقيا ellipse أي إسقاطا لحلقة من حلقات المنطق في اعتبار المحل والسبب ركنين في العقد، ولكن هذا التجوز لا يقدح عندهم في اشتراط المحل والسبب بشرائطهما لاعتبار العقد منعقدا، إذ إن عدم استيفاء المحل والسبب لأركانهما يترتب عليه بطلان الالتزام وبطلان الالتزام يترتب عليه بطلان الرضا وبطلان الرضا مستوجب لبطلان العقد[1].

بينما ذهب فريق أخر من الفقهاء إلى إن المحل والسبب من عناصر التراضي، وليسا من أركان العقد أو أركان الالتزام. لان العقد عبارة عن التراضي لإنشاء الالتزامات. وبذلك يكون الالتزام نتيجة تترتب على واقعة التراضي. والنتيجة لا يتصور قيامها على أركان. إما تطلب الأركان فينبغي إن يكون في تلك الواقعة التي ولدت الالتزام. فإذا استوفى التراضي عناصره، ومنها المحل والسبب، ترتبت عليه نتيجته، وهي الالتزام[2].

وذهب فريق ثالث، إلى اعتبار السبب ركنا في العقد بجانب التراضي، دون المحل الذي يجب إن يظل ركنا في الالتزام، لان العقد يقوم على الإرادة، والإرادة يجب إن تتجه لغاية مشروعة. فللعقد إذن ركنان هما التراضي والسبب[3].

=== سابق، ج7، ص120 هامش (1)، عبد الرحمن الجزيري، الفقه على المذاهب الأربعة، ج2، مكتبة الثقافة الدينية، ط1، القاهرة، 2005، ص120 هامش (1)، د. وهبة الزحيلي، الفقه الإسلامي وأدلته، ج5، دار الفكر، ط8، دمشق، 2005، ص3309.

(1) د. حلمي بهجت بدوي، مصدر سابق، ص68- 69، د. عبد الرزاق احمد السنهوري، شرح القانون المدني، النظرية العامة للالتزامات، ج1، نظرية العقد، ط2، منشورات الحلبي الحقوقية، بيروت، 1998، ص442.

(2) انظر: د.حلمي بهجت بدوي، مصدر سابق، ص70، وفي ذات الاتجاه د. إسماعيل غانم، مصدر سابق، ج1، ص77.

(3) انظر في عرض هذا الرأي : أ. عبد الباقي البكري، النظرية العامة للالتزام، ج1، في مصادر الالتزام، مطبعة شفيق، بغداد، 1959- 1960، ص132، وفي تأييد هذا الرأي د. محمود سعد الدين الشريف، شرح القانون المدني العراقي، نظرية الالتزام، ج1، مصادر الالتزام، بغداد، 1955، ف86، د. السنهوري، الوسيط، ج1، ص182.

إما عن موقف القانون المدني العراقي، فقد ذهب جانب من الفقه العراقي إلى القول إن المشرـع العراقي قد عالج في الفرع الأول من الفصل الأول من الباب الأول من الكتاب الأول من تقنينه المـدني، أركان العقد، وتكلم في التراضي والمحل والسبب تباعـا، مما يعني انه اعتبر أركان العقد بجانب التراضي، المحل والسبب، وانه كان اقطع من المشرع الفرنسي في ذلك، لأنه لم يكتف بـذكرها ضـمن أركان العقد في الفرع المخصص لبحثها، بل أكد على احتسابها من عداد أركان العقد في الفقرة الثانية من المادة 137 التي نصت على انه (فيكون العقد باطلا إذا كان في ركنه خلل، كأن يكون الإيجاب والقبول صادرين ممن ليس أهلا للتعاقد، أو يكون المحل غير قابل لحكم العقد، أو يكون السبب غير المشروع)[1].

والحقيقة إن الاستدلال بهذه المادة لا يؤكد إطلاقا إن المشرع العراقي قد اعتبر المحل ركنا في العقـد بجانب الرضا والسبب بل على العكس من ذلك، فهو بنصه على اعتبار العقد باطلا إذا كان "المحل غير قابلا لحكم العقد" يدل بما لا يقبل الشك على أن المشرع جعل المحل ركن في الالتزام لا في العقد، لان حكم العقـد في القانون العراقي هو إنشاء الالتزام، فإذا كان المحل غير قابل لحكم الالتزام، كان الأخـير بـاطلا، فـإذا بطل الالتزام لبطلان محله، كان العقد باطلا وفق لإحكام المادة 137/ 2 مدني عراقي.

والذي يؤكد ما نقول به أيضا نص المادة 133/ 1 مدني عراقي والذي جاء فيها (العقد الصحيح هـو العقد المشروع ذاتا ووصفا بان يكون صادرا من أهله مضافا إلى محله وله سببا مشروع...).

فهذه المادة تشترط لكي يكون العقد صحيحا إن يكون صادرا من أهله وهذا هو التراضي وله سبب مشروع وهذا هو السبب، ثم تقول "مضافا إلى محل قابل لحكمه" والإضافة لا تأتي إلا بعد انعقاد العقـد وترتيب حكمه وهو الالتزام الذي يجب إن يكون محله قابلا لذلك.

[1] أ. عبد الباقي البكري، مصدر سابق، ص133، وفي نفس الاتجاه : د. غني حسون طه، مصدر سابق، ص88.

كما نصت المادة 126 مدني عراقي على انه (لابد لكل التزام نشا عن العقد من محل يضاف إليه يكون قابلا لحكمه...)، كما نصت المادة 127/ 1 على انه (إذا كان محل الالتزام...) والمادة 128/ 1 التي جاء فيها (يلزم إن يكون محل الالتزام معينا...) والمادة 129/ 1 التي نصت على انه (يجوز إن يكون محل الالتزام معدوما...).

وأخيرا المادة 130/ 1 التي جاءت على النحو الأتي (يلزم إن يكون محل الالتزام غير ممنوع قانونا...).

هذه النصوص تدل دلالة قاطعة على إن المحل في القانون المدني العراقي هو ركن في الالتزام لا في العقد لان المشرع يقول "محل الالتزام" ولم يورد عبارة "محل العقد" بين نصوصه.

أما عن موقف المشرع العراقي من السبب، فان موقفه يثير بعض الشك في مدى اعتباره ركنا في العقد أو الالتزام، ولكننا نرجح اعتباره ركن في العقد لا في الالتزام بدلالة نص المادة 133/ 1 مدني عراقي والتي جاء فيها (العقد الصحيح هو المشروع... وله سبب مشروع).

الخلاصة إن أركان العقد وفق للقواعد العامة في القانون المدني العراقي هي التراضي والسبب.

أما في نطاق عقد البيع فنجد المشرع العراقي وعلى خلاف خطته التي اتبعها في الباب الخاص (بالالتزامات) وتحت تأثير الصناعة التشريعية عالج تحت عنوان أركان عقد البيع، التراضي (الإيجاب والقبول) في المواد (508- 513) والمبيع في المواد (514- 525) والثمن في المواد (526- 530).

مما يعني إن أركان عقد البيع وفقا لنصوص الخاصة به هي التراضي والمحل والذي هو عبارة عن المبيع والثمن إما السبب فتركه لحكم القواعد العامة.

وبالجمع بين القواعد العامة في نظرية العقد والقواعد الخاصة بعقد البيع نستطيع القول إن أركان عقد البيع هي ثلاثة التراضي والمحل والسبب، والحقيقة إن المحل في عقد البيع هو عبارة عن العملية القانونية التي يقصد المتعاقدان تحقيقها من وراء إبرام عقد البيع، وهي نقل ملكية المبيع مقابل ثمن معين.

ولما كانت هذه العملية حاضرة وقت إبرام العقد فهي بمثابة الغاية أو السبب الذي يسعى المتعاقدان إلى تحقيقها عن طريق تنفيذ التزاماتهما بنقل الملكية ودفع الثمن.

ويلاحظ أخيرا إن اعتبار السبب والمحل ركنان في العقد أو في الالتزام ليس له تأثير من ناحية الجزاء الأمر الذي يترتب عليه بقاء هذا الخلاف عاريا من النتائج العملية.

ونحن نتبع في دراستنا لانعقاد عقد البيع الخطة التي سار عليها المشرع العراقي، فنستبعد السبب كما استبعده المشرع من النصوص الخاصة بعقد البيع، لان لا جديد فيه فنحيل فيما يتعلق به إلى ما كتب في النظرية العامة للعقد[1].

ونقصر دراستنا على التراضي والمحل (المبيع والثمن)، كما سنتناول الشكل باعتباره ركن في عقود البيع الشكلية، وذلك على النحو الأتي.

---

[1] انظر مفصلا في نظرية السبب : د. محمد علي عبده، نظرية السبب في القانون المدني، منشورات الحلبي الحقوقية، ط1، بيروت، 2004.

الفصل الأول

التراضي

Le Consentement

البيع عقد، فهو لذلك لا يقوم إلا على أساس الرضا المتبادل بين طرفيه، أي البائع والمشتري.

والمقصود بالرضا تلاقي إرادتين أو أكثر على إحداث اثر قانوني. ومما لا خلاف فيه إن التراضي ركن انعقاد لا يتم العقد بدونه. ولكن إذا كان التراضي يلزم ويكفي، كقاعدة عامة، لانعقاد عقد البيع، فانه يجب إن يكون هذا التراضي صحيحا، بان يكون صادرا عن ذي أهلية وان تكون إرادة كل من طرفي عقد البيع (البائع والمشتري) سليمة غير مشوبة بأي عيب يؤثر في صحتها.

وعلى هذا يتفرع الكلام في التراضي إلى بحث ما يعبر عنه عادة بوجود التراضي وصحة التراضي، وأخيرا صور التراضي أو أوصافه.

المبحث الأول

وجود التراضي

يتبين لنا مما سبق، إن التراضي يعني توافق إرادتين أو أكثر على إحداث اثر قانوني، وان وجوده يستوجب التعبير عن إرادتين ويستلزم تطابقهما.

وقد نصت المادة 77 من القانون المدني العراقي على إن أي إرادة صدرت أولا فهي إيجاب والثاني قبول، ثم إن الإيجاب والقبول باعتباريهما عناصر التراضي يجب إن يتوافقا على طبيعة العقد والمبيع والثمن حتى يتحقق وجود الرضا.

إذا نحن نبحث في الموضوعات الآتية : الإيجاب وطرق التعبير عنه، والقبول وطرق التعبير عنه وأخيرا توافق الإيجاب والقبول على طبيعة العقد والمبيع والثمن.

المطلب الأول
الإيجاب والقبول

نعالج أولا الإيجاب والقبول ثم نعرج على بيان طرق التعبير عنهما وذلك في الفرعين الآتيين.

الفرع الأول
ماهية الإيجاب والقبول

نعالج ماهية الإيجاب أولا ثم نتناول ماهية القبول.

أولاً: ماهية الإيجاب[1].

يعرف الإيجاب L offer Pollicitation بأنه: كل تعبير عن إرادة التعاقد يصدر أولا، بصورة باتة، موجها إلى الطرف الأخر في التعاقد، بقصد انعقاد العقد بينهما. وقد أشارت إليه الفقرة الأولى من المادة 77 من القانون المدني العراقي بنصها (الإيجاب والقبول، كل لفظين مستعملين عرفا لإنشاء العقد، وأي لفظ صدر أولا فهو إيجاب...)[2].

---

[1] انظر في ماهية الإيجاب في الفقه الإسلامي وإمكانية إن يتقدم القبول على الإيجاب : المحقق الحلي (أبو القاسم نجم الدين جعفر بن الحسن)، شرائع الإسلام في مسائل الحلال والحرام، منشورات الاعلمي، طهران، بلا سنة طبع، ص13، هاشم معروف الحسني، نظرية العقد في الفقه الجعفري، دار التعارف للمطبوعات، بيروت، 1996، ص194- 197، د. محمد زكي عبد البر، إحكام المعاملات في الفقه الحنفي، العقود، العقود الناقلة للملكية، دار الثقافة، ط1، قطر، 1986، ص28.

[2] انظر في تعريف الإيجاب: د. احمد شوقي عبد الرحمن، الدراسات البحثية في نظرية العقد، منشاة المعارف، الإسكندرية، 2006، ص53، أ. عبد الباقي البكري، مصدر سابق، ص178 والمراجع المشار إليها فيه، د. عبد الحي حجازي، مصدر سابق، ص190 وما بعدها.

يتبين لنا من هذا التعريف[1]، إن التعبير لكي يكون إيجابا، ينبغي إن تتوفر فيه الخصائص الآتية:

أ- إن يكون تعبيرا عن الإرادة الأولى التي يبدأ بها التعاقد، أيا كانت وسيلة التعبير، وبصرف النظر عمن صدرت منه، حيث نصت المادة 77 مدني عراقي على انه (أي لفظ صدر أولا فهو إيجاب).

ويلاحظ إن الإيجاب قد يقع بتعبير صريح وهذا هو الأصل، وقد يقع بتعبير ضمني، ولكنه لا يمكن إن يستفاد من السكوت الملابس.

وفي نطاق عقد البيع، كما يصدر الإيجاب من البائع، يجوز إن يصدر من المشتري، فإذا قال البائع بعتك هذه السجادة بكذا، وأجابه المشتري بقوله (قبلت)، كان البائع هو الموجب، وإذا افتتح المشتري التعاقد بقوله: اشتريت منك هذه السجادة بكذا، فرد عليه البائع بالقبول، كان الموجب هو المشتري.

ب- إن يتضمن التعبير كافة العناصر الأساسية - المسائل الجوهرية على حد تعبير المشرع العراقي - لعقد البيع، حتى يتم به التعاقد متى صادفه قبول مطابق. فان تناول بعضها وفاته غيرها، استحال اعتباره إيجابا، وامتنع انعقاد البيع متى اقترن به رضا الطرف الأخر. حيث لا يعتبر العرض إيجابا إذا عرض شخص البيع "بأسعار مغرية" أو "بتخفيض كبير" ما دامت هذه الشروط وبخاصة الثمن لم تحدد في العرض.

فيكفي إذا في الإيجاب بالبيع تعيين المبيع والثمن، ولا يلزم تحديد مكان التسليم أو من يتحمل بنفقاته، حيث يمكن إكمال بقية شروط العقد بالرجوع إلى القواعد التشريعية المكملة الخاصة بعقد البيع والنظرية العامة للعقد، وقد أشارت إلى هذا الحكم

---

[1] ويتفق هذا التعريف مع ما يقول به فقهاء المذهب الحنفي، عبد الرحمن الجز يري، مصدر سابق، ص120- 121، وقد عرفت المادة 101 من مجلة الإحكام العدلية الإيجاب بأنه (أول كلام يصدر من احد العاقدين لأجل إنشاء التصرف و به يوجب ويثبت التصرف)، علي حيدر، درر الحكام شرح مجلة الإحكام، تعريب المحامي فهمي الحسيني، المطبعة العباسية، حيفا، 1925، ص90، حاشية ابن عابدين، مصدر سابق، ج7، ص16.

المادة 1/86 من القانون المدني العراقي بنصها على انه (يطابق القبول الإيجاب إذا اتفق الطرفان على كل المسائل الجوهرية التي تفاوضا فيها...).

ج- إن يكون التعبير جازما بإرادة التعاقد على البيع والشراء، ذلك لان الإيجاب باعتباره إرادة تصدر من احد العاقدين ينبغي إن يستوفي كافة عناصر الإرادة، ومنها الاتجاه لإحداث اثر قانوني، وهو إنشاء الالتزام بنقل الملكية أو الالتزام بدفع الثمن، ولا تتوفر نية إنشاء الالتزام إلا إذا كان التعبير قاطعا بإرادة التعاقد على البيع أو الشراء، ليكون الإيجاب الصادر من البائع أو المشتري عندئذ باتا. والإيجاب البات هو الذي ينعقد به عقد البيع متى ارتبط به قبول مطابق. إما إذا احتفظ المعبر بائعا أو مشتريا لنفسه بحق رفض التعاقد أو تعديله أو قبوله، فلا يعد ما صدر عنه من تعبير إيجابا باتا يفض إلى إبرام عقد البيع.

ويسبق الإيجاب البات الذي يبرم به عقد البيع عادة مراحل ثلاث هي: مرحلة العرض ومرحلة المفاوضات pourparles ومرحلة الإيجاب المعلق إلى إن تصل إلى مرحلة الإيجاب البات وقد لا تصل في بعض الأحيان فتبقى العملية في مرحلة ما قبل التعاقد وتنتهي دون إبرام عقد البيع.

وهذه المراحل الثلاث التي يمر بها الإيجاب لكي يصبح بات قد تكون قصيرة، فيتم العقد مباشرة، كما هو الحال بالنسبة لعقود البيع المألوفة في الحياة اليومية، وقد تعاقب المراحل كلها أو بعضها، وقد تطول وتتشعب، كما هو الحال بالنسبة لعقود البيع الدولية.

ويلاحظ أخيرا إن تعيين الحد الفاصل بين الإيجاب البات وما يسبقه من مراحل يطلق عليها عادة اسم "الدعوة إلى التعاقد"، ليس امرأ ميسورا. ذلك إن تلك النية القاطعة التي تتجه إلى إبرام عقد البيع لا تبدو بوضوح في بعض الأحيان، لأنها مسألة متصلة بقصد صاحبها. لذلك، فان التفرقة بين الإيجاب البات وبين ما يسبقه من مراحل هي من مسائل الواقع التي يفصل فيها قاضي الموضوع طبقا لظروف كل حالة دون إن يكون خاضعا في قضائه هذا لرقابة محكمة التمييز (النقض).

ثانياً: ماهية القبـول acceptation[1]:

والقبول كما يعرفه الفقه هو الإرادة الثانية الصادرة من الموجه إليه الإيجاب، بصورة جازمة بالتعاقد، على إن تكون مطابقة للإيجاب مطابقة تامة[2].

من هذا التعريف، يتبين لنا، إن القبول هو التعبير الذي تتحقق فيه الخصائص الآتية:

أ- إن يكون تعبيرا لاحقا لتعبير الإيجاب، أي إن يكون تعبيرا عن الإرادة الثانية، موجه من قبل الموجب لـه، إلى الموجب، بصرف النظر عن وسيلة التعبير وعمن أصدره، فالقبول قد يكـون صريحـا، كـما يجـوز إن يكـون ضمنيا، وقد يستفاد من السكوت إذا أحاطت به ملابسات يفيد تعبيرا عن الإرادة.

حيث نصت المادة 81 مـن القـانون المـدني العراقـي عـلى انـه (1- لا ينسـب إلى سـاكت قـول ولكـن السكوت في معرض الحاجة إلى بيان قبول)[3].

وكما يصدر القبول من المشتري، فانه يجوز إن يصدر من البائع، فـإذا قـال المشـتري للبـائع، اشـتريت منك هذه العين بكذا، فرد عليه البائع بالقبول، كان القابل هو البائع[4].

ب- إن يكون تعبيرا باتا، أي منطويا على نية قاطعة في إحداث الأثر القانوني. وهو إبرام عقـد البيـع، ذلـك لان القبول، أيا كان مظهره ليس إلا إرادة.

---

[1] انظر في القبول مفصلا: د. عبد الحي حجازي، مصدر سـابق، ص202 ومـا بعـدها، أ. عبـد البـاقي البكـري، مصـدر سـابق، ص202- 203، د. احمد شوقي عبد الرحمن، مصدر سابق، ص59.

[2] عرفت المادة 102 من مجلة الإحكام العدلية القبول بأنه (ثاني كلام يصدر من احد المتعاقدين لأجل إنشـاء التصرـف و بـه يتم العقد)، وانظر في شرح هذا التعريف: علي حيدر، مصدر سابق، ص91.

[3] انظر في شرح هذا النص: د. السنهوري، مصادر الحق في الفقـه الإسـلامي، ج1، منشـورات محمـد الدايـة، بـيروت، 1953-1954، ص129.

[4] انظر في موقف الفقه الإسلامي من ذلك: د. محمد زكي عبد البر، مصدر سابق، ص34.

والإرادة يجب إن تستوفي كافة عناصرها وان تتجه إلى إحداث اثر يقره القانون، لكي تستكمل وجودها ولكي تترتب عليها أثارها. فإذا علق الموجب له (بائعا أو مشتريا)، قبوله، على اخذ رأي أحد، أو على التفكير فترة معينة، أو احتفظ لنفسه بالحق في رفض الإيجاب خلال مدة يستكمل خلالها ما ينقصه من معلومات بصدد المبيع أو الثمن أو يعمل النظر في وضعه المالي، فان تعبيره لا يصبح عندئذ باتا، وبالتالي لا يعتبر قبول ينعقد به العقد إذا انضم إلى الإيجاب.

ج- إن يطابق التعبير الإيجاب مطابقة تامة[1]، إما إذا صدر تعبير القبول معدلا في شروط الإيجاب كما لو قال المشتري للبائع اشتري منك هذه السيارة بالثمن الذي عرفتها به على إن ادفع لك الثمن على إقساط، أو إن القبول متضمنا ما يزيد على ما ورد في الإيجاب، كمن يعرض كتاب بسعر ثلاثة ألاف دينار، فيعرض المشتري قبوله بأربعة ألاف دينار، أو إن يقلل القبول فيما احتواه الإيجاب، كمن يعرض بضاعته للبيع بعشرة ألاف دينار، فيعرض المشتري الشراء بثمانية ألاف دينار، أو إن يقيد القبول من الإيجاب، كمن يعرض للبيع عشرين دونما بسعر معين، فيعرض المشتري الشراء ولكن لعشرة دوانم فقط.

في كل هذه الحالات[2] لا يعد التعبير الصادر ممن وجه إليه الإيجاب قبولا، بل يعد رفضا للإيجاب، ويعتبر التعبير الصادر من جهته إيجابا جديدا، يحتاج إلى قبول البائع لينعقد به العقد[3].

---

[1] انظر في موقف الفقه الإسلامي من مطابقة القبول للإيجاب: جواد التبريزي، إرشاد الطالب إلى التعليق على المكاسب، ج2، في البيع، مطبعة مهر، قم، ص127، حاشية ابن عابدين، مصدر سابق،ج4، ص25، د. عبد الرحمن الجز يري، مصدر سابق، ص123، د. محمد زكي عبد البر، مصدر سابق، ص55.

[2] انظر في صور انعدام تطابق الإيجاب والقبول: د. السنهوري، مصادر الحق في الفقه الإسلامي، ج2، منشورات محمد الداية، بيروت، 1954، ص41 وما بعدها.

[3] نقض مدني أول فبراير سنة 1990، مجموعة النقض المصرية، س41، ع1، ص421، رقم 75، نقض مدني 2 مايو سنة 1963، المجموعة السابقة، س14، ص653، رقم 93.

- Cass. Civ. 16 mai 1990, Bull. Civ. 2, 98, P.15.

الفرع الثاني
طرق التعبير عن الإيجاب والقبول

لم يشترط القانون المدني العراقي شكلا خاصا للتعبير عن الإيجاب أو القبول وذلك تطبيقا لمبدأ الرضائية. المهم هو إعلان الإرادة (إيجابا كانت هذه الإرادة أو قبولا) وانتقالها إلى العالم الخارجي بأي طريق من الطرق حيث نصت المادة 79 مدني عراقي على انه (كما يكون الإيجاب أو القبول بالمشافهة يكون بالمكاتبة وبالإشارة الشائعة الاستعمال ولو من غير الأخرس وبالمبادلة الفعلية الدالة على التراضي وباتخاذ أي مسلك أخر لا تدع ظروف الحال شكا في دلالته على التراضي).

من هذا النص يتبين لنا إن التعبير عن الإيجاب أو القبول قد يكون صريحا وهذا هو الأصل كما قد يكون ضمنيا، وقد يستفاد القبول من السكوت أحيانا (م 81 مدني عراقي).

ونحن هنا سنفصل وسائل التعبير عن الإيجاب والقبول قدر تعلق الأمر بعقد البيع.

أولاً: التعبير الصريح Express عن الإيجاب والقبول.

1- المشافهة:

يتم عقد البيع بالمشافهة، وذلك بإيراد الألفاظ المستعملة عرفا للدلالة على معنى البيع. سواء تم التعاقد بين طرفين يضمهما مجلس واحد، أو تم بالواسطة عن طريق رسول نقل التعبير أو عن طريق التلفون أو الانترنت، ذلك لان التعبير عن الإيجاب والقبول لا يتحدد بألفاظ معينة، بل يقع بكل لفظ استقر عرف الناس على استعماله لإنشاء البيع. وعلى ذلك نصت الفقرة الأولى من المادة 77 من القانون المدني العراقي بان (الإيجاب والقبول، كل لفظين مستعملين عرفا لإنشاء العقد، وأي لفظ صدر أولا فهو إيجاب والثاني قبول).

ويلاحظ على موقف المشرع العراقي هذا، انه ساير الفقه الإسلامي، فقد اجمع الفقهاء المسلمين على انعقاد البيع بكل لفظين يدلان على معنى التمليك والتملك، كبعت،

واشتريت، وأعطيت، وبذلت، وأخذت، ورضيت لك هذا الشيء بكذا، وأجزت ونحو ذلك[1].

وإذا كان القانون المدني العراقي، لم يحدد الألفاظ التي يتم بها التعاقد، إلا انه تناول الصيغ التي يصاغ بها اللفظ بالتحديد. فقد نصت المادة 77/ 2 مدني عراقي على انه (ويكون الإيجاب والقبول بصيغة الماضي، كما يكونان بصيغة المضارع أو بصيغة الأمر إذا أريد بهما الحال).

فالأصل في الإيجاب والقبول إن يكون بصيغة الماضي، كأن يقول البائع بعت، فيقول المشتري اشتريت. لان العرف جرى على إفادتها إرادة التعاقد في الحال. وينعقد بها عقد البيع بصرف النظر عن النية[2].

كما أجاز المشرع العراقي إن يكون التعبير عن الإرادة بصيغة المضارع أو الأمر إذا أريد بهما الحال[3]. وذلك لان هاتين الصيغتين تستعملان عرفا للدلالة على الحال وعلى الاستقبال. ولكي ينعقد بهما عقد البيع لابد من التحري عن النية، للحاجة إلى تعيين القصد منهما، ابتغاء التأكد من إفادتهما التعاقد فورا. ويستعين قاضي الموضوع بمختلف القرائن للكشف عن هذا القصد. على إن صيغة الأمر لا تدل على الحال إلا اقتضاء. أي، بتقدير لفظ لا يستقيم التعبير بدونه. فإذا قال المشتري للبائع

[1] الشيخ علي الخفيف، إحكام المعاملات الشرعية، دار الفكر العربي، القاهرة، 2005،ص204، عبد الرحمن الجز يري، مصدر سابق، ص121 هامش (1)، الإمام محمد أبو زهرة، مصدر سابق، ص206.

[2] مصطفى احمد الزرقا، المدخل الفقهي العام إلى الحقوق المدنية في البلاد السورية، ج1، مطبعة الجامعة السورية، ط3، 1952، ص224، د. وهبة الزحيلي، مصدر سابق، ج5، ص3310.

[3] وقد خالف المشرع في هذا الحكم موقف فقهاء المذهب الجعفري، لان الغالب بين علماء هذا المذهب، إن العقد لا ينعقد بلفظ المضارع أو الأمر أو الاستفهام. انظر في ذلك: الحلي (الحسن بن يوسف بن مطهر الملقب بالعلامة الحلي)، مختلف الشيعة في إحكام الشريعة، مصدر سابق، ج5، ص85، مسألة 46، محمد جواد مغنية، فقه الإمام جعفر الصادق عليه السلام ، ج3- 4، مؤسسة أنصاريان للطباعة والنشر، ط6، قم، 2005، ص35- 36.

اشتريت منك هذا الشيء، فأجابه البائع بقوله (خذه) انعقد البيع بينهما بهذه الصيغة، لدلالة (خذه) على الحال اقتضاء، إذ أمكن تقدير لفظ (بعت) قبل (خذه) واستقام التعبير بلفظ (بعت) المقدر. فكأن الجواب كان (بعت فخذه)[1].

ولفظ (بعت) كما تبين لنا من قبل يدل على الحال عرفا، يتضح من ذلك، إن العقد ينعقد بصيغة الماضي بصورة مطلقة، ولا ينعقد بصيغة المضارع إذا قصد بها الاستقبال، ولا ينعقد بصيغة الأمر إلا إذا دلت على الحال اقتضاء.

بقيت صيغة الاستقبال، فهل ينعقد بها عقد البيع؟

نصت المادة 78 من القانون المدني العراقي على (انه صيغة الاستقبال التي هي بمعنى الوعد المجرد، ينعقد بها العقد وعدا ملزما إذا انصرف إلى ذلك قصد العاقدين).

من هذا النص يتضح لنا، إن البيع لا ينعقد بصيغة الاستقبال ولا يكون التعبير في هذا الفرض إلا وعدا مجردا بالبيع. ومع ذلك أجاز المشرع إن ينعقد البيع بصيغة الاستقبال وعدا ملزما متى اتجه قصد العاقدين إلى ذلك، وقامت القرائن على انصراف النية إلى الالتزام بالوعد المفهوم من صيغة الاستقبال[2].

---

[1] أ. عبد الباقي البكري، مصدر سابق،ص142-143، د. غني حسون طه،مصدر سابق،ص91.

[2] وقد خالف المشرع في هذا الحكم موقف فقهاء المذهب الحنفي. لان المتفق عليه بين الأحناف، إن العقد لا ينعقد بصيغة الاستقبال. ولا يكون الوعد ملزما إلا إذا كان في صورة وعد معلق على شرط. وقد عبروا عن ذلك بقولهم (الوعد إذا اكتسى صفة التعليق كان ملزما)، جاء في المبسوط (... وانعقاد هذا البيع بلفظين هما عبارة عن الماضي وهو بقوله بعت واشتريت في محلين كل واحد منهما مال متقوم على طريق الاكتساب... ولو كان احد اللفظين عبارة عن المستقبل بان يقول احدهما بعني، فيقول الأخر بعت أو يقول اشترى، فيقول اشتريت لا ينعقد البيع عندنا)، السرخسي (أبي بكر محمد بن احمد)، المبسوط، ج12، دار إحياء التراث العربي، بيروت، ط1، 2002، ص110، كما نصت المادة 170 من مجلة الإحكام العدلية على انه (ينعقد العقد بصيغة المضارع إذا أريد بها الحال كأبيع واشتري، وإذا أريد بها الاستقبال لا ينعقد)، انظر في شرح هذا النص : علي حيدر، مصدر سابق، ص119- 120، وانظر في موقف الفقه الحنفي أيضا: حاشية ابن عابدين، مصدر سابق، ص22-23، عبد الرحمن الجزيري، مصدر سابق، ص121، ولكن جاء في فتح القدير لكمال الدين بن الهمام في===

ويلاحظ أخيرا إن صيغة الاستفهام لا تفيد التعاقد بصورة مطلقة وبغض النظر عن القصد.

2- الكتابة:

نصت المادة 79 من القانون المدني العراقي على انه (كما يكون الإيجاب أو القبـول بالمشـافهة يكـون بالكتابة...).

من هذا النص يتضح لنا، إن الكتابة أيا كان شكلها تعتبر وسيلة من وسائل التعبير عـن الإرادة، سـواء تمت بمحرر رسمي أو عرفي، أو اتخذت شكل نشرة أو بيان أو إعلان على الجدران أو على شاشات التلفزيون أو صفحات الانترنت أو رسالة عادية أو الكترونية، أو اقترنت بالتوقيع العادي أو الالكتروني أو لم يوقع عليها، فهي تعبير صريح عن الإرادة. ينعقد بها عقد البيع.

مثال ذلك: إن يكتب شخص لأخر رسالة يعرب فيها رغبته ببيع عقاره بثمن معين فيجيبه المرسل إليه برسالة تحمل قبوله.

ويلاحظ إمام إطلاق نص المادة 79 من القانون المدني العراقي، إن المشرع أجاز التعبير عن الإرادة عن طريق الكتابة، سواء ضم البائع و المشتري مجلس عقد واحد أو كان التعاقد بـين غـائبين. مخالفـا في ذلك رأي بعض الفقهاء المسلمين الذين لا يجيزون التعبير عن الإرادة عن طريق الكتابة[1] إلا لإبرام العقد بـين الغـائبين فحسب[2].

=== كتاب عقد البيع ما يلي (واعلم إن عدم الانعقاد بالمستقبل هو إذا لم يتصادقا على نية الحال، إما إذا تصادقا علـى نيـة البيع في الحال، فينعقد به قضاء، لان صيغة الاستقبال تحتمل الحال، فيثبت بالنية)،ج5،ص76-77. نقلا عن الإمام محمد أبو زهرة، مصدر سابق،ص203.

[1] جاء في المهذب (ولا ينعقد البيع إلا بالإيجاب والقبول، فإما المعاطاة فلا ينعقد بها البيع، لان اسم البيع لا يقع عليه). الشيرازي (أبي اسحق إبراهيم بن علي بن يوسف الفيروزابادي)، المهذب في فقه الإمام الشافعي، ج2، دار المعرفة، ط1، بيروت، 2003، ص4، و انظر عكس ذلك في موقف الفقه الحنفي: الشيخ علي الخفيف، مصدر سابق، ص207- 208.

[2] حاشية ابن عابدين، مصدر سابق، ص24- 25، مصطفى احمد الزرقا، مصدر سابق، ص225 ومـا بعـدها، عبـد الـرحمن الجزيري، مصدر سابق، ص120.

ويلاحظ أخيرا إن أسلوب التعبير عن الإرادة عن طريق الكتابة تطور تطورا ملحوظا في الوقت الحاضر، حيث ظهرت إلى جانب الكتابة العادية التي تتم على ورق عادي الكتابة الالكترونية التي تتم على صحائف الكترونية، كما أصبح من الممكن بالوقت الحاضر إن يتم الإيجاب والقبول بين شخصين يجمعهما مجلس عقد واحد من حيث الزمان عن طريق الكتابة الالكترونية على شبكة الانترنت باستخدام البريد الالكتروني أو مواقع الويب.

3- الإشارة الشائعة الاستعمال:

لقد أجاز المشرع العراقي في المادة 79 من القانون المدني للمتعاقدين إن يعبرا عن إرادتيهما عن طريق الإشارة سواء كان من صدرت عنه الإشارة اخرس أو غير اخرس متى كانت شائعة الاستعمال وتعارف الناس على إفادتها معنى خاصا، كهز الرأس عموديا دلالة على القبول بالبيع، أو هزه أفقيا دلالة على الرفض. مثال ذلك إن يقول البائع للمشتري أبيعك ساعتي بعشرة ألاف دينار فيقول المشتري اشتريها بثمانية ألاف دينار، فيهز البائع رأسه عموديا دلالة على القبول فينعقد البيع بينهما.

ومن نافلة القول إن المشرع العراقي في إيراده هذا الحكم قد ساير مذهب مالك، وخالف كلا من الحنفية والشافعية والأمامية[1]. إذ ذهبوا إلى عدم قبول الإشارة من دون عذر إلا في حالة الإقرار بالنسب، ولم يكتف الأحناف بذلك، بل قيدوا حق الأخرس في التعبير عن إرادته بطريق الإشارة بقيود تحد من إطلاقه[2].

4- المبادلة الفعلية (التعاطي):

ويقصد المشرع بالمبادلة الفعلية المعاطاة المعروفة في الشريعة الإسلامية، والتي تعد من طرق التعبير الصريحة عن الإرادة.

---

[1] انظر في موقف الحنفية والشافعية: الشيخ علي الخفيف، مصدر سابق، ص208، وفي موقف الفقه الجعفري ينظر: الحلي، شرائع الإسلام، مصدر سابق، ص13.

[2] الشيخ احمد إبراهيم، بيان الالتزامات وما يتعلق بها من الإحكام في الشرع الإسلامي، ص69، نقلا عن أ. عبد الباقي البكري، مصدر سابق، ص114- 115.

والمعاطاة أو التعاطي قد يقع من جانب واحد. مثال ذلك: إن يقول شخص لأخر بعتك هذه العين بكذا، فيدفع المشتري الثمن ويأخذ المبيع دون إن يتكلم. وقد يقع التعاطي من الجانبين. كأن يدفع المشتري مبلغ معين من النقود، ويسلمه البائع قدرا معينا من البضاعة على سبيل البدل دون إن ينطقا بلفظ. فينعقد البيع في الحالتين بالتعاطي، لان المبادلة الفعلية تدل على الرضا، بشهادة العرف وقرائن الأحوال.

ويلاحظ إن لا فرق في صحة البيع بالتعاطي فيما قل أو كثر، كما هو ظاهر من إطلاق نص المادة 79 من القانون المدني العراقي، وقد جارى المشرع العراقي في ذلك الرأي الراجح في الفقه الحنفي الذي أجاز التعاطي في الأشياء الخسيسة والنفيسة معا[1]، خلافا لما ذهب إليه الرأي المرجوح في الفقه الحنفي[2] وما ذهب إليه الشافعي والحنبلي[3] والجعفري[4] من عدم جواز التعاطي إلا في التوافه دون الأموال الجليلة أي النفيسة[5].

5- اتخاذ أي مسلك يقطع في دلالته على التراضي.

ويعتبر تعبيرا صريحا عن الإرادة، إن يتخذ احد المتعاقدين أو كلاهما مسلك معين، لا تدع ظروف الحال شكا في دلالته على التراضي. فلو اتخذ شخص موقفا ى تتحمل دلالته على التعبير أي شك، اعتبر موقفه تعبيرا صريحا. وعلى ضوء ذلك، يعد

---

(1) انظر في موقف الفقه الحنفي: الإمام محمد أبو زهرة، مصدر سابق، ص206، هامش (1).

(2) وهو رأي الكرخي القائل بان البيع عن طريق التعاطي (لا ينعقد إلا في الخسيس). انظر في ذلك: حاشية ابن عابدين، مصدر سابق، ص25- 26.

(3) الشيخ علي الخفيف، مصدر سابق، ص210.

(4) انظر في موقف الفقه الجعفري: الحلي، مختلف الشيعة، ج5، ص83- 84 مسألة (44)، محمد جواد مغنية، مصدر سابق، ج3- 4، ص21.

(5) ويذهب الدكتور وهبة الزحيلي إلى إن الراجح عند الحنفية والمالكية والحنابلة جواز بيع المعاطاة متى كان هذا معتادا دالا على الرضا ومعبرا تماما عن إرادة كل من المتعاقدين. الفقه الإسلامي، ج5، ص3313، وهذا الكلام يحتاج إلى تقييد في ضوء ما عرضناه في المتن لكي يكون دقيقا.

إيجابا يتم به عقد البيع إذا ارتبط به القبول، وضع آلة أوتوماتيكية لبيع السلع كالمشروبات الغازية على سبيل المثال.

حيث يستطيع إفراد الجمهور إن يقبلوا الإيجاب بوضع قطع النقود في مكان معين من الآلة، ويحصلوا على السلعة محل عقد البيع.

وقد نص المشرع العراقي على صورة خاصة لمسلك لا تدع ظروف الحال شك في دلالته على التراضي ونقصد به عرض البضائع مع بيان ثمنها. حيث نصت المادة (80 ف1 مدني عراقي) على انه (يعتبر عرض البضائع مع بيان ثمنها إيجابا).

ويلاحظ إن المشرع العراقي اشترط لكي يعتبر عرض البضائع من قبل التجار في واجهات محلاتهم التجارية إيجابا صالحا لاقتران القبول به، إن يتضمن هذا العرض إثمان البضائع المعروضة [1].

فإذا لم يتضمن عرض البضائع أثمانها أو كان الثمن غير محدد بصورة دقيقة، كان هذا العرض مجرد دعوة للتعاقد لا إيجابا صالحا لاقتران القبول به [2].

ويلتزم التاجر صاحب البضاعة المعروضة بإيجابه طوال المدة المعروضة فيها البضائع، فإذا قبل شخص الشراء بالثمن المعروض، تم البيع والتزم البائع بتسليم البضاعة المعروضة أو بضاعة مماثلة إذا كان تسليم البضاعة المعروضة في واجهة المحل تتطلب مجهودا ووقت لا مبرر له في إعادة ترتيب وتنظيم الواجهة. ولكن

---

[1] انظر: د. كمال قاسم ثروت، شرح إحكام عقد البيع، ط2، مطبعة الرصافي، بغداد، 1976، ص20- 21.

[2] ويختلف القانون العراقي عن القانون الانكليزي في هذا الشأن، فعرض البضائع في واجهات المحلات التجارية مع بيان أثمانها لا تعتبر في القانون الانكليزي إيجابا وإنما تعتبر مجرد دعوة للتفاوض. انظر قضية:

Pharmaceutical Society of Great Britain v Boots Cash Chemists (Southern) Ltd [1953] 1QB 401.

- Smith & Keenan, op. cit, P.256,, P.700.

- G. H. TREITEL, THE LAW OF CONTRACT, SEVENTH EDITION, LONDON, 1987, P. 9- 10.

المشتري لا يستطيع إلزام البائع بتسليمه بضاعة من المخزن غير البضاعة المعروضة إذا أراد البائع إن يسلمه البضاعة المعروضة ذاتها.

وللتاجر في أي وقت إن يعدل عن هذا الإيجاب أو إن يرفع الثمن المكتوب على البضاعة المعروضة مادام احد لم يتقدم للشراء.

ويلاحظ أخيرا إن الأصل في عقد البيع إن شخصية المشتري ليست محل اعتبار في العقد، الأمر الذي يترتب عليه إلزام البائع بالبيع لأي شخص يتقدم للشراء في حدود الكمية المعروضة من البضائع، إلا إذا كان البائع قد تحفظ وأعلن تحفظه في مكان بارز من محله التجاري انه لا يبيع إلا قدرا معينا من البضاعة المعروضة لكل شخص.

الإعلان عن البضائع في الصحف والنشرات ومواقع الانترنت.

قد لا يكتفي بعض التاجر وخاصة أصحاب الشركات والمحلات التجارية الكبرى بالإعلان عن بضائعهم في مراكز التسويق الخاصة بشركاتهم أو في واجهات محلاتهم التجارية، وإنما يقومون بالإعلان عن بضائعهم في الجرائد اليومية أو الشهرية أو النشرات الخاصة في التلفزيون أو على شبكة الانترنت.

فإذا تضمن الإعلان العناصر الأساسية للإرادة بان تضمن مواصفات المبيع والثمن بصورة دقيقة، كان هذا الإعلان إيجابا صالحا لاقتران القبول به، والتزم التاجر أو صاحب الإعلان إن يسلم البضاعة محل الإعلان لمن يتقدم لشرائها، ولا يجوز له الامتناع بحجة ارتفاع الأسعار إلا إذا كان قد مضى- على الإعلان مدة طويلة ارتفعت فيها الأسعار فعلا.

ويلتزم البائع بتلبية جميع الطلبات المقدمة له بالشراء في حدود البضاعة الموجودة عنده وقت إرسال النشرة أو بث الإعلان، فإذا نفذت البضاعة ببيعها أو تلفها سقط الإيجاب من تلقاء نفسه دون حاجة إلى إعلان جديد يبين نفاذ البضاعة إذ يعتبر بطبيعته معلقا على شرط عدم نفاذ البضاعة.

إما إذا كان الإعلان أو النشر غير متضمن للعناصر الأساسية كأن كانت مواصفات المبيع غير دقيقة أو كان العرض خاليا من بيان الثمن، فلا يعتبر العرض

في هذه الحالة إيجابا صالحا لاقتران القبول به، بل مجرد دعوة إلى التعاقد، فإذا تقدم احد استجابة لهذه الدعوى، فلا تعد استجابته هذه قبولا ينعقد به البيع، وإنما تكون بمثابة إيجابا يصلح لاقتران القبول به لينعقد به البيع، حيث نصت المادة (80 ف 2 مدني عراقي) على انه (إما النشر والإعلان وبيان الأسعار للجمهور أو للإفراد فلا يعتبر عند الشك إيجابا وإنما دعوة للتفاوض).

والملاحظ على موقف المشرع العراقي انه لم يبين شروطا خاصة يجب إن يتضمنها الإعلان حماية للطرف الموجه إليه والذي يكون مستهلك عادة، حيث يشترط إن يكون الإعلان قانونيا ورقيقا وشريفا وصادقا.

وتفصيلا لهذه القاعدة العامة يوجب التنظيم القانوني للإعلان إن يتضمن الاسم الكامل للمعلن وعنوانه والخصائص الأساسية للسلعة أو الخدمة المعروضة ومقدار النقل ورسم القيمة المضافة وإظهار قيود أو شروط للعرض يمكن إن تؤثر في صحته والميعاد المتوقع للتسليم وبيان إمكانية رد السلعة. كما يجب تزويد المستهلك ببيان مكتوب عن تدابير المدفوعات والائتمان والتقسيط وعن الحق في سحب القبول أو إلغائه وعنوان الاتصال وغيرها من البيانات، وإذا تضمن الإعلان شرطا يستلزم اتصال المستهلك شخصيا بالمعلن فيجب إن يظهر هذا الشرط بوضوح في الإعلان، ويسير قانون الاستهلاك الفرنسي ـ على ذات النهج فهو يوجب على المورد (المعلن) إعلام المستهلك بالخصائص الأساسية للسلعة أو الخدمة محل التعامل وبالثمن والشروط العامة للبيع والتاريخ المحدد لتسليم السلعة أو تقديم الخدمة.

كما يجب على المعلن إن يخطر المستهلك بمدة سريان العرض بطريقة واضحة، ولذلك فان العرض الذي يتضمن إن الإيجاب يسري لحين نفاذ المخزون، هذا العرض لا يستجيب للاشتراطات القانونية مادام العرض على شبكة اتصال الكترونية، لا يقوم على دعائم مادية دائمة، وبالتالي لا يمكن تحديد تاريخ بداية ونهاية مدة العرض على نحو دقيق [1].

---

[1] انظر: د. احمد شرف الدين، الإيجاب والقبول في التعاقد الالكتروني وتسوية منازعاته، بحث منشور على الموقع Arab Law.

ثانياً: التعبير الضمني Tacite عن الإيجاب والقبول.

نصت المادة (90 ف 2) من القانون المدني المصري على انه (ويجوز إن يكون التعبير عن الإرادة ضمنيا، إذا لم ينص القانون أو يتفق الطرفان على إن يكون صريحا).

من هذا النص يتضح لنا إن التعبير عن الإرادة كما يكون صريحا، قد يكون ضمنيا، والأخير هو ما كان مظهره لا يفيد المقصود منه مباشرة، ولكن الملابسات التي تحيط به تجعل دلالته على المعنى المقصود واضحة[1]، والتعبير الضمني عن الإرادة لم يشر إليه المشرع العراقي في نص صريح كما فعل المشرع المصري في المادة أعلاه، إلا انه يستفاد من نصوص كثيرة متناثرة في التقنين، مثال نص المادة 528 مدني العراقي.

ويتحقق التعبير الضمني عن الإرادة في نطاق عقد البيع بمظهرين:

الأول، عمل مادي يقوم به شخص، فيعني انصراف إرادته إلى المعنى الخاص. كأن يصلح شخص جهاز تلفزيون كان بحوزته وديعة بعد إن عرض عليه المالك شراؤه. فإصلاح الجهاز وهو عمل مادي يدل على انصراف نية المودع لديه إلى قبول إبرام عقد البيع.

الثاني، عمل قانوني يصدر من شخص فيعني انصراف إرادته إلى معنى محدد، كأن يتصرف شخص في شيء عرض عليه شراؤه بالبيع أو الإجارة أو الرهن مثلا، ذلك لان تصرف الشخص في الشيء دليل على قبوله.

ويلاحظ أخيرا، إن التعبير الضمني عن الإيجاب يندر وقوعه وان لم يكن مستحيلا، لان الإيجاب هو الإرادة التي تصدر أولا، ليبدأ بها التعاقد، يصعب في الغالب إدراكه عن غير طريق التعبير الصريح. بينما استخلاص القبول من التعبير الضمني يكون يسيرا.

---

[1] انظر: د. محمد علي عرفة، التقنين المدني الجديد، شرح مقارن على النصوص، مكتبة النهضة العربية، ط2، القاهرة، 1955، ص60.

ثالثاً: مدى صلاحية السكوت للتعبير عن الإرادة[1].

هل يصح استخلاص التعبير الضمني عن الإرادة من وضع سلبي محض هو السكوت؟

أريد إن أبين أولا وقبل كل شيء إن الإيجاب هو عرض موجه من شخص إلى أخر أو إلى الجمهور، ولا يمكن إن نتصور إن يستخلص هذا العرض من مجرد السكوت. بقي لدينا القبول، فهل يمكن إن نتصور صدور القبول من شخص وجه إليه الإيجاب فلم يقم بأي عمل ايجابي يستخلص منه قبول أو رفض؟

الأصل إن السكوت المجرد لا يتضمن أي دلالة على القبول. ذلك إن استخلاص القبول من مجرد السكوت يعني فرض واجب على الشخص بان يفصح عن رفض كل ما يحلو لغيره إن يوجهه إليه من إيجاب وإلا اعتبر قابلا له. وفي هذا عنت واضح وتقييد للحرية الشخصية ليس له من مقتضى.

وقد قضى تطبيقا لهذا الأصل بأنه إذا أرسل تاجر لشخص دون سابق اتفاق نموذج (عينة) من بضاعة يعرض عليه شراؤها، فان السكوت عن الرد لا يدل على قبول الشراء ولو كان التاجر قد ذكر إن عدم رد النموذج (العينة) في مدة معينة يدل على القبول. كما قضى أيضا إن الناشر الذي يرسل لشخص دون سابق اتفاق مجلة دورية لا يحق له إن يعتبر الشخص قد اشترك في هذه المجلة مادام لم يصدر منه قبول بذلك[2].

ولكن إلا يمكن اعتبار العقد منعقدا في هذه القضايا التي عرضت على القضاء الفرنسي، في ظل القانون المدني العراقي خاصة إذا عرفنا إن المشرع العراقي بعد إن قرر القاعدة العامة في صدر المادة (81 ف 1) بنصه على انه (لا ينسب إلى ساكت قول)[3]، عاد في شطرها الأخير لينص على انه (ولكن السكوت في معرض الحاجة إلى بيان قبولا).

---

(1) انظر: د. عبد الحي حجازي، مصدر سابق، ص207 وما بعدها.

(2) د. السنهوري، الوسيط، ج1، ص235- 236 وهامش رقم (2).

(3) نصت المادة 67 من مجلة الإحكام العدلية على انه (لا ينسب إلى ساكت قول، ولكن السكوت في معرض الحاجة إلى بيان قبول)، وتشير هذه المادة إلى قاعدة كلية من قواعد الفقه الإسلامي، انظر في شرح هذه القاعدة: مصطفى احمد الزرقا، مصدر سابق، ص650- 651.

إلا يمكن اعتبار المشرع قد فرض على من وجه إليه الإيجاب واجبا بان يبدي رغبته في التعاقد أو عدم التعاقد وإلا اعتبر سكوته قبولا وذلك بصياغته للشطر الأخير من المادة بهذه الطريقة؟

إن عبارة (السكوت في معرض الحاجة إلى بيان قبول) يجب إن لا تفسر عارية من كل قيد بحيث يكون لكل من وجه إيجاب لشخص معين فسكت إن يعتبر الأخير قد قبل إبرام البيع، بل على العكس من ذلك تماما، حيث يجب إن يتم تفسير هذه العبارة في ظل مبدأ حسن النية، ففي بعض الأحوال قد توجب الظروف طبقا لمقتضيات حسن النية لا وفقا لما يمليه من وجه الإيجاب، على من وجه إليه الإيجاب إن لم يشأ إن يقبله إن يصرح برفضه. فإذا سكت واستمر سكوته فترة معقولة، فان هذا السكوت يولد لدى الموجب ثقة مشروعة في قبول إيجابه، فيعتبر السكوت قبولا.

وقد عرض المشرع العراقي إلى حالات السكوت الملابس Silenc Circonstancie في الفقرة الثانية من المادة (81) التي تطرق فيها إلى حالات ثلاث[1] يفيد فيها انصراف الإرادة إلى القبول وهي:

1- إذا كان هناك تعامل سابق بين المتعاقدين واتصل الإيجاب بهذا التعامل، فان سكوت الموجه إليه الإيجاب يعتبر قبولا.

مثال ذلك: إذا كان هناك تاجر تجزئة اعتاد على طلب البضاعة التي يريدها من تاجر جملة معين فيرسلها هذا إليه دون إن يرد مقدما بالقبول، ثم أرسل تاجر التجزئة طلبه كعادته فسكت تاجر الجملة، فان سكوته إذا ما تجاوز فترة معقولة يعتبر قبولا، لان ما بينهما من تعامل سابق كان يوجب عليه طبقا لمقتضيات حسن النية إن يرد بالرفض إن لم تكن عنده نية القبول.

على انه يلاحظ إن الفقرة الثانية من المادة 81 لا تتضمن سوى ضابطا مرنا يهيئ للقاضي أداة عملية للتوجيه، ولذلك ليس بالضرورة إن يعد السكوت قبولا في كل

---

[1] انظر في هذه الحالات: منير القاضي، ملتقى البحرين الشرح الموجز للقانون المدني العراقي، مج1، الباب التمهيدي ونظرية الالتزام العامة، مطبعة العاني، بغداد، 1951- 1952، ص141 د. غني حسون طه، مصدر سابق، ص116- 117.

حالة يتصل الإيجاب فيها بتعامل سابق. بل إن العبرة في النهاية بالظروف الملابسة جميعا، هل يمكن إن يستخلص منها وفقا لمقتضيات حسن النية واجب الإفصاح على من وجه الإيجاب إذا ما قرر الرفض بحيث لا ينتظر حتما في حالة القبول إن يصل إلى الموجب رد صريح؟ وعلى ذلك، يكون استخلاص القبول من السكوت، ولو اتصل الإيجاب بتعامل سابق مسالة موضوعية لا رقابة فيها للمحكمة العليا (التمييز أو النقض).

2- إذا تمخض الإيجاب لمصلحة من وجه إليه فسكت، فان سكوته يفيد إرادة القبول.

مثال ذلك: إن يوجه شخص إيجابا نافعا من كل وجه للموجب له، كما لو كان الموجب يبحث عن دار للسكن تكون قريبة من محل عمله، فيعرض البائع دار قريبة من محل عمل الموجب له وجديدة وتتسع لعائلته وفيها فرق كبير في السعر مقارنة بمثيلتها.

وأساس اعتبار السكوت في هذه الحالة قبولا، إن الإيجاب وجه لمصلحة من وجه إليه، فلن يكون هناك مبرر يؤدي إلى رفضه، فإذا سكت كان المرجح انه قد أراد القبول، ما لم يكن هناك مبرر مادي أو أدبي للرفض، كما لو كان أهل زوجة من وجه إليه الإيجاب راغبين هم أيضا بشراء المنزل، وتقدير ذلك راجع إلى محكمة الموضوع تقضي فيها بدون رقابة المحكمة العليا (التمييز أو النقض).

3- إذا سكت المشتري بعد تسلم البضاعة التي اشتراها، فان سكوته يعد قبولا لما ورد في قائمة الثمن من شروط، كأن يشترط البائع فيها وجب دفع الثمن كاملا عند تسليم البضاعة، ويلاحظ إن السكوت في هذه الحالة لا يكون قاطعا في دلالته على القبول، إلا إذا كان سبق وصول قائمة الثمن واقعة التسليم أو اقتران وصولها بتسلم البضاعة.

المطلب الثاني
تطابق الإيجاب والقبول

وفق للقواعد العامة يجب إن يتطابق الإيجاب والقبول على المسائل الجوهرية، والمسائل الجوهرية التي يجب إن يتطابق عليها الإيجاب والقبول في عقد البيع هي طبيعة العقد والمبيع والثمن[1]، إما المسائل الثانوية كزمان دفع الثمن ومكانه وتسليم المبيع ومكانه فلا يشترط إن يتفق عليها المتعاقدان مقدما ولكن إذا تطرقا إليها فيجب إن يتفقا عليها وإلا فلا ينعقد العقد، ونحن هنا نبحث في المسائل الجوهرية أولا، ثم نتطرق إلى المسائل الثانوية في الفرعين الآتيين.

الفرع الأول
المسائل الجوهرية

لكي ينعقد البيع يجب إن تتطابق إرادة الطرفين البائع والمشتري على طبيعة العقد والمبيع والثمن.

أولاً: طبيعة العقد La nature :

لكي يعتبر العقد بيعا، يجب إن يتفق الطرفان على نقل ملكية مال معين مقابل ثمن نقدي، وعلى هذا إذا انصرفت نية أحد الطرفين إلى إيجار عقاره لقاء أجرة معينة، وانصرفت نية الطرف الأخر إلى شراء العقار مقابل إيراد مرتب مدى حياة البائع، فلا ينعقد بينهما لا بيع ولا إيجار، نظرا لعدم توافق الإرادتين حول طبيعة العقد[2].

ولان طبيعة عقد البيع إن ينشىء التزاما بنقل الملكية، فان كل عقد لا يقصد به حقيقة هذا الالتزام لا يعتبر بيعا. مثل ذلك العقد الذي اسماه بوتييه

---

(1) قضت محكمة التمييز في قرارها المرقم 1553/حقوقية/1964 بتاريخ 1964/12/19 بأنه (إذا لم يحدد في الاتفاق الابتدائي ثمن المبيع ولا مقداره والمسائل الجوهرية الأخرى فلا يعتبر عقدا صحيحا)، منشور في قضاء محكمة التمييز، مج2، ص97.

(2) د. توفيق حسن فرج، مصدر سابق، ص61.

"مهاترة" (mahatra) واسماه فقهاء الشريعة الإسلامية (بيع العينة) وهو عقد بمقتضاه يشتري احد العاقدين مالا بثمن مؤجل ثم يبيعه في الوقت ذاته إلى البائع الظاهر مباشرة أو من طريق شخص أخر بثمن معجل اقل من الثمن المؤجل الذي اشترى به. كأن يبيع قنطارا من القطن بخمسة ألاف دينار لا تقبض إلا بعد سنة، ثم يشتريه البائع بأربعة ألاف يدفعها إليه فورا. فقد حصل هنا عقدا بيع؛ كلاهما ظاهر الصحة لاشتماله على أركان العقد وشروطه، ولكن نية المتعاقدان الحقيقية لم تنصرف إلى البيع بل انصرفت إلى إن يبقى البائع الظاهر مالكا للمبيع (القطن) وان ينقد المشتري الظاهر مبلغا معجلا (أربعة ألاف دينار) وان يصير الأخير ملتزما بمبلغ مؤجل (خمسة ألاف دينار) اكبر من المبلغ الذي قبضه. أي إن نتيجة العقد تكون قرضا بفائدة فلا ينعقد بين الطرفين بيع أصلا لان إرادتهما لم تتجه إلى البيع بل القرض بفائدة (بربا فاحش كما يسميه الفقهاء المسلمون)[1]. كما إن من طبيعة عقد البيع إن ينشأ التزام في ذمة المشتري بدفع الثمن، فإذا كان الثمن المتفق عليه بين الطرفين تافها أو صوريا أو تنازل البائع عنه، فان ذلك يعني مخالفة الاتفاق لطبيعة البيع باعتباره معاوضة، فلا يكون ثمة بين الطرفين عقد بيع، وان سمياه بيعا، ويمكن تطبيق إحكام الهبة في هذه الحالة إذا توفرت شروطها[2].

ثانياً: المبيع.

كما يجب إن تتوافق إرادة الطرفين على المبيع، لكي يكون هناك عقد بيع، إما إذا اختلف الطرفان حول مقدار المبيع أو ذاتيته، فلا يكون هناك ثمة بيعا بين الطرفين، مثال ذلك إن يطلب المشتري من البائع إن يبيعه عشرة أمتار من القماش فيقبل البائع بيعه خمسة عشر مترا، أو إن تتجه إرادة المشتري إلى شراء جهاز هاتف معين، فيقبل صاحب المحل بيعه جهاز أخر، فالبيع في الحالة الأولى لا ينعقد لعدم الاتفاق على

---

(1) انظر في الخلاف الذي دار بين فقهاء المذاهب الإسلامية حول صحة بيوع العينة: د. وهبة الزحيلي، مصدر سابق، ج5، ص3453 وما بعدها، حاشية ابن عابدين، مصدر سابق، ج7، ص576، الشيخ علي الخفيف، مصدر سابق، ص221- 222 هامش (3).

(2) د. سليمان مرقس، مصدر سابق، ص53.

كمية أو مقدار المبيع، ولا ينعقد في الثانية أيضا لعدم الاتفاق على ذاتية المبيع فلا ينعقد البيع في هذه الحالة لا على الجهاز الذي طلبه المشتري ولا على الجهاز الذي وافق البائع على بيعه.

وتطبيقا لما تقدم قضت محكمة التمييز في 1983/8/4 بأنه (لا يلزم البائعون بالتعويض ألاتفاقي عن عدم تقريرهم بيع الأرض في دائرة التسجيل العقاري إذا كان في المبيع جهالة فاحشة لعدم إفراز الجزء المتفق على بيعه من القطعة العائدة للبائعين)[1].

ثالثاً: الثمن.

ويشترط لانعقاد البيع، بالإضافة إلى اتفاق الطرفين على طبيعة العقد والمبيع، إن يتفقا على الثمن أيضا، فإذا اختلف الطرفان على ثمن المبيع كان العقد باطلا[2].

مثال ذلك: إن يعرض البائع البيع بثمن معين، فيقبل المشتري الشراء بثمن اقل، فهنا لا ينعقد البيع لعدم توافق الإرادتان على الثمن ويقع البيع باطلا.

ولكن ما الحكم إذا عرض البائع البيع بثمن معين، وقبل المشتري الشراء بثمن أعلى؟ فهل ينعقد البيع بالثمن الذي عرضه البائع أم بالثمن الذي عرضه المشتري، أم لا ينعقد أصلا؟

عالجت مجلة الإحكام العدلية هذا الفرض بنص صريح هو نص المادة 178 الذي جاء فيه (تكفي موافقة القبول للإيجاب ضمنا فلو قال البائع للمشتري بعتك هذا المال بألف قرش وقال المشتري اشتريته منك بألف وخمسمائة قرش انعقد البيع على الإلف إلا انه لو قبل البائع هذه الزيادة في المجلس يلزم على المشتري حينئذ إن يعطيه الخمسمائة قرش التي زادها أيضا وكذا لو قال المشتري للبائع اشتريت منك هذا المال

---

[1] قرار محكمة التمييز رقم 221/ هيئة عامة أولى/1972، النشرة القضائية، ع3، س4، ص49.

[2] وهو ما قال به فقهاء الشريعة الإسلامية، جاء في مختلف الشيعة في إحكام الشريعة للعلامة الحلي (لا خلاف بيننا في إن الثمن إذا كان مجهولا بطل البيع)، ج5، مسالة رقم 234، ص266، كذلك : د. وهبة الزحيلي، مصدر سابق، ج5، ص3327.

بألف قرش فقال بعته منك بثمانمائة قرش ينعقد البيع ويلزم تنزيل المائتين من الإلف)[1].

وتعليل هذا الحكم في منطق الفقه الإسلامي[2] إن الموافقة الضمنية تكون فيما إذا دلت عبارة القبول الإيجاب ضمنا، لان الإلف قرش التي سميت ثمنا في الإيجاب تدخل ضمنا في الإلف والخمس مائة التي وردت في القبول وبذلك تكون موافقة القبول للإيجاب ضمنا.

وإذا كان القابل للبيع المشتري وزاد في الثمن المسمى، توقف لزوم هذه الزيادة على قبول البائع في المجلس، فإذا قبل البائع هذه الزيادة وجب على المشتري دفعها. إما إذا صرح بعدم قبوله للزيادة في مجلس العقد فان قبوله لهذه الزيادة بعد ذلك في مجلس أخر لا يعتد به وليس على المشتري إن يدفعها وينعقد البيع على الثمن المسمى في الإيجاب وهو الإلف قرش في المثال الوارد في المادة 178 من المجلة[3].

إما فقهاء القانون، فقد ذهب جانب منهم[4] إلى إن البيع في هذه الحالة ينعقد بالثمن الأقل الذي سماه البائع باعتبار إن القابل بالأكثر قابل بالأقل طبعا، مما يعني إن إرادته الضمنية قد اتجهت إلى القبول بالشراء بالثمن الأقل.

بينما ذهب جانب أخر يتزعمه الأستاذ مرقس إلى وجوب التفرقة في هذا الشأن بين حالتين: الأولى إن يكون المشتري صدر في قبوله الشراء بأزيد مما طلبه البائع عن غلط، أي معتقد انه يقبل الشراء بالثمن الذي طلبه البائع، ثم يتبين إن الثمن الذي طلبه البائع كان اقل من ذلك. والثانية إن يكون المشتري قد قصد إن يزيد في الثمن الذي طلبه البائع لاقتناعه إن المبيع يساوي هذه الزيادة وان العدالة وقواعد الأخلاق تقتضي رفع الثمن إلى قيمة المبيع الحقيقية أو ما يقارب منها وعدم استغلال حاجة البائع وجهله بما يساوي المبيع فعلا[5].

---

(1) انظر في شرح هذه المادة: علي حيدر، مصدر سابق، ص138- 139.

(2) انظر: د. وهبة الزحيلي، مصدر سابق، ج5، ص3327.

(3) علي حيدر، مصدر سابق، ص138- 139.

(4) بوتييه في البيع فقرة 36 و بودرى وسينيا في البيع والمقايضة فقرة 31 ص15 نقلا عن د. سعدون العامري، مصدر سابق، ص28- 29.

(5) د. سليمان مرقس، مصدر سابق، ص51.

فالحل الذي ذهب إليه أكثرية الشراح يصدق على الحالة الأولى، أي حالة غلط المشتري، فينعقد البيع بالثمن الذي سماه البائع أي الثمن الأقل، ولكنه لا يصدق على الحالة الثانية، حالة قصد المشتري زيادة الثمن عما طلبه البائع.

كأن يعرض صديق على صديقه إن يبيعه خاتم معين يساوي خمسون إلف دينار، فيقول لـه الصـديق الأخر اشتريه منك بستين إلف دينار، وذلك لأنه كما يجوز القـول في هـذه الحالـة بـان قبـول المشـتري الشراء بستين إلف دينار يتضمن قبوله الشراء بخمسين إلف دينار، كذلك يجوز القول بان قبول البائع البيع بخمسين إلف دينار يتضمن قبوله البيع بستين إلف دينار، ولذا فالعبرة هي بـالثمن الـذي سـمى أخـرا، وهـو في المثـال المتقدم ستون إلف دينار.

وذلك لأنه إذا اقترن القبول بما يزيد في الإيجاب أو يقيد منه أو يعدل فيـه، فـان القبـول يعتـبر رفضـا للإيجاب، ولكنه يتضمن إيجابا جديدا، وبما إن هذا الإيجاب يتمخض لمصلحة مـن وجـه إليـه، فيعتـبر سـكوت البائع عن معارضة هذا الإيجاب الجديد قبـولا بـه بحكـم الفقـرة الثانيـة مـن المـادة 81 مـن القـانون المـدني العراقي[1].

ولكن بأي الآراء نأخذ وما هو الأقرب إلى القانون المدني العراقي[2]، خاصة إذا عرفنا إن الفقه الإسلامي يعد مصدرا رسميا من مصادر القانون المدني العراقي يأتي بعد النص والعرف، ولما لم يكن هناك نص يحكم هذا الفرض ولا عرف، فان فقه الشريعة الإسلامية هو الواجب التطبيق. ولكن الرأي الذي يجب الأخذ به من الفقه

---

(1) انظر في تأييد هذا الرأي في الفقه العراقي: د. سعـدون العامري، مصـدر سابق، ص29، د. جعفـر ألفضـلي، مصـدر سـابق، 27- 28.

(2) وفي ظل نصوص القانون المدني العراقي ظهرت عدة أراء أهمها:

الرأي الأول: ذهب إلى القول بعدم انعقاد البيع لعدم تطابق الإيجاب والقبول استناد لنص المـادة 85 مـن القـانون المـدني العراقي. د. محمود سعد الدين الشريف، مصدر سابق، ص110.

الرأي الثاني: ذهب إلى انه إذا كان قبول البائع بثمن اقل من الذي عرضه المشتري وكان قبوله المذكور ناشئا عن غلط، فـان البيع لا ينعقد بسبب وقوع الغلط في ركن من أركان العقد. د. عباس الصراف، مصدر سابق، ص48.

الإسلامي يجب إن لا يتعارض مع نصوص القانون المدني العراقي وان يكون ملائم لروح هذا القانون ونظرياته العامة.

والحقيقة إن الرأي الذي أخذت به مجلة الإحكام العدلية هو الأقرب في نظرنا إلى تحقيق العدالة والأكثر ملائمة من الناحية العملية. ولكن بعد تحويره لكي يكون مطابقا لتوجهات القانون المدني العراقي، فالمادة 178 من مجلة الإحكام العدلية تعد سكوت البائع في حالة قبول الشراء بأكثر مما عرضه البائع قبولا للبيع بالثمن الأقل لا الأكثر، والحكم في القانون المدني العراقي بخلاف ذلك، إذ إن الزيادة في القبول تعد إسقاطا للإيجاب الموجه من البائع، وإيجابا جديدا من المشتري تمخض لمصلحة الموجه إليه (البائع)، فيعتبر سكوت البائع في هذه الحالة قبولا للبيع بالثمن الذي سماه المشتري فينعقد به البيع عملا بحكم المادة 81 من القانون المدني العراقي.

كما تطرقت المادة 178 من مجلة الإحكام العدلية لحالة ما إذا كان الموجب هو المشتري، وقبل البائع البيع بثمن اقل من الثمن الذي عرضه المشتري. فقضت بان البيع ينعقد بالثمن الأقل وهذا الحكم يتفق مع نصوص القانون المدني العراقي (م81 مدني عراقي) حيث يعتبر قبول البائع البيع بثمن اقل من الثمن الذي عرضه المشتري إيجابا جديدا يتمخض لمصلحة المشتري فلا يحتاج إلى قبول صريح منه.

خلاصة القول إن حكم هذا الفرض في ظل القانون المدني العراقي يجب إن يكون على النحو الأتي:

1- إذا قبل البائع صراحة البيع بالثمن الأعلى الذي عرضه المشتري انعقد البيع وكذلك إذا سكت البائع.
2- إذا قبل المشتري الشراء بثمن معين وقبل البائع البيع بثمن اقل انعقد البيع بالثمن الأقل.

إما عن مسألة إثبات إن المشتري قد وقع في غلط في قبوله الشراء بثمن أعلى من الثمن الذي عرضه البائع، فان جزاء الغلط هو وقف العقد على الإجازة والمشتري قد يجيز البيع أو ينقضه، فهو ليس مجبرا على الشراء بالثمن الأقل دائما.

الفرع الثاني
المسائل الثانوية

ولا يشترط في انعقاد عقد البيع إن يتفق الطرفان على المسائل الثانوية كمكان تسليم المبيع وزمانه ومصروفات التسليم حيث تولى القانون تنظيم هذه المسائل في حالة عدم تطرق الطرفين لها. إذ يفترض المشرع في هذه الحالة إن الطرفين قد رضيا حكم القانون أو العرف في هذا الصدد.

إما إذا تطرق الطرفان إلى المسائل الثانوية، ولم يصلا إلى اتفاق بشأنها، كما لو تطرقا إلى مكان تسليم المبيع فعرض البائع التسليم في محل إقامته ولكن المشتري رفض ذلك وأصر على إن يكون التسليم في محل إقامته هو. فالبيع في هذه الحالة لا ينعقد ويقع باطلا. لان مسألة مكان تسليم المبيع لم تبقى ثانوية بعد إن تطرق لها الطرفان وإنما أصبحت جزء من الإيجاب الموجه من البائع فإذا رفض المشتري مكان التسليم الذي عرضه البائع فهذا يعني عدم تطابق الإيجاب مع القبول، الأمر الذي يترتب عليه عدم انعقاد العقد تطبيقا لإحكام المادة 85 من القانون المدني العراقي.

وقد يحدث في بعض الأحيان إن يتفق الطرفان على جميع المسائل الجوهرية في البيع، وهي المبيع والثمن وطبيعة العقد، ويحتفظان بمسائل تفصيلية يتفقان عليها فيما بعد ولكنهما لا يشيران إلى حكم العقد في حالة عدم الاتفاق على هذه المسائل فيما بعد. فما الحكم؟

عالجت الفقرة الثانية من المادة 86 من القانون المدني العراقي هذا الفرض بنصها على انه (... عند عدم الاتفاق على هذه المسائل فيعتبر العقد قد تم، وإذا قام خلاف على المسائل التي لم يتم الاتفاق عليها فان المحكمة تقضي فيها طبقا لطبيعة الموضوع ولإحكام القانون والعرف والعدالة).

المبحث الثاني

صحــة التراضـــي

إذا كان وجود التراضي يكفي لوجود عقد البيع، فانه لا يكفي لصحته. بل يجب لكي يعتبر عقد البيع صحيحا إن يكون صادرا من شخصين يتمتعان بالأهلية اللازمة لعقده وان يكون رضا كل منهما سليما أي خاليا من العيوب التي تشوب الرضا.

ولا جديد يقال عن عيوب الرضا في صدد عقد البيع، لان محل بحثها هي النظرية العامة للالتزامات. ولكن للغلط في عقد البيع شانا خاصا إذ يتصل اتصالا وثيقا بإحكام الغلط في صفات المبيع، وبخيار الرؤية وهو الخيار المعروف في الفقه الإسلامي الذي استمد المشرع العراقي نصوصه المتعلقة بهذا الخيار منه. كما إن للغبن سواء كان مصحوبا بتغرير أو ناتجا عن استغلال أهمية خاصة في عقد البيع.

ونبدأ بالكلام في الأهلية، ثم في عيوب الإرادة، وذلك في المطلبين الآتيين.

المطلب الأول

الأهلية اللازمة لإبرام عقد البيع

يميـز الفقهـاء بين أهلية الوجوب Capacité de jouissance وأهلية الأداء Capacité d exercice.

ويعرف علماء أصول الفقه الإسلامي أهلية الوجوب بأنها صلاحية الإنسان لوجوب الحقوق المشروعة له وعليه[1].

إما أهلية الأداء فهي صلاحية الشخص لاستعمال الحق.

---

(1) انظر: مرآة الأصول، ج2، ص435، التقرير والتحبير، ج2، ص164، كشف الإسرار على أصول البزدوي، ص1357، حاشية نسمات الأسحار، ص272. نقلا عن د. وهبة الزحيلي، مصدر سابق، ج4، ص2960.

ولن نتناول في هذا الفرع إلا الأهلية اللازمة لإجراء عقد البيع. إما النظرية العامة للأهلية فليس هنا محلها. ولذلك نستبعد الكلام في أهلية الوجوب إذ هي تتصل بدراسة الشخصية ونكتفي بأهلية الأداء بالقدر اللازم بالنسبة لانعقاد عقد البيع[1].

ولم يورد المشرع العراقي نصوص خاصة بالأهلية في عقد البيع، وبذلك تكون القواعد العامة للأهلية هي الواجبة التطبيق[2].

ومناط أهلية الأداء هو العقل والتمييز، ولما كان العقل أو التمييز يتأثر بالسن، فان أهلية الأداء هي الأخرى تتأثر بالسن وقد تتأثر بعوامل أخرى غير السن من شانها إن تؤثر على التمييز تسمى بعوارض الأهلية.

ويمر الإنسان بادوار طبيعية ثلاثة من وقت إن يولد إلى إن يموت؛ الدور الأول من وقت ولادته إلى سن التمييز وهي سبع سنوات كاملة (م97 مدني عراقي) فيكون في هذا الدور صغيرا غير مميز، والدور الثاني من سن التمييز إلى سن البلوغ وهو ثمانية عشر سنة كاملة (م106 مدني عراقي) فيكون في هذا الدور صغيرا مميزا، والدور الثالث من سن البلوغ إلى وقت الموت فيكون في هذا الدور بالغا رشيدا ما لم تتأثر أهليته بعارض من عوارض الأهلية[3].

---

[1] انظر في ذلك مفصلا: د. عبد الفتاح عبد الباقي، نظرية الحق، ط2، القاهرة، 1964، ص86 وما بعدها.

[2] ويلاحظ إن أهلية الأداء تختلف عن الولاية، فأهلية الأداء شرط في انعقاد عقد البيع ووجوده، فان انعدمت كأن كان الشخص مجنون عديم التمييز كان البيع باطلا. إما الولاية فهي شرط لنفاذ عقد البيع وترتب الآثار عليه. وهي لا تثبت إلا لكامل أهلية الأداء. إما عديم أهلية الأداء فلا ولاية له على نفسه ولا على غيره.

وبناء عليه يكون البيع بالنظر للأهلية والولاية أحوال ثلاث:

(1) إذا كان العاقد كامل الأهلية وصاحب ولاية ؛ اعتبر البيع صحيحا نافذا إلا إذا كان فيه ضرر بأخر فيصبح موقوفا على الإجازة، كبيع المريض مرض الموت.

(2) إذا صدر البيع من عديم الأهلية وفاقد الولاية ؛ كالمجنون والصغير غير المميز، كان باطلا. فان كان العاقد ناقص الأهلية كالصغير المميز، كان البيع موقوفا على الإجازة.

(3) إذا صدر البيع من صاحب أهلية أداء كاملة، ولكنه فاقد الولاية، كان فضوليا، وبيع الفضولي يكون موقوفا على إجازة المالك.

[3] والمشهور في الفقه الإسلامي إن حد بلوغ الصبي خمس عشرة سنة. العلامة الحلي، مختلف الشيعة، ج5، ص451.

وتنقسم التصرفات من حيث التمييز إلى أنواع ثلاثة:

1- تصرفات نافعة نفعا محضا.

2- تصرفات ضارة ضررا محضا.

3- تصرفات دائرة بين النفع والضرر.

ويلاحظ إن تصرفات عديم التمييز جميعها باطلة وان إذن له وليه (م96 مدني عراقي)، أي سواء كانت نافعة أو ضارة أو دائرة بين النفع والضرر، ويتولى مباشرة التصرفات القانونية عن الصغير المميز وليه أو وصيه في حدود القانون.

إما تصرفات ناقص الأهلية (الصغير المميز)، فان التصرفات النافعة نفعا محضا تعتبر في حقه صحيحة إذن بها وليه أو وصيه أم لم يأذن.

إما التصرفات الضارة في حقه فتعتبر باطلة ولو إذن بها الولي أو أجازها. بقيت التصرفات التي تدور بين النفع والضرر. فإنها تنعقد موقوفة على إجازة وليه أو إجازته هو نفسه بعد إن يصير مأذونا أو بعد بلوغه[1].

فإلى أي طائفة ينتمي عقد البيع، فهل هو من التصرفات النافعة التي تنعقد دون حاجة إلى إجازة، أم ضارة، فتقع باطلة حتى لو إذن بها الوالي وأجازها، أم دائرة بين الضرر والنفع فتنعقد موقوفه على الإجازة؟

مما لا خلاف فيه في الفقه[2] إن عقد البيع يعد من إعمال التصرف الدائرة بين النفع والضرر. وبالتالي إذا باشره الصغير المميز انعقد البيع موقوفا على إجازة وليه أو وصيه في الحدود التي رسمها القانون.

ولكن من هو الولي والوصي الذي يقوم بإبرام عقود البيع نيابة عن عديم التمييز أو يجيز عقود البيع أو ينقضها إذا إبرامها الصغير المميز وما هي حدود تصرفاته؟

---

(1) انظر: المادة 97 من القانون المدني العراقي.

(2) د. غني حسون طه، مصدر سابق، ص156، د. سعدون العامري، مصدر سابق، ص31- 32 د. كمال قاسم ثروت، مصدر سابق، ص42، د. جعفر الفضلي، مصدر سابق، ص29.

نصت المادة 27 من قانون رعاية القاصرين على انه (ولي الصغير هو أبوه ثم المحكمة). كما نصت المادة 30 على انه (لا يجوز للولي إن يتصرف بمال الصغير إلا بموافقة دائرة رعاية القاصرين وبالطريقة المنصوص عليها في هذا القانون).

إما الوصي فقد عرفته المادة 34 بأنه (هو من يختاره الأب لرعاية شؤون ولده الصغير أو الجنين ثم من تنصبه المحكمة. على إن تقدم إلام على غيرها وفق مصلحة الصغير فان لم يوجد احد منهما فتكون الوصاية لدائرة رعاية القاصرين حتى تنصب المحكمة وصيا).

إما عن صلاحية الولي والوصي في إبرام عقد البيع نيابة عن الصغير عديم التمييز أو إجازة البيع الذي ابرمه الصغير المميز، فقد قيدت نصوص قانون رعاية القاصرين الصلاحية الممنوحة للولي والوصي بموجب المادتان 97 و105 من القانون المدني العراقي، حيث لم تجز له ذلك إلا بعد اخذ موافقة مديرية رعاية القاصرين المختصة، حيث نصت المادة 43 من قانون رعاية القاصرين على انه (لا يجوز للولي أو الوصي أو القيم مباشرة التصرفات التالية إلا بموافقة مديرية رعاية القاصرين المختصة بعد التحقق من مصلحة القاصر في ذلك. أولا: جميع التصرفات التي من شانها إنشاء حق من الحقوق العينية العقارية الأصلية أو التبعية أو نقله أو تغييره أو زواله وكذلك جميع الحقوق المقررة لحق من الحقوق المذكورة. ثانيا: التصرف في المنقول أو الحقوق الشخصية أو الأوراق المالية...).

غير انه يجوز للولي بترخيص من المحكمة إن يسلم الصغير المميز إذا أكمل الخامسة عشرة من عمره مقدارا من ماله ويأذن له في التجارة تجربة له ويكون الإذن مطلقا أو مقيدا وعند امتناع الولي عن الإذن للصغير فان للمحكمة إن تأذن له في ذلك والصغير المأذون يعد بالنسبة للتصرفات الداخلة تحت الإذن بمنزلة سن الرشد (م98- 101 مدني عراقي) فللصغير المأذون إن يباشر البيوع تحت الإذن وتعد صحيحة. إما البيوع التي لا تدخل تحت الإذن فتنعقد موقوفة على إجازة الولي وموافقة رعاية القاصرين بعد التحقق من مصلحة الصغير المميز في ذلك.

هذا وقد نصت العبارة الأخير من الفقرة (أولا - أ) من المادة الثالثة من قانون رعاية القاصرين رقم 78 لسنة 1980 على ما يلي (ويعتبر من أكمل الخامسة عشرة وتزوج بإذن من المحكمة كامل الأهلية). وهذا يعني إن عقود البيع التي يبرمها من أكمل الخامسة عشرة من عمره وإذن له بالزواج من قبل المحكمة تعتبر صحيحة ونافذة[1].

فإذا أتم الصغير المميز الثامنة عشرة من عمره (م 106 مدني عراقي) ولم يكن مجنون ولا معتوه انتهت الولاية عليه وأصبح كامل الأهلية.

ولكامل الأهلية إن يباشر جميع التصرفات ومنها إبرام عقود البيع.

ولكن الصغير المميز قد يبلغ سن الرشد مجنونا، فإذا بلغها كذلك فان الولاية أو الوصاية تستمر عليه بحسب الأحوال. لان الجنون سبب للحجر بدون توقف على حكم القاضي. وتصرفات المجنون و بضمنها عقود البيع التي يجريها مع الغير تكون باطلة. لان المجنون عديم أهلية الأداء لأنه فاقد التمييز فيكون حكمه حكم الصغير غير المميز.

ولكن الجنون قد يكون غير مطبق، فإذا ابرم المجنون عقد البيع في فترة الإفاقة كان عقده صحيحا (م 108 مدني عراقي).

كما إن الصغير المميز قد يبلغ سن الرشد معتوها أي إن يكون لديه ضعف في قواه العقلية. والمعتوه محجور لذاته (م 94 مدني عراقي) فتستمر الولاية أو الوصاية عليه بعد البلوغ. ولكنه في حكم الصغير المميز بموجب المادة 107 مدني عراقي فتكون عقود البيع التي يبرمها موقوفة على الإجازة.

وقد يكون الشخص بعد بلوغه سن الرشد سفيها أي يبذر أمواله في أمور لا مصلحة له فيها، أو ذو غفلة لا يهتدي إلى التصرفات الرابحة ولا يميزها عن التصرفات الخاسرة فيغبن في المعاملات لسذاجته وسلامة نيته.

---

[1] قضت محكمة التمييز في قرارها المرقم 598/شخصية/1982 بتاريخ 1982/5/10 بأنه (يعتبر من أكمل الخامسة عشرة وتزوج بإذن المحكمة كامل الأهلية)، مجموعة الإحكام العدلية، ع2، س13، 1982، ص12.

والسفيه وذو الغفلة ليسا محجورين لذاتهم، وبالتالي لابد من صدور قرار من المحكمة المختصة بالحجر على السفيه وذو الغفلة وإعلانه بالطرق المقررة قانونا (م95 و 110 مدني عراقي). وحكم السفيه وذو الغفلة حكم الصغير المميز فتكون عقود البيع التي يبرمها السفيه أو ذو الغفلة موقوفة على الإجازة[1].

المطلب الثاني
عيوب الرضا في عقد البيع

عيوب الرضا في القانون المدني العراقي أربعة هي، الإكراه، والغلط، والتغرير مع الغبن، والاستغلال[2].

وقد عالج المشرع العراقي هذه العيوب في الفرع الأول الخاص باركان العقد، من الفصل الأول الخاص بالعقد، من الباب الأول الخاص بمصادر الالتزام، من الكتاب الأول بالالتزامات بوجه عام، وخصص لها المواد 112- 125 مدني عراقي.

فإذا شاب إرادة أي من البائع أو المشتري عيب من العيوب الثلاثة الأولى، كان العقد موقوفا على إجازة من تقرر التوقف لمصلحته، فله إن يجيز العقد أو ينقضه خلال ثلاثة أشهر من الوقت الذي يرتفع فيه الإكراه أو يتبين فيه الغلط، أو ينكشف فيه التغرير مع الغبن. فإذا لم يصدر في هذه المدة ما يدل على الرغبة في نقض العقد،

---

[1] انظر: قرار محكمة التمييز رقم 3/ موسعة أولى/83- 84 بتاريخ 1984/6/26 حيث جاء فيه (إذا كانت معاملة البيع قد أجراها المحجور فيتعين القضاء بإبطال معاملة البيع)، إبراهيم ألمشاهدي، المختار من قضاء محكمة التمييز، قسم القانون المدني والقوانين الخاصة، ج1، مطبعة الزمان، بغداد، 1999، ص113.

[2] انظر في عيوب الرضا مفصلا: د. محمد جابر الدوري، عيوب الرضا ومدلولاتها الفلسفية في التشريعات المدنية، دراسة مقارنة، مطبعة الشعب، بغداد، 1988. محمد بحر العلوم، عيوب الإرادة في الشريعة الإسلامية، شركة مكتبة الأمين، ط2، 2001.

- G. H. TREITEL, op. cit, P. 213 - 323.

اعتبر العقد نافذا (م 136 مدني عراقي)[1]، إما الاستغلال، فانه لا يجعل العقد موقوفا أي لا يمنع من نفاذ البيع، ولكنه يجيز للمتعاقد المغبون إن يطالب برفع الغبن عنه إلى الحد المعقول خلال سنة من تاريخ إبرام العقد بموجب المادة 125 مدني عراقي.

وكما سبق منا القول فلا جديد يقال عن عيوب الرضا في صدد دراسة عقد البيع. وسنقتصر على دراسة الغلط لأهميته واتصاله بخيار الرؤية. والغبن سواء كان مصحوبا بتغرير أو ناتجا عن استغلال، وذلك في الفرعين الآتيين.

الفرع الأول

الغلط في عقد البيع

يمكن تعريف الغلط بأنه؛ حالة تقوم بالنفس تحمل على توهم غير الواقع. وغير الواقع إما إن يكون واقعة غير صحيحة يتوهم الإنسان صحتها، أو واقعة صحيحة يتوهم عدم صحتها[2].

وقد حاول المشرع العراقي في معالجته لنظرية الغلط إن يساير الفقه الإسلامي من جهة والفقه الغربي من جهة أخرى، فجاءت نصوصه محاولة جادة للمزج والتوفيق بين هذين الفقهين.

---

[1] قضت محكمة التمييز في قرارها المرقم 366/صلحية/1963 بتاريخ 1963/3/11 بأن (خيار إجازة العقد يجب إن يستعمل خلال 3 أشهر)، قضاء محكمة التمييز، مج1، ص9، كما قضت في قرارها المرقم 178 /هيئة موسعة أولى/1982-1983 بتاريخ 1983/3/29 بأنه (إذا كان العقد موقوفا فان خيار الإجازة أو النقض يجب إن يستعمل خلال ثلاثة أشهر فإذا لم يصدر في هذه المدة ما يدل على الرغبة في نقض العقد، اعتبر العقد نافذا (م 136 مدني عراقي)، المبادئ القانونية في قضاء محكمة التمييز، القسم المدني، إعداد إبراهيم ألمشاهدي، مطبعة العمال المركزية، بغداد، 1988، ص22.

[2] انظر في تعريف الغلط: د. عبد الحي حجازي، مصدر سابق، ص305.

- G. H. TREITEL, op. cit, P. 213.

نصت المادة 117 من القانون المدني العراقي على انه (1- إذا وقع غلط في محل العقد وكان مسمى ومشار إليه فان اختلف الجنس تعلق بالمسمى وبطل لانعدامه، وان اتحد الجنس واختلف الوصف فان كان الوصف مرغوبا فيه تعلق العقد بالمشار إليه وينعقد لوجوده إلا انه يكون موقوفا على إجازة العاقد 2- فإذا بيع هذا الفص على انه ياقوت فإذا هو زجاج بطل البيع. ولو بيع هذا الفص ليلا على انه ياقوت احمر فظهر اصفر أو بيعت البقرة على أنها حلوب فظهرت غير حلوب يكون البيع موقوفا على إجازة المشتري).

ويتضح لنا من استقراء هذا النص إن المشرع قد جمع بين الغلط المانع الذي يترتب على تحققه بطلان العقد، والغلط كعيب من عيوب الإرادة الذي يترتب على وجوده وقف العقد. وهو في إيراده هذا النص قد تأثر بفقه الشريعة الإسلامية، ففقهاء المذهب الحنفي يعتبرون الغلط واقعا في محل العقد إذا كان متعلق بجنس المعقود عليه المسمى في العقد، ثم اختلف هذا الجنس فان العقد لا ينعقد لفوات المسمى أي يكون البيع باطلا. مثال ذلك: لو بيع فص على انه ياقوت فإذا هو زجاج بطل البيع، والبيع هنا باطل لا لوجود عيب في الإرادة وإنما لانعدام ركن من أركانه هو المحل. فالمحل هنا هو فص الياقوت وهو معدوم وبيع المعدوم باطل. ولكن إذا اتحد الجنس ووقع الغلط في وصف مرغوب فيه انعقد البيع لوجود المعقود عليه وتعلق العقد بالمشار إليه، ولكن يثبت للمشتري خيار الوصف لفواته. فإذا اشترى شخص ليلا فص الماس على انه اخضر اللون ليصنع منه (حلقا) فظهر ابيض، أو اشترى بقرة على أنها حلوب فظهرت غير حلوب، فالبيع منعقد وصحيح ونافذ لوجود المسمى ولكنه غير لازم من جهة المشتري لثبوت خيار الوصف له، وهو بالخيار إما إن يفسخ العقد أو يأخذ المبيع بالثمن المسمى وليس له إن يحط من الثمن في مقابل ذلك الوصف، لان الوصف قد دخل في المبيع تبعا، وبما إن التابع لا يفرد بالحكم، فلا يكون للوصف حصة من الثمن، هذا في الفقه الإسلامي، إما المشرع العراقي فقد جعل البيع موقوفا على إجازة المشتري.

ومما يوجه إلى المشرع العراقي من نقد انه كان يستطيع إن يستغني عن إيراد نص المادة 117 المشار إليه أنفا، لأنه قد بحث أولا في الغلط المانع عندما يتعلق بمحل العقد، وقد رأينا إن هذا النوع من الغلط لا يعد عيبا من عيوب الإرادة بل هو يعدم الرضا ويجعل البيع باطلا[1].

إما عن فوات الوصف الذي ذكره المشرع في نفس المادة فهو ليس سوى غلط في صفة جوهرية للشيء، وهذا الغلط هو ما نصت عليه المادة 118 من القانون المدني، ذلك إن كل وصف مرغوب فيه يندرج تحت الصفة الجوهرية، ولا أدل على ذلك من اتحاد التطبيقات التي وردت لفوات الوصف المرغوب فيه وللغلط في صفة جوهرية.

ونحن في دراستنا للغلط في نطاق عقد البيع نستبعد أولا وقبل كل شيء الغلط في شخص المتعاقد البائع أو المشتري أو صفة من صفاته إذ يندر إن يكون لشخص المتعاقد محل اعتبار في عقد البيع. ونقصر دراستنا على الغلط في صفة الشيء الجوهرية والغلط في العناصر الضرورية للتعاقد بعد إن درسنا فوات الوصف باعتباره غلطا يعيب الإرادة.

أولاً: الغلط في صفة المبيع الجوهرية.

نصت المادة 118 من القانون المدني العراقي على انه (لا عبرة بالظن البين خطاه. فلا ينفذ العقد:

---

(1) وفي قضية عرضت على القضاء الفرنسي، طلب المستفيد من المتعهد (شركة خدمات) تزويده كل شهر بنظام الكتروني، عبارة عن قائمة تحدد أرقام السيارات الداخلة والخارجة إلى الشركة مقابل سعر جزافي، ثلاثمائة فرنك، وأجابه المتعهد على طلبه، غير إن المتعاقدين لم يوضحا هل المبلغ المذكور في العقد إجمالي لكل الصفقة أم عن كل جهاز يقدمه المتعهد إلى المستفيد. أرسل المتعهد رسائل عدة يطالب بدفع مبالغ أعلى من المبلغ المذكور أعلاه، حيث بلغت المطالبات خمسة وسبعين إلف فرانك، رأت محكمة استئناف باريس إن هناك سوء تفاهم بين إطراف العقد أصلا، وهو نوع من الغلط المانع الذي لا يلزم المستفيد بدفع أي مبلغ لان العقد باطلا.

- CA Paris 14^{e} ch. A, mai, 1984, Juris- Data n 22457.

1- إذا وقع غلط في صفة للشيء تكون جوهرية في نظر المتعاقدين أو يجب اعتبارها كذلك للظروف التي تم فيها العقد ولما ينبغي في التعامل من حسن النية).

ويتضح من هذا النص إن المشرع اخذ بالمعيار الذاتي أو الشخصي في تحديد ما يعتبر جوهريا وما لا يعتبر كذلك، وهو المعيار الذي ساد في الفقه والقضاء، والذي يجعل العبرة بنية المتعاقد، فالصفة الجوهرية هي تلك التي كانت محل اعتبار العاقد (البائع أو المشتري) بحيث لو لم يقع الغلط فيها لما أقدم على التعاقد، أي هي الصفة التي يكون الغلط فيها هو الدافع إلى التعاقد.

ويلاحظ انه لا يشترط إن الشيء الذي يقع في صفة من صفاته ماديا، فقد يكون محل عقد البيع شيئا معنويا أو حق ماليا، كما في بيع المحل التجاري أو بيع الحق في التركة، فالغلط في مقدار عملاء المحل التجاري - والعملاء عنصر أساسي من عناصر المتجر - أو في مقدار نصيب البائع في التركة، هو غلط في صفة من صفات " الشيء " الجوهرية.

فلفظ " الشيء " الوارد في المادة 118 يجب إن يفسر إذن على أساس الأداء prestation الذي يلتزم به المتعاقد، في عقد البيع. ويستوي إن يكون الأداء الذي غلط احد العاقدين في صفة من صفاته الجوهرية هو الأداء الذي التزم به المتعاقد الأخر، أو الأداء الذي التزم به نفس العاقد الذي وقع في الغلط، فكون اللوحة الفنية من صنع فنان مشهور أو مغمور هو صفة من صفاتها الجوهرية التي يترتب على الغلط فيها تعيب الرضا، سواء كان الغلط من المشتري الذي توهم على خلاف الحقيقة أنها من صنع فنان مشهور، أو كان الغلط من البائع الذي باعها وهو يعتقد على خلاف الحقيقة أنها من صنع فنان مغمور. وفي بيع الوارث حصته في التركة يكون الغلط في مقدار هذه الحصة (الثلث أو النصف) غلطا جوهريا في صفة جوهرية، سواء وقع من المشتري الذي توهم الحصة أكثر من حقيقتها فاعتقد انه يشتري نصف التركة في حين إن حصة البائع هي الثلث فحسب، أو وقع الغلط من البائع الذي توهم حصته اقل من حقيقتها فباعها وهو يعتقد مثلا انه يرث الثلث والحقيقة إن نصيبه في الميراث النصف[1].

---

[1] قضت محكمة التمييز في قرارها المرقم 293/م1974/3 بتاريخ 1974/6/4 بأنه (إذا ظهر إن موديل السيارة المبيعة يختلف عما اتفق عليه فيعتبر ذلك غلطا في صفة جوهرية في الشيء المتعاقد عليه يبيح للعاقد طلب نقض العقد)، النشرة القضائية، ع2، س5، ص37، وكذلك قرار محكمة التمييز رقم 738/م1974/3 بتاريخ 1974/8/18، النشرة القضائية، ع3، س5،ص25.

ومن المثال الأخير، يتضح لنا إن المشرع العراقي كان منتقدا في اشتراطه لاعتبار الغلط جوهريا، إن يكون قد وقع في صفة جوهرية في اعتبار المتعاقدين، فقد رأينا في المثال أعلاه إن العبرة في توفر الغلط في الصفة الجوهرية إنما يكون بإرادة العاقد (البائع الوارث أو المشتري) الذي وقع في الغلط وحده، ولا محل للنظر في إرادة العاقد الأخر.

ولكن المشرع اشترط في المادة 119 مدني للاعتداد بالغلط الذي وقع به احد العاقدين إن يكون العاقد الأخر قد اشترك في هذا الغلط أو كان على علم به أو كان من السهل عليه إن يتبينه[1].

والاشتراك في الغلط باعتباره شرطا لأعمال نظرية الغلط وجعل العقد موقوفا يختلف عن تحديد الصفة الجوهرية، فقد تعتبر الصفة الجوهرية في نظر احد المتعاقدين ولا تعتبر جوهرية في نظر المتعاقد الأخر الذي يعلم إن المشتري إنما اشترى المبيع لهذه الصفة التي هي غير موجودة في الحقيقة، حيث يعتبر العقد في هذه الحالة موقوفا على إجازة المشتري الذي وقع في غلط بصفة جوهرية بنظره هو دون نظر البائع، وعلم البائع بذلك. إما عن العبارة التي أوردها المشرع العراقي في عجز الفقرة الأولى من المادة 118 بنصها (أو يجب اعتبارها كذلك للظروف التي تم فيها العقد ولما ينبغي في التعامل من حسن النية).

---

(1) ولا يكفي مجرد علم المتعاقد الأخر بالغلط أو اشتراكه فيه أو سهولة كشفه، وإنما يجب إن يكون على علم بالاعتبار الدافع إلى التعاقد أو استطاعته العلم بذلك، فإذا اشترى شخص شيئا على انه اثري ثم تبين له عكس ذلك، وجب عليه إذا طلب نقض العقد إن يثبت إن الشيء الذي ظنه اثريا ليس إلا مجرد تقليد وانه لم يكن ليشتريه لو كان قد علم بحقيقته. ثم يثبت إلى جانب ذلك إن البائع كان يظن مثله إن الشيء اثري وان هذه الصفة هي التي دفعت المشتري إلى الشراء، أو يثبت إن البائع كان على بينة من إن الشيء غير اثري ومع ذلك كان يعلم أو من السهل عليه إن يعلم إن المشتري إنما انساق إلى الشراء لأنه كان يظن إن الشيء اثري)؛ د. السنهوري، الوسيط، ج1، ص339، د. إسماعيل غانم، مصدر سابق، ج1، ص201- 202 هامش (1).

فان قاضي الموضوع وكذلك العاقد (البائع أو المشتري) الذي وقع في الغلط يستطيع إن يستفاد منها من ناحيتين:

الأولى: من إثبات وقوع المتعاقد الذي يدعي الغلط بأنه قد وقع في غلط في صفة جوهرية، حيث يستطيع قاضي الموضوع عن طريق البحث في الظروف التي تم فيها العقد إن يتبين ذلك، مثال ذلك: إن يشتري شخص معاق سيارة من تاجر سيارات فيجهزه بسيارة تعمل بصورة ميكانيكية. فمما لاشك فيه إن المشتري إنما قصد شراء سيارة أوتوماتيكية تلاءم عوقه.

الثانية: من ناحية إثبات وقوع المتعاقد الأخر في ذات الغلط أو إثبات انه كان يعلم بالغلط أو من السهل عليه إن يتبينه. فنحن عن طريق الاستعانة بظروف التعاقد ولما ينبغي في التعامل من حسن النية، نستطيع إن نثبت إن المتعاقد الأخر قد اشترك في الغلط أو كان يعلم بالغلط الذي وقع به المتعاقد أو كان من السهل عليه إن يتبين ذلك.

ثانياً: الغلط في العناصر الضرورية للتعاقد.

نصت الفقرة الثالثة من المادة 118 من القانون المدني العراقي على عدم نفاذ العقد (إذا وقع غلط في أمور تبيح نزاهة المعاملات للمتعاقد الذي يتمسك بالغلط إن يعتبرها عناصر ضرورية للتعاقد).

ويستفاد من الإعمال التحضيرية للقانون المدني العراقي إن المشرع قد استحدث هذا الحكم العام ليشمل صورتين من صور الغلط هما: الغلط في القيمة والغلط في الباعث[1].

(1) الغلط في القيمة.

والمثال على الغلط في القيمة إن يبيع شخص سندا بقيمته العادية معتقدا انه لم يربح اليانصيب، ثم يتبين إن السند قد ربح.

---

[1] محضر الاجتماع السادس المنعقد في 13/نيسان/1943، ص33 نقلا عن د. محمود سعد الدين الشريف، مصدر سابق، ص66 هامش (2).

ونحن هنا نطرح السؤال الأتي: هل يستطيع البائع في هذا المثال إن يطالب بنقض العقد على أساس انه وقع في غلط في قيمة السند، وما الفرق بينه وبين من يغبن في البيع عن طريق استغلاله؟

أريد إن أبين أولا وقبل كل شيء إن المشرع العراقي لا يبيح الطعن في البيع بالغبن إلا في حالات خاصة، فكان من الضروري منع نقض البيع لمجرد الغلط في القيمة وإلا أهدرت النصوص التي تقيد من إمكان الطعن بالغبن.

والحقيقة إن الغلط في القيمة يكون في اغلب الأحيان ناتجا عن غلط في صفة جوهرية في المبيع، وبالتالي فنحن نستطيع عن طريق تطبيق إحكام الغلط في صفة جوهرية في المبيع إن نتوصل إلى جعل العقد موقوف على إجازة العاقد الذي وقع في الغلط.

ففي المثال الذي ضربناه أعلاه، فان الغلط في هذه الحالة ليس غلطا في مجرد قيمة السند، بل هو غلط في صفة جوهرية من صفات المعقود عليه، ترتب عليه غلط في القيمة، وهو يجعل العقد موقوف على الإجازة.

إما إذا كان الغلط في القيمة مجرد، فيجب إن لا يؤثر في صحة العقد، والقول بخلاف ذلك، يعني اتساع حالات الطعن في العقد بالغبن في القانون المدني العراقي؛ فالغبن يجعل العقد موقوفا إذا كان ناتجا عن تغرير (م 121 مدني عراقي)، إما إذا كان ناتجا عن استغلال فللبائع أو المشتري أيهما كان المغبون إن يطلب برفع الغبن إلى الحد المعقول خلال سنة من تاريخ إبرام عقد البيع (م 125 مدني عراقي).

مما تقدم يتبين لنا إن نصوص القانون المدني العراقي، لا تسمح بالاعتداد في الغلط بالقيمة باعتباره تطبيقا من تطبيقات الغلط في العناصر الضرورية للتعاقد الواردة في الفقرة الثالثة من المادة 118 مدني عراقي [1].

---

(1) ويذهب الدكتور صلاح الدين الناهي إلى إن من أمثلة الغلط غير المؤثر في صحة العقد الغلط في قيمة الشيء، فان مجرد الغبن لا يعتبر سببا كافيا للطعن في العقد، انظر مؤلفه؛ مبادئ الالتزامات، مطبعة سلمان الاعظمي، بغداد، 1968، ص63.

(2) الغلط في الباعث.

يذهب الفقه العراقي وأغلبية الفقه في مصر، إلى إن النظرية الحديثة في الغلط وهي التي سادت في القضاء الفرنسي حيث يعتبر هو من ابتداعها، أخذت بعين الاعتبار الباعث مادام دافعا إلى التعاقد (Motif determinant) لأنه لولا هذا الباعث لما حصل التعاقد[1].

فإذا اشترى شخص ساعة تحت اعتقاد خاطئ إن ساعته قد فقدت واتضح أنها لم تفقد، كان له الطعن في العقد بالغلط في الباعث.

ونحن نرى إن الباعث إنما يتصل بأمور شخصية خاصة بالعاقد نفسه، فهو أمر شخصي بحت، ينبغي إن لا يؤثر في صحة البيع، وذلك لسببين:

الأول: إن الذي يتحمل تبعة الغلط في هذا الأمر الشخصي هـو صاحبه نفسه، وليس مـن المعقول إن يلقى التبعة على العاقد الأخر، فيتحلل من البيع مستندا إلى الغلط الذي وقع فيه.

الثاني: انه ليس من شان العاقد بائعا كان أو مشتريا، والباعث أمر شخصي خاص بصاحبه، إن يتحقق من صحة الباعث الذي دفع المتعاقد الأخر إلى التعاقد، فضلا عن انه غالبا لا يملك من الوسائل ما يمكنه من ذلك حتى لو أراده، فإذا نقض البيع لغلط في الباعث كان في ذلك إهدار لاستقرار التعامل.

---

[1] انظر في نظرية الغلط مفصلا: د. غني حسون طه، مصدر سابق، ص183 وما بعدها، د. سـعدون العامري، مـذكرات في النظرية العامة للالتزام، موجز نظرية العقد، بغـداد، 1966، ص105، د. محمـود سعد الـدين الشـريف، مصـدر سابق، ف173 وما بعدها، وفي الفقه المصري؛ د. السنهوري، نظرية العقد، ص349 وما بعدها، الوسيط، ج1، ص311 وما بعدها، ومصادر الحق، ج2، بيروت، 1954، ص98 وما بعدها، د. احمد حشمت أبو ستيت، مصدر سابق، ص152 وما بعدها، د. إسماعيل غانم، مصدر سابق، ج1، ص175 وما بعدها، د. عبد الحي حجازي، مصدر سابق، ص305 وما بعدها.
- G. H. TREITEL, op. cit, P. 213.
- Smith & Keenan, op. cit, P. 296.

قد يقال انه لا خطر على التعامل من الاستقرار، لان المادة 119 لا تكتفي لنقض البيع بان يكون الغلط دافعا للتعاقد، بل يجب أيضا - وهذا هو الشرط الثاني من شرطي الغلط - إن يكون المتعاقد الأخر قد اتصل بالغلط، فإذا تحقق هذا الشرط فان نقض البيع لن يزعزع التعامل في شيء.

ولكن الذي يجب ملاحظته إن الشرط الذي تقتضي المادة 119 توفره وهو كون الغلط مشتركا، يتحقق في نطاق الغلط في الباعث بسهولة، إذ يكفي لتحقق هذا الشرط إن يكون المشتري في المثال الذي ضربناه سابقا قد أفصح للبائع إن ساعته القديمة قد فقدت، فإذا وجدها بعد ذلك كان له إن يتمسك بالغلط لنقض البيع، ومن ثم فان تحقق هذا الشرط وهو كون الغلط مشتركا لا يكفي لاستقرار التعامل أيضا إذ إن البائع لا يهمه الباعث الذي دفع المشتري للشراء، وبالتالي فان الوضع الطبيعي سيكون إن البائع سيستقبل ما قاله المشتري بشان فقدان ساعته القديمة على انه تعبير عن الواقع، ولن يكون في وسع البائع ولا يعنيه في شيء إن يتحقق من صحة هذه الواقعة.

فيتقبل واقعة فقدان الساعة على أنها واقعة صحيحة. فيكون إذن قد وقع في نفس الغلط، مع علمه بان هذه الواقعة هي التي دفعت المشتري إلى الشراء، فيتحقق شرط المادة 119، ويكون البيع موقوفا على الإجازة.

لذلك يجب إن لا يعتد في الغلط في الباعث بصورة مجردة، وإنما يجب إن يعتد بالباعث حيث يساعدنا هذا على تقدير ما إذا كانت صفة الشيء التي وقع فيها الغلط صفة جوهرية أم لا؟

مثال ذلك: إن يشتري شخص من أخر ارض ليقيم عليها مصنعا ويعلم المشتري برغبته في ذلك، ثم يتبين إن الدولة لا تسمح بإقامة مصانع في المنطقة التي تقع فيها الأرض المبيعة لأنها مخصصة للزراعة فقط.

إن الصفة الجوهرية في هذا المثال تحددت على أساس الباعث على التعاقد، فالمشتري إنما اشترى الأرض لا ليقيم عليها منزلا أو يستصلحها لزراعة محصول معين، وإنما اشتراها ليقيم عليها مصنعا، والبائع يعلم بهذا الباعث الذي دفع المشتري للتعاقد، فإذا تبين إن الأرض المشتراة لا تصلح للغرض الذي قصده المشتري كان الأخير واقعا في غلط في صفة جوهرية تجعل البيع موقوفا على إجازته.

ولكن الباعث إذا كان يدور حول اعتبارات شخصية خاصة بالعاقد نفسه ولا يتصل بصلاحية المبيع ذاته، كمن يشتري أرضا ليزرعها معتقدا انه سيحصل على قرض زراعي ثم لا يحصل عليه. كان هذا غلطا في الباعث لا يؤثر في صحة البيع.

ومع هذا يمكن الاعتداد بالباعث إذا ما تم إدماجه في التعاقد كشرط يعلق عليه البيع، واقفا كان هذا الشرط أو فاسخا على حسب الأحوال.

مثال ذلك: إن يعلق المشتري شراء المنزل على شرط واقف هو نقله إلى المدينة التي يوجد فيها هذا المنزل، أو فاسخ هو نقله إلى غيرها.

ولكن اثر الباعث في مثل هذه الحالات على كيان عقد البيع لا يكون مستندا إلى نظرية الغلط، بل يستند إلى تطبيق القواعد الخاصة بالشرط كوصف في الالتزام.

خيار الرؤية:

نظرة عامة:

يقصد بالخيار في الشريعة الإسلامية على وجه العموم إن يكون لأحد العاقدين أو لكليهما حق إمضاء العقد أو فسخه[1].

وقد شرع الخيار ليكون وسيلة إلى كمال الرضا والتأكد من سلامته وابتنائه على أساس صحيح. ومنه خيار الرؤية وهو يثبت لأحد العاقدين عند رؤية محل العقد من الحق في فسخ العقد أو إمضائه بسبب عدم رؤية محله عند إنشاء العقد وقبله[2].

تعريف خيار الرؤية:

جاء في شرائع الإسلام للمحقق الحلي بان خيار الرؤية هو بيع الأعيان من غير مشاهدة، فيفتقر إلى ذلك إلى: ذكر الجنس[3].

---

[1] الخيار: اسم مصدر اختار، وهو طلب الأمرين، وهو على سبعة أقسام. المقدسي (شيخ الإسلام المحقق أبي النجا شرف الدين موسى الحجاوي)، الإقناع في فقه الإمام احمد بن حنبل، ج2، المطبعة المصرية بالأزهر، ص83.

[2] الشيخ علي الخفيف، مصدر سابق، ص378.

[3] المحقق الحلي، مصدر سابق، ص24.

وعرفه آخرون بأنه ما يثبت لأحد العاقدين عند رؤية محل العقد من الحق في فسخ العقد أو إمضائه بسبب عدم رؤية محله عند إنشاء العقد أو قبله[1].

وعرف الإمام محمد أبو زهرة خيار الرؤية بان يكون للعاقد الذي عقد على شيء معين لم يره حق الفسخ إذا رآه[2].

مما تقدم يتبين لنا إن خيار الرؤية هو رخصة تثبت للمشتري الذي لم يرى المبيع وقت التعاقد وتخوله متى رآه إن يفسخ العقد أو يمضيه[3].

موقف المذاهب الإسلامية من خيار الرؤية:

لم تتفق المذاهب الإسلامية جميعا على الأخذ بخيار الرؤية، ولعلماء الفقه الإسلامي فيه، ثلاثة أقوال:

الأول: لا يصح بيع الغائب وهو قول الشافعي في مذهبه الجديد واحمد على اصح الروايتين عنه.

والثاني: يصح ويثبت له الخيار إذا رآه وهو للحنفية والشافعي في مذهبه القديم وابن حنبل في إحدى الروايتين عنه والجعفرية.

والثالث: إن وصفه صح وإلا فلا وهو قول مالك واحمد في الروية الثانية وآخرين واستدل به على بطلان بيع الأعمى[4].

---

(1) الشيخ علي الخفيف، مصدر سابق، ص378، الشيخ احمد إبراهيم، المعاملات الشرعية، 1936 ص110.

(2) الإمام محمد أبو زهرة، مصدر سابق، ص374.

(3) انظر: د. سليمان مرقس، مصدر سابق، البيع، طبعة 1968، ص218، د. سعدون العامري، مصدر سابق، ص36.

(4) انظر: الصنعاني (محمد بن إسماعيل الأمير اليمني)، سبل السلام شرح بلوغ المرام من جمع أدلة الإحكام، ج3، دار الغد الجديد، ط1، مصر، 2005، ص32، حاشية ابن عابدين، مصدر سابق، ج7، ص145، محمد جواد مغنية، مصدر سابق، ج3، ص208-209، الشيخ علي الخفيف، مصدر سابق، ص378 هامش (2)، الإمام محمد أبو زهرة، مصدر سابق، ص374-375.

أساس خيار الرؤية عند من يأخذ به من المذاهب الإسلامية.

واستدل بعض الفقهاء المسلمون على ثبوت هذا الخيار لمن يشتري شيء لم يره، بقول النبي صلى الله عليه وسلم **(لا ضرر ولا ضرار في الدين)**، حيث إن إلزام المشتري بتنفيذ العقد مع إن المبيع فاقد للصفات التي ذكرها البائع إضرار به، لأنه قد بذل في مقابله الثمن باعتباره متصفا بتلك الصفات، على إن المبيع مع الصفات المحبوبة للمشتري يشجعه على بذل الثمن والإقدام على المعاوضة، هذا بالإضافة إلى بعض النصوص التي أثبتت الخيار له في هذه الحالة. فلقد روى جميل بن أدرج عن الإمام الصادق عليه السلام ، قال سألته عن رجل اشترى ضيعة، وقد كان يدخلها ويخرج منها، فلما إن نقد المال صار إلى الضيعة فقلبها ثم رجع واستقال صاحبه فلم يقله، فقال أبو عبد الله الصادق عليه السلام : انه لو قلب منها ونظر إلى تسع وتسعين قطعة، ثم بقي منها قطعة لم يراها كان له خيار الرؤية[1].

واستدل آخرون بحديث روى عن النبي صلى الله عليه وسلم انه قال **(من اشترى شيء لم يراه فله الخيار إذا رآه)**[2].

المقصود بالرؤية:

نصت الفقرة الثانية من المادة 517 من القانون المدني العراقي على انه (المراد بالرؤية الوقوف على خصائص الشيء ومزاياه بالنظر أو اللمس أو السمع أو المذاق).

وقد اجمع الفقهاء على إن الرؤية هنا ليس المقصود بها الإبصار، كما ليس المقصود بها أيضا رؤية المبيع من جميع جهاته لان ذلك متعذر.

وإنما المقصود بها العلم بالمعقود عليه عن طريق استعمال حاسة إدراكه، مما يعني إن الرؤية هنا من عموم المجاز وليست مستعملة في معناها الحقيقي.

---

(1) المحقق الحلي، مصدر سابق، ص25، هاشم معروف الحسني، مصدر سابق، ص412.

(2) رواه البيهقى في السنن (268/5) ورواه الدارقطني في السنن (3/4-5). حاشية ابن عابدين، مصدر سابق، ج7، ص148، د. محمد يوسف موسى، فقه الكتاب والسنة، البيوع والمعاملات المالية المعاصرة، دار الكتاب العربي، ط2، مصر، 1954، ص70-71.

وعلى ذلك فإذا كان المبيع من المرئيات، كان العلم به عن طريق النظر إليه، وان كان من العطور فمن طريق الشم، فرؤية العطور بالعين المجردة لا يسقط خيار الرؤية وإنما تكون الرؤية عن طريق شم العطور، وكذلك الآلات الصوتية لا تكفي رؤيتها بالعين المجردة، مادام المقصود بالرؤية الوقوف على خصائص المبيع والتي لا تتم في الآلات الموسيقية إلا عن طريق السمع، وان كان المبيع من الطعام فمن طريق تذوقه وهكذا[1].

يتضح مما سبق إن المشرع العراقي اشترط علم المشتري بالمبيع علما كافيا، وهذا العلم كما يتحقق بالرؤية المادية، قد يتحقق بالوصف الذي يغني عن الرؤية، ولهذا نصت المادة 520 مدني عراقي على انه (إذا وصف شيء للأعمى وعرف وصفه ثم اشتراه لا يكون مخيرا، ويسقط على كل حال خيار الأعمى بلمس الأشياء التي تعرف باللمس وشم المشمومات وذوق المذوقات).

كما إن رؤية المشتري السابقة للمبيع بقصد الشراء تغني عن رؤيته له وقت العقد مادام الشيء لم يتغير. إما إذا سبق له مجرد الرؤية بدون قصد الشراء فلا يسقط الخيار، لان الرؤية على قصد الشراء تكون ابلغ من مجرد الرؤية بدون قصد الشراء، فلا تقوم مطلق الرؤية مقامها، وبهذا الرأي اخذ المشرع العراقي في المادة 522 التي نصت على انه (من رأى شيئا بقصد الشراء ثم اشتراه بعد مدة وهو يعلم انه الشيء الذي كان قد رآه فلا خيار إلا إذا وجد الشيء قد تغير عن الحال الذي رآه فيه).

---

(1) نصت المادة 313 من مجلة الإحكام العدلية على انه (المراد بالرؤية في بحث خيار الرؤية هو الوقوف على الحال والمحل الذي يعرف به المقصود الأصلي من المبيع... والمأكولات والمشروبات يلزم إن يذوق طعمها فالمشتري إذا عرف هذه الأحوال على الصور المذكورة ثم اشتراها ليس له خيار الرؤية). انظر في شرح هذه المادة: علي حيدر، مصدر سابق، ص272- 273، وفي تعريف الرؤية في الفقه الإسلامي انظر: حاشية ابن عابدين، مصدر سابق، ج7، ص146و ص155، الإمام محمد أبو زهرة، مصدر سابق، ص376، الشيخ علي الخفيف، مصدر سابق، ص380.

والسبب في ثبوت الخيار إذا تغير الشيء عن حاله، هو إن الشيء المتغير يعتبر شيئا جديدا، فللمشتري الخيار إذا رآه[1].

لمن يثبت خيار الرؤية:

قد يشتري شخص مالا دون إن يراه، كما يحدث إن يبيع شخص مالا قبل إن يراه، فهل يثبت خيار الرؤية لهما أي للبائع الذي باع قبل إن يرى والمشتري الذي اشترى دون إن يرى المبيع، أم يثبت الخيار لأحدهما دون الأخر؟

جاء في شرائع الإسلام للمحقق الحلي، إن خيار الرؤية يثبت لكل من البائع والمشتري. كما كان الإمام أبو حنيفة يثبت خيار الرؤية للمشتري لإطلاق قوله صلى الله عليه وسلم **(من اشترى شيئا...)**، ويثبت الخيار للبائع أيضا اعتبار بخيار العيب، ولان لزوم العقد بتمام الرضا زوالا وثبوتا ولا يتحقق ذلك إلا بالعلم بأوصاف المبيع وذلك بالرؤية، فلم يكن البائع راضيا بالزوال قبل الرؤية.

ولكن أبو حنيفة رجع عن قوله هذا، فلم يجعل للبائع خيار الرؤية فيما لم يراه، وجاء في فتح القدير والبدائع تعليل لهذا الرجوع وجهان:

1- إن خيار الرؤية في حديث الرسول صلى الله عليه وسلم معلق بالشراء فلا يثبت دونه، ولا يخفى انه نفى للحكم بمفهوم الشرط إذ حاصلة انتفاء الحكم بانتفاء الشرط.

2- ما أخرجه الطحاوى ثم البيهقى عن علقمه بن أبي وقاص إن عثمان بن عفان باع أرضه في البصرة من طلحة بن عبد الله فقال بعض الناس لعثمان انك غبنت فقال عثمان إنا بالخيار لأني بعت ما لم أره وقال طلحة إني بالخيار لأني اشتريت ما لم أره، فحكم بينهما جبير بن مطعم لفصل النزاع بينهما فحكم بالخيار لطلحة ولا خيار لعثمان[2].

---

(1) د. سعدون العامري، مصدر سابق، ص38، علي حيدر، مصدر سابق، ج1، ص278.

(2) فتح القدير، ج5، ص140- 141 نقلا عن د. السنهوري، مصادر الحق في الفقه الإسلامي، ج4، ص229، د. محمد يوسف موسى، مصدر سابق، ص72-73.

3- إن قياس البائع على المشتري، ليجعل له خيار الرؤية فيما لم يره قبل البيع، قياس مع الفارق، حيث يقول الكاساني في هذا المعنى (والاعتبار بجانب المشتري ليس بسديد، لان المشتري لم يره مشتر على انه خير مما ظنه، فيكون بمنزلة شيء على انه جيد فإذا هو رديء، ومن اشترى شيء على انه جيد فإذا هو رديء فله الخيار. وبائع شيء لم يره يبيع على انه أدون مما ظنه، فكان بمنزلة بائع شيء على انه رديء فإذا هو جيد، ومن باع شيئا على انه رديء فإذا هو جيد لا خيار للبائع، فلهذا افترقا)[1].

ويرى البعض إن سبب ثبوت الخيار للمشتري دون البائع هو إن البائع أكثر من المشتري تمكنا من رؤية المبيع، لان المبيع يكون عادة بيده، وان لم يكن في يده فمن اليسير عليه إن يراه قبل إن يبيعه، فإذا لم يفعل كان الغلط الذي عسى إن يقع فيه غلط غير مغتفر[2].

ولكن المشتري قد لا يبرم البيع مباشرة مع البائع وإنما يوكل غيره في ابرام البيع أو يوكل غيره في قبض المبيع، أو يرسل رسولا ليقبض المبيع، فهل تقوم رؤية هؤلاء مقام رؤية المشتري؟

لا خلاف في إن رؤية الوكيل بالشراء كرؤية الأصيل، لان من وكل في إبرام عقد البيع يحل محل المشتري في كل ما يتعلق بإتمام البيع والى ذلك إشارة المادة 521 من القانون المدني العراقي بنصها على انه (الوكيل بشراء شيء... رؤيتهما كرؤية الأصيل).

إما رؤية الوكيل بالقبض فقد اختلف فيها فقهاء الشريعة الإسلامية، فقال أبو حنيفة أنها تغني عن رؤية المشتري ويعلل رأيه بان المشتري وكله بالقبض وأقامه مقام نفسه فيه والقبض على نوعين؛ تام وهو انه يقبضه وهو يراه، وناقص وهو إن يقبضه مستورا، لأنه إذا قبضه مستورا فخياره باق على حاله حتى يراه ولا تتم

---

[1] الكاساني، البدائع، ج5، ص292 نقلا عن د. السنهوري، مصادر الحق في الفقه الإسلامي، ج4، ص230.

[2] الشيخ علي الخفيف، مصدر سابق، ص378.

الصفقة مع بقاء الخيار فكان ناقصا والموكل يملكه بنوعيه فكذا الوكيل لإطلاق الوكالة، إما الصاحبان محمد وأبو يوسف فان رؤية الوكيل بالقبض عندهم لا تغني عن رؤية الأصيل وتقوم وجهة نظرهما على إن الوكيل متصرف في حدود ما وكل به لا يتعداه إلى غيره وهو وكيل بالقبض وهو شيء غير الرؤية لا يقتضي التوكيل فيها حتما، وبرأي أبو حنيفة اخذ المشرع العراقي، حيث نصت المادة 521 مدني على انه (... الوكيل بالقبض... رؤيتهما كرؤية الأصيل)[1].

إما رؤية الرسول، فإنها لا تقوم مقام رؤية المشتري، ذلك لان الرسول ليس بحكم الوكيل إذ هو مجرد أداة لنقل إرادة المشتري، وقد أشارت إلى هذا الحكم المادة 521 مدني عراقي بنصها على انه (إما الرسول فلا تسقط رؤيته خيار المشتري).

ولكن إذا كان خيار الرؤية يثبت للمشتري دون البائع، فهل ينتقل هذا الخيار إلى الخلف العام والخلف الخاص، وهل يمكن للدائن العادي إن يستعمله بدلا من المشتري؟

إذا مات المشتري سقط خياره، فيلزم البيع، ولا ينتقل الخيار إلى الورثة، حيث نصت الفقرة الأولى من المادة 523 من القانون المدني العراقي على انه (يسقط خيار الرؤية بموت المشتري...).

كذلك إذا تصرف المشتري بالمبيع إلى خلف خاص كأن باع المبيع قبل إن يراه، فان خياره في رؤية المبيع يسقط أيضا، وبالتالي لا يكون للخلف الخاص إن يرجع على بائع سلفه بدعوى السلف بعدم رؤية المبيع، لان دعوى السلف سقطت بالتصرف بالمبيع والى ذلك أشارت الفقرة الأولى من المادة 523 بنصها على انه (يسقط خيار الرؤية... بتصرفه في المبيع).

إما الدائن العادي، فانه كالخلف العام والخاص في الحكم، ذلك لان خيار الرؤية رخصة ومشيئة تثبت للمشتري فقط وبالتالي لا يجوز للدائن إن يرفع الدعوى نيابة عن المشتري الذي رفض المبيع عند رؤيته بحجة إن قبول الصفقة يعزز من ضمانه عن طريق زيادة العناصر الايجابية في ذمة المشتري.

---

[1] انظر: المواد 333- 334 من مجلة الإحكام العدلية. علي حيدر، مصدر سابق، ج1، ص278- 279.

وقت استعمال الخيار.

إن وقت ثبوت خيار الرؤية للمشتري يكون بعد رؤية المبيع، وبالتالي فان وقت استعماله يكون بعد الرؤية، فإذا رأى المشتري المبيع كان له إن يقبل المبيع أو يرفضه، حيث نصت المادة 517 مدني عراقي على انه (من اشترى شيئا لم يراه كان له الخيار حين يراه). ولكن فقهاء الشريعة الإسلامية جعلوا الوقت مفتوحا للمشتري الذي رأى المبيع فله مادام في قيد الحياة إن يقبل المبيع أو يرفضه[1]، ويلاحظ إن الرأي الذي يذهب إليه فقهاء الشريعة الإسلامية لا يتفق مع ما تتطلبه التجارة من سرعة، كما انه يبقي العقد معلقا فترة طويلة دون إن يعرف مصيره، لذلك أجاز المشرع العراقي للبائع إن يحدد للمشتري أجلا مناسبا يسقط بانقضائه الخيار إذا لم يرد المبيع في خلال هذه المدة (م 523 ف 2 م. ع).

إما إذا أجاز المشتري البيع قبل الرؤية ورضا بالمبيع، فان قال أجزت أو رضيت، ثم رأى المبيع بعد ذلك، فله إن يرده. لان نزوله عن الخيار قبل إن يثبت له لا يعتد به، لان المعقود عليه قبل الرؤية مجهول الوصف، والرضا بالشيء قبل العلم به والعلم بوجود سببه محال، فكان ملحقا بالعدم.

وإذا كان هذا موقف فقهاء الشريعة الإسلامية، فان المشرع العراقي قد اختط لنفسه موقفا ينسجم مع ما قرره من مبادئ في قانون الإثبات، فإقرار المشتري بأنه رأى المبيع وقبله حجة قاطعة (م 67 إثبات) تلزم المقر حيث لا يجوز له بعد ذلك الرجوع عن إقراره (م 2/68 إثبات).

لذلك اعتبر المشرع العراقي إقرار المشتري في عقد البيع انه رأى المبيع من حالات سقوط خيار الرؤية، حيث نصت الفقرة الأولى من المادة 523 مدني عراقي على انه (يسقط خيار الرؤية... بإقراره في عقد البيع انه قد رأى المبيع وقبله بحالته).

ولكن هل يستطيع المشتري إن يفسخ البيع قبل الرؤية، على أساس خيار الرؤية؟

---

[1] فتح القدير، ج، 5ص141 نقلا د. السنهوري، مصادر الحق في الفقه الإسلامي، ج4،ص230.

يستطيع المشتري إن يطلب فسخ البيع قبل الرؤية، ولكن ليس على أساس انه يستعمل خيار الرؤية، لأنه لا يمكن للشيء إن يسبق في الوجود سبب وجوده، ولكن لان البيع على الأعيان الغائبة غير لازم على الرأي الراجح، فيجوز فسخه أصلا وليس استعمالا لخيار الرؤية، ولأنه لا يقبل عقلا إن يمتنع على المشتري الفسخ قبل الرؤية ويجوز له بعدها في حين انه يستطيع في أي وقت إن يرى المبيع ويستعمل حقه في الفسخ[1].

اثر ثبوت خيار الرؤية.

يثور التساؤل هنا حول تحديد طبيعة عقد البيع المقترن بخيار الرؤية، فهل هو بيع معلق على شرط واقف فيكون العقد لازما من جهة وموقوفا من جهة أخرى، أم انه بيع معلق على شرط فاسخ فيكون العقد لازما من جهة وغير لازم من جهة أخرى؟

إن عقد البيع حال خيار الرؤية غير لازم، فللمشتري الرجوع عنه بعد الرؤية وقبلها، إما البائع فالعقد لازم من جانبه لان لا خيار له.

فخيار الرؤية لا يمنع انعقاد العقد صحيحا، بل ولا يمنع نفاذه. فيثبت الملك للمشتري في المبيع، ويثبت للبائع في الثمن، بالرغم من قيام الرؤية[2].

---

(1) جاء في حاشية ابن عابدين، مصدر سابق، ج7، ص145 ما نصه (لان السبب لا يتقدم على سببه... إن حق الفسخ ليس من نتائج ثبوت الخيار له، بل يحكم انه عقد غير لازم لأنه لم يقع منبرما فجاز فسخه لضعف فيه).

(2) جاء في مختلف الشيعة للعلامة الحلي، ج5، ص93- 94 ما نصه (إن الملك ينتقل إلى المشتري بنفس العقد متزلزلا يقبل الفسخ في مدة الخيار، فإذا خرجت لزم العقد واستقر. لنا: إن المقتضي موجود، والمعارض لا يصلح للمانعية، فيثبت الملك. إما المقتضي فهو البيع؛ لان البيع تمليك بدليل قوله: ملكتك، فيثبت به الملك كسائر البيوع، لان التمليك يدل على نقل الملك إلى المشتري، ويقتضيه لفظه، والشرع قد اعتبره وقضى بصحته، فيجب إن نعتبره فيما يقتضيه ويدل عليه لفظه. ولأنه لو لم يكن سببا لم يكن سببا مع الافتراق؛ إذ الافتراق لا مدخل له حالة الانفراد عن العقد، فلا مدخل له حالة الانضمام عملا بالاستصحاب. ولأنه كلما وجد العقد ثبت الملك، وكلما انتفى العقد انتفى الملك، فيكون هو المؤثر عملا بالدوران. وإما عدم صلاحية المانع للمانعية: فلأنه ليس إلا ثبوت الخيار وهو غير مناف للملك، كما لو باع عرضا بعرض فوجد كل منهما بما انتقل إليه عيبا).

ولكن خيار الرؤية يمنع من لزوم العقد من جانب المشتري، فالبيع بخيار الرؤية بيع معلق على شرط فاسخ هو رؤية المبيع وقبوله من قبل المشتري، فإذا رأى المشتري المبيع ورفضه، تحقق الشرط وفسخ العقد، إما إذا زال الشرط لزم العقد، ويترتب على كون البيع نافذا غير لازم جملة من النتائج أهمها:

1- يستطيع المشتري إن يجبر البائع على تمكينه من رؤية المبيع بل وتسليم العين المبيعة وتنفيذ جميع الالتزامات التي يفرضها عقد البيع على البائع.

2- لا يستطيع البائع إن يرجع عن البيع، لان العقد لازم بالنسبة له، ولكن يستطيع المشتري إن يفسخ البيع حتى قبل رؤية المبيع، لان العقد غير لازم من جانبه.

3- إذا كانت العين المبيعة تحت تصرف المشتري وهلكت قبل استعمال الخيار، كان هلاكها عليه، لان الملكية انتقلت إليه بموجب العقد، كما إن تبعة الهلاك تدور مع التسليم وجودا وعدما.

4- إذا هلكت العين المبيعة قبل تسليمها إلى المشتري كان هلاكها على البائع، سواء رأى المشتري المبيع وقبله أم كان الهلاك قبل الرؤية، لان تبعة الهلاك قبل التسليم تكون من مال البائع.

خيار الرؤية في بعض أنواع البيوع.

1- خيار الرؤية في البيع على النموذج [1].

نصت الفقرة الأولى من المادة 518 من القانون المدني العراقي على انه (الأشياء التي تباع على مقتضى نموذجها تكفى رؤية النموذج منها فان ثبت إن المبيع دون النموذج الذي اشترى على مقتضاه كان المشتري مخيرا بين قبوله بالثمن المسمى أو رده بفسخ البيع).

فقد اعتاد أصحاب المحلات الكبيرة وتجار الجملة في نطاق بيع الأشياء المثلية على عرض نموذجها، كما في بيع الملابس الجاهزة والقرطاسية والأواني والأجهزة الكهربائية والسيارات الجديدة وغيرها من المعدودات. فإذا اشترى تاجر قماش من

---

[1] البيع على النموذج يكون في نطاق بيع الأشياء المثلية دون القيمية.

تاجر أخر كمية من الأقمشة وقام البائع بتقديم نموذج من هذه الأقمشة و تم البيع بموجب هذا النموذج الذي رآه المشتري قامت رؤية النموذج من المشتري مقام رؤية البضاعة كاملة.

ولكن إذا تسلم المشتري (التاجر) المبيع ووجده دون النموذج الذي رآه واشترى على أساسه كان مخيرا[1] بين قبوله المبيع بالثمن المسمى أو رده بفسخ البيع.

ولكن النموذج قد يهلك أو يتعيب في يد احد المتعاقدين، ويدعى المشتري بعد رؤيته للمبيع انه غير موافق للنموذج، ويتمسك البائع بان المبيع مطابق للنموذج، فعلى من يقع عبء الإثبات في هذه الحالة؟

إذا كان النموذج في يد البائع وهلك ثم ادعى المشتري عدم مطابقة المبيع للنموذج، كان على البائع إن يثبت إن المبيع مطابق للنموذج.

إما إذا كان النموذج بيد المشتري وهلك ثم ادعى هو عدم مطابقة المبيع للنموذج، كان عليه عبء الإثبات (م 518 ف 2 م.ع).

ولكل من البائع أو المشتري إثبات مطابقة المبيع للنموذج بكافة طرق الإثبات، لان إثبات المطابقة واقعة مادية يجوز إثباتها بكافة طرق الإثبات.

2- خيار الرؤية في البيع الجزاف.

نصت الفقرة الأولى من المادة 519 مدني عراقي على انه (إذا بيعت جملة أشياء متفاوتة صفقة واحدة فلابد للزوم البيع من رؤية كل واحد منها على حده). كما نصت الفقرة الثانية على انه (وإذا كان المشتري رأى بعضها فمتى رأى الباقي جاز له اخذ جميع الأشياء أو ردها جميعا وليس له إن يأخذ ما رآه ويترك الباقي).

يتبين لنا من إحكام المادة 519 في فقرتيها الأولى والثانية انه في بيع الأشياء المتفاوتة التي تباع صفقة واحدة كمن يشتري جملة أشياء مختلفة، فلا يكون عقد البيع لازما في مواجهته، إلا إذا رأى كل المبيع، فإذا رأى بعض المبيع دون البعض الأخر،

---

[1] ويرى البعض من فقهاء الشريعة الإسلامية إن للمشتري في هذه الحالة إن يفسخ البيع بخيار العيب لا بخيار الرؤية، انظر: علي حيدر، مصدر سابق، ص273.

كان له الخيار متى رأى الباقي[1] بان يأخذ المبيع جميعا أو يرده جميعا وليس له إن يبعض الصفقة بان يأخذ بعضها ويترك البعض الآخر.

3- خيار الرؤية في المقايضة.

المقايضة صورة من صور البيع في القانون المدني العراقي، حيث يجمع كل طرف في المقايضة صفة البائع بالنسبة للمال الذي قايض به وصفة المشتري بالنسبة للمال الذي قايض عليه، فإذا لم يرى كلا الطرفين المال الذي قايض عليه كان له خيار الرؤية عند رؤية ذلك المال.

مسقطات خيار الرؤية.

عالج المشرع العراقي حالات سقوط خيار الرؤية في المادة 523 مدني عراقي، وحالات سقوط خيار الرؤية هي:

1- بموت المشتري: والعلة في ذلك إن خيار الرؤية رخصة ومشيئة، فلا ينتقل إلى الورثة، وإنما يعتبر البيع لازما بموت المشتري.

2- بتصرف المشتري بالمبيع قبل إن يراه: كأن يبيع المشتري المبيع إلى الغير قبل إن يراه، حيث يعتبر ذلك دليلا على رضاه وتنازلا عن حقه في استعمال خيار الفسخ.

3- بإقرار المشتري في عقد البيع انه رأى الشيء وقبله بحاله، وذلك لان إقراره هذا يكون حجة عليه، فلا يجوز بعد ذلك إن يطالب بفسخ البيع بدعوى عدم علمه بالمبيع.

4- بوصف الشيء في العقد وصفا دقيقا يقوم مقام الرؤية وظهوره على الصفة التي وصفت، فلا يثبت للمشتري في هذه الحالة الخيار إلا إذا ظهر المبيع بخلاف الوصف الذي وصف به.

5- بتعيب المبيع أو هلاكه بعد القبض، ويختلف تعيب المبيع عن هلاكه. فالأول يعني وجود المبيع كاملا من حيث مقداره أو ذاتيته، ولكن في حالة غير صالحة

---

[1] جاء في شرائع الإسلام للمحقق الحلي، ص25: "ولو اشترى ضيعة، رأى بعضها ووصف له سائرها، ثبت له الخيار فيها اجمع، إذا لم تكن على الوصف".

للاستخدام الذي أعدت له، أو إن استخدامها لم يكن بالشكل الكامل فيما لو لم تصب بالتلف أو التعيب. إما الهلاك فهو عبارة عن زوال المبيع بحيث يتعذر على المشتري إن ينهي التزامه بالتسليم إذا طلب فسخ البيع.

ويأخذ حكم الهلاك ويطلق عليه بالهلاك الحكمي، تصرف المشتري بالمبيع تصرفا يغير من صفته، كما لو كان قمحا فطحنه المشتري أو قماشا فقصره المشتري وخيطه.

6- بصدور ما يبطل الخيار قولا أو فعلا من المشتري قبل الرؤية أو بعدها، مثال القول الذي يسقط الخيار إن يقول المشتري قبلت بالمبيع أو رضيت به، ومثال الفعل إن يستعمل المبيع شخصيا كقميص فيلبسه المشتري أو سيارة فيركبها.

7- بمضي وقت كاف، فالمسالة إذا متروكة لتقدير المحكمة تفصل فيها حسب الظروف والملابسات ومع ذلك فان للبائع إن يحدد للمشتري أجلا مناسبا يسقط بانقضائه الخيار إذا لم يرد المبيع خلال هذه المدة و إذا كان الأجل الذي حدده البائع للمشتري قصير فا للأخير إن يتظلم منه إمام القضاء.

تمييز خيار الرؤية من الغلط ومن شرط التعيين.

نستطيع بعد إن عرضنا لإحكام خيار الرؤية في الشريعة الإسلامية والقانون المدني العراقي، إن نميز خيار الرؤية من الغلط، ومن شرط التعيين باعتباره احد الشروط الواجب توفرها في المحل.

1- تمييز خيار الرؤية من الغلط.

يتميز خيار الرؤية من الغلط في النقاط الآتية:

1- يجعل خيار الرؤية البيع نافذ غير لازم بالنسبة للمشتري، بينما يجعل الغلط العقد موقوفا على الإجازة.

2- إذا رأى المشتري المبيع كان حرا في إمضاء البيع أو فسخه، بينما على من يتمسك بالغلط إن يثبت انه وقع في غلط اثر في إرادته بحيث لولا هذا الغلط لما قدم على إبرام البيع.

3- يشترط لإعمال نظرية الغلط إن يثبت المتعاقد الذي وقع في الغلط، إن المتعاقد الأخر هو أيضا وقع في ذات الغلط أو كان يعلم أو كان من السهل عليه إن يعلم، بينما لا يحتاج المشتري الذي لم يرى المبيع إثبات ذلك.

4- في القانون المدني العراقي وخلافا لما هو مقرر في الفقه الإسلامي، فان خيار إجازة العقد الموقوف للغلط أو نقضه ينتقل إلى الورثة (م 136 م .ع)، بينما لا ينتقل خيار الرؤية إلى الورثة بل يسقط بموت المشتري في القانون المدني العراقي (523 ف 1 م .ع) وفي الشريعة الإسلامية[1].

2- تمييز خيار الرؤية من شرط التعيين.

ويتميز خيار الرؤية من شرط التعيين بما يأتي:

1- يستلزم المشرع تطبيقا للقواعد العامة إن يكون محل الالتزام معينا تعيينا نافيا للجهالة الفاحشة والغرر. هذا التعيين يستلزم تمييز المبيع من غيره، ولا يلزم للتوصل إلى ذلك إن يرى المشتري المبيع. فرؤية المبيع أكثر شمولا من مجرد المعرفة التي يتحقق معها تعيين المبيع طبقا للقواعد العامة.

فإذا كان المبيع سيارة، فانه يكفى لتعيينها بيان موديلها ونوعها، أو الاكتفاء برقم السيارة في دائرة المرور.

ولكن هذا لا يكفي لإسقاط حق المشتري في رؤية المبيع، فالعلم الدقيق بالمبيع لا يتحقق إلا بالرؤية المادية من قبل المشتري. وإذا اكتفى بوصفه، كما يقضي القانون بذلك، فانه يلزم إن يشمل ذلك نوع السيارة مثلا وموديلها وسنة الصنع ولونها وعدد الركاب الذين تستوعبهم وسرعتها وجدتها... فإذا لم يتحقق ذلك كان للمشتري الحق في نقض العقد أو إجازته استناد لخيار الرؤية.

2- يترتب على عدم تعيين المبيع أو عدم إمكانية تعيينه بطلان البيع، بينما يترتب على عدم رؤية المبيع من قبل المشتري إن يكون للأخير عند رؤية المبيع إجازة البيع أو فسخه.

---

[1] علي حيدر، مصدر سابق، ج1، ص271، وانظر المادة 321 من المجلة.

الفرع الثاني
الغبن في عقد البيع

نظرة عامة:

يعد عقد البيع المجال الطبيعي والحقيقي لتطبيق نظرية الغبن، ولو استعرضنا تاريخ هذه النظرية في مختلف التشريعات لوجدناها قائمة على اعتبارات اقتصادية وأدبية غير ثابتة، فهي تضيق وتتسع بحسب المذهب الاقتصادي والاجتماعي السائد، فإذا ساد المدنية مذهب الفردية وما يتبعه من سيطرة مبدأ سلطان الإرادة رأينا القانون لا يقيم للغبن وزنا. لذلك نجد القانون المدني الفرنسي الصادر عام 1804 اثر انتصار المذاهب الفردية وانتشار سلطان الإرادة لا يعتد بالغبن ولا يعتبره سببا للبطلان إلا في عقود معينة وبالنسبة لأشخاص معينين، فقد نصت المادة 1118 مدني فرنسي على انه (الغبن لا يعيب الرضا إلا في عقود معينة أو بالنسبة إلى بعض الأشخاص).

إما إذا تطورت المدنية وضعف المذهب الفردي تحت تأثير مبادئ العدالة وضرورة حماية الطرف الضعيف من استغلال الطرف القوي فيتدخل القانون لمنع الغبن، لذلك نجد القوانين المدنية الحديثة التي صدرت بعد صدور القانون المدني الفرنسي قد زادت في الاعتداد بالغبن حتى جعلت منه نظرية عامة في جميع عقود المعاوضات المالية، فقد نصت المادة 138 من القانون المدني الألماني على انه (العمل القانوني الذي يخالف الآداب الحسنة باطل – ويكون باطلا بصفة خاصة العمل القانوني الذي بمقتضاه يستغل شخص احتياج غيره أو خفته أو عدم خبرته فيحصل لنفسه أو للغير مقابل التزام وعدا وتعهدا بتقديم منافع مالية تزيد على قيمة الالتزام بحيث إذا روعيت ظروف هذه المنافع فانه يوجد بين قيمتها وقيمة الالتزام عدم تعادل ظاهر).

تعريف الغبن:

معنى الغبن هو إن يكون أحد البدلين في عقد البيع غير كافي للأخر في القيمة ومثاله إن يعقد عقد البيع بثمن بخس أو بثمن مرتفع ارتفاعا فاحشا فيتضمن في الحالة الأولى غبنا بالبائع وفي الحالة الثانية غبنا بالمشتري.

وعرفه بعض الفقهاء المسلمون بأنه تمليك المال بأكثر من قيمته وفي ذلك غبن للمشتري، أو تملكه بأقل من قيمته، وفي ذلك غبن للبائع[1]، وعرفه الحطاب بأنه عبارة عن بيع السلعة بأكثر مما جرت العادة إن الناس لا يتغابنون بمثله أو اشتراها كذلك[2].

وعرفه فقهاء الشريعة المحدثون بأنه (إن يكون احد العوضين غير مساو للأخر في القيمة في عقود المعاوضات)[3].

إما فقهاء القانون المدني فعرفه البعض منهم بأنه " الضرر المادي الذي يصيب احد الطرفين نتيجة عدم التعادل بين ما يفرضه العقد من التزامات "[4]، وعرفه البعض

---

[1] انظر في الفقه الإسلامي: المحقق الحلي، شرائع الإسلام، ص22، محمد جواد مغنية، مصدر سابق، ج-3- 4، ص187 وما بعدها، العلامة صادق الحسيني الشيرازي، المسائل الإسلامية المنتخبة، ص354، الشيخ محمد أبو زهرة، مصدر سابق، ص461، د. السنهوري، مصادر الحق، مصدر سابق، ج2، ص150، د. عبد المجيد الحكيم، الموجز في شرح القانون المدني العراقي، ج1، ط3، بغداد، 1969، ص170 وما بعدها.

[2] الحطاب (أبو عبد الله محمد بن محمد بن عبد الرحمن المغربي)، مواهب الجليل بشرح مختصر ـ خليل، ج4، ط3، دار الفكر،1992، ص468.

[3] د. احمد فراج حسين، الملكية ونظرية العقد في الشريعة الإسلامية، ط1، مؤسسة الثقافة الجامعية، ص330، د. محمد مصطفى شلبي، المدخل في الفقه الإسلامي، مطبعة الدار الجامعية، 1985، ص801.

[4] PLANIOL Marcel RIPERT Georges et BOULANGER Jean, Traite de droit civil, tome II, Paris, 1959, NO 207.

الأخر بأنه عدم التعادل بين التزامات كل من العاقدين في العقد الملزم للجانبين، وعرفه آخرون بأنه عدم التعادل بين ما يعطيه المتعاقد وما يأخذه[1].

نطاق إعمال نظرية الغبن:

إن النطاق الطبيعي لإعمال نظرية الغبن ينحصر في عقود البيع المحددة وهي التي يتمكن فيها كل من البائع والمشتري إن يحدد عند تمام البيع مقدار ما يأخذ وما يعطي. مثال ذلك: إن يشتري شخص سيارة بمبلغ سبعة ملايين دينار.

ولكن إذا كان عقد البيع احتماليا، فهل يجوز إن يطعن فيه بالغبن؟

إن عقود البيع الاحتمالية هي التي لا يتمكن فيها احد طرفي البيع أو كلاهما عند تمام البيع من معرفة مقدار ما يأخذ وما يعطي إذ يتوقف تحديد ذلك بصورة نهائية على الاحتمالات المقبلة والمصادفات، على حدوث أمر غير محقق الحصول أو زمان الحدوث بحيث إن كل طرف من طرفيه يكون عرضه للربح أو الخسارة.

إن الرأي الذي يذهب إلى إن الغبن لا يؤثر في عقود البيع الاحتمالية - وهو رأي القضاء الفرنسي و جانب من الفقه[2] - أصبح اليوم رأيا مهجور، فالفرق بين العقود الاحتمالية والعقود المحددة، فيما يتعلق بالغبن، ينحصر في كيفية هذا التطبيق فحسب، لا في قصر هذه النظرية على العقود المحددة وحدها[3].

---

(1) انظر في فقه القانون المدني: د. السنهوري، الوسيط، ج1، ص386، د. محمد لبيب شنب، مصدر سابق، ص178، د. غني حسون طه، مصدر سابق، الالتزام، ص202، د. عبد المجيد الحكيم، مصدر سابق، الموجز، ف268، د. حسن علي الذنون، النظرية العامة للالتزام، ج1، مصادر الالتزام، بغداد، 1949، ص109، د. صلاح الدين الناهي، مصدر سابق، مبادئ الالتزامات، ص74، د. عبد الحي حجازي، مصدر سابق، ص324.

(2) انظر في هذا الرأي: د. السنهوري، الوسيط، ج1، ص177، ونظرية العقد، ص141- 142، د. علي علي سليمان، النظرية العامة للالتزام، مصادر الالتزام، الجزائر، 1988، ص16-17، د. احمد حشمت أبو ستيت، مصدر سابق، نظرية الالتزام، ط2، 1954، ص66، د. منذر الفضل، النظرية العامة للالتزامات، بغداد، ط1، 1991، ص70، د. غني حسون طه، مصدر سابق، الالتزام، ص82، أ. عبد الباقي البكري، مصدر سابق، الالتزام، ص121، د. الناهي، مصدر سابق، ص28.

(3) انظر في هذا الرأي: د. إسماعيل غانم، مصدر سابق، ج1، ص72-73، د. سليمان مرقس، الوافي، نظرية العقد،ط4، 1987،ص106-107، د.عبد الحي حجازي،مصدر سابق،ص325.

فالبيع الاحتمالي – وكما هو معروف – يفترض بطبيعته احتمال الكسب والخسارة فلا يكفي إذا إن نقول إن هناك غبنا لحق احد الطرفين، إن تبين بعد انعقاد البيع وتحقق الواقعة التي يتوقف عليها مقدار الالتزام إن هناك اختلالا في التعادل بين ما حصل عليه هذا المتعاقد وبين ما أعطاه، بل يجب الاعتداد بوقت انعقاد البيع ذاته، فينظر إلى احتمال الكسب واحتمال الخسارة، فلا محل للقول بان هناك غبنا وقع ولو حصل بعد ذلك، وعلى العكس إذا اختل التعادل وقت انعقاد البيع بين احتمال الكسب واحتمال الخسارة، فان الغبن يكون قد تحقق، مثال ذلك: إن يبتاع شخص عقار كبير القيمة في مقابل مرتب مدى حياة البائع الذي هو شخص هرم مريض لا يحتمل إن يعيش إلا مدة وجيزة.

فالغبن في البيوع الاحتمالية، ليس هو عدم التعادل بين الاداءات التي يؤديها كل من البائع والمشتري فعلا، وإنما هو عدم التعادل بين احتمال الكسب واحتمال الخسارة وقت انعقاد البيع.

شروط تطبيق نظرية الغبن:

القاعدة العامة في القانون المدني العراقي إن مجرد الغبن لا يمنع من نفاذ العقد ما دام لم يصحبه تغرير. فاحشا كان الغبن أم يسيرا. إما إذا اقترن الغبن بالتغرير فيفرق: فان كان الغبن يسيرا صح العقد ونفذ ووجب مجرد التعويض، إما إذا كان الغبن فاحشا توقف العقد على إجازة المغبون [1].

إذا لإعمال نظرية الغبن لابد من توفر الشرطين الآتيين:

1- إن يكون الغبن فاحشاً:

والغبن في الفقه الإسلامي على نوعين: يسير وفاحش، والغبن اليسير هو الذي يتسامح فيه الناس عادة ولا يمكن تجنبه في المعاملات، وإلا تعطلت المعاملات ولم يرتزق الناس بعضهم ببعض. إذ لا مرية في إن المعاملات يقصد منها الربح، ولم ينه

---

[1] قضت محكمة التمييز في قرارها المرقم 984/مدنية أولى/1984-1985 بتاريخ 1985/6/3 بأنه (ينبغي إن يصاحب التغرير غبن، ليصبح العقد موقوفا)، المبادئ القانونية في قضاء محكمة التمييز، القسم المدني، ص503.

الشارع عن الربح ولم يحدد له قدرا. فقد روي عن الرسول صلى الله عليه وسلم انه قال (**إن الله يحب الرجل سهل البيع سهل الشراء**). لذلك فقد اجمع الفقهاء المسلمون[1] على إن الغبن اليسير لا يؤثر في صحة العقد ولا يعطي للمغبون خيار الغبن إلا إذا كان العاقد المغبون مدينا حجر عليه بسبب دينه المستغرق لماله أو مدينا بدين مستغرق وصدر منه العقد وهو في مرض الموت.

إما الغبن الفاحش، فهو مالا يتسامح به الناس عادة، ولكن كيف نستطيع التمييز بين الغبن اليسير والفاحش؟

اختلف الفقهاء المسلمون في تحديد مقدار الغبن الفاحش، فلم يقيد فقهاء المذهب الجعفري والحنبلي الغبن الفاحش بنسب حسابية جامدة قد تصلح كمعيار في بعض الأحوال، بينما تعجز في أحوال أخرى عن تحقيق العدالة، لذلك ترك أمر تحديده للعرف ليكون أكثر مسايرة لتطور الحياة.

إما فقهاء المذهب الحنفي، فذهب بعضهم إلى إن الغبن الفاحش هو ما لا يدخل تحت تقويم المقومين، فإذا كان تقويم أهل الخبرة اقل من الثمن المحدد بالاتفاق غبن المشتري وان كان أكثر غبن البائع، إما إذا كان التقويم يتراوح بين أكثر واقل من الاتفاق كان الغبن يسيرا.

وذهب البعض الأخر من الفقهاء الأحناف إلى إن الغبن يعتبر فاحشا إذا تجاوز نصف العشر، وما دون ذلك يعتبر يسيرا، وذهب آخرون إلى اعتبار الغبن فاحشا إذا تجاوز نصف العشر في عروض التجارة والعشر في الحيوان والخمس في العقار، وهو رأي نصير بن يحيى البلخي، وبهذا الرأي أخذت مجلة الإحكام العدلية، وسبب الاختلاف في النسبة كثرة التصرفات في عروض التجارة وقلتها في العقار وتوسطها في الحيوان كما يقول أصحاب هذا الرأي.

---

[1] الكاساني، ج7، ص3469، الحطاب، ج4، ص2368، البهوتي (منصور بن يونس بن إدريس)، كشاف القناع عن متن الإقناع، ج3، مطبعة الحكومة، مكة، 1394، 119- 200.

إما فقهاء المذهب المالكي، فقد أفتى بعضهم بان التفاوت بالثلث لا يوجب خيار الغبن، إما إذا كان أكثر من الثلث ثبت الخيار، وذهب آخرون وهم الجعفرية والحنابلة فأفتوا بان الغبن الفاحش هو ما لا يتغابن الناس به عادة، ويترك أمر تقديره إلى العرف والعادة[1].

ولم يضع القانون المدني العراقي معيارا لتمييز بين الغبن اليسير والفاحش، مما يعني إن المشرع ترك للقضاء بموجب الفقرة الثانية من المادة الأولى من القانون المدني إن يستمد هذا المعيار من مبادئ الشريعة الإسلامية، ونحن نرى إن أكثر الآراء مسايرة لتطور الحياة وتحقيقا للعدالة هو ما قال به فقهاء المذهب الجعفري والحنبلي.

هذا ويلاحظ إن الرأي الذي قال به فقهاء المذهب الحنفي لا يختلف عن رأي المذهب الجعفري والحنبلي، فما لا يدخل تحت تقويم المقومين يعد غبنا فاحشا عند فقهاء المذهب الحنفي، هو ذاته ما يقضي العرف باعتباره غبنا فاحشا عند فقهاء المذهب الجعفري والحنبلي، فقاضي الموضوع يستعين لمعرفة ما يقضي العرف باعتباره غبنا فاحشا بأهل الخبرة الذين هم عبارة عن المقومين ذاتهم.

---

(1) انظر في موقف الفقه الإسلامي: ابن نجيم (زين الدين بن نجيم الحنفي)، البحر الرائق كنز الدقائق، ج6، دار المعرفة للطباعة والنشر، بيروت، ص126، الحصفكي (علاء الدين محمد بن علي ألحصني)، الدر المختار شرح تنوير الإبصار مع حاشية رد المحتار، ج5، مطبعة مصطفى ألبابي الحلبي وأولاده، ط3، مصر، 1985، 151، الحطاب، ج6، ص126، ابن المرتضى (احمد بن يحيى بن المرتضى)، البحر الزخار الجامع لمذاهب علماء الأمصار، ج2، مؤسسة الرسالة، ط2، 1975، ص355، البهوتي، ج3، ص119- 200، ألعاملي (زين الدين يحيى بن ألعاملي)، الروضة البهية في شرح اللمعة الدمشقية، ج3، مطبعة الآداب، ط1، النجف الشرف، ص464، ألعاملي (السيد محمد حسن ترحيني ألعاملي)، الزبدة الفقهية في شرح الروضة البهية، ج4، دار الهادي، بيروت، ط1، 1995، ص596- 597، العلامة الحلي (الحسن بن مطهر)، تذكرة الفقهاء، ج7، مصدر سابق، ص345، علي حيدر، مصدر سابق، ج1، ص113، د. صبحي المحمصاني، النظرية العامة للموجبات والعقود في الشريعة الإسلامية، ج2، بيروت، 1948، ص186، د. وهبة الزحيلي، مصدر سابق، ج4، ص3072 وما بعدها، د. السنهوري، مصادر الحق، ج2، مصدر سابق، ص133 وما بعدها.

2- إن يقترن بالغبن تغرير أو يكون ناتجا عن استغلال:

عرفت المادة 164 من مجلة الإحكام العدلية التغرير بأنه (توصيف المبيع للمشتري بغير صفته الحقيقية)[1].

وعرفه بعض الفقهاء المسلمون بأنه عبارة عن تضليل العاقد ببعض الوسائل ألموجبه لإقدامه على العقد، بإظهار محاسن المبيع، وستر عيوبه أو بإيجاد صفة فيه عرضيه بقصد ترغيبه في الإقدام على المبيع[2].

وعرفه دوما بأنه كل وسيلة مرذولة يقصد بها مخادعة شخص ما. وعرفه بوتييه بأنه كل وسيلة مصطنعة يقصد بها مخادعة الغير[3].

ومن هذه التعاريف يتبين لنا إن للتغرير عنصران: عنصر نفسي هو نية الخداع أو التضليل، وعنصر مادي هو المسلك الخارجي الذي يسلكه المغرر لتضليل المتعاقد.

أ- نية الخداع أو التضليل ضرورية لتحقيق التغرير، فهو خطأ عمدي. فلا يعتبر تغريرا انخداع احد العاقدين بمظهر الثراء الذي يبدو على العاقد الأخر مثلا دون إن يتعمد هذا أخداعه.

ب- إن تتمثل نية الخداع أو التضليل في سلوك خارجي، فلا تكفي مجرد النية بذاتها لتحقق التغرير، ولكن لا يشترط في القانون الحديث، وقد استقل التدليس المدني عن النصب الجنائي، إن يلجأ المدلس أو المغرر إلى طرق مادية متميزة، بل يكفي لتحقق التغرير إن يسلك البائع أو المشتري سلوكا منافيا للأخلاق الجارية يتضمن الخروج من المألوف في التعامل. وعلى هذا الأساس تقوم في القانون الحديث التفرقة التي كان يقيمها القانون الروماني بين التدليس

---

(1) انظر في شرح هذه المادة: علي حيدر، مصدر سابق، ج1، ص.

(2) انظر في تعريف التغرير في الفقه الإسلامي: محمد جواد مغنية، مصدر سابق، ج3-4، ص250، الشيخ علي الخفيف، مصدر سابق، ص356، الإمام محمد أبو زهرة، مصدر سابق، ص394.

(3) ودوما و بوتييه من فقهاء القانون الفرنسي القديم الذين لهم مكانة كبيرة، انظر في ذلك: الناهي، مصدر سابق، ص70.

المسموح به dolus bonus الذي لا يؤثر في صحة العقد، والتدليس المذموم dolus malus وهو الذي يعتد به وحده. فمعيار التفرقة ليس في الجسامة المادية للطريقة التي اتبعت في خداع العاقد، وإنما في اتفاقها أو منافاتها للأخلاق الجارية. فللمهارة في التعامل دورها المشروع في إبرام عقود البيع، غير إن لها مجالا لا يصح إن تتعداه، فان تجاوزته كانت تغريرا (تدليسا) مذموما قد يترتب عليه جعل العقد موقوف على إجازة العاقد المغرور.

والسلوك الخارجي الذي يتبعه احد المتعاقدين لتغرير بالمتعاقد الأخر وحمله على إبرام عقد البيع، إما إن يتخذ صورة استعمال طرق احتيالية مادية ويطلق عليه بالتغرير الفعلي، كصبغ الثوب القديم ليظهر انه جديد. وللتغرير الفعلي في نطاق البيع في الفقه الإسلامي أمثلة عديدة أهمها:

بيع المصرة:

وهو إن يربط بائع الشاة ضرعها ويترك حلبها حتى يجتمع لبنها، فإذا رآها المشتري استغزر لبنها وظن أنها تحلب ذلك القدر في العادة فيزيد ثمنها بتأثير هذا التغرير[1].

بيع النجش:

وفيه صورتان، **الأولى:** إن يتواطىء البائع مع الناجش لينجش السلعة فيعلى ثمنها ويبلغه إلى أكثر من قيمتها، فهذا تغرير يوجب للمشتري الخيار، **والثانية:** إذا اتفق المشتري مع منافسيه ممن يرغبون في المزايدة على إن يكفوا. فيتمكن من شراء السلعة بثمن بخس، فهذا تغرير أيضا يوجب للبائع الخيار[2].

---

[1] انظر في ذلك: العلامة الحلي، شرائع الإسلام، ق2، ص37، الكحلاني (السيد الإمام محمد بن إسماعيل الكحلاني ثم الصنعاني المعروف بالأمير)، سبل السلام، شرح بلوغ المرام من جمع أدلة الإحكام، للحافظ احمد بن على بن محمد بن حجر الكنانى العسقلانى القاهرى، مج2، ج3، دار إحياء التراث العربي، ط4، بيروت، 1960، ص26.

[2] د. السنهوري، مصدر سابق، ج2، ص154.

إما التغرير القولي، فمعناه مجرد الكذب. فيكون الكذب تغريرا متى كان من شأنه التغرير بالمتعاقد وإلحاق الغبن به[1].

ولكن يجب إن يلاحظ إن الكذب بالمبالغة في امتداح البضاعة المبيعة بما لا يخرج عن حدود المألوف في التعامل لا يعتبر تدليسا، إذ إن قدر أدنى من حسن التبصير كفيل بحماية المشتري من الانقياد لمثل هذه المبالغات المألوفة، وعلى العكس، يعد تغريرا (تدليسا) الكذب في بيانات محددة مع العلم بما يعلقه عليها المشتري من أهمية، وخاصة إذا كان ذلك في الإجابة على سؤال محدد سأله المشتري، ككذب البائع مثلا بشان البلد الذي صنعت فيه البضاعة المبيعة.

وقد يتحقق التغرير باتخاذ موقف سلبي محض يقتصر على مجرد الكتمان، كما في (بياعات الأمانة). فالكذب أو الكتمان يصلح أيهما لتكوين التغرير في هذه العقود القائمة على الثقة التي اخذ بها المشرع العراقي من الفقه الإسلامي، حيث نصت المادة (121 ف 2) مدني عراقي على انه (ويعتبر تغريرا عدم البيان في عقود الأمانة التي يجب التحرز منها عن الشبهة بالبيان كالخيانة في المرابحة والتولية والإشراك والوضيعة).

وبيوع الأمانة كما عرفها المشرع العراقي في الفقرة الثانية من المادة 530 هي (والمرابحة بيع بمثل الثمن الأول الذي اشترى به البائع مع زيادة ربح معلوم، والتولية بيع بمثل الثمن الأول دون زيادة أو نقص. والإشراك تولية بعض المبيع ببعض الثمن. والوضيعة بيع بمثل الثمن الأول مع نقصان مقدار معلوم منه).

ولا يقتصر الكذب أو الكتمان باعتباره تغريرا في القانون المدني العراقي على (بياعات الأمانة) فقط وإنما تشمل جميع البيوع التي تقوم على الثقة والأمانة، فيمكن قياس بيع الاسترسال على بياعات الأمانة، وبيع الاسترسال هو من البيوع المعروفة في الفقه الإسلامي وهو البيع الذي يسترسل فيه احد المتعاقدين إلى الأخر لعدم خبرته بالمبايعة أو لجهله بالأسعار فيستأمنه ويتفق معه على الشراء أو البيع بسعر ما يتبايع

[1] الكحلاني، سبل السلام، المصدر السابق، ص18.

فيه باقي الناس. فالأساس في بيع الاسترسال ليس هو الثمن الأصلي كما في بياعات الأمانة، بل هو سعر السوق. فإذا لم يصدقه المتعامل معه، ولم يكشف له عن حقيقة سعر السوق، بل كذب عليه في ذلك وغبنه، فان هذا الكذب وحده يعتبر غشا وتغريرا يوجب للعاقد المغبون خيار الرد.

وقد لا يكون الغبن ناجما عن تغرير وإنما يكون نتيجة استغلال، فقد نصت المادة 125 من القانون المدني العراقي على انه (إذا كان احد المتعاقدين قد استغلت حاجته أو طيشه أو هواه أو عدم خبرته أو ضعف إدراكه فلحقه من تعاقده غبن فاحش...).

والمثال على استغلال الحاجة التي يتحقق معها الغبن الفاحش، إن يكون البائع بحاجة ملحة إلى المال لإجراء عملية جراحية مستعجلة لزوجته، فيستغل المشتري هذه الحاجة فيعرض عليه شراء شيء معين بثمن لا يتناسب مع قيمة الشيء الحقيقية. إما الطيش الذي إشارة إليه المادة 125 مدني عراقي فهو الخفة والنزق المؤديان إلى سوء تقدير العواقب ويدل على الاندفاع والتسرع. كالشاب الذي يرث عن أبيه عقارات و أموال طائلة فيبدأ ببيع العقارات بثمن بخس لا يتناسب مع قيمتها الحقيقية في سبيل الإنفاق على ملذاته الخاصة دون وعي لعواقب تصرفاته.

إما الهوى فهو الميل الجارف الذي فيه معنى غلبة العاطفة على الإرادة وما يؤدى إليه ذلك من إفلات الزمام، مثال ذلك: الزوجة الشابة التي تستغل في زوجها الطاعن في السن انعطافه الشديد نحوها، فتملي عليه إرادتها وتشتري منه أمواله بثمن لا يتناسب مع قيمة هذه الأموال الحقيقية.

إما عدم الخبرة وضعف الإدراك فمثاله، إن يستغل صاحب (معرض سيارات) عدم خبرة راغب الشراء فيبيعه سيارة رديئة بضعف قيمتها الحقيقية.

ويجب إن يلاحظ أخيرا، انه لابد من علم المتعاقد المستغل بقيام احد الحالات التي نصت عليها المادة 125 مدني عراقي ونقصد بها الحاجة أو الطيش أو الهوى أو عدم الخبرة أو ضعف الإدراك، وان يقصد استغلال ذلك، فإذا ثبت انه لم يكن عالما بهذه العيوب أو انه كان يعلم ولكنه تعاقد دون إن يقصد استغلالها، فان الاستغلال لا يتوفر و يعتبر البيع صحيحا حتى وان أصاب المتعاقد غبن من البيع.

أثر تحقق الغبن في عقد البيع في الشريعة الإسلامية:

اختلف الفقهاء المسلمون في اثر تحقق الغبن الفاحش على العقد، وذلك على النحو الأتي:

1- الجعفريـة:

الغبن الفاحش في البيع يجعله غير لازم، سواء أكان بتغرير أم بغير تغرير ما دام المغبون جاهلا لقيمة المبيع الحقيقية، فيكون للمغبون بائعا كان أو مشتريا الحق بين رد ما غبن فيه أو إمساكه، وليس له إن يطالب الغابن بالارش، أي التفاوت بين قيمة السوق والثمن المسمى[1].

2- الحنفيــة:

ليس للغبن الفاحش وحده في ظاهر الرؤية اثر على عقد البيع، فلا يجيز رد المبيـع أو فسـخ البيـع إلا إذا انضم إليه تغرير من احد العاقدين أو من شخص أخر كالدلال ونحوه واستثنى الحنفية ثلاث حالات يجوز فيها الفسخ بالغبن الفاحش المجرد عن التغرير، وهي: أموال بيت المال، وأموال الوقف، وأموال المحجور عليهم بسبب الصغر أو الجنون أو السفه، فإذا بيع شيء من ذلك بغبن فاحش ولو من غير تغريـر، كـان للمغبـون إن ينقض البيع (م 356 مجلة)[2].

3- الحنابلـة:

الغبن الفاحش لدى الحنابلة يؤثر في البيع فيجعله غير لازم، سواء أكان بتغرير أم بغير تغرير، ويعطي للمغبون حق فسخ البيع في حالات ثلاث هي: تلقي الركبان، و النجش والاسترسال[3].

---

[1] الحـلي، شرائـع الإسـلام، ق2، ص22، ألعـاملي، الزبـدة الفقهيـة، ج4، ص597، محمـد جـواد مغنية،مصـدر سـابق، ج3-4، ص191،هاشم معروف الحسني،مصدر سابق،ص403وما بعدها.

[2] انظر في موقف الفقه الحنفي: الشيخ علي الخفيف، مصدر سابق، ص358، الإمام محمد أبـو زهرة،مصـدر سـابق،ص395-396، د.وهبة الزحيلي،مصدر سابق،ج4، ص3073وما بعدها.

[3] الإمام محمد أبو زهرة، مصدر سابق، ص396 هامش (1)، د. وهبة الزحيلي، مصدر سابق، ج4، ص3073 وما بعدها.

4- الشافعيـة:

والغبن الفاحش لدى الشافعية لا اثر له على عقد البيع سواء اقترن بتغرير أم لا، والعلة في ذلك إن الغبن لا يقع إلا بتقصير من المغبون غالبا، فلو سال أهل الخبرة، لما وقع في الغبن[1].

اثر تحقق الغبن في عقد البيع في القانون المدني العراقي:

الغبن في نطاق عقد البيع إما إن يكون فاحشا أو يسيرا، وهو في الحالتين إما إن يقترن بتغرير أو يكون ناتجا عن استغلال.

1- الغبن الفاحش المقترن بتغرير.

الغبن الفاحش إما إن يكون نتيجة تغرير احد المتعاقدين بالأخر أو نتيجة تغرير الغير بأحد المتعاقدين.

أ- الغبن الفاحش المقترن بتغرير صادر من احد العاقدين.

إذا غرر احد المتعاقدين بالأخر وتحقق إن في عقد البيع غبنا فاحشا كان البيع موقوفا على إجازة العاقد المغبون. الذي له إن يستعمل خيار الإجازة أو النقض خلال ثلاثة أشهر فإذا لم يصدر في هذه المدة ما يدل على الرغبة في نقض البيع اعتبر العقد نافذا (م 121 ف 1، 136 ف 2).

ب- الغبن الفاحش المقترن بتغرير صادر من الغير.

في هذه الحالة التغرير من غير المتعاقدين، فإذا ترتب عليه إن أصاب احد المتعاقدين بغبن فاحش، كان للأخير إن يرجع على المتعاقد الأخر ولكن بعد إن يثبت إن العاقد الأخر كان يعلم أو كان من السهل عليه إن يعلم بهذا التغرير وقت إبرام العقد (م 122 مدني عراقي).

ومثال التغرير الصادر من الغير بيع النجش في الفقه الإسلامي وهو إن يزيد الغير في السلعة لا رغبة في شرائها، بل بقصد زيادة الثمن زيادة صورية فيشتريها

---

[1] الشيخ علي الخفيف، مصدر سابق، ص358، الإمام محمد أبو زهرة، مصدر سابق، ص395- 396، د. وهبة الزحيلي، مصدر سابق، ج4، ص3073 وما بعدها.

شخص حسن النية بأكثر من ثمنها الحقيقي. وحكم النجش في الفقه الإسلامي هو نفس حكمه في القانون المدني العراقي حيث يكون العقد موقوفا على إجازة العاقد (المشتري) المغبون[1].

إما إذا كان التغرير الصادر من الغير لا يعلم به العاقد الأخر ولم يكن من السهل عليه إن يعلم به، كان للعاقد المغبون إن يرجع على الغير بالتعويض دون إن يكون له نقض البيع.

مثال ذلك: إن يغرر أحد جيران البائع بالمشتري ليشتري العقار بثمن مرتفع ليحرم جاره الأخر من اخذ العقار بالشفعة، فإذا كان البائع لا يعلم بالتغرير الذي صدر من جاره، كان للمشتري إذا لحقه غبن فاحش من ذلك إن يرجع على هذا الجار المغرور بالتعويض دون إن يكون له نقض البيع.

الحالات التي يسقط فيها حق المشتري في نقض البيع.

يسقط حق المشتري بنقض البيع ويقتصر حقه على المطالبة بالتعويض في الحالات الآتية:

1- إذا كان المبيع قد استهلك من المشتري قبل العلم بالغبن، مثال ذلك إن يشتري شخص كيس طحين بضعف سعره ويستهلكه قبل إن يعلم بقيمته الحقيقية، فالبيع في هذه الحالة صحيح ونافذ، وللمشتري متى علم بالغبن الذي أصابه إن يرجع على البائع بالتعويض.

2- إذا هلك المبيع أو حدث فيه عيب، إذ يعتبر هلاك المبيع أو تعيبه مانعا من الرد ويقتصر حق المشتري المغبون في هذه الحالة بالمطالبة بالتعويض.

3- إذا تغير المبيع تغيرا جوهريا سقط حق المشتري في نقض البيع واقتصر حقه على التعويض، مثال ذلك: إن يشتري شخص قطعة قماش ويختاطها ثوبا، فإذا علم بالغبن الذي أصابه نتيجة البيع كان له إن يطالب البائع بالتعويض.

[1] د. وهبة الزحيلي، مصدر سابق، ج5، ص3526، الحلي، مختلف الشيعة، ج5، ص75.

2- الغبن الفاحش الناتج عن استغلال.

إذا استغلت حاجة احد المتعاقدين (بائعا أو مشتريا) أو طيشه أو هواه أو عدم خبرته أو ضعف إدراكه فلحقه من البيع غبن فاحش، جاز له في خلال سنة من وقت إبرام عقد البيع إن يطلب رفع الغبن عنه إلى الحد المعقول.

الغبن اليسير المقترن بالتغرير أو الناتج عن استغلال.

الغبن اليسير الناتج عن استغلال لا يؤثر على عقد البيع ولا يمنح المشتري أي حق تجاه البائع فنستبعده من نطاق البحث.

بقي الغبن اليسير المقترن بتغرير، فهل يؤثر على عقد البيع؟

الحقيقة إن الغبن اليسير المقترن بتغرير لا يؤثر على عقد البيع، إذ يبقى البيع صحيحا ونافذا، ولكنه يعطي للعاقد المغبون الحق في الرجوع على العاقد الذي غرر به بالتعويض وفقا لإحكام المادة 123 مدني عراقي.

حكم الغبن في صور خاصة من عقد البيع.

القاعدة العامة في القانون المدني العراقي إن الغبن الفاحش المقترن بتغرير يجعل البيع موقوفا على إجازة العاقد المغبون ويستثنى من ذلك الحالات الآتية:

1- إذا كان المغبون محجورا أو كان المال الذي حصل فيه الغبن مال الدولة أو الوقف.

نصت الفقرة الثانية من المادة 124 من القانون المدني على انه (إذا كان الغبن فاحشا وكان المغبون محجورا أو كان المال الذي حصل فيه الغبن مال الدولة أو الوقف فان العقد يكون باطلا).

أن المشرع العراقي وفر بهذا النص حماية استثنائية لطائفة ورد ذكرها على سبيل الحصر- إذ جعل البيع باطلا ولم يجعله صحيحا موقوفا على الإجازة، حماية لأموال المحجور وأموال الدولة ومال الوقف.

2- إذا كان الغبن قد حصل في بيع تم إبرامه عن طريق المزاد العلني.

فالغبن في هذه الحالة لا يؤثر على عقد البيع ولا يمنح المشتري أي حق تجاه البائع على أساس إن جميع الإجراءات التي تمنع حصول الغبن أو التغرير قد اتخذت كما إن إعطاء المشتري الحق في نقض البيع سيؤدي إلى إن يلحق بالبائع إضرار جسيمة تتمثل بإعادة المزاد من جديد.

مدى انتقال دعوى الغبن.

إذا توفي من غرر بغبن فاحش بائعا كان المغبون أم مشتريا، فهل تنتقل دعواه إلى الورثة؟

نصت المادة 121 من القانون المدني العراقي على انه (... فإذا مات من غرر بغبن فاحش تنتقل دعوى التغرير لوارثه).

وهذا الحكم منطقي، لان هذه الدعوى لا تتعلق بمجرد مشيئة المتعاقد المغبون، وإنما هي تتعلق بذمته المالية، فتعتبر عنصر من عناصرها تنتقل بوفاة المورث إلى ورثته[1].

ولكن إذا تصرف المتعاقد المغبون بالمبيع، فهل تنتقل دعواه بالغبن تجاه البائع إلى المشتري الجديد؟

إذا تصرف المشتري بالمبيع وهو يعلم بتحقق الغبن، سقط حقه في رفع الدعوى إذ يعتبر تصرفه بالمبيع مع علمه بالغبن إجازة منه للعقد، فإذا سقط حقه في رفع الدعوى امتناع انتقال هذا الحق لسقوطه إلى الخلف الخاص.

إما إذا تصرف بالمبيع وهو لا يعلم بتحقق الغبن، كان له إن يرجع بالتعويض على البائع دون إن يكون له إن يطالب بنقض البيع، لان مطالبته بنقض البيع تستلزم فسخ عقد البيع الثاني المبرم بينه باعتباره بائعا والخلف الخاص، والقاعدة العامة

---

[1] د. صلاح الدين الناهي، مصدر سابق، ص76- 77، منير القاضي، مصدر سابق، ص199، د. غني حسون طه، مصدر سابق، الالتزام، ص208.

تقضي بان (من التزم بالضمان امتنع عليه التعرض)[1]، وهذا يعني أيضا عدم انتقال الحق في رفع الدعوى إلى الخلف الخاص.

ولكن هل يجوز لدائن المشتري إن يطالب نيابة عنه بدعوى الغبن؟

إذا أهمل المشتري برفع دعوى الغبن كان للدائن العادي إن يطالب نيابة عنه البائع بدعوى يرفعها باسم مدينه المشتري بنقض العقد تطبيقا للقواعد العامة في الدعوى غير المباشرة (م 261- 262 مدني عراقي).

المبحث الثالث
صـور خاصـة من الرضا

البيوع الموصوفة:

عقد البيع كسائر العقود قد تدخل عليه أوصاف مختلفة، فيجوز إن يكون رضا العاقدين معلقا على شرط، كما يجوز إن يضاف البيع إلى اجل، وتسري على البيع المعلق على شرط أو المضاف إلى اجل القواعد العامة في الشرط والأجل.

ومع ذلك فقد عالج المشرع العراقي بنصوص خاصة أهم الصور العملية للأوصاف التي تدخل على الرضا في عقد البيع، فعالج البيع بشرط الخيار، والبيع بشرط التجربة والبيع بشرط المذاق.

وسنسير في بحثنا للبيوع الموصوفة على الخطة التي اختطها المشرع العراقي لنفسه، فنقتصر على معالجة هذه البيوع الموصوفة الثلاثة، التي عالجها المشرع العراقي بنصوص خاصة ضمن النصوص التي خصصها لعقد البيع، ونستبعد من نطاق البحث البيع بالعربون والوعد بالبيع، لان نطاق بحثهما النظرية العامة للالتزام، فنحيل في ذلك إلى ما كتب في نظرية الالتزام منعا للتكرار.

---

[1] ويذهب الفقهاء المسلمون إلى انه (إذا تصرف المغبون في العين التي غبن فيها تصرفا ناقلا وملزما، كـالبيع يسقط حقه في خيار الفسخ مشتريا كان أو بائعا) انظر في ذلك: محمد جواد مغنية، مصدر سابق، جـ3- 4، ص196، ألعاملي،الزبـدة الفقهية، جـ4، ص598 وما بعدها.

المطلب الأول
البيع بشرط الخيار

نظرة عامـة:

البيع بشرط الخيار أو خيار الشرط كما يطلق عليه فقهاء الشريعة الإسلامية عالجه المشرع العراقي في المواد 509- 513 مدني عراقي وهذه المواد التي خصصها القانون المدني العراقي للبيع بشرط الخيار هـي مـواد مقتبسة من الفقه الإسلامي وبالأخص من مجلة الإحكام العدلية ولا نجد لها مقابل في القوانين المدنية الأخرى، حتى في القانون المدني السوري الذي كان مشروع القانون المدني العراقي أساسا له[1].

ويذهب اغلب فقهاء القانون المدني العراقـي وشراحـه[2] إلى القـول إن المـواد التـي خصصـها المشـرع العراقي للبيع بشرط الخيار هي من قبيل الحشو والتكرار الذي يجب إن يتجنبه المشرع بعد إن وضع نظريـة عامة للالتزامات عالج فيها الشروط التي قد تقترن بالعقود وحكمها[3].

تعريف خيار الشرط:

إن إضافة (خيار) إلى (الشرط) من باب إضافة السبب إلى المسبب، لان سبب هذا الخيـار هـو الشـرط وهو إن يكون لمن اشترطه في العقد أو شرط له الخيار في فسخ البيع أو إمضـائه خـلال مـدة معلومـة يتفقـان عليها. وهذا يعني إن خيار الشرط في نطاق

---

(1) انظر المواد 300- 301 من مجلة الإحكام العدلية، وشرح هذه المواد لدى: علي حيدر، مصدر سابق، ص244 وما بعدها.

(2) انظر من أنصار هذا الرأي: د. حسن علي الذنون، العقود المسماة، عقد البيع، بغداد، 1953، ص46، د. سـعدون العـامري، مصدر سابق، ص61، د. غني حسون طـه، الـوجيز في شرح القـانون المـدني العراقـي، عقـد البيـع، بغـداد، 1969- 1970، ص132، د. عباس حسن الصراف، مصدر سابق، ص51، د. سعيد مبارك وآخرون، الموجز في شرح العقود المسـماة، بغـداد، 1996، ص53.

(3) انظر المادة 131 مدني عراقي الخاصة بالشروط المقترنة بالعقد.

عقد البيع يراد به إن يشترط البائع أو المشتري أو كلاهما، إن يكون له أو لشخص أجنبي الخيار في فسخ البيع أو إجازته خلال مدة معلومة يتفقان عليها.

دليله في الفقه الإسلامي وعلة ثبوته.

يستند فقهاء الشريعة الإسلامية في أخذهم بخيار الشرط إلى السنة والدليل العقلي:

إما السنة، فما روى من إن حبان بن منقذ إصابته امة في رأسه فكان يخدع في البيع فشكى إلى النبي صلى الله عليه وسلم الضرر في البيع فقال له النبي صلى الله عليه وسلم (قل لا خلابة وإذا بعت بيعا فأنت بالخيار) والخلابة الخديعة في اللغة، إما في الشرع فتعني الخيار ثلاثا.

إما الدليل العقلي، فهو إن الإنسان محتاج إلى التأمل والتفكير فيما يشتريه ويبيعه حتى لا يضر ـ في ذلك ولما كان البيع لازما فان الخيار لا يثبت إلا بالشرط أي بالنص عليه في العقد. لذلك سمي خيار الشرط بهذا الاسم لأنه لا يثبت للبائع أو المشتري إلا إذا اشترط في البيع.

إحكام خيار الشرط:

يثير اشتراط الخيار في عقد البيع جملة من المسائل أهمها:

لمن يثبت خيار الشرط.

يجمع الفقهاء المسلمون على جواز اشتراط الخيار للبائع أو للمشتري أو لهما معا أو لأجنبي، ولكنهم اختلفوا في حالة اشتراطه لأجنبي، هل يثبت للأخير والمتعاقد الذي اشترطه معا أم يثبت للأجنبي ويسقط عن المتعاقد الذي اشترطه؟

مثال ذلك: إن يشترط المشتري على البائع إن يكون الخيار لأجنبي عن العقد، فالسؤال: هل يثبت الخيار للمشتري والأجنبي معا، أم يثبت للأخير فقط؟

يذهب الأحناف إلى إن احد المتعاقدين إذا شرط الخيار لأجنبي، ثبت الخيار له للأجنبي معا، فان اتفقا على الفسخ أو الإجازة نفذ اتفاقهما، وان اختلفا ينفذ تصرف الأسبق منهما، وان تصرفا في إن واحد فأجاز الأجنبي وفسخ المشتري مثلا أو بالعكس يقدم الفسخ على الإجازة[1].

---

[1] انظر في ذلك: ابن رشد الحفيد، بداية المجتهد ونهاية المقتصد، مج2، المكتبة العصرية، بيروت، 2004، ص203، علي حيدر، مصدر سابق، ج1، ص248، الطوسي ===

إما عند الشافعية والحنابلة والجعفرية، فان اشتراط الخيار لأجنبي يـؤدي إلى ثبـوت الخيـار للأجنبي وسقوطه عمن اشترطه سواء كان من اشترطه البائع أو المشتري أو كلاهما معا[1].

وقال الشيخ الأنصاري، وصاحب الجواهر، وصاحب مفتـاح الكرامـة: يقـدم الفاسـخ، لان المجيـز، أي مجيز كان، بعد إن اختار اللزوم فقد سقط حقه في الخيار، حتى كأن العقد وقع مجردا عن الشرط، فيبقى حق الطرف الأخر. وقد فسخ، فيؤخذ بقوله. لأنه بلا معارض في الحقيقة[2].

ونحن نرى إن الإجابة على هذا التساؤل لا تكون إلا من خلال تحديد صفة الأجنبي، فهـل هـو نائـب عن المتعاقد الذي اشترط له الخيار أو لا؟

يذهب البعض إلى إن ليس للمتعاقد (المشارط) عزل الأجنبي ولا له عزل نفسه، لأنه تمليك على الأصح لا توكيل[3].

والحقيقة إن صفة الأجنبي في نطاق القانون العراقي هـو انـه وكيـل، وبالتـالي مـا يملكه الوكيـل مـن حقوق ومنها إجازة العقد أو نقضه يملكه الأصيل من باب أولى.

وبما تقدم اخذ المشرع العراقي حيث نصت المادة 509 مدني عراقي على انه (يصح إن يكون البيع بشرط الخيار مدة معلومة... سواء كان الخيار للبائع أو للمشتري أو لهما معا أو لأجنبي).

=== (أبي جعفر محمد بن الحسن شيخ الطائفة)، الخلاف، سلسلة الينـابيع الفقهيـة، ج35، المتـاجر، ط1، بيـروت، 1993، ص24، العلامة الحلي (الشيخ جمال الدين أبي منصور الحسن بن سديد الدين يوسف بـن زيـن الـدين علـي بـن محمـد مطهر)، تبصرة المتعلمين في إحكام الدين، سلسلة الينابيع الفقهية، ج35، بيروت، 1993، ص302.

[1] انظر في ذلك: هاشم معروف الحسني، مصدر سابق، ص390- 391، الطوسي، المصدر السابق، ص25، ابن رشد، مصدر سابق، مج2، ص203.

[2] انظر في ذلك: محمد جواد مغنية، مصدر سابق، ج3- 4، ص161.

[3] علي حيدر، مصدر سابق، ص248.

كما نصت المادة 510 على إنه (إذا شرط الخيار للبائع أو المشتري أو لهما معا فأيهما فسخ في إثناء المدة انفسخ البيع، وأيهما أجاز سقط خيار المجيز وبقي الخيار للأخر إلى انتهاء المدة).

مدة الخيار:

اتفق الحنفية والشافعية والحنابلة على إن مدة الخيار المشروط في العقد ينبغي إن تكون معلومة، فان لم تكن له مدة، أو كانت المدة مجهولة، أو كان الخيار مؤبدا لم يصح العقد، وكان فاسدا عند الحنفية[1]، باطلا عند الشافعية والحنابلة والجعفرية[2].

وقال بعض فقهاء المذهب الجعفري؛ إذا ابتاع شخص شيئا بشرط الخيار ولم يسم وقتا ولا أجلا بل أطلقه، كان له الخيار ثلاثة أيام، ولا خيار له بعد ذلك[3]. إلا إن الرأي الراجح في هذا المذهب يرى بطلان البيع، لان شرط الخيار المجهول المدة. شرط مجهول فيجهل الثمن بجهالته فيبطل البيع، ولان الإجماع والإخبار دلا على الثلاثة في الحيوان، إما غيره فلا[4].

---

[1] انظر: البدائع، ج5، ص174، رد المختار، ج4، ص49، الخلاف للطوسي،ص13 مسالة 25.

[2] انظر: المهذب، ج1، ص259، المغني، ج3، ص589، ابن حمزة (عماد الدين أبي جعفر محمد بن على بن حمزة الطوسي المعروف بابن حمزة)، الوسيلة إلى نيل الفضيلة، سلسلة الينابيع الفقهية، ج13، المتاجر، ط1، بيروت، 1990، ص225.

[3] وهو مذهب الشيخ المفيد والسيد المرتضى في الانتصار وابن البراج وأبي الصلاح. انظر في ذلك العلامة الحلي، مختلف الشيعة، ج5، ص98، الخلاف للطوسي، ص13 مسالة 25، الشيخ المفيد (فخر الشريعة أبي عبد الله محمد بن محمد بن نعمان العكبري البغدادي)، المقنعة، مؤسسة النشر ـ الإسلامي، ط4، قم، 1417، ص592، الصهرشتي (نظام الدين أبي الحسن سلمان بن الحسن بن سليمان)، إصباح الشيعة بمصباح الشريعة، ج13، سلسلة الينابيع الفقهية، ط1، بيروت، 1990، ص246، الحلبي (حمزة بن على بن زهرة الحسيني الاسحاقي)، غنية النزوع إلى علمي الأصول والفروع، ج13، سلسلة الينابيع الفقهية، ط1، بيروت، 1990، ص211.

[4] العلامة الحلي، مختلف الشيعة، ج5، ص98- 99.

وقال مالك: يجوز الخيار المطلق بدون تحديد مدة، ويحدد القاضي له مدة كمدة خيار مثله في العادة، لان اختيار المبيع في مثله مقدر في العادة، فإذا أطلق الخيار حمل على المعتاد. ويفسد العقد باشتراط مدة زائدة على المعتاد بكثير أي بعد يوم، أو بشرط مدة مجهولة كألى إن تمطر المطر[1].

وبرأي أبو حنيفة والشافعية والحنابلة وبالراجح عند الجعفرية اخذ المشرـع العراقي، حيث نصت المادة 509 مدني عراقي على انه (يصح إن يكون البيع بشرط الخيار مدة معلومة...). ومفهوم المخالفة إن البيع لا يصح وبالتالي يعتبر العقد باطلا إذا لم تحدد مدة معلومة للخيار.

ولكن هل مدة الخيار محددة بسقف زمني كما جاء في حديث الرسول صلى الله عليه وسلم ، أم للمتعاقدان إن يتفقا على ما شاءا من مدة للخيار؟

اختلف الفقهاء المسلمون في الإجابة على هذا التساؤل، فقال أبو حنيفة وزفر والشافعي والثوري[2]؛ إن مدة الخيار يجب إن لا تزيد على ثلاثة أيام، عملا بمقتضى الحديث الذي ثبتت به مشروعية هـذا الخيار، وهو حديث حبان بن منقذ الذي كان يغبن في البيع والشراء، فشكا أهله إلى رسول اللـه صلى اللـه عليه وسلم ، فقال (إذا بيعت فقل: لا خلابة، ولي الخيار ثلاثة أيام). فهذا الخيار شرع استثناء لدفع الغبن عن الناس، فيقتصر فيه على مورد النص، والنص جعل المدة ثلاثة أيام، فلا يزاد عليها، ولان الحاجة تتحقق بالثلاث غالبا[3].

وقال الصاحبان والحنابلة؛ تكون مدة الخيار بحسب اتفاق المتعاقدين، ولو كانت أكثر من ثلاثة أيام، لان الخيار شرع للتروي والمشورة، وقد لا تكفي الأيام الثلاثة.

---

[1] ابن رشد، بداية المجتهد، مج2، ص200، الطوسي، الخلاف، ص13 مسالة 25، الصهرشتي، إصباح الشيعة، ص248.
[2] السرخسي، المبسوط، ج13، ص40 وما بعدها، الطوسي، الخلاف، ص22 مسالة 42، الكاساني، البدائع، ج5، ص174، ابن رشد، بداية المجتهد ونهاية المقتصد، مج2، ص200.
[3] الطوسي، الخلاف، ص21 مسالة 42، السرخسي، المبسوط، ج13، ص41، الكاساني، البدائع، ج5، ص174، د. محمد يوسف موسى، مصدر سابق، ص69- 70.

والتحديد المذكور في حديث حبان بن منقذ كان كافيا بالنسبة له بتقدير الرسول صلى الله عليه وسلم . وما يكون كافيا لشخص قد لا يكفي لغيره، فلا يكون هذا التحديد مانعا من الزيادة على المدة المذكورة.

وقال المالكية: يجوز الخيار بقدر ما تدعو إليه الحاجة، ويختلف ذلك باختلاف الأحوال، فالفاكهة لا يجوز الخيار فيها أكثر من يوم، والثياب والدواب: ثلاثة أيام، والأرض البعيدة: أكثر من ثلاثة أيام، والدار ونحوها: شهر؛ لان المفهوم من الخيار هو اختبار المبيع، وإمكان الاختبار يختلف بحسب المبيعات، تحقيقا لحاجة العقد[1].

وقال الجعفرية: تكون مدة الخيار بحسب اتفاق العاقدين، ولو كانت أكثر من ثلاثة أيام، والمهم هو الضبط والتعيين، فلو جعلها مدة العمر، أو إلى قدوم المسافر فلا يصح، ويبطل البيع من الأساس[2]. وقال بعضهم إن صحة هذا الشرط (شرط الخيار) ثبت مع الإطلاق، فتقييده بزمان مخصوص يحتاج إلى دليل[3].

وقال آخرون: إن الدليل على التقييد إن إطلاق الشرط يؤدي إلى جهالته فيكون غررا ودخول الغرر يؤدي إلى بطلان الشرط والبيع معا[4].

وبالرأي الراجح في الفقه الإسلامي اخذ المشرع العراقي في المادة 509 فجعل مدة الخيار خاضعة لإرادة الطرفين ولكن يجب إن تكون خلال مدة معلومة وإلا بطل البيع.

ولكن من أي وقت تبدأ مدة الخيار بالسريان؟

---

(1) ابن رشد، بداية المجتهد ونهاية المقتصد، ج2، ص207، الطوسي، الخلاف، ص21- 22 مسالة 42.

(2) العلامة الحلي، مختلف الشيعة، ج5، ص99، العلامة الحلي، تبصرة المتعلمين، ص302، الحلبي، غنية النزوع، ص211.

(3) الطوسي، الخلاف، ص26 مسالة 51.

(4) العلامة الحلي، مختلف الشيعة، ج5، ص99.

ذهب جانب من الفقه الإسلامي إلى إن خيار الشرط يثبت من حين العقد، لان إطلاق المدة يقتضي الاتصال بالعقد كغيره من الأزمنة المشترطة في العقود. ولأنه لولا ذلك لحصلت الجهالة بالمبدأ فيبطل الشرط إن لم يعين المبدأ[1].

وقال آخرون: من حين التفرق، ولان الخيار يثبت بعد العقد، والعقد لا يثبت إلا بعد التفرق، فوجب إن يكون الخيار ثابتا من ذلك الوقت، وباستلزامه اجتماع المثلين[2].

وللشافعي في الإجابة على هذا التساؤل وجهان: احدهما إن مدة خيار الشرط من حين التفرق. والثاني من حين العقد[3].

ولم يعالج المشرع العراقي وقت بدا سريان الخيار بنص صريح في نطاق عقد البيع، ولكن مقتضى القواعد العامة تقضي بان مطلق العقد يفيد الحكم في الحال، فتبدأ مدة الخيار بسريان بمجرد إتمام البيع، والبيع في القانون المدني العراقي يتم بمجرد تراضي الطرفين دون حاجة إلى دفع الثمن أو قبض المبيع.

ويلاحظ إن مدة الخيار هي للتروي والمشورة، وبالتالي فهي ليست مدة تقادم فلا تقف ولا تنقطع في جميع الأحوال ولآي الأسباب فإذا مضت لازم البيع.

طبيعة عقد البيع المقترن بخيار الشرط.

يترتب على اقتران عقد البيع بخيار الشرط جعل العقد غير لازم بالنسبة لمن له الخيار. فيجوز له الفسخ في مدة الخيار المتفق عليها، أو إجازة العقد، وإذا مضت المدة بدون فسخ أو إجازة سقط خياره ولزمه العقد.

ويصح الفسخ والإجازة بالقول الدال عليه، ومثال الإجازة القولية كل لفظ يدل على الرضا بلزوم البيع، كاجزت البيع أو أمضيته أو رضيت، ومثال الفسخ القولي هو كل لفظ يدل على عدم الرضا، كفسخت وتركت[4].

---

(1) العلامة الحلي، مختلف الشيعة، ج5، ص99.

(2) الطوسي، الخلاف، ص23 مسألة 44.

(3) المصدر السابق نفسه.

(4) انظر: المادة 303 من مجلة الإحكام العدلية وانظر في شرحها؛ علي حيدر، مصدر سابق، ص251.

ولكن هل يعتبر خيار الشرط شرطا فاسخا أم واقفا؟

ذهب الحنفية والمالكية إلى إن اقتران البيع بخيار الشرط مانع من ترتب اثار العقد، فلا تنتقل الملكية عند أبي حنيفة في كلا البدلين إذا كان الخيار للعاقدين إثناء مدة الخيار، أي أن المبيع لا يزول عن ملك البائع ولا يدخل في ملك المشتري، كما لا يزول الثمن عن ملك المشتري ولا يدخل في ملك البائع، لان الخيار موجود في جانبي البائع والمشتري[1].

وإذا كان الخيار للبائع وحده فلا تنتقل ملكية المبيع عنه، ويخرج الثمن عن ملك المشتري، لان العقد لازم في حقه، ولكن لا يدخل في ملك البائع، حتى لا يجتمع البدلان (المبيع والثمن) في يد واحدة، لمنافاته لمبدأ التعادل بين العاقدين.

وقال الصاحبان (محمد وأبو يوسف): يدخل الثمن في ملك البائع؛ لان الشيء لا يصح إن يكون بلا مالك.

وإذا كان الخيار للمشتري وحده فلا يخرج الثمن عن ملكه، وإما المبيع فيخرج عن ملك البائع ولا يدخل في ملك المشتري عند أبي حنيفة، و يدخل ملكه عند الصاحبين.

وقرر المالكية؛ إن ملك المبيع للبائع زمن الخيار، حتى ينقضي الخيار، ووجهة هذا الفريق إن من شرط الخيار لنفسه لم يتم رضاه بالعقد، والآثار لا توجد إلا مع الرضا التام.

ويترتب على الأخذ بهذا الرأي إن نفقة المعقود عليه (المبيع) والزيادة فيه، تكون على البائع مدة الخيار والزيادة له.

إن شرط الخيار يعتبر شرطا واقفا عند الحنفية والمالكية إذا كان الخيار للعاقدين فلا يترتب على العقد أثاره إلا من وقت الإجازة.

---

[1] انظر: الشيخ علي الخفيف، الضمان في الفقه الإسلامي، القسم الأول، المطبعة الفنية الحديثة، القاهرة، 1971، ص192، ابن رشد، بداية المجتهد ونهاية المقتصد، مج2، ص201- 202.

إما إذا شرط الخيار للبائع وحده أو للمشتري وحده فلا يمكن تكييف الشرط بأنه شرط واقف أو فاسخ وفقا لإحكام القانون المدني العراقي وإنما هو شرط ذو طبيعة خاصة - عند الحنفية والمالكية - لا يخضع للإحكام الخاصة بالشرط الواقف أو الشرط الفاسخ في القانون المدني العراقي.

وقال الجعفرية والشافعية والحنابلة في اظهر الرأيين عندهم: إن البيع المقترن بخيار الشرط تترتب عليه أثاره في فترة الخيار، وتنتقل ملكية البدلين للطرفين المتعاقدين، سواء أكان الخيار للعاقدين أم لأحدهما؛ لان العقد نافذ، فتترتب إحكامه (أثاره) عليه. واثر الخيار محصور في منع اللزوم فقط[1]. يقول العلامة الحلي بهذا الصدد "والحق إن الملك ينتقل إلى المشتري بنفس العقد انتقالا متزلزلا يقبل الفسخ في مدة الخيار، فإذا خرجت لزم العقد واستقر. لان المقتضي موجود، والمعارض لا يصلح للمانعية، فيثبت الملك "[2].

ويترتب على رأي الأخيرين: إن تكون نفقة المبيع على المشتري والزيادة له مدة الخيار. وهذا يعني إن شرط الخيار عند الجعفرية والشافعية والحنابلة هو شرط فاسخ يترتب عليه إن البيع ينتج أثاره من وقت انعقاده.

وبالرأي الأخير اخذ المشرع العراقي، حيث نصت المادة 509 مدني عراقي على انه (... ولا يمنع هذا الشرط من انتقال الملكية إلى المشتري...). فالبيع المقترن بخيار الشرط في القانون المدني العراقي هو بيع معلق على شرط فاسخ سواء كان الخيار للبائع أو للمشتري أو لهما معا أو لأجنبي، ولذلك تترتب على البيع أثاره من وقت انعقاده، فإذا تم العدول عنه خلال المدة المعينة، تحقق الشرط الفاسخ وترتب على تحققه زوال كل اثر للعقد من يوم إبرامه، فيجب على المشتري إن يرد المبيع إلى

---

[1] المهذب، ج1، ص259، مغني المحتاج، ج2، ص48، د. وهبة الزحيلي، ج4، ص3114، الشيخ علي الخفيف، الضمان في الفقه الإسلامي، مصدر سابق، ص192- 193، محمد جواد مغنية، مج3- 4، ص232- 233.

[2] الحلي، مختلف الشيعة، ج5، ص91 مسألة 54.

البائع ويلتزم البائع برد الثمن إذا كان قد قبضه[1]، إما إذا لم يتم العدول خلال المدة المحددة، فان الشرط الفاسخ يتخلف ويترتب على تخلفه بقاء العقد منتجا لأثاره كما لو كان قد انعقد دون اقترانه بشرط[2].

وإذا كان الخيار للبائع وتصرف المشتري بالمبيع إلى الغير خلال مدة الخيار ثم تحقق الشرط الفاسخ كان تصرف المشتري وكأنه لم يكن ووجب رد المبيع إلى البائع وان تداولته الأيدي، حيث نصت المادة 134 مدني عراقي على انه (فإذا نقضه كان له إن ينقض تصرفات من انتقلت إليه العين وان يستردها حيث وجدها وان تداولتها الأيدي. فان هلكت العين في يد من انتقلت إليه ضمن قيمتها) وكل هذا برغم توفر حسن النية في شخص من انتقلت إليه[3].

تبعة هلاك المبيع في البيع بشرط الخيار.

يميز فقهاء المذهب الحنفي في تبعة الهلاك بين اشتراط الخيار للبائع أو اشتراطه للمشتري، فإذا شرط الخيار للبائع فقط لا يخرج المبيع من ملكه بل يبقى معدودا من جملة أمواله فإذا تلف المبيع في يد المشتري بعد قبضه لا يلزمه الثمن المسمى بل يلزمه أداء قيمته للبائع يوم قبضه.

إما إذا شرط الخيار للمشتري فقط خرج المبيع من ملك البائع وصار ملكا للمشتري فإذا هلك المبيع في يد المشتري بعد قبضه يلزمه أداء ثمنه المسمى للبائع[4].

---

(1) قضت محكمة التمييز في قرارها المرقم 871/صلحية/1964 بتاريخ 1964/6/7 بأنه (إذا اشترى شخص بخيار الشرط ثم استعمل الخيار وفسخ البيع وجب عليه إن يعيد بدل المبيع)، قضاء محكمة التمييز، مج2، ص63- 64.

(2) انظر: المادة 511 مدني عراقي.

(3) انظر: المادة 289ف 1 مدني عراقي.

(4) انظر المادتان 308- 309 من مجلة الإحكام العدلية وشرحهما عند؛ علي حيدر، مصدر سابق، ص253 وما بعدها، الشيخ علي الخفيف، الضمان في الفقه الإسلامي، مصدر سابق، ص192.

ويرى المالكية إن خيار الشرط يمنع ترتب اثأر العقد عليه سواء أكان للبائع أم للمشتري، وعلى ذلك يظل المبيع في ملك البائع مدة الخيار ويكون في ضمانه فإذا هلك، هلك عليه مادام في يده، فإذا قبضه المشتري كانت يده يد أمانة فإذا ادعى تلفه أو ضياعه فان البائع يضمنه إلا إذا ظهر كذبه أو كان مما يعاب عليه فان ضمانه يكون على المشتري.

إما مذهب الشافعية فان ملك المبيع في مدة الخيار لمن له الخيار، فهو للبائع إذا كان له الخيار، وهو للمشتري إذا كان الخيار له، فإذا هلك في يد المشتري والخيار له هلك عليه، لأنه المالك له، وإذا كان في يد المشتري فهلك والخيار للبائع هلك على البائع ولا ضمان على المشتري إذ إن يده كانت يد أمانة، لأنها وضعت بإذن من مالكه فأشبهت يد الوديع.

ويرى الحنابلة، إن اشتراط الخيار لا يحول دون ترتب اثأر العقد عليه، وبناء على ذلك إذا هلك المبيع في يد المشتري فانه يهلك عليه، لأنه المالك له سواء أكان الخيار له أم للبائع[1].

إما فقهاء المذهب الجعفري فلديهم في هذا الشأن قاعدة عامة تقضي بان (التلف مدة الخيار من مال من لا خيار له).

يقول العلامة الحلي في مؤلفه (إرشاد الأذهان) (ص325) (وكل مبيع تلف قبل قبضه من مال البائع، وبعد القبض وانقضاء الخيار من المشتري، وان كان في الخيار فهو ممن لا خيار له، لو كان الخيار لهما معا فالتلف من المشتري، ولو أبهم الخيار في احد المبيعين صفقة بطل العقد).

ويستند فقهاء الشيعة الأمامية في تقرير هذه القاعدة على واقعة سئل فيها الإمام الصادق عليه السلام عن الرجل يشتري الدابة، ويشترط يوم أو يومين، فتموت الدابة، على من ضمان ذلك؟ فأجاب عليه السلام : (على البائع).

---

[1] انظر في ذلك: ابن رشد، بداية المجتهد ونهاية المقتصد، مج2، ص201- 202، الشيخ علي الخفيف، الضمان في الفقه الإسلامي، ص192- 193.

إما عن موقف القانون المدني العراقي فقد خالف موقف فقهاء الشريعة الإسلامية، حيث نصت المادة 513 منه على انه (في جميع حالات الخيار إذا تلف المبيع في يد المشتري قبل الفسخ، فانه يهلك من ماله ويلزمه الثمن المسمى).

والحقيقة إن المشرع العراقي في إيراده هذا النص كان منطقيا مع نفسه، حيث طبق حكم القواعد العامة التي أوردها في المادة 179 مدني عراقي والتي تقضي بان تبعة الهلاك تدور مع التسليم وجودا وعدما. فملكية المبيع تنتقل إلى المشتري خلال مدة الخيار ما دام شرط الخيار شرطا فاسخا يترتب على قيامه انتقال الملكية إلى المشتري خلال مدة الخيار بصريح نص المادة 509 مدني عراقي فإذا هلك المبيع قبل التسليم كان من مال البائع لان الهلاك قبل التسليم يقع على البائع، إما إذا هلك المبيع بعد التسليم وخلال مدة الخيار كان هلاكه من مال المشتري وألزم بدفع الثمن إذا كان لم يدفعه إما إذا كان قد دفعه سقط حقه باسترداده وكل ذلك تطبيقا للقاعدة التي اخذ بها المشرع العراقي وهي إن تبعة الهلاك تدور مع التسليم وجودا وعدما كما سبق القول.

ومن نافلة القول؛ إن ابن حمزة - وهو من فقهاء المذهب الجعفري - يذهب إلى انتقال تبعة الهلاك إلى المشتري إذا اعذر البائع المشتري بتسلم المبيع وامتنع الأخير عن تسلمه وهلك المبيع[1]، وهذا ما يأخذ به القانون المدني العراقي أيضا حيث نصت الفقرة الأولى من المادة 547 مدني على انه (إذا هلك المبيع في يد البائع قبل إن يقبضه المشتري يهلك على البائع ولا شيء على المشتري، إلا إذا حدث الهلاك بعد أعذار المشتري لتسلم المبيع).

مدى انتقال خيار الشرط إلى الغير.

اختلف فقهاء الشريعة الإسلامية التي استمد منها المشرع العراقي إحكام خيار الشرط في مدى انتقاله إلى الورثة.

فذهب الحنفية والحنابلة[2]؛ إلى سقوط الخيار بموت من شرط له، لان خيار الشرط عندهم كخيار الرؤية لا يورث، لأنه حق شخصي خاص بصاحبه، ولا يتصور انتقال ذلك من شخص إلى أخر.

[1] انظر في ذلك: الحلي، مختلف الشيعة، ج5، ص100.
[2] المغني، ج3، ص579، غاية المنتهى، ج2، ص33، د. وهبة الزحيلي، ج4، ص3115.

وقال الجعفرية والمالكية والشافعية[1]؛ لا يسقط الخيار بالموت، بل ينتقل إلى الورثة، لأنه حق متعلق بالمال وهو المعقود عليه، وليس من الحقوق الشخصية، والحقوق المالية يجري فيها الإرث، لقوله صلى الله عليه وسلم : (من ترك مالا أو حقا لورثته)[2].

وبرأي الحنفية والحنابلة اخذ المشرع العراقي، فلم يجز انتقال خيار الشرط إلى ورثة من شرط الخيار له، حيث نصت المادة 512 مدني عراقي على انه (خيار الشرط لا يورث، فإذا مات من له الخيار سقط خياره).

ولكن إذا كان خيار الشرط لا ينتقل في القانون المدني العراقي إلى الورثة، فها ينتقل إلى الخلف الخاص، وهل يجوز إن يستعمله الدائن نيابة عن مدينه؟

إن تصرف من شرط الخيار له بالمبيع يعد إجازة أو نقض للبيع بحسب الأحوال فيسقط خياره، وبسقوط الخيار يمتنع انتقاله إلى الخلف الخاص دون حاجة إلى البحث في مدى تحقق شروط المادة 142 ف 2 مدني عراقي من عدمه[3].

إما عن مدى إمكانية استعمال خيار الشرط أي حق إجازة البيع أو نقضه من قبل دائن من شرط الخيار له في العقد، فنقول: إن المشرع العراقي بجعله خيار الشرط يسقط بموت من له الخيار دون انتقاله إلى ورثته، اعتبر هذا الشرط من الحقوق الشخصية الخاصة بإرادة ومشيئة صاحبه، الأمر الذي يترتب عليه عدم إمكانية الدائن النيابة عن مدينه الذي شرط الخيار له في البيع و دون حاجة إلى البحث في مدى تحقق أو عدم تحقق شروط الدعوى غير المباشرة التي عالجها المشرع في المادتين 261- 262 مدني عراقي.

---

(1) الطوسي، الخلاف، ص18، ابن رشد، بداية المجتهد ونهاية المقتصد، مج2، ص202، المهذب، ج1، ص259، الشيخ المفيد، المقنعة، ص592، الطرابلسي، المهذب، ص143.

(2) الشيخ علي الخفيف، مصدر سابق، المعاملات الشرعية، ص375. ويلاحظ إن فقهاء المذهب الجعفري يذهبون إلى إن الخيار بشتى أقسامه وأنواعه ينتقل بعد موت صاحبه إلى ورثته، لأنه حق، والحق يقبل النقل من ملك إلى ملك. انظر في ذلك: محمد جواد مغنية، مصدر سابق، مج3- 4، ص231.

(3) جاء في مختلف الشيعة للعلامة الحلي، ج5، ص106- 107 مسألة 71 ما نصه (قال ابن إدريس:... انه بنفس التصرف يبطل خياره؛ لان تصرف المشتري في مدة الخيار لزوم للعقد).

حالات سقوط خيار الشرط:

يسقط خيار الشرط ويصبح البيع لازما في الحالات الآتية:

1- بالإجازة أو الفسخ في المدة المتفق عليها على النحو الذي فصلناه.

2- بمضي مدة الخيار دون إن يصدر ممن شرط الخيار له إجازة أو فسخ:

حيث نصت المادة 511 من القانون المدني العراقي على انه (إذا مضت مدة الخيار ولم يفسخ من له الخيار لزم البيع).

فالسكوت في معرض الحاجة إلى بيان قبول، والأصل في البيع اللزوم، فإذا مضت مدة الخيار دون أن يصدر ممن شرط الخيار له إجازة البيع أو فسخه اعتبر سكوته قبولا بالبيع والى ذلك ذهب الفقهاء المسلمون[1].

3- بموت من له الخيار:

حيث نصت المادة 512 مدني عراقي على انه (خيار الشرط لا يورث، فإذا مات من له الخيار سقط خياره).

فقد اعتبر المشرع العراقي خيار الشرط إرادة ومشيئة فمنع انتقاله إلى ورثة المشروط له الخيار بموته. وهذا هو رأي المذهب الحنفي.

ولكن ما الحكم إذا جن من له الخيار في مدة الخيار وقبل إن يمضي العقد أو يفسخه، فهل يسقط خياره؟

يذهب الحنفية إلى إن الجنون أو الإغماء لا يسقط الخيار ولكن الذي يسقط الخيار في حالة الجنون أو الإغماء هو مضى المدة من غير اختيار. ولذا لو فاق من له الخيار قبل مضى مدة الخيار وفسخ البيع جاز[2].

إما علماء المذهب الجعفري فيذهبون إلى إن صاحب الخيار لو جن أو أغمي عليه أو خرس في مدة الخيار، قام وليه مقامه، فيفعل ماله الحظ فيه[3].

---

(1) انظر في ذلك: الطوسي، الخلاف، ص15، الحلي، مختلف الشيعة، ج5، ص93، علي حيدر، ج1، ص248، الحلي، شرائع الإسلام، ص23، المهذب، ص144.

(2) الشيخ علي الخفيف، مصدر سابق، المعاملات الشرعية، ص372 هامش.

(3) انظر في ذلك: الحلي، مختلف الشيعة، ج5، 106 مسألة 70.

4- بهلاك المبيع بعد القبض:

فإذا كان الخيار مشروط للمشتري أو للبائع أو لهما معا أو لأجنبي وهلك المبيع في يد المشتري بعد القبض، سقط خياره ولزم البيع، فإذا كان المشتري قد دفع الثمن سقط حقه في استرداده، و إذا لم يكن قد دفعه لزمه الثمن المسمى، حيث نصت المادة 513 مدني عراقي على انه (في جميع حالات الخيار إذا تلف المبيع في يد المشتري قبل الفسخ هلك من ماله ولزمه الثمن المسمى)[1].

المطلب الثاني
البيع بشرط التجربة

نظرة عامة:

استمد المشرع العراقي إحكام البيع بشرط التجربة من الفقه الغربي، إذ لم يتطرق فقهاء الشريعة الإسلامية لهذه الصورة من صور البيع، ونحن في معالجتنا لهذا النوع من البيوع سنركز على مقارنة إحكام القانون المدني العراقي بالفقه الغربي، ولن نعالج في جزئيات البحث موقف الفقه الإسلامي إلا إذا كان لهذا الفقه موقفا متميزا من الموضوع.

تعريف البيع بشرط التجربة:

البيع بشرط التجربة: هو البيع الذي يحتفظ فيه المشتري بحق تجربة المبيع لقبوله أو رفضه، ويكون له إن يلزم البائع بتمكينه من تجربة المبيع خلال المدة المتفق عليها[2].

---

(1) انظر في تحمل تبعة الهلاك ما تقدم ذكره.

(2) انظر في تعريف البيع بشرط التجربة: د. السنهوري، مصدر سابق، ج4، ص130، د. عبد المنعم البدراوي، عقد البيع في القانون المدني، دار الكتاب العربي، ط1، مصر،1957، ص164، د. سليمان مرقس، مصدر سابق،عقد البيع، ص60، د. توفيق حسن فرج، مصدر سابق، ص168- 169، د. عباس الصراف، مصدر سابق، ص88، د. سعدون العامري، مصدر سابق، ص61، د. كمال قاسم ثروت، مصدر سابق، ص70.

ويلاحظ إن غرض المشتري من اشتراطه تجربة المبيع هو لكي يتمكن إما من الاستيثاق من إن البيع يلبي حاجاته الشخصية ويتفق مع ذوقه الخاص أو ليتبين مدى صلاحيته للغرض المقصود منه. ولا يكفي مجرد رؤية المبيع لتحقق من هذه الأمور أو للاستيثاق منها[1].

ثبوت شرط التجربة في عقد البيع:

وتعليق البيع على تجربة المبيع لا يفترض، وإنما يجب الاتفاق عليه صراحة، ولكنه قد يكون ضمنيا، يستخلص من طبيعة المبيع أو من ظروف التعامل، فقد جرى العرف في العراق على بيع الملابس الجاهزة بشرط تجربتها من حيث قياسها، فإذا تبين للمشتري أنها لا تناسبه كان له أن يطلب فسخ البيع. وشراء الأجهزة الميكانيكية و الكهربائية خاصة ذات الماركات غير العالمية إذ يفترض إن المشتري قد اشتراها بشرط تجربتها، كما في بيع مكيفات الهواء والمجمدات والمصابيح الكهربائية والأجهزة الإلكترونية كالراديو والمسجل والتلفزيون، فانتشار الغش الصناعي وكثرت ورود الأجهزة عاطلة من المنشى يدل بما لا يقبل الشك إن المشتري إنما اشترى المبيع بشرط تجربته للاستيثاق من صلاحيته للغرض المتفق عليه، ولكن في بعض الأحيان يشتري شخص شيئا معينا ويشترط تجربته لا بقصد الاستيثاق من صلاحيته، ولكن بقصد التأكد من ملاءمته لحاجاته الشخصية، ويحدث ذلك كثير في بيع كلاب الصيد وخيول السباق وسيارات السباق والأثاث المنزلي ونحو ذلك. وكل هذه الأشياء من المنقولات المادية، ولكن لا يوجد مانع من إن يكون محل التجربة عقارا معينا، فيشترط المشتري لمنزل يريد سكناه إن يكون البيع بشرط التجربة.

نطاق إعمال البيع بشرط التجربة:

إن المبيع الذي يكون غالبا محل للتجربة هو من الأشياء المادية إذ لا تكون الأشياء المعنوية محلا للتجربة إلا في نطاق محدود جدا، ولكن لا يوجد ما يمنع من إن

---

[1] السنهوري، الوسيط، ج4، ص131- 132، د. عبد المنعم البدراوي، مصدر سابق، ص166، د. سعدون العامري، مصدر سابق، ص62، د. كمال قاسم ثروت، مصدر سابق، ص70-71.

يشترط مستورد التكنولوجيا على مصدرها تجربة المعلومات لتأكد من النتائج المتحققة قبل شرائها، كما إن في نطاق الأشياء المادية فان الغالب إن تكون الأشياء المستعملة محل للتجربة دون الأشياء الجديدة، ولكن كما لاحظنا لا يوجد ما يمنع - خاصة في ظل انتشار الغش الصناعي - إن تكون الأشياء الجديدة محلا للتجربة. كما يلاحظ إن محل التجربة غالبا ما يكون من المنقولات إذ نادر ما تكون العقارات محلا للتجربة رغم عدم وجود ما يمنع إن يشترط مشتري العقار تجربته.

وفي نطاق عقد البيع نستطيع إن نقول إن شرط التجربة يكثر في العقود الرضائية دون العقود الشكلية التي يحتاج انتقال الملكية فيها إلى التسجيل في الدائرة المختصة، فيلاحظ إن عقد بيع المركبة في القانون العراقي من العقود الشكلية التي لا تنعقد إلا بالتسجيل في دائرة المرور المختصة، رغم إن العرف في العراق قد جرى على تجربة السيارة قبل شراءها، ولكن التجربة لا تتم بعد إبرام البيع وإنما تتم والطرفان في دور المفاوضات، فإذا قبل المشتري بعد تجربة السيارة انعقد البيع بات بين الطرفين غير معلق على شرط، بينما في نطاق البيع بشرط التجربة يلتزم البائع بعد إبرام البيع أي تسجيله في دائرة المرور مثلا بتمكين المشتري من تجربة المبيع وللأخير بعد التجربة إن يقبل المبيع أو يرفضه، وهذا نادر الوقوع جدا إن لم يكن مستحيل الحدوث في العراق، لان العرف في العراق استقر على إن تجربة المبيع - كالمركبات أو المكائن مثلا - أو أي مبيع أخر تحتاج انتقال ملكيته إلى المشتري إلى التسجيل في الدائرة المختصة تكون إثناء المفاوضات وقبل إبرام البيع أصلا.

مما تقدم يتبين لنا إن النطاق الطبيعي لإعمال شرط التجربة إنما يكون في البيوع الرضائية التي يكون محلها منقولات مادية مستعملة تحتاج لكي يستطيع المشتري الاستيثاق من صلاحيتها للغرض المتفق عليه أو لتأكد من ملائمتها لظروفه الشخصية إن يقوم بتجربتها لعدم تمكنه من التحقق من هذه الأمور عن طريق رؤية المبيع فقط.

الغرض من التجربة في نطاق عقد البيع:

إذا اشترط المشتري على البائع تجربة المبيع، التزم الأخير بتمكين المشتري خلال المدة المتفق عليها، ولا يستطيع المشتري تجربة المبيع إلا بعد إن يقوم البائع بتسليمه إليه، وليس من الضروري إن تكون التجربة بمحضر من البائع، كما ليس من الضروري إن يقوم المشتري بتجربة المبيع بنفسه، فله إن يستعين في ذلك بخبير أو أكثر، ويكون الغرض من التجربة التحقق من احد أمرين اثنين:

1- إما ليتبين المشتري من صلاحية المبيع للغرض المقصود منه، كما لو كان المبيع آلة كهربائية مستعملة، فيجربها المشتري، فإذا تبين إن الآلة صالحة للعمل فلا يستطيع المشتري إن يتحكم وينقض البيع بدعوى إن المبيع غير صالح للعمل.

فالصلاحية هنا معيارها يقوم على اعتبارات موضوعية تتعلق بمدى ملائمة المبيع لغرض معين، فإذا رفض المشتري المبيع رغم صلاحيته للعمل كان للبائع إن يرفع الدعوى ولقاضي الموضوع إن يستعين بخبير أو أكثر لمعرفة مدى ملائمة المبيع للغرض الذي اعد له لتقضي المحكمة بتحقق الشرط أو تخلفه.

ويلاحظ إن معنى صلاحية المبيع في هذه الحالة يقترب من معنى خلو المبيع من العيوب الخفية إذ المبيع غير الصالح لأداء الغرض المقصود منه يكون منطويا عادة على عيب خفي يجعله غير صالح.

2- أو للاستيثاق من إن المبيع يستجيب لحاجة المشتري الشخصية، فإذا ابتاع شخص ملابس أو خاتم معين أو حذاء، فالعبرة ليست بصلاحية المبيع في ذاته بل بملائمته للمشتري. فقد تكون الملابس أو الخاتم أو الحذاء صالحة في ذاتها، ولكن المشتري لم ترقه الملابس أو لم يجد في الخاتم أو الحذاء صفات خاصة كان يتطلبها، فله عند ذلك إن يرفض المبيع، ويلاحظ إن معيار ملائمة المبيع لذوق المشتري وحاجته الشخصية هو معيار شخصي بحت، والقول في ملائمة المبيع لحاجة المشتري أو عدم ملائمته قول المشتري لا قول الخبراء.

وقد عرضت المذكرة الإيضاحية للمشروع التمهيدي للقانون المدني المصري لهذا الأمر عند كلامها عن نص المادة 421 مدني

مصري المطابقة للمادة 524 مدني عراقي، إذ جاء فيها (ولم يقتصر المشروع على إدخال هذا التعديل، بل بين كيف تتم التجربة، فقرر إلزام البائع بتمكين المشتري من تجربة المبيع، وللمشتري حرية القبول أو الرفض، فهو وحده الذي يتحكم في نتيجة التجربة وقد جارى المشروع في ذلك التقنين الألماني (م 495) والتقنين النمساوي (م 1080 معدلة) وتقنين الالتزامات السويسري (م 223) والتقنيين البولوني (م 339)، فان المفروض إن يكون المبيع من الأشياء التي يتطلب فيها إن تناسب المشتري مناسبة شخصية، فهو وحده الذي يستطيع إن يقرر ذلك).

ولكن إذا اختلف المتبايعان حول المقصود من التجربة؟

يتضح لنا من عبارة المادة 524 مدني عراقي وما جاء في المذكرة الإيضاحية للمشروع التمهيدي للقانون المدني المصري حول نص المادة 421 مدني مصري المطابقة للمادة 524 مدني عراقي إن المقصود من التجربة هنا مناسبة المبيع لحاجة المشتري الشخصية[1]، فيكون للمشتري القول الفصل في صلاحية المبيع، وعلى البائع إذا ادعى إن الغرض من التجربة هو التأكد من صلاحية المبيع عبء الإثبات وفق للقواعد العامة، لأنه يدعى خلاف الأصل.

مدة التجربة:

الأصل في البيع بشرط التجربة إن يتفق الطرفان على مدة معينة يكون للمشتري خلالها الحق في تجربة المبيع وإبداء رأيه في القبول أو الرفض، ولم يحدد المشرع العراقي حد أدنى أو أعلى لمدة التجربة وإنما تركها خاضعة لإرادة الطرفين. ولم يرتب على عدم اشتراط مدة معينة لتجربة بطلان البيع كما فعل في البيع بشرط الخيار، و إنما أجاز للبائع إن يحدد مدة معقولة وللقضاء حق الرقابة عليه في ذلك،

---

[1] انظر في إن التجربة يقصد منها ذلك في الغالب: د. عبد المنعم البدراوي، مصدر سابق، ص166- 167، د. عبد الفتاح عبد الباقي، عقد البيع، 1956، ص51، د. محمد كامل مرسي، العقود المسماة، البيع والمقايضة، 1953، ص155، د. حسن علي الذنون، مصدر سابق، البيع، ف 82، د. عباس حسن الصراف، مصدر سابق، ص89.

حيث نصت المادة 524 في فقرتها الأولى على انه (... فان لم يكن هناك اتفاق على المدة ففي المدة التي يعينها البائع...).

إما إذا لم يحدد البائع مدة معقولة لإجراء التجربة، وسكت المشتري وقتا طويلا يسمح له بتجربة المبيع دون إن يعلن نتيجة التجربة، عد سكوته قبولا بالمبيع[1].

وللمشتري أيضا إذا كانت مدة التجربة التي حددها له البائع لا تكفي لتجربة المبيع إن يتظلم إمام القضاء لتمديدها[2].

فإذا انقضت المدة المتفق عليها أو المدة التي حددها البائع دون إن يصدر من المشتري ما يدل على قبوله أو رفضه للمبيع مع تمكنه من تجربة المبيع، عد سكوته أو امتناعه بدون عذر عن تجربة المبيع يعد قبولا، حيث نصت المادة 524 في فقرتها الأولى على انه (فان انقضت هذه المدة وسكت المشتري مع تمكنه من تجربة المبيع اعتبر سكوته قبولا للمبيع). ذلك إن التجربة شرط علق عليه البيع، وقد جعله المشتري بامتناعه عن التجربة أو بامتناعه عن إعلان نتيجتها مستحيلا، فيعتبر الشرط إذا كان واقفا انه تحقق، وإذا كان فاسخا انه تخلف، طبقا للقواعد العامة المقررة في الشرط.

التكييف القانوني للبيع بشرط التجربة:

نصت الفقرة الثانية من المادة 524 على انه (ويعتبر البيع بشرط التجربة معلقا على شرط واقف هو قبول المبيع، إلا إذا تبين من الاتفاق والظروف إن البيع معلق على شرط فاسخ).

فالأصل في القانون العراقي إن البيع بشرط التجربة هو بيع معلق على شرط واقف، إلا إذا تبين من الاتفاق أو الظروف إن البيع معلق على شرط فاسخ.

---

[1] انظر في ذلك: د. السنهوري، الوسيط، ج4، ص133 هامش (3).
[2] انظر في ذلك: د. سعدون العامري، مصدر سابق، ص62.

البيع بشرط التجربة بيع معلق على شرط واقف:

إذا كان البيع بشرط التجربة بيعا معلقا على شرط واقف هو قبول المشتري للمبيع بعد تجربته، فان السؤال الذي يطرح بهذا الصدد هو: ما هي الآثار التي تترتب على البيع في فترة التعليق أي قبل إن يبدي المشتري قبوله أو رفضه للمبيع؟

الرأي السائد فقها وقضاء يذهب إلى إن عقد البيع المعلق على شرط واقف يكسب المشتري حقا لا مجرد أمل، ولكنه حق محتمل غير مؤكد. فيكون المشتري في هذه الحالة مالكا تحت شرط واقف، ويبقى البائع مالكا تحت نفس الشرط ولكنه شرطا فاسخا بالنسبة إليه.

ويتحقق الشرط بقبول المشتري للمبيع بعد تجربته، ولكن إلا يمكن القول إن الشرط في هذه الحالة هو شرط إرادي محض متوقف على إرادة المشتري يترتب عليه بطلان الشرط والبيع وفق للقواعد العامة في الشرط؟

الحقيقة إن المشتري الذي يتوقف تحقق الشرط أو تخلفه على إرادته، هو الدائن بنقل ملكية المبيع ويجوز وفقا للقواعد العامة إن يكون الشرط متوقفا على إرادة الدائن، إما الشرط الإرادي المحض الذي يبطل عقد البيع فهو الذي يتوقف على إرادة المدين.

إما التزام المشتري بدفع الثمن، فانه إذا ألغاه بإرادته المحضة ألغى في مقابل ذلك حقه في انتقال الملكية إليه. هذا مع ملاحظة انه إذا كان المقصود من التجربة تبين صلاحية الشيء في ذاته، لم يكن الأمر موكولا إلى محض إرادة المشتري، بل القول الفصل عند النزاع للخبراء الذين تعينهم المحكمة.

ولما كانت ملكية المبيع باقية للبائع ولكنها معلقة على شرط فاسخ، كان له إن يستعمل العين ويستغلها كما إن له إن يتصرف فيها وان يستعمل دعاوى الحيازة في مواجهة من يعتدي عليها.

ولكن ما الحكم إذا أدى تصرف البائع بالمبيع إلى انتقال ملكية المبيع إلى الغير قبل أو إثناء التجربة وقبل إن يعلن المشتري عن رفضه أو قبوله بالمبيع؟

أريد إن أبين أولا وقبل الإجابة على هذا التساؤل إن عقد البيع المعلق على شرط واقف هو قبول المشتري المبيع بعد تجربته ينشىء في ذمة البائع التزامين مختلفين؛ أولهما التزام بقيام بعمل هو تمكين المشتري من تجربة المبيع، والثاني هو الالتزام بنقل ملكية المبيع.

وإذا اخل البائع بالتزامه الأول بان لم يمكن المشتري من تجربة المبيع كان للأخير طبقا للقواعد العامة إن يطالب بالتنفيذ العيني، كما إن له إن يطالب بالفسخ وله في الحالتين إن يطالب البائع بالتعويض إن كان له مقتضى.

إما فيما يخص بإخلال البائع بنقل الملكية، فالمشتري مادام حقه محتمل غير مؤكد لا يستطيع إن يطعن بتصرف البائع بالمبيع بدعوى عدم نفاذ التصرفات، لان من شروط هذه الدعوى إن يكون حق الدائن مستحق الأداء، كما لا يستطيع المشتري إن يطالب بالتنفيذ العيني، لان حق المشتري إثناء فترة التجربة حقا غير كامل الوجود وفقا للقواعد العامة في الشرط، ولكن المشرع أجاز للمشتري بموجب الفقرة الأولى من المادة 524 مدني عراقي إن يطالب البائع بتمكينه من تجربة المبيع، فإذا نقل البائع ملكية المبيع إلى الغير ليحرم المشتري من إمكانية تجربة المبيع، فيجب التمييز بين فرضين:

الأول: إن يكون المشتري الجديد حسن النية لا يعلم بحق المشتري بتجربة المبيع، فان البيع الجديد ينفذ في حق المشتري على شرط التجربة ويكون للأخير فقط إن يطالب بالتعويض بعد إن انفسخ العقد بينه وبين البائع لاستحالة تنفيذه بخطأ الأخير.

الثاني: إن يكون المشتري الجديد سيء النية أو إن يكون البيع صوريا، فيكون للمشتري بشرط التجربة إن يعتبر البيع الجديد كأن لم يكن ويطالب بالتنفيذ العيني، كما إن له إن يطالب بالفسخ مع التعويض إن كان له مقتضى.

أما إذا أعلن المشتري بعد فحصه للمبيع قبوله أو سكت مع تمكنه من تجربة المبيع حتى مضت مدة التجربة المتفق عليها أو المدة التي حددها البائع، فان الشرط يتحقق، ومتى تحقق الشرط بقبول المشتري للمبيع أو سكوته أصبحت ملكية المشتري للمبيع باتة بأثر رجعي، تستند إلى وقت البيع لا إلى وقت قبوله فحسب، وتزول ملكية

البائع بأثر رجعي أيضا، ويستند زوالها إلى وقت البيع أيضا، ومن ثم تزول كل الحقوق العينية التي ترتبت على المبيع من جهة البائع في خلال مدة التجربة إلا إذا أجازها المشتري حيث يعتبر البائع قد تصرف في ملك غيره فينعقد تصرفه موقوفا على إجازة المشتري (المالك)، وتبقى تلك التي ترتبت من جهة المشتري.

أما إذا أعلن المشتري بعد فحصه للمبيع رفضه، فان الشرط يتخلف، ومتى تخلف الشرط بعدم قبول المشتري للمبيع وإعلانه عدم القبول للبائع في الميعاد. زال البيع بأثر رجعي واعتبر كأن لم يكن أصلا. وزالت مع البيع بأثر رجعي ملكية المشتري التي كانت معلقة على شرط واقف، وأصبحت ملكية البائع التي كانت معلقة على شرط فاسخ ملكية باتة منذ البداية. وتبقى الحقوق العينية التي ترتبت على المبيع من جهة البائع في خلال مدة التجربة، وتزول تلك التي ترتبت من جهة المشتري إلا إذا أجازها البائع باعتباره مالكا.

البيع بشرط التجربة بيع معلق على شرط فاسخ:

كما أجاز المشرع العراقي بموجب الفقرة الثانية من المادة 524 مدني للمتعاقدين إن يتفقا على إن تكون التجربة شرطا فاسخا. والاتفاق على كون التجربة شرطا فاسخا قد يكون صريحا أو ضمنيا يستخلص من الظروف وملابسات التعاقد.

ويترتب على اعتبار البيع بشرط التجربة بيعا معلق على شرط فاسخ إن ملكية المبيع تنتقل إلى المشتري من وقت إبرام العقد معلقة على شرط فاسخ هو رفض المشتري المبيع بعد تجربته ويبقى البائع مالكا، ولكن تحت شرط واقف هو رفض المشتري المبيع.

فإذا تحقق الشرط، بان أعلن المشتري البائع رفضه للمبيع، انفسخ البيع بأثر رجعي، واعتبر المشتري انه لم يملك المبيع والبائع كأنه هو المالك منذ البداية، فإذا كان المشتري قد رتب حقوق على المبيع إثناء التجربة، فان هذه الحقوق تزول ما لم يجزها البائع، وتبقى الحقوق التي رتبها البائع على المبيع في إثناء فترة التجربة.

أما إذا أعلن المشتري قبوله للمبيع، فان الشرط الفاسخ يتخلف وتصبح ملكية المشتري للمبيع ملكية باته من وقت إبرام العقد لا من وقت إعلان قبوله اعملا لفكرة الأثر الرجعي في الشرط.

فإذا كان المشتري قد رتب حقوق على المبيع إثناء فترة التجربة فان هذه الحقوق تبقى، وتزول الحقوق التي رتبها البائع لزوال ملكية الأخير من تاريخ إبرام البيع إلا إذا أجازها المشتري، حيث يعتبر البائع قد تصرف في ملك غيره فينعقد تصرفه موقوفا على إجازة المشتري.

ويلاحظ أخيرا إن للمشتري بوصفه مالكا تحت شرط فاسخ إن يطالب بالتنفيذ العيني ومقتضى التنفيذ العيني هو مطالبة المشتري البائع بتمكينه من تجربة المبيع عن طريق تسليمه له، إما عن الالتزام بنقل الملكية فقد نفذ بمجرد إبرام العقد.

تبعة الهلاك في البيع بشرط التجربة:

إذا هلك المبيع وهو لا يزال تحت التجربة وقبل إن يعلن المشتري عن قبوله أو رفضه، فعلى من تقع تبعة الهلاك؟

لا خلاف في إن تبعة هلاك المبيع قبل التسليم تكون على عاتق البائع، وان تبعة هلاك المبيع تحت شرط فاسخ بعد التسليم تقع على عاتق المشتري[1].

ولكن الخلاف يثور حول من يتحمل تبعة هلاك المبيع تحت شرط واقف بعد التسليم وإثناء تجربته من قبل المشتري؟

مثال ذلك: إن يشتري شخص شيء معين بشرط تجربته فيهلك في يده إثناء مدة التجربة، فإذا كيفنا التجربة بأنها شرط فاسخ كانت تبعة الهلاك على المشتري بلا خلاف، إما إذا كيفنا التجربة بأنها شرط واقف فان الخلاف يثور حول من يتحمل تبعة الهلاك البائع أم المشتري؟

---

[1] انظر: المادة 547 مدني عراقي، وانظر د. عبد المجيد الحكيم، مصدر سابق، الموجز، طبعة 1960، ص142.

يذهب الفقه العراقي[1]، إلى إن تبعة هلاك المبيع في هذه الحالة يكون على المشتري، وذلك لان يده يد ضمان لا يد أمانة. ويؤيد ذلك إن هلاك المقبوض على سوم الشراء في القانون العراقي يكون على القابض، وليس المشتري بشرط التجربة بأدنى حالا في إن تكون تبعة الهلاك عليه من القابض على سوم الشراء، بل إن المشتري بشرط التجربة، وقد انعقد البيع وانتقلت الملكية معلقة على شرط واقف، أولى بتحمل تبعة الهلاك من القابض على سوم الشراء ولم ينعقد له بيع ولم تنتقل إليه ملكية. حيث نصت الفقرة الأولى من المادة 548 مدني عراقي على انه (ما يقبض على سوم الشراء مع تسمية الثمن إذا هلك أو ضاع في يد القابض، لزمه الضمان. إما إذا لم يسم له ثمن، كان أمانة في يده، فلا يضمن إذا هلك أو ضاع دون تعد أو تقصيره منه).

كما نصت المادة 426 مدني عراقي على انه (إذا انتقل الشيء إلى يد غير صاحبه بعقد أو بغير عقد وهلك دون تعد أو تقصير فان كانت اليد يد ضمان هلك الشيء على صاحب اليد. وان كانت يد أمانة هلك الشيء على صاحبه).

وتوضح الفقرة الأولى من 427 مدني عراقي المقصود بيد الضمان ويد الأمانة بنصها على انه (تكون اليد يد ضمان إذا حاز صاحب اليد الشيء بقصد تملكه وتكون يد أمانة إذا حاز الشيء لا بقصد تملكه بل باعتباره نائبا عن المالك).

وإذا كان هذا موقف الفقه العراقي، فان المتفق عليه فقها وقضاء في فرنسا ومصر إن تبعة هلاك المبيع قبل حصول التجربة إذا كانت التجربة شرطا واقفا إنما تقع على عاتق البائع[2].

---

[1] انظر في ذلك: د. عباس الصراف، مصدر سابق، ص91، د. سعدون العامري، مصدر سابق، ص63- 64، د. كمال قاسم ثروت، مصدر سابق، 74، د. سعيد مبارك وآخرون، مصدر سابق، ص57، د. غني حسون طه، مصدر سابق، البيع، ص145، د. جعفر ألفضلي، مصدر سابق، ص53، وانظر في تأييد ذلك في الفقه المصري: د. السنهوري، الوسيط، ج4، ص136 هامش (1). وانظر عكس ذلك: د. صلاح الدين الناهي، مصدر سابق، مبادئ الالتزامات، ص283.

[2] انظر في ذلك: المادة 1182 مدني فرنسي، والمادة 185 من قانون الالتزامات السويسري، وفي موقف الفقه والقضاء المقارن؛ د. حسن علي الذنون، مصدر سابق، البيع، ص76،===

ونحن نرى إن ما ذهب إليه الفقه العراقي مخالف للعدالة ومجاف للتوازن الاقتصادي بين المتبايعين، مادام المشتري لم يتملك المبيع نظرا لقيام الشرط الواقف. وبالتالي فإننا نذهب إلى إن تبعة الهلاك في هذه الحالة تكون على البائع في ظل القانون المدني العراقي للأسباب الآتية:

1- استمد المشرع العراقي إحكام الشرط الفاسخ و الواقف وإحكام البيع بشرط التجربة من الفقه الغربي، حيث لم تعرف الشريعة الإسلامية هذه الصورة من صور البيع، لذلك كان لزاما علينا إن نستعين في تفسير إحكام البيع بشرط التجربة بالفقه الغربي والفقه المصري الذي يذهب إلى إن تبعة الهلاك في هذه الحالة أنما تكون على البائع.

2- إن تبعة الهلاك في المقبوض على سوم الشراء إنما تكون على القابض بالاتفاق بين المالك والقابض، والدليل على هذا الاتفاق إن المقبوض إذا تلف في يد القابض ضمنه الأخير بقيمته على القول الأرجح عندهم لا بالثمن المتفق عليه، بينما لا يوجد اتفاق في البيع بشرط التجربة على نقل الضمان من البائع إلى المشتري، بل إن تعليق البيع على شرط واقف يدل بما لا يقبل الشك على إن المشتري لا يريد إن يتحمل تبعة هلاك المبيع إثناء تجربته[1].

3- إن المقصود بيد الضمان هو إن يحوز صاحب اليد الشيء بقصد تملكه[2]، بينما في البيع بشرط التجربة إذا كيفنا التجربة بأنها شرط واقف لا يحوز الشيء إثناء

=== د. صلاح الدين الناهي، الوسيط في شرح القانون التجاري العراقي، مطبعة اسعد، بغداد، 1962، ص76، د. كمال قاسم ثروت، مصدر سابق، ص74- 75 هامش (3)، د. عباس حسن الصراف، مصدر سابق، ص90، د. السنهوري، الوسيط، ج4، ص135، د. أنور سلطان، الوجيز في العقود المسماة عقدي البيع والمقايضة، 1983، ص51، د. توفيق حسن فرج، مصدر سابق، ص170.

[1] انظر في ذلك: الشيخ علي الخفيف، مصدر سابق، الضمان في الفقه الإسلامي، ص168- 169.
[2] انظر في ذلك: المادة 427 مدني عراقي.

التجربة بقصد تملكه وإنما يحوزه بقصد النظر فيه وتجربته، فيكون حكمه حكم المودع لديه[1]، وهو لا يحوز المبيع بقصد تملكه إلا إذا أعلن قبوله بالمبيع بعد تجربته، فإذا أعلن قبوله أصبح مالك للمبيع بأثر رجعي، فإذا هلك بعد الإعلان هلك من ماله باعتباره مالكا له، والقاعدة تقضي بان المال يهلك على مالكه.

4- إن إلقاء تبعة هلاك المبيع إثناء التجربة على المشتري سواء كانت التجربة شرط فاسخا أو واقفا يؤدي إلى زوال أهمية التفرقة بين كون التجربة شرطا فاسخا أو واقفا وهي تفرقة حرص المشرع العراقي على الأخذ بها في المادة 524 مدني عراقي ويجعل كلام المشرع لغو لا طائل منه، والقاعدة تقضي بان إعمال الكلام أولى من إهماله.

5- إن هلاك المبيع إثناء التجربة يؤدي إلى استحالة تنفيذ البائع لالتزامه بتمكين المشتري من تجربة المبيع، والقاعدة العامة في تحمل تبعة العقد تقضي بان المدين في العقود الملزمة للجانبين هو الذي يتحمل تبعة العقد، فإذا استحال على البائع إن ينفذ التزامه بتمكين المشتري من تجربة المبيع لهلاكه بقوة قاهرة إثناء التجربة تحمل البائع تبعة هذا الهلاك وسقط حقه في مطالبة المشتري بالثمن[2].

6- إن هلاك المبيع إثناء التجربة يؤدي إلى استحالة تحقق الشرط في هذه الحالة، ذلك لان المشتري لن يقبل المبيع بعد إن هلك، وحتى لو قبل المشتري بالمبيع بعد هلاكه - لم يكن لقبوله اثر رجعي، فيبقى المالك وقت هلاك المبيع هو البائع لا المشتري، فيهلك على البائع. حيث نصت الفقرة الثانية من المادة 290 مدني عراقي على انه (ومع ذلك لا يكون للشرط اثر رجعي إذا أصبح تنفيذ الالتزام قبل تحقق الشرط غير ممكن بسبب أجنبي لا يد للمدين فيه).

وهذا يعني إن هلاك المبيع إثناء التجربة يمنع من نشوء الالتزام لانعدام المحل ولا يكون لعقد البيع اثر ولو تحقق الشرط بقبول المشتري بعد ذلك، فتكون تبعة الهلاك

---

(1) Ph. Malaurie, L. Aynes, Droit civil, Les contrats spéciaux ed, 1995/1996, no 105. P. 82.

(2) انظر في تحمل تبعة العقد: د. إسماعيل غانم، مصدر سابق، ج1، ص334 وما بعدها.

هي تبعة الشيء لا العقد كما لو كان الطرفان لم يتعاقدا أصلا على البيع، أي إن هلاك الشيء يكون على مالكه وهو البائع[1].

مدى انتقال شرط التجربة إلى الغير.

إذا توفي المشتري قبل تمام تجربة المبيع والإعلان عن إرادته في رفض أو قبول البيع، فهل ينتقل شرط التجربة إلى الورثة؟

ذهب جانب من الفقه إلى إن شرط التجربة لا يورث لأنه صورة خاصة من خيار الشرط[2]. بينما ذهب أغلبية الشراح والفقهاء إلى إن المشتري إذا مات في فترة التجربة فان حقه في تجربة المبيع ينتقل إلى ورثته[3].

ونحن لا نؤيد ما ذهب إليه أصحاب الرأي الأول للأسباب الآتية:

1- إن خيار الشرط ورد على سبيل الاستثناء، وما ثبت على سبيل الاستثناء فغيره لا يقاس عليه.

2- إن المشرع العراقي لو أراد عدم انتقال الحق في التجربة إلى الورثة لنص على ذلك صراحة كما فعل في نطاق خيار الشرط.

3- إن القاعدة العامة في انتقال الحقوق إلى الورثة تقضي بان جميع الحقوق تنتقل إلى الورثة إلا إذا قضى القانون أو طبيعة الحق بخلاف ذلك.

كما لا يمكن الأخذ بالرأي الثاني على إطلاقه،فنحن نرى انه لابد لنا عند البحث في مدى انتقال الحق في تجربة المبيع إلى الورثة، من البحث أولا في الغرض المقصود تحقيقه من اشتراط التجربة، لكي نستطيع بعد ذلك، إن نقرر انتقال الحق في تجربة المبيع إلى الورثة من عدمه.

---

(1) انظر في ذلك: د. عبد الحي حجازي، في النظرية العامة للالتزام، ج1، القاهرة، 1954، ص180، د. السنهوري، الوسيط، ج3، ص72- 73.

(2) د. سعدون العامري، مصدر سابق، ص63.

(3) د. السنهوري، الوسيط، ج4، ص133 هامش(1)، د. محمد كامل مرسي، مصدر سابق، البيع والمقايضة، ص157، د. سليمان مرقس، مصدر سابق، البيع، طبعة 1968، ص62.

فإذا كان الغرض من التجربة هو لتأكد من ملائمة المبيع لحاجات المشتري الشخصية، ففي هذه الحالة لا ينتقل الحق في تجربة المبيع إلى الورثة، لأنه يتعلق بمحض إرادة المشتري ومشيئته.

إما إذا كان الغرض من تجربة المبيع هو لتأكد من صلاحيته للغرض المقصود منه، فان الحق في تجربة المبيع ينتقل إلى الورثة في حالة وفاة المشتري، لان الحق في تجربة المبيع لا يتعلق بمحض إرادة المشتري ومشيئته، وإنما يتعلق بذاتية المبيع ومدى صلاحيته في أداء المقصود منه.

إما إذا تصرف المشتري بالمبيع إلى الغير إثناء التجربة وقبل الإعلان عن إرادته في رفض المبيع أو قبوله، فهل ينتقل خياره في تجربة المبيع إلى خلفه الخاص؟

إن شرط التجربة لا يعتبر من مكملات الشيء طبقا لإحكام الفقرة الثانية من المادة 142 مدني عراقي، وبالتالي لا ينتقل إلى الخلف الخاص على أساس نظرية الخلافة الخاصة. هذا من جهة، ومن جهة أخرى فان تصرف المشتري بالمبيع إلى الغير إثناء فترة التجربة يدل بما لا يقبل الشك بأنه قبل المبيع بعد تجربته، وبقبول المشتري للمبيع يسقط حقه في التجربة فيمتنع انتقاله إلى الغير[1].

المسؤولية عما يحدثه المبيع من ضرر إثناء فترة التجربة:

قد يحدث إن يصاب الغير بضرر نتيجة تجربة المبيع، كما لو كان المبيع سيارة فصدمت احد المارة إثناء تجربتها من قبل المشتري. فعلى من تقع المسؤولية؟

تقضي القواعد العامة في المسؤولية إن كل من كانت له السيطرة الفعلية على الشيء يكون هو المسؤول عما يحدثه هذا الشيء من ضرر[2]. ولما كانت السيطرة الفعلية على الشيء إثناء التجربة للمشتري، كان هو المسؤول عما يصيب الغير من ضرر بسبب هذا الشيء (المبيع) سواء كانت التجربة شرطا فاسخا أو واقفا، وتكون

[1] جاء في مختلف الشيعة للعلامة الحلي، ج5، ص106-107 مسألة 71 ما نصه (... إن تصرف المشتري في مدة الخيار لزوم للعقد).

[2] انظر: المادة 231 من القانون المدني العراقي.

مسؤوليته اتجاه الغير مسؤولية تقصيرية[1]، إما مسؤوليته تجاه البائع عما أصاب المبيع من ضرر فهي مسؤولية عقدية، فالالتزام بالمحافظة على المبيع ورده إلى البائع بعد إجراء التجربة وان لم يرد ذكره صراحة في عقد البيع، إلا انه يعد من مستلزماته طبقا لإحكام الفقرة الثانية من المادة 150 مدني عراقي.

مسقطات شرط التجربة:

يسقط حق المشتري في تجربة المبيع ويعتبر البيع بات في الحالات الآتية:

1- إذا أعلن المشتري صراحة أو ضمنا قبوله بعد التجربة.

2- بمضي المدة المتفق عليها أو المدة المعقولة التي حددها البائع دون إن يعلن المشتري عن رغبته في قبول المبيع أو رفضه، ولكن لكي يعتبر سكوت المشتري قبولا لابد إن نفرق بين فرضين:

الأول: إذا سكت المشتري إلى إن مضت مدة التجربة دون إن يعلن عن إرادته في قبول المبيع أو رفضه مع تمكنه من تجربة المبيع، عد سكوته قبولا بالمبيع، فيسقط شرط التجربة ويصبح البيع بات من وقت إبرامه اعملا لفكرة الأثر الرجعي.

الثاني: إذا سكت المشتري إلى إن مضت مدة التجربة دون إن يعلن عن إرادته في قبول المبيع أو رفضه، ولكن مع عدم تمكنه من تجربة المبيع لسبب أجنبي خارج عن إرادته، فهنا لا يمكن إن نعتبر سكوت المشتري قبول للمبيع لعدم إمكانية المشتري القيام بتجربة المبيع، ويكون للبائع في هذه الحالة الخيار، إما إن يمهل المشتري مدة أخرى لتجربة المبيع؛ وإما إن يفسخ البيع فيتحلل من التزاماته. وللمشتري إن يمنع البائع من الفسخ إذا هو قبل المبيع بالرغم من عدم تمكنه من تجربته.

3- بهلاك المبيع إثناء التجربة إذا كانت التجربة شرطا فاسخا سواء كان الهلاك بقوة قاهرة أم بخطأ المشتري، إما إذا كانت التجربة شرطا واقفا، فان المشتري لا يضمن المبيع إلا إذا كان الهلاك بخطأه.

---

[1] إما إذا تمت تجربة المبيع تحت إشراف وتوجيه البائع، كانت السيطرة الفعلية له، فإذا أصيب الغير بضرر كان البائع هو المسؤول عن التعويض. انظر في ذلك:

- Civ.2,19mai1969,Bull.II.No161, J.C.P.69.II.16105.

المطلب الثالث
البيع بشرط المذاق

نظرة عامة:

نصت المادة 525 من القانون المدني العراقي على انه (إذا بيع الشيء بشرط المذاق كان للمشتري إن يقبل البيع إن شاء، ولكن عليه إن يعلن هذا القبول في المدة التي يعينها الاتفاق أو العرف، ولا ينعقد البيع إلا من الوقت الذي يتم فيه هذا الإعلان).

والحكمة من هذا النص ظاهرة إذ إن المشرع رأى إن أمزجة الناس وأذواقها تختلف في تقدير بعض المبيعات التي لا يمكن للمشتري إن يقف على خصائصها إلا بالمذاق كالحلويات والخل والزيت والزيتون ونحو ذلك من المشروبات والمأكولات، لذلك قرر إن البيع لا يوجد إلا إذا ذاق المشتري المبيع وارتضاه[1].

ويذهب فقهاء الشريعة الإسلامية إلى إن كل شيء من المطعوم والمشروب يمكن الإنسان اختباره من غير إفساد له، كالادهان الطيبة والمستخبرة بالشم وصنوف الطيب والحلاوات والحموضات، فانه لا يجوز بيعه بغير اختبار له، ولكنهم اختلفوا في الجزاء المترتب على بيعه بغير اختبار له[2].

---

[1] وينتقد جانب من الفقه إيجاد بيع المذاق إلى جانب بيع التجربة ويدعو إلى وجوب التسوية من ناحية التشريع بين البيعين فيكون كل منهما بيعا معلقا على شرط. (انظر في ذلك: د. عبد الفتاح عبد الباقي، مصدر سابق، البيع، طبعة 1956، ف 33، الأستاذ مصطفى الزرقا، في البيع في القانون المدني السوري، دمشق، 1953، ف 65).

ويذهب استاذنا الدكتور حسن علي الذنون إلى انتقاد الجمع بين خيار الشرط وبين بيع التجربة وبيع المذاق ص82 فقرة 46- 56. وانظر في الرد عليه: د. عباس الصراف، مصدر سابق، ص92، كما يذهب العلامة السنهوري في وسيطه، ج4، ص143 هامش (1) إلى إن خيار الشرط أوسع من كل من بيع التجربة وبيع المذاق، فلا ضير من هذا الجمع، ويكون البيعان الأخيران صورتين خاصتين من خيار الشرط.

[2] انظر في ذلك: العلامة الحلي، مختلف الشيعة، ج5، ص280-281 مسألة 250. وانظر أيضا المادة 313 من مجلة الإحكام العدلية وشرحها عند؛ علي حيدر، مصدر سابق، ج1، ص272-273.

شروط ثبوت شرط المذاق:

يشترط لكي يوصف العقد بأنه بيع بشرط المذاق توفر الشروط الآتية:

1- إن يشترط المشتري على البائع إلا يتم البيع إلا إذا ذاق المشتري المبيع وقبله. وهذا الشرط قد يكون صريحا، وقد يكون ضمنيا يستخلص من الظروف والملابسات، ومن أهم الظروف التي يستخلص منها هذا الشرط طبيعة المبيع، فمن المبيعات ما لا يدرك كنهه إدراكا تاما إلا بمذاقه، وذلك كالزيتون وبعض أنواع الفاكهة والزيت ونحو ذلك من المأكولات والمشروبات التي تختلف فيها أذواق الناس. فإذا بيع شيء من ذلك ولم تدل الظروف على إن المتعاقدين أرادا استبعاد شرط المذاق، فالمفروض إنهما قصدا إن يكون البيع بشرط المذاق، فلا يتم إلا بعد المذاق وقبول المشتري للمبيع[1].

2- إن يكون المبيع سواء كان من المأكولات أو المشروبات من الأشياء التي لا تفسد أو تهلك بمجرد ذوقها أو اختبارها، فلا يجوز القول بثبوت شرط المذاق في المأكولات والمشروبات المعلبة، ولكن للمشتري في حالة ظهور المبيع المعلب معيبا، أن يرجع على البائع بدعوى ضمان العيوب الخفية[2].

3- إن يتفق المتبايعان على المدة التي يجب فيها على المشتري إن يذوق المبيع ويعلن عن رغبته في قبوله أو رفضه[3]، ومع ذلك إذا لم يتفق الطرفان على مدة معينة، فيجب على المشتري إن يعلن عن إرادته في المدة التي يعينها العرف[4]، فإذا سكت ومضت المدة التي عينها الاتفاق أو العرف عد سكوته رفضا للمبيع[5].

---

[1] انظر في ذلك: د. السنهوري، الوسيط، ج4، ص139.
[2] انظر في موقف الفقه الإسلامي من ذلك: العلامة الحلي، مختلف الشيعة، ج5، ص282.
[3] انظر: الفقرة الأولى من المادة 91 من القانون المدني العراقي.
[4] انظر: المادة 525 من القانون المدني العراقي.
[5] انظر: د. غني حسون طه، مصدر سابق، الالتزام، ص149.

تكييف البيع بشرط المذاق:

اختلف الفقه والتشريع المقارن في تكييف البيع بشرط المذاق، فذهب اتجاه في الفقه الفرنسي، يمثل الأقلية، إلى إن البيع بشرط المذاق عبارة عن مجرد إيجاب ملزم للبائع، ولكن لوحظ على هذا القول إن المشتري ملتزم هو أيضا بمذاق الشيء.

بينما ذهب جانب أخر إلى إن البيع بشرط المذاق هو عبارة عن بيع معلق على شرط واقف كما في البيع بشرط التجربة، على إن يكون الشرط هو قبول المشتري المبيع بعد إن يذوقه. فإذا تحقق هذا الشرط كان له اثر رجعي حيث يعتبر البيع منعقد من وقت إبرام البيع لا من وقت تذوق المبيع من قبل المشتري.

وذهب آخرون إلى إن بيع المذاق لا يعتبر بيعا معلقا على شرط واقف أو فاسخ، بل لا يتم إلا من وقت إعلان المشتري قبوله المبيع فلا يكون له اثر رجعي. إما قبل إعلان هذا القبول فلا يكون ثمة بيع بل مجرد وعد بالبيع من جانب البائع وحده فيستطيع المشتري إن يلزم البائع ولا يستطيع البائع إن يلزم المشتري[1].

وبرأي الأخير اخذ المشرع العراقي، حيث نصت المادة 525 مدني عراقي على انه (إذا بيع الشيء بشرط المذاق كان للمشتري إن يقبل البيع إن شاء...، ولا ينعقد البيع ألا من الوقت الذي تم فيه هذا الإعلان).

ويظهر من ذلك إن البيع بشرط المذاق في القانون المدني العراقي هو مجرد وعد بالبيع ملزم لجانب واحد هو البائع، إما المشتري فهو حر في قبول المبيع أو رفضه بعد ذوقه[2].

---

[1] انظر: د. السنهوري، الوسيط، ج4، ص141، د. سليمان مرقس، مصدر سابق، البيع، طبعة 1968، ص64- 65، د. كمال قاسم ثروت، مصدر سابق، ص76، د. سعدون العامري، مصدر سابق، ص64- 65، د. عباس الصراف، مصدر سابق، ص92.

[2] انظر: د. عباس الصراف، مصدر سابق، ص92، د. سعدون العامري، مصدر سابق، ص64- 65، د. كمال قاسم ثروت، مصدر سابق، ص76.

ومن نافلة القول إن الفقهاء المسلمون اختلفوا في تكييف البيع المقترن بخيار المذاق، فذهب الحنفية وبعض الجعفرية إلى إن مشتري المأكولات أو المشروبات يلزم إن يذوق طعمها فإذا لم يفعل كان له خيار الرؤية[1].

إما فقهاء المذهب الجعفري فهم متفقون على إن كل شيء من المطعوم والمشروب يمكن الإنسان اختباره من غير فساد له، فانه لا يجوز بيعه بغير اختبار له، ولكنهم اختلفوا في تكييف البيع من غير اختبار للمبيع:

فذهب بعضهم كالشيخ المفيد وابن إدريس إلى إن البيع باطل، و المتبايعان فيه بالخيار، فان تراضيا بذلك، لم يكن به باس[2].

وقال سلار: لم ينعقد البيع.

وقال ابن البراج: إن المشتري مخيرا في رده على البائع.

وقال ابن حمزة: لا يصح البيع بغير اختبار[3].

وأما العلامة الحلي فيذهب إلى إن البيع صحيح سواء وصفه البائع أم لا، ولكن إن كان صحيحا، لزم البيع، وان خرج معيبا، كان للمشتري الخيار بين الرد والارش، كما في غيره من المبيعات؛ لأنه مشاهد، فجاز بيعه وان لم يختبر[4].

وما قال به العلامة الحلي هو ما يتفق مع القانون المدني العراقي، فإذا باع شخص لأخر شيئا ولم يتفق الطرفان ولم تدل ظروف التعاقد على ثبوت شرط المذاق

---

[1] انظر: المادة 313 من مجلة الإحكام العدلية وشرحها عند علي حيدر، ج1، ص34، وفي الفقه الجعفري العلامة الحلي، مختلف الشيعة، ج5، ص281.

[2] الشيخ المفيد، المقنعة، ص609، العلامة الحلي، مختلف الشيعة، ج5، ص281، الحلي (أبي منصور محمد بن إدريس محمد العجلي)، السرائر الحاوي لتحرير الفتاوى، سلسلة الينابيع الفقهية، ج14، بيروت، ط1، 1990، ص359.

[3] انظر: العلامة الحلي، مختلف الشيعة، ج5، ص281، الهذلي (الشيخ أبي زكريا يحيى بن احمد بن يحيى بن الحسن بن سعيد)، الجامع للشرائع، سلسلة الينابيع الفقهية، ج14، بيروت، ط1، 1990، ص477.

[4] العلامة الحلي، مختلف الشيعة، ج5، ص282.

للمشتري، كان البيع لازما، وللمشتري إذا ظهر المبيع معيبا، إن يرجع بدعوى ضمان العيوب الخفية.

أثار البيع بشرط المذاق:

ما يترتب على البيع بشرط المذاق من اثأر هي ذاتها التي تترتب على كـل وعـد بـالبيع ملـزم لجانـب واحد، ولما كان البيع بشرط المذاق عقد وعد ملزم للبائع دون المشتري، فان الآثار المترتبة على هذا الوعد يمكن دراستها على النحو الأتي [1].

(1) اثأر البيع بشرط المذاق قبل إعلان المشتري عن قبوله.

لا يكسب البيع بشرط المذاق في هذه المرحلة إلا حقوقا شخصية ولا يرتب إلا التزامات، رغم إن عقـد البيع النهائي من شانه إن ينقل ملكية المبيع إلى المشتري وهو حق عيني إلى المشتري.

ولا يرتب البيع بشرط المذاق في هذه المرحلة في ذمة البائع (الواعد) إلا التزام شخصي يتمثل في تمكين المشتري من تذوق المبيع وإبرام البيع، إذا أعلن المشتري بعد تذوقه عن قبوله للمبيع.

ويلاحظ إن الحق الشخصي الذي يمنحه البيع بشرط المذاق للمشتري (الموعود لـه) لا يترتب عليـه انتقال ملكية المبيع إلى المشتري، بل تبقى ملكية الشيء المبيع للبائع (الواعد) ولا تنتقل إلى المشتري.

ويترتب على كون حق المشتري (الموعود له) حقا شخصيا مـن جهـة، وان ملكيـة الشيء المبيـع تبقـى للواعد من جهة أخرى، عدة نتائج أهمها:

(أ) تصح كافة تصرفات البائع (الواعد) في الشيء المبيع، فله إن يبيع الشيء المبيع أو يهبه أو يـؤجره إلى الغـير، وتكون هذه التصرفات نافذة في حق المشتري بشرط

---

[1] انظر في الوعد بالتعاقد: د. إسماعيل غانم، مصدر سابق، ج1، ص137، د. عبد المجيد الحكيم وآخرون، القـانون المـدني ومصادر الالتزام، ج1، مطبعة جامعة بغداد، بغداد، 1986، ص49، د. غنـي حسـون طـه، مصدر سابق، الالتزام، 147، ومؤلفه، مصدر سابق، البيع، ص100 وما بعدها، د. سعدون العامري، مصدر سابق، البيع، ص47 وما بعدها.

الخيار الذي يقتصر حقه في مثل هذه الأحوال على المطالبة بالتعويض طبقا لقواعد المسؤولية العقدية.

(ب) إذا هلك الشيء المبيع هلاكا كليا بقوة قاهرة فانه يهلك على البائع (الواعد)، لان الشيء يهلك على مالكه، فينقضي التزام الواعد لاستحالة تنفيذه، وينقضي تبعا لذلك حق الموعود له.

(ح) ويجوز للموعود له، باعتباره دائنا بحق شخصي، إن يطالب طبقا للقواعد العامة بإجبار الواعد، باعتباره مدينا، على تنفيذ التزامه تنفيذا عينيا وله في سبيل ذلك إن يطالب بفرض الغرامة التهديدية إذا إصر الواعد في رفض التنفيذ.

(2) أثار البيع بشرط المذاق بعد إعلان المشتري عن قبوله بعد تذوق المبيع.

متى ما تذوق المشتري (الموعود له) المبيع واظهر رغبته في إبرام العقد النهائي، تم عقد البيع ولا حاجة إلى قبول جديد من البائع (الواعد)، وأصبح الواعد بائعا والموعود له مشتريا وترتبت في ذمة البائع والمشتري الالتزامات التي يفرضها على كل منهما عقد البيع، ولا يشترط في قبول المشتري (الموعود له) شكل خاص ما لم يتفق على خلاف ذلك.

ولكن يجب إن يلاحظ إن عقد البيع لا يتم إلا منذ اللحظة التي يعلن فيها الموعود له (المشتري) عـن رغبته في إبرام هذا العقد، والى ذلك أشارت المادة 525 مدني عراقي بنصها صراحة على انه (ولا ينعقد البيع إلا من الوقت الذي تم فيه هذا الإعلان).

معنى هذا إن قبول المشتري، لا يكون له اثر رجعي، لان البيع لم يكن موجودا قبل ذلك.

ويترتب على عدم رجعية اثر القبول النتائج الآتية:

1- إذا كان أحد دائني البائع قد حجز على المبيع قبل قبول المشتري للبيع، كان الحجز صحيحا إذ وقع على شيء مملوك للبائع (الواعد)، وجاز الاحتجاج بالحجز على المشتري لو قبل البيع.

2- إذا أفلس البائع أو أعسر قبل قبول المشتري للبيع، ثم قبل المشتري البيع، فانه لا يستأثر بالمبيع دون سائر الدائنين.

الدائن بالمذاق والزمان والمكان اللذان يتم فيهما.

الدائن بالمذاق هو المشتري (الموعود له) الذي يقوم شخصيا بتذوق المبيع، وقد يستأنس بذوق أجنبي في بعض الأحيان وهذا نادر. وللمشتري الحرية الكاملة بعد تذوق المبيع في قبوله أو في رفضه. فالقصد من تذوق المبيع ليس للاستيثاق من صلاحية المبيع كما في البيع بشرط التجربة، وإنما للاستيثاق من مناسبة المبيع لذوق المشتري شخصيا.

ويتم المذاق في الزمان والمكان اللذين يتفق عليهما المتعاقدان، فان لم يكن هناك اتفاق، لا صريح ولا ضمني على الزمان والمكان، اتبع عرف الجهة، ففي تذوق الحلويات والمعجنات جرى العرف في العراق على تذوقها في لحظة إبرام العقد وفي مكان محل عمل البائع، فان لم يكن هناك عرف مستقر، فالمذاق يتقدم تسلم المشتري المبيع من البائع، فيتم في المكان الذي يكون فيه التسليم عادة، ويسبق التسليم فورا، بحيث إذا تسلم المشتري المبيع اعتبر تسلمه رضاء به وقبو له بعد مذاقه.

مسقطات شرط المذاق.

إذا تذوق المشتري المبيع وقبله تحول الوعد بالبيع إلى عقد بيع تام ملزم للجانبين، وقبول المشتري بالمبيع قد يكون صريحا وهذا هو الأصل، وقد يكون ضمنيا يستخلص من الظروف كما لو وضع المشتري بعد تذوق المبيع ختمه على المبيع أو علامة خاصة تميز المبيع عن غيره و تدل على قبول المشتري للمبيع.

ولكن حق المشتري في تذوق المبيع قد يسقط، ويترتب على سقوطه سقوط الوعد وتحلل البائع من التزامه وذلك في الحالات الآتية:

1- إذا أعلن المشتري قبل تذوقه للمبيع عن عدم رغبته في إبرام عقد البيع، حيث يجوز له ذلك سواء كان ذلك بعد تذوق المبيع أو قبلها. فإذا رفض إن يبرم عقد البيع النهائي بعد تذوق المبيع فانه يستعمل حقه الثابت له في العقد والذي أشارت

إليه المادة 525 مدني عراقي بنصها على انه (إذا بيع بشرط المذاق كان للمشتري إن يقبل البيع إن شاء...). إما إذا رفض إبرام عقد البيع النهائي قبل تذوق المبيع، فلا يمكن إن يقال بان المشتري يستعمل حقه، وإنما لان البيع بشرط المذاق هو عبارة عن وعد ملزم للبائع وغير ملزم له، لذلك يجوز له إن يتحلل منه في أي وقت ويبرا البائع من وعده.

2- إذا مضت المدة المحددة للمشتري دون إن يتذوق المبيع أو يتذوقه ولكن دون إن يبدي رغبة في إبرام البيع النهائي. ففي هذه الحالة يعد سكوته رفضا للمبيع فيتحلل البائع من التزاماته، ويسقط الوعد دون حاجة إلى أعذار الموعود له.

3- إذا هلك المبيع في يد البائع (الواعد) بقوة قاهرة قبل إن يتمكن المشتري (الموعود له) من تذوقه.

الفصل الثاني
المـــحـــل
L OBJET

محل عقد البيع هو العملية القانونية التي تراضى المتبايعان على تحقيقها. إما محل الالتزام فهو الأداء الذي يجب على كل من المتبايعين القيام به للأخر.

ولما كان البيع هو عبارة عن مبادلة مال بمال، فان العملية القانونية التي يقصد الطرفان تحقيقها من وراء إبرام عقد البيع، هي نقل ملكية المبيع مقابل ثمن نقدي. ونقل الملكية هو الأداء الـذي يلتـزم بـه البـائع، ودفع الثمن هو الأداء الذي يلتزم به المشتري.

وعلى هذا الأساس فان محل التزام البائع الرئيسي هو المبيع، ومحل التزام المشتري الرئيسي هو الثمن، إذا محل عقد البيع هو محل مزدوج يتمثـل بـالمبيع والـثمن اللـذان هـما محـلا الالتزامـان الرئيسيان للبـائع والمشتري.

ولما كان المحل في عقد البيع محل مزدوج يتمثل بالمبيع والثمن، فإننا سنتناول أولا المبيع بوصفه محل التزام البائع، ثم الثمن باعتباره محل التزام المشتري، ويلاحظ إن القانون المدني العراقي لا يحتوي على نصوص خاصة بشان شروط المبيع ماعدا نص المادة 514 مدني، والمادتان 526 و 527 مدني الخاصة بشروط الثمن.

لذلك ينبغي الرجوع إلى إحكام القواعد العامة، الخاصة بمحل العقد والمحـددة في المـواد (127- 130 مدني) والتي بموجبها ينبغي إن يكون المحل موجودا أو ممكن الوجود، وان يكون معينا أو قابلا للتعيين، وان يكون مشروعا.

المبحث الثاني
المبيـــع

نتناول في هذا المبحث ماهية المبيع أو المقصود به، ثم الشروط الواجب توفرها في المبيع لكي يصلح إن يكون محلا لالتزام البائع، وذلك على النحو الأتي.

المطلب الأول
ماهيـة المبيـع

أول ما يتبادر إلى الذهن إن المقصود بالمبيع هو الشيء الذي يريد المشتري الحصول إليه من البائع مقابل ثمن معين.

ولكن الحقيقة في لغة القانون على خلاف ذلك، فالبيع كما عرفته المادة 506 هو مبادلة مال بمال، فالمال لا الشيء هو محل التزام البائع وهو ما يقصد المشتري الحصول عليه مقابل ثمن نقدي.

ولكن ما المقصود بالمال؟

عرفت المادة 65 من القانون المدني العراقي المال بأنه (كل حق له قيمة مادية).

ولكن ما المقصود بالحق وما هو محله؟

نصت المادة 66 مدني عراقي على انه (الحقوق المالية تكون إما عينية أو شخصية). كما نصت الفقرة الاولى من المادة 61 مدني عراقي على انه (كل شيء لا يخرج عن التعامل بطبيعته أو بحكم القانون يصح إن يكون محلا للحقوق المالية).

ومن خلال الجمع بين النصين السابقين يتبين لنا إن الحقوق المالية هي إما إن تكون عينية، أو شخصية. والحق العيني كما عرفته الفقرة الأولى من المادة 67 مدني عراقي هو عبارة عن سلطة مباشرة على شيء معين يعطيها القانون لشخص معين.

أما الحق الشخصي فهو كما عرفته الفقرة الأولى من المادة 69 مدني عراقي عبارة عن (رابطة قانونية ما بين شخصين دائن ومدين يطالب بمقتضاها الدائن المدين بان ينقل حقا عينيا أو إن يقوم بعمل أو إن يمتنع عن عمل).

كما نصت الفقرة الثانية من المادة 69 مدني عراقي على انه (ويعتبر حقا شخصيا الالتزام بنقل الملكية أيا كان محلها نقدا أو مثليات أو قيميات...).

أما الشيء المبيع فهو محل الحق سواء كان حق عينيا أو حقا شخصيا، ولما كانت الحقوق التي ترد على الشيء متعددة، فحق الملكية يعطي للمالك سلطة التصرف في الشيء واستعماله واستغلاله، فإذا رتب مالك ارض على أرضه حق منفعة للغير أي تنازل المالك عن حقه في استغلال الأرض بنفسه للغير، كان لصاحب حق المنفعة إذا لم يكن هناك نص يمنعه إن يبيع حق المنفعة إلى شخص معين. فهنا المشتري لم يشتر ملكية الأرض وإنما ورد عقد البيع على حق المنفعة فقط.

إذا الحق لا الشيء هو المحل في عقد البيع وهو الذي يرد عليه التزام البائع بنقل الملكية.

ولكن يجب إن يلاحظ إن الحق العيني فقط هو الذي يكون محلا لعقد البيع، إما الحق الشخصي- فان انتقال ملكيته من شخص إلى أخر يتم عن طريق حوالة الحق أو حوالة الدين، فقد يقوم الدائن ببيع دينه البالغ (خمسة ملايين) دينار والذي يحل بعد سنة إلى شخص أخر بأربعة ملايين دينار تدفع فورا، كما قد يقوم المدين ببيع الدين الذي عليه والبالغ خمسة ملايين دينار والذي يجب الوفاء به فورا بستة ملايين تدفع بعد سنة.

ولكن يجب إن يلاحظ إن عقد البيع مثله مثل أي عقد أخر ينشئ فقط التزامات شخصية وان كان محل هذه الالتزامات حق عيني، فالشخص الذي يشتري من أخر سيارة هو إنما يشتري ملكية هذه السيارة من البائع وحق الملكية كما هو معروف حق عيني، ولكن التزام البائع بنقل ملكية هذه السيارة هو حق شخصي- وبالتالي فإذا أراد البائع إن يتصرف بهذا الالتزام إلى الغير عن طريق حوالة الدين وجب تطبيق شروط حوالة الدين ومن أهم شروطها، إن يكون محل الالتزام من الأشياء المثلية وان يوافق المشتري على الحوالة.

وبالتالي فإذا اتفق بائع التجزئة مع تاجر الجملة على إن يبيع الأخير للأول كمية من السجائر من نوع معين، كان لتاجر الجملة إن يحيل المشتري (تاجر التجزئة) على

تاجر أخر ليسلمه الكمية المتفق عليها ولتاجر التجزئة باعتباره (محال له) إن يقبل الحوالة أو يرفضها. إذا عقد البيع هو مصدر من مصادر الالتزام وهو في ذات الوقت سبب من أسباب كسب الملكية.

ومن نافلة القول إن الفقهاء المسلمون قد اختلفوا في تعريف المال، فذهب الحنفية إلى إن المال هو ما يميل إليه طبع الإنسان، ويمكن ادخاره إلى وقت الحاجة، منقولا كان أو غير منقول[1].

ومن هذا التعريف يتبين لنا، إن الحنفية يشترطون لتوفر المالية تحقق إمكانية الحيازة والإحراز في الشيء وإمكانية الانتفاع به عادة.

ولكن فكرة المال لدى فقهاء المذهب الحنفي منتقدة لعدت أسباب:

1- إن تعريف الحنفية للمال، هو تعريف ناقص غير شامل، فالخضروات والفواكه تعتبر مال، وان لم تدخر لتسرع الفساد إليها.

2- إن التوقف في وصف الشيء بأنه مال على أساس ما يميل إليه طبع الإنسان يؤدي إلى تحكم وعدم دقة، لان بعض الأموال كالأدوية المرة والسموم والأشياء الخطرة تنفر منها الطباع على الرغم من أنها مال.

3- عدم اعتبار المنافع والحقوق أموالا، فحق الإيجار وحق الارتفاق والمنفعة وحق المرور وحق السكنى والتعلي، كل هذه الحقوق لا تعتبر في نظر الحنفية وفق التعريف المذكور أموالا.

إما جمهور الفقهاء من غير الحنفية[2]، فقد ذهبوا إلى تعريف المال بأنه كل ماله قيمة يلزم متلفه بضمان، قال الإمام الشافعي (رح): لا يقع اسم المال إلا على

_____

[1] ورد هذا التعريف في المادة 126 من مجلة الإحكام العدلية، وانظر في شرح هذه المادة: علي حيدر، مصدر سابق، ج1، ص. ويلاحظ إن هذا التعريف منقول عن كتاب رد المحتار على الدر المختار، حاشية ابن عابدين على شرح الشيخ علاء الدين محمد بن علي الحصفكي لمتن " تنوير الإبصار" للشيخ الدين التمرتاشي، تحقيق عبد المجيد طعمه الحلبي، ج7، دار المعرفة، ط1، بيروت، 2000، ص8.

[2] انظر في ذلك: الإقناع للمقدسي، ج2، ص59، هاشم معروف الحسني، مصدر سابق، ص329- 331، الشيخ علي الخفيف، مصدر سابق، المعاملات الشرعية، ص28.

ماله قيمة يباع بها ويلزم متلفه، وان قلت، وومالا يطرحه الناس مثل الفلس وما أشبه ذلك[1].

المطلب الثاني
شروط المبيــع

سبق منا القول انه يشترط في المبيع لكي يكون محل صالح للتعامل فيه، إن يكون موجودا أو ممكن الوجود، ومعينا أو قابلا للتعيين وان يكون مشروعا، ونرى كل شرط من هذه الشروط في فرع خاص.

الفرع الأول
إن يكون المبيع موجودا أو ممكن الوجود

أولاً: المبيع موجود حالا.

يشترط في المبيع لكي ينعقد البيع صحيحا، إن يكون موجودا وقت إبرام العقد، فإذا كان المبيع معدوما، كان الحكم حسب الأحوال الآتية:

1- إن يقصد البائع بيع مال غير موجود في الأصل، للحصول على مبلغ معين من المال، مثال ذلك: إن يبيع شخص حصان كان يملكه إلا انه مات قبل فترة طويلة، فهنا يعتبر البيع باطلا وإذا كان المشتري قد دفع الثمن كان له إن يسترده من البائع، إما إذا لم يدفعه سقط عنه، كما يلزم البائع بالإضافة إلى ذلك بتعويض المشتري عما لحقه من خسارة وما فاته من كسب، ويكون أساس التعويض هنا المسؤولية التقصيرية لبطلان البيع بسبب انعدام المحل[2].

---

(1) السيوطي، الأشباه والنظائر، طبعة مصطفى محمد، ص258. نقلا عن د. وهبة الزحيلي، مصدر سابق، ج4، ص2877 هامش (1).

(2) ويطرح البعض نظرية الخطأ في تكوين العقد كأساس لمسؤولية البائع وهو أساس ضعيف، لان النظرية ذاتها أصبحت مهجورة في الوقت الحاضر. انظر: د. سليمان مرقس، مصدر سابق، البيع، طبعة 1968، ص133، وانظر في عرض نظرية الخطأ في تكوين العقد والرد عليها مفصلا: د. حلمي بهجت بدوي، مصدر سابق، ص259 وما بعدها، د. السنهوري، مصدر سابق، نظرية العقد، ج1، ص626- 632، د. عبد الحي حجازي، مصدر سابق، ج1، طبعة 1955، ص339 وما بعدها.

2- إن يبيع البائع مال موجود وقت العقد، ولكن المبيع يتلف بعد البيع بخطأ البائع، فهنا نفرق بين فرضين؛ الأول: إن يكون المبيع من الأشياء القيمية، كما لو كان المبيع تمثال لنحات مشهور، فيتلفه البائع بعد البيع وقبل التسليم بخطئه، فهنا يعتبر البيع منفسخا بحكم القانون لاستحالة البائع تنفيذ التزامه بتسليم تمثال طبق الأصل، فيسقط الثمن عن المشتري، وإذا كان قد سلمه للبائع فله إن يسترده، كما إن للمشتري إن يطالب البائع بالتعويض على أساس المسؤولية التقصيرية عما لحقه من خسارة وما فاته من كسب. الثاني: إن يكون المبيع من الأشياء المثلية، والقاعدة إن الأشياء المثلية لا تهلك، فيكون للمشتري إن يطالب البائع بالتنفيذ العيني، كما إن له إن ينفذ العقد عن طريق الحصول على مثل المبيع من الأسواق على نفقة البائع بعد استئذان المحكمة، وله في حالة الاستعجال إن ينفذ على نفقة البائع بلا إذن من المحكمة[1].

3- إن يبيع البائع مال موجود وقت العقد، ولكن المبيع يهلك بعد البيع بقوة قاهرة[2]، وهنا ينفسخ البيع بحكم القانون لاستحالة التنفيذ إذا كان المبيع من الأشياء القيمية، ويسقط الثمن عن المشتري ولا يلزم البائع بتعويض المشتري عما أصابه من ضرر.

أما إذا كان المبيع من الأشياء المثلية وهلك بقوة قاهرة كان هلاكه على البائع والتزم الأخير بتسليم مثل المبيع للمشتري، كما إن للمشتري إذا امتنع البائع عن تنفيذ التزامه إن يطلب التنفيذ العيني، كما إن له إن ينفذ على نفقة البائع وذلك بالحصول على مثل المبيع من الأسواق بعد استئذان المحكمة أو بدون استئذانها في حالة الاستعجال. كل ذلك تطبيقا للقاعدة العامة التي تقضي بان تبعة الهلاك تدور مع التسليم وجودا وعدما[3].

---

[1] انظر: المادة 250 من القانون المدني العراقي.
[2] ويستوي في ذلك إن يكون الهلاك ماديا كما لو كان المبيع جواد نفق أو ثوب احترق أو طعام حمض، أو قانونيا كما لو كان المبيع حق انتفاع انقضى.
[3] انظر: الفقرة الأولى من المادة 547 من القانون المدني العراقي.

ولكن يلاحظ إن البائع إذا قام بإفراز المبيع فان ملكية الشيء المثلي تنتقل بالإفراز[1]، فإذا اعذر البائع المشتري بضرورة تسلم المبيع وامتنع الأخير عن تسلم المبيع بدون عذر وهلك كان هلاكه على المشتري[2].

4- إن يبيع البائع مالا غير موجود وقت إبرام البيع على أساس انه موجود فعلا، ولكنه ممكن الوجود في المستقبل، مثال ذلك: إن يشتري تاجر تجزئة من مصنع كمية من القماش على أساس أنها موجودة في مخازن المصنع، ثم يتبين إن الكمية ستصنع مستقبلا، فالبيع في هذه الحالة باطل، لان المتعاقدان قصدا إن يرد البيع على شيء موجود فعلا، فإذا كان الشيء معدوما وقت التعاقد، كان العقد باطلا، حتى لو تبين إن المبيع ممكن الوجود في المستقبل، ويلزم البائع بتعويض المشتري على أساس المسؤولية التقصيرية.

5- إن يبيع البائع مالا موجود وقت إبرام البيع إلا إن المبيع يهلك بعضه دون البعض الأخر قبل التسليم، فهنا نفرق بين فرضين، **الأول:** إن يكون الهلاك بقوة قاهرة. وهنا يكون المشتري بالخيار بين فسخ البيع وبين إبقائه مع إنقاص الثمن، حيث نصت الفقرة الأولى من المادة 547 مدني عراقي على انه (... وإذا نقصت قيمة المبيع قبل التسليم لتلف أصابه، فالمشتري مخير بين فسخ البيع وبين بقائه مع إنقاص الثمن). **والثاني:** إن يكون هلاك بعض المبيع راجعا إلى فعل البائع أو المشتري، فإذا كان الهلاك بفعل البائع سقط الثمن عن المشتري وألزم البائع بتعويض المشتري عما أصابه من ضرر. إما إذا كان هلاك بعض المبيع بخطأ المشتري، كان على المشتري دفع الثمن كاملا، إذا كان لم يدفعه، ويسقط حقه في طلب استرداده إذا كان قد دفعه، حيث نصت الفقرة الثانية من المادة 547 مدني عراقي على انه (إذا كان هلاك المبيع أو نقص قيمته قبل التسليم قد حدث بفعل المشتري أو بفعل البائع وجب دفع الثمن كاملا في الحالة الأولى، وألزم البائع بالتعويض في الحالة الثانية).

---

[1] انظر: المادة 531 من القانون المدني العراقي.

[2] انظر: الفقرة الأولى من المادة 547 من القانون المدني العراقي.

ثانياً: المبيع ممكن الوجود في المستقبل.

وإذا لم يكن المبيع موجودا وقت التعاقد إلا انه كان ممكن الوجود في المستقبل وقصد المتعاقدان إن يرد العقد على شيء يوجد في المستقبل، كان البيع صحيحا. ولكن المشرع حرم التعامل في بعض الأشياء المستقبلة لاعتبارات تتعلق بالنظام العام والآداب.

ونحن هنا نرى أولا القاعدة العامة في جواز بيع الأشياء المستقبلة، ثم نعالج الاستثناء الذي أورده المشرع عليها.

القاعدة العامة (جواز بيع الأشياء المستقبلة).

إن التعامل في الأشياء المستقبلة كثير الوقوع في الحياة العملية. فكثيرا ما يقع إن يبيع صاحب مصنع معين قدرا معينا من المنتجات قبل صنعها، أو إن يبيع مالك منزله قبل بنائه، أو المزارع محصولات أرضه قبل نباتها أو بدو صلاحها، أو يبيع المؤلف مؤلفه قبل تمامه أو حتى قبل البدء به.

ويلاحظ إن بيع الأموال المستقبلة يختلف بحسب قصد العاقدين منه، وله ثلاث صور، الأولى: بيع المال المستقبل بسعر الوحدة منه، مثال ذلك: بيع محصول القطن الذي سينتج من ارض معينة في موسم محدد بسعر عشرة ألاف دينار للقنطار. والصورة الثانية: يكون فيها الثمن معينا جملة واحدة ويتجه فيها قصد العاقدين إلى تعليق البيع على شرط وجود المبيع في المستقبل مثال ذلك: بيع محصول الحنطة الذي سينتج من ارض معينة في موسم محدد بمبلغ مليون دينار مهما بلغ مقدار ما تنتجه الأرض من محصول الحنطة.

أما الصورة الثالثة: فهي التي يجازف فيها المشتري في وجود المبيع نفسه، كبيع الصياد ضربة شبكته، فيكون المبيع في هذه الحالة هو مجرد الأمل في الصيد،

فينعقد البيع منجزا ويلزم المشتري بالثمن المسمى سواء تحقق هذا الأمل أو لم يتحقق، أي سواء وجد الصيد أم لم يوجد[1].

ولكن هل جميع هذه الصور من التعاقد على بيع الأموال المستقبلة صحيحة، أم إن بعضها صحيح وملزم وبعضها الأخر باطل.

نصت المادة 1130 من القانون المدني الفرنسي على انه (الأشياء المستقبلة يجوز إن تكون محلا للتعهدات).

كما نصت المادة 131 من القانون المدني المصري على انه (يجوز إن يكون محل الالتزام شيئا مستقبلا).

والظاهر من هذه النصوص إن جميع صور التعاقد على بيع الأموال المستقبلة السابقة الذكر صحيحة في القانون المدني الفرنسي والمصري وسائر القوانين المدنية الحديثة[2].

ولكن هل هي صحيحة وفقا لإحكام القانون المدني العراقي؟

أريد إن أبين أولا وقبل كل شيء إن الشريعة الإسلامية الغراء لا تجيز إن يكون الشيء المعدوم الذي سيوجد في المستقبل محلا لعقد البيع إلا في السلم بشرائطه[3].

---

(1) ومثاله أيضا ما كان يعرف عند عرب الجاهلية بضربة الغواص؛ فقد كانوا يبتاعون من الغواص ما قد يعثر عليه من لقطات البحر حين غوصه ويلزمون المتبايعين بالعقد، فيدفع المشتري الثمن ولو لم يحصل على شيء، ويدفع البائع ما عثر عليه في ذلك ولو بلغ ما اخذ من الثمن. انظر في ذلك وفي تحريمه في الفقه الإسلامي: السيد سابق، فقه السنة، مج3، المكتبة العصرية، بيروت، 2005، ص107.

(2) انظر في ذلك: د. السنهوري، الوسيط، ج1، ص410- 411، د. عبد الحي الحجازي، الموجز، ج1، طبعة 1955، ص65.

(3) الشوكاني (الشيخ الإمام محمد بن علي بن محمد)، نيل الاوطار من أحاديث سيد الأخيار منتقى الإخبار، مج3، ج5، دار الكتب العلمية، بيروت، 1999، ص164- 165.

فبيع المعدوم باطل عند الحنفية والشافعية والمالكية[1]، ولكن فقهاء المذهب الجعفري[2] والحنبلي[3] وتبعهم في رأيهم الفقهاء المحدثون وجدوا إن علة

---

[1] انظر في المذهب الحنفي: حاشية ابن عابدين، ج7، ص14، وفي المذهب الشافعي: المهذب في فقه الإمام الشافعي، ج2، ص20-21، وفي المذهب المالكي: بداية المجتهد ونهاية المقتصد، مج2، ص142- 143.

[2] جاء في مختلف الشيعة للعلامة الحلي، ج5، ص158- 159 ما نصه (لا باس بابتياع جميع الأشياء حالا وان لم يكن حاضرا في الحال إذا كان الشيء موجودا في الوقت أو يمكن وجوده، ولا يجوز إن يشتري حالا ما لا يمكن تحصيله، فإما ما يمكن تحصيله فلا باس به وان لم يكن عند بائعه في الحال). ويعلل العلامة الحلي سبب هذا الحكم بقوله (إن الأصل الجواز، وعموم الأدلة المسوغة للبيع، ولان المقتضي للصحة موجود والمانع منتف، فتثبت الصحة. إما وجود المقتضي: فلان الأدلة تقتضيه، ولأنه بيع وقع من أهله في محله، فكان سائغا كغيره من المبيعات، ولان الحاجة هذه المعاوضة مما يتفق كثيرا، فلولا المشروعية لزم الحرج. وإما نفي المانع: فالمانع هنا إما عدم الأجل، وهو باطل ببيع المشاهدة وخيار الرؤية، وإما الإطلاق، وهو باطل بالسلم، ولا مانع سواهما عملا بالأصل والسبر والتقسيم. ولان مشروعية السلم تستلزم مشروعية هذا النوع من المعاوضة؛ إذ الأجل إنما جعل إرفاقا لمن عليه الحق، لا انه شرط في تلك المعاوضة، فتكون المعاوضة هنا سائغة؛ لان القدرة على التسليم هنا أتم، والحكمة في معاوضة البيع إنما تتم بالقدرة على التسليم، فإذا كانت أتم في صورة النزاع وجب إن يكون الحكم فيها ثابتا). وإذا كان هذا دليلهم العقلي وما أروعه من دليل، فان دليلهم ألنقلي يتمثل بروايات عديدة عن الإمام الصادق عليه السلام مثالها؛ ما رواه زيد الشحام عن الصادق عليه السلام ، في رجل اشترى من رجل مائة من صفرا وليس عند الرجل شيء منه، قال (لا باس به إذا أوفاه دون الذي اشترط له). وعن عبد الله بن سنان عن الصادق عليه السلام ، قال: سألته عن الرجل يأتيني يريد مني طعاما وبيعا وليس عندي أ يصلح لي إن أبيعه إياه واقطع سعره ثم اشتريه من مكان أخر وادفع إليه؟ قال عليه السلام : (لا باس إذا قطع سعره).

[3] انظر في موقف الفقه الحنبلي: ابن القيم الجوزية، إعلام الموقعين عن رب العالمين، تحقيق وضبط عبد الرحمن الوكيل، مطبعة دار الكتب الحديثة، القاهرة، 1389، ص462- 463، شيخ الإسلام ابن تيمية، وتلميذه ابن القيم، القياس في الشرع الإسلامي، المطبعة السلفية، القاهرة، 1385، ص26- 27، المقدسي، الإقناع، ج2، ص67 هامش(2).

التحريم في الواقع ليست العدم، بل الغرر بسبب عدم القدرة على التسليم، فإذا انتفت العلة لم يوجد الحكم، فيجوز بيع المال المستقبل لعدم الغرر في ذلك[1].

وعند وضع القانون المدني العراقي وجد المشرع نفسه إمام قاعدتين على طرفي نقيض فيما يتعلق بجواز التعامل في الأموال المستقبلة، قاعدة القانون الفرنسي- والمصري وهي تجيز هذا التعامل، والقاعدة الغالبة في الشريعة الإسلامية وهي تحرمه، وكان يتعين عليه إن يختار بينهما. ولكنه لم ينقل عن القانون الفرنسي والمصري جواز التعامل في الأموال المستقبلة بصورة مطلقة، كما لم يتشدد بتحريم التعامل في الأموال المستقبلة جريا وراء قاعدة (بيع المعدوم باطل) التي جاء بها اغلب الفقهاء المسلمون. وإنما اختط لنفسه موقفا خاصا تمثل بآخذه بالرأي الذي وصل إليه فقهاء المذهب الجعفري والحنبلي ومن تبعهم من الفقهاء المحدثون الذين وجدوا إن علة التحريم في الشريعة الإسلامية لا تكمن في انعدام المحل في ذاته، وإنما تتعلق بالغرر الذي يلحق العقد بسبب عدم وجود المبيع، فاشترط في جواز بيع الأموال المستقبلة إن يكون المبيع خاليا من الجهالة الفاحشة والغرر. فجاءت المادة 129 مدني عراقي انعكاسا لهذا الموقف المتميز، حيث نصت على انه (يجوز إن يكون محل الالتزام معدوما وقت التعاقد إذا كان ممكن الحصول في المستقبل وعين تعيينا نافيا للجهالة والغرر).

فالمشرع العراقي اشترط إذا لجواز بيع الأموال المستقبلة إن يكون المبيع معينا تعيينا نافيا للجهالة والغرر[2].

---

(1) العلامة السنهوري، مصادر الحق، ج3، ص40 وما بعدها، الشيخ علي الخفيف، إحكام المعاملات الشرعية، ص252-253، الإمام محمد أبو زهرة، الملكية ونظرية العقد، ص256- 258.

(2) وقد أكد المشرع العراقي حكم القاعدة العامة الواردة في المادة 129 بنصه على ذلك صراحة في نطاق عقد البيع في الفقرة الثانية من المادة 524 التي جاء فيها (يصح بيع الأشياء والحقوق المستقبلة إذا كانت محددة تحديدا يمنع الجهالة والغرر). وهذا في نظرنا تكرار من المشرع لا حاجة له.

والمقصود بتعين المبيع تعيينا نافيا للجهالة، إن على المتبايعين إن يحددا في العقد مواصفات المبيع بحيث يستطيع المشتري التعرف عليه بمجرد وجوده في المستقبل أو اكتمال صنعه.

فإذا باع شخص عقارا سيتم بناءه مستقبلا، وجب لكي يكون المبيع معيينا تعيينا نافيا للجهالة تحديد موقع البناء وحدوده وما يشتمل عليه من طوابق ومرافق.

وإذا كان المبيع قماشا لم يتم نسجه بعد، وجب تعيين مقداره ولونه وصنفه ودرجة جودته، فيقال مئة متر من الحرير الأحمر درجة أولى، إما إذا لم تحدد درجة جودته، كان من الصنف المتوسط.

أما الغرر فهو عدم الاستيثاق من تحقق المبيع في المستقبل، أو عدم الاستيثاق من مقدار المبيع وصفاته[1].

جاء في بداية المجتهد ونهاية المقتصد لابن رشد الحفيد ما نصه "والغرر ينتفي عن الشيء بان يكون معلوم الوجود معلوم الصفة معلوم القدر مقدورا على تسليمه، وذلك في الطرفين الثمن والمثمون..."[2].

ويترتب على ما تقدم إن الصور الثلاثة للتعامل في الأموال المستقبلة يكون حكمها في القانون المدني العراقي على النحو الأتي:

الصورة الأولى: ويكون فيها عقد البيع صحيحا، لأنه محدد القيمة بعيدا عن الغرر. وتكييفه انه بيع منشئ فقط التزاما بنقل ملكية المبيع ومعلق على شرط واقف هو تحقق المبيع في المستقبل. كما لو اتفق البائع مع المشتري على بيع ما سينتج من قمح من ارض معينة في موسم محدد بسعر خمسة ألاف دينار للطن.

فإذا تحقق وجود المبيع كله أو بعضه أنتج العقد أثاره - بما في ذلك الالتزام بنقل الملكية - بالنسبة إلى القدر الذي تحقق وجوده مستندة إلى وقت انعقاده، ولكن

---

(1) انظر في ماهية الغرر في الفقه الإسلامي: المهذب في فقه الإمام الشافعي، ج2، ص21، السيد سابق، فقه السنة، مج3، ص106، الإمام محمد أبو زهرة، مصدر سابق، ص258 وما بعدها.

(2) مج2، ص164- 165.

انتقال الملكية إلى المشتري لا يتم من وقت نشوء الالتزام به نشوءا مستندا إلى تاريخ العقد، بل من وقت تحقق وجود المبيع فحسب.

وإذا لم يوجد المبيع، كما إذا هلك المحصول بآفة سماوية، تخلف الشرط الواقف وترتب على تخلفه اعتبار البيع كأن لم يكن، فيتحلل البائع من التزامه ولا يجب على المشتري شيء من الثمن، ولا يجوز له مطالبة البائع بأي تعويض. على انه إذا كان تحقق وجود المبيع في المستقبل يقتضي عملا يقوم به البائع، وجب في حالة تخلفه إلا يكون ذلك راجعا إلى تقصير البائع في القيام بهذا العمل، وإلا وجب عليه تعويض المشتري عن تسببه في عدم وجود المبيع، كما إذا باع المزارع محصول القمح في المثال السابق ثم امتنع عن الزرع.

الصورة الثانية: ويكون فيها البيع باطلا، لأنه ينطوي على قدر من الغرر، لان المشتري وان كان لا يجازف في وجود المبيع، إلا انه يجازف في قدر المبيع وكميته، وتكييفه انه بيع معلق على شرط واقف هو وجود المبيع في المستقبل. كما لو بيع محصول ارض معينة في موسم محدد بمبلغ حدد بصورة إجمالية مهما كان مقدار المحصول أو كميته.

أن هذا البيع وان كان صحيحا في القانون الفرنسي والمصري، إلا انه باطل وفق إحكام القانون المدني العراقي، لان تحديد الثمن بصورة إجمالية مهما كانت كمية المحصول، يعني إن البائع والمشتري يخاطران في كمية المبيع أو مقداره، فإذا ظهر عجز في المحصول كان البائع غابنا وكان المشتري مغبونا، إما إذا ظهرت زيادة في المحصول خسر البائع وربح المشتري، وهذا هو الغرر الذي اشترطت المادة 129و 514 ف 2 مدني عراقي خلو المبيع منه لكي يكون البيع صحيحا.

الصورة الثالثة: فالبيع فيها يكون باطلا أيضا، لان العقد ينطوي على أعلى درجات الغرر، لان المشتري فيها لا يخاطر في كمية المبيع فحسب وإنما يخاطر في وجوده أيضا، فهو ملزم بدفع الثمن المتفق عليه وجد المبيع أو لم يوجد، فينعقد البيع منجزا ويلزم المشتري بدفع الثمن المسمى. وهذا البيع هو أوضح صور عقود الغرر التي

نهى عنها الفقهاء المسلمون القدماء منهم والمحدثون، وهو من البيوع الباطلة بلا خلاف في الشريعة الإسلامية[1] والقانون المدني العراقي.

الاستثناء (تحريم بيع التركة المستقبلة):

نظرة عامة:

التركة هي مجموعة ما يتركه الإنسان عند موته من حقوق وديون. ولا يعتبر للتركة وجود إلا من وقت موت صاحبها. إما قبل ذلك فهي تركة مستقبلة.

وقاعدة حظر التعامل في التركة المستقبلة قاعدة قديمة يرجع أصلها إلى القانون الروماني، ولو أنها أصبحت في المجموعة المدنية الفرنسية، ومن بعدها في القانون المدني المصري، ومن ثم في القانون المدني العراقي، أوسع نطاقا مما كانت عليه في القانون الروماني[2].

ماهية التركة المستقبلة وعلة تحريم التعامل بها:

يراد بالتركة المستقبلة مجموع ما ينتظر إن يتركه شخص لازال على قيد الحياة، من حقوق والتزامات عند موته. والتعامل الذي يحظره القانون هو كل تعامل يتم حال حياة الشخص ويكون محله تركته المستقبلة سواء صدر من المورث أو الوارث، وسواء كان في مجموع التركة، أو في جزء شائع من هذا المجموع، أو في مال أو دين معين باعتباره احد عناصرها[3].

ولكن يجب إن يلاحظ إن حكمة التحريم تختلف باختلاف ما إذا كان احد طرفي عقد البيع هو صاحب التركة، أو كانت التركة محل عقد البيع مملوك للغير.

---

[1] انظر في البيوع المنهي عنها في الشريعة الإسلامية للغبن الذي سببه الغرر مفصلا: ابن رشد الحفيد، بداية المجتهد ونهاية المقتصد، مج2، ص142 وما بعدها.

[2] انظر في ذلك: د. السنهوري، الوسيط، ج1، ص412 وما بعدها، د. حلمي بهجت بدوي، نظرية العقد، ص149، د. سعدون العامري، البيع والإيجار، ص71.

[3] انظر في ذلك: د. إسماعيل غانم، مصدر سابق، ج1، ص245، د. السنهوري، الوسيط، ج1، ص414- 415.

مثال العقد الذي يبرمه الشخص نفسه في شان تركته، إن يتفق مع شخص أجنبي إن يكون له الحق في مال من أموال التركة في مقابل دفع ثمنه، أو إن يتفق مع الغير على بيع جميع أمواله الحاضرة والمستقبلة.

فهذا البيع باطل، ذلك إن مثل هذا التصرف يتضمن تعديلا في إحكام الميراث، وتعديل إحكام الميراث لا يكون إلا بطريق الوصية وفي الحدود التي رسمها القانون، والوصية تتميز بأنه يجوز الرجوع فيها حتى موت الموصى، فهي لا تنفذ إلا بوفاة الموصى مصرا عليها[1] . إما البيع الذي يعقده المورث حال حياته بشأن تركته، فلو صح لما أمكن الرجوع فيه، ولوجب عدم الاعتداد بأية وصية لاحقة تتعارض معه، وهذا تقييد لحرية الايصاء وقد جعلها القانون من النظام العام.

ومثال عقد البيع الذي يبرم على تركة الغير، إن يتفق احد الورثة على بيع نصيبه الذي سيؤول إليه في التركة المستقبلة إلى وارث أخر أو إلى أجنبي. وقد كان القانون الروماني يحظر مثل هذه العقود على أساس أنها مخالفة للآداب إذ هي تتضمن مضاربة على حياة المورث، ومخالفة للنظام العام إذ هي تغري صاحب المصلحة فيها بالتعجيل بموته. ولكن القانون الروماني كان يبيح هذه العقود إذا تمت برضا المورث وبشرط إن يبقى راضيا إلى حين وفاته.

إما القانون الفرنسي، فقد نص صراحة على حظر التعامل في التركة المستقبلة ولو برضا المورث[2].

---

(1) نصت المادة 72 من قانون الأحوال الشخصية العراقي رقم 118 لسنة 1959 على انه (يبطل الوصية في الأحوال الآتية: 1- برجوع الموصي عما أوصى به...). وانظر في ذلك قرار محكمة التمييز المرقم 581 و 1098/شرعية موحدة/1973 في 1974/3/31، النشرة القضائية ع1، س5، ص203.

(2) أورد المشرع الفرنسي حظر التعامل في التركات المستقبلة في باب الالتزامات في الفقرة الثانية من المادة 1130، ثم كرر حكم هذا الحظر في المادة 1600 الواردة في باب البيع والتي نصت على انه (لا يجوز بيع تركة شخص على قيد الحياة ولو برضاه).

وهو بتشدده هذا أراد إن يحقق مجموعة من الأهداف أهمها:

1- إن يقضي بوجه خاص على عادة إقطاعية كانت جارية في ظل القانون الفرنسي القديم، وهي عادة تنازل البنات عن أنصبتهم في تركة والديهم لمصلحة الابن الأكبر[1].

2- حماية الوارث المحتمل الذي يكون في الغالب شابا نزقا، أو محتاجا إلى المال، فيدفعه نزقه أو حاجته إلى المال، إلى بيع حصته الميراثية المستقبلة، فيقع فريسة سهلة للمرابين أو المستغلين.

3- حرص المشرع الفرنسي على تحقيق المساواة في قسمة الأموال الموروثة، وهي لن تتحقق إذا جاز للورثة الاتفاق على توزيع حقوقهم المستقبلة على خلاف ما تقضي به إحكام القانون.

4- وأخيرا إن اعتبارات النظام العام والآداب التي يقوم عليها حظر التعامل في التركة المستقبلة لا يغير منها إن يكون المورث نفسه قد ارتضى البيع.

وعلى خطا القانون الفرنسي، سار القانون المصري، فنص على تحريم التعامل في التركة المستقبلة ولو برضا المورث، حيث نصت المادة 131 في فقرتها الثانية على انه (غير إن التعامل في تركة إنسان على قيد الحياة باطل ولو كان برضاه...).

وإذا كان المشرع العراقي قد نص صراحة في الفقرة الثانية من المادة 129 على بطلان التعامل في تركة إنسان على قيد الحياة، إلا انه لم يشر إلى حكم التصرف في التركة المستقبلة الذي يصدر من المورث نفسه أو من الغير، ولكن برضا المورث وموافقته.

ونحن نرى إن التصرف في التركة المستقبلة إذا صدر من المورث نفسه أو من الغير ولكن برضا المورث، كان باطلا كبيع، ولكن يمكن اعتباره وصية تطبيقا لنظرية تحول العقد وان كانت الوصية ليست عقدا على إن يكون التصرف بلا عوض وفي حدود ثلث التركة، إما ما زاد على الثلث فيكون موقوفا على إجازة الورثة. ذلك لان

[1] انظر في ذلك: د. إسماعيل غانم، مصر سابق، ج1، ص249 وهي عادة لا زالت منتشرة في المجتمع العراقي وخاصة في ريف العراق.

المورث لا يستطيع إن يتصرف في تركته إلا عن طريق الوصية وفي حدود ثلث التركة، فإذا تصرف في التركة عـن طريق غير الوصية كان تصرفه باطلا ما لم يجزه القانون صراحة.

ومن نافلة القول إن التعامل في تركة إنسان على قيد الحياة باطل في الشريعة الإسلامية، لما يقع فيه عادة من الغبن والغرر[1].

نطاق الحظر في التعامل في التركة المستقبلة:

هل القانون يحرم كل بيع يكون فيه وفاة احد الأشخاص محل اعتبار، أم إن هناك نطاقا معين لهـذا التحريم، يعد البيع خارجه صحيحا، حتى لو كانت وفاة احد الأشخاص محل اعتبار في العقد؟

ظهرت في الإجابة عن هذا التساؤل نظريتان في الفقه، هما نظرية الحق الاحتمالي، ونظرية المحل غـير المشروع.

أولاً: نظرية الحق الاحتمالي:

يذهب الأستاذ كابيتان إلى تعريف التعامل بالتركة المستقبلة بأنه " الاتفاق الذي لا يكتسـب بـه مـن عقد لمصلحته سوى حق احتمالي، أي مجرد أمل في حق يتوقف وجوده على وفاة صاحب التركة أولاً"[2].

كما يذهب الأستاذ بولانجيه إلى تعريف التعامل في التركة المستقبلة بأنه " الاتفاق الذي يكون معتـبر فيه تركه لم تفتح بعد، والذي بمقتضاه يخول احد الطرفين، أو يتنازل عـن مجرد حقوق احتمالية في تلك التركة"[3].

---

[1] د. السنهوري، مصادر الحق، ج3، ص52.

[2] كابيتان، تحريم التعامل في التركات المستقبلة، المجلة الانتقادية 1933، ص102 نقلا عن د. إسماعيل غانم، مصدر سـابق، ج1، ص247 هامش(1).

[3] بولانجيه في انسيكلوبيديا دالوز ج3 ص682 فقرة 7 نقلا عـن د. إسماعيل غانم، مصدر سابق، ج1، ص247 هامش(1). ومن المؤيدين لهذه النظرية في الفقه المصري؛ د. عبد الحي حجازي، النظرية العامة للالتزام، ج2، طبعة 1954، ص62، وفي المصادر الإرادية، ج1، طبعة 1962، ص233- 234 فقرة 148.

والحقيقة إن فكرة الحق الاحتمالي التي قال بها جانب من الفقه الفرنسي غير منتجة في تحديد نطاق التعامل في التركة المستقبلة، إذ يلاحظ أولا إن أنصار الاستعانة بها لا يتفقون فيما بينهم على تحديد المقصود بها. فالأستاذ كابيتان، كما يتبين من تعريفه، يرى إن الصفة الاحتمالية للحق الذي ينشا عن التعامل في تركة مستقبلة ترجع إلى إن وجود الحق يتوقف على موت صاحب التركة أولا. إما الأستاذ بولانجيه فهو يفرق بين التصرف الذي يرد على التركة في مجموعها والتصرف الذي يرد على احد عناصرها. ففي حالة التصرف الذي يرد على مجموع التركة، ترجع الصفة الاحتمالية للحق إلى إن عناصر هذا المجموع متغيرة، فهي لا تتحدد إلا عند الوفاة، فيكون من المستحيل وقت إبرام التصرف تحديد مضمون الحقوق الميراثية. إما إذا كان التصرف يتعلق بمال معين فان الصفة الاحتمالية للحق المتفق عليه، ترجع إلى انه لا يعرف وقت الاتفاق ما إذا كان هذا المال سيكون باقيا في التركة عند الوفاة حتى ينشا الحق المتفق عليه، إذ قد يتصرف فيه الشخص قبل وفاته فلا ينشا ذلك الحق.

ويلاحظ ثانيا، إن فكرة الحق الاحتمالي لا تضيف في الحقيقة أي ضوء جديد، بل إن فكرة المحل كافية وحدها لتحديد نطاق الحظر.

ثانياً: نظرية المحل غير المشروع:

يذهب الفقه الغالب[1] إلى إن العبرة في المحل الذي يرد عليه التعامل، فالتركة المستقبلة محل غير مشروع لا يصلح إن يرد عليه عقد البيع، فالقانون لا يحرم كل تعامل تكون فيه وفاة احد الأشخاص محل اعتبار؛ فعقد المرتب مدى الحياة، وعقد التامين على الحياة، بل والعقد المنشئ لحق انتفاع، كلها عقود صحيحة، رغم إن وفاة المؤمن له أو الدائن بالمرتب أو من تقرر له حق الانتفاع، محل اعتبار في العقد.

---

[1] انظر في الفقه الفرنسي:

- Planiol et Ripert, 2e ed, T. VI, par Esmein, 1952, P.310-311, NO. 246.
- Beudant et Lerebours, Pigeonniere, 2e ed, T. VIII, 1963, NO. 189.
- Mazeaud (H.L.J), T. IIII, 2e ed, 1962, NO. 688- 690.

نقلا عن د. إسماعيل غانم، مصر سابق، ج1، هامش 247.

فالتعامل الذي يحظره القانون هو إذا كل تعامل يتم حال حياة الشخص ويكون محله تركته المستقبلة، سواء في مجموعها، أو في جزء شائع من هذا المجموع، أو في مال أو دين معين باعتباره أحد عناصرها.

ويترتب على إن الحظر لا يتعلق بمجرد كون وفاة احد الأشخاص محل اعتبار في عقد البيع، بل العبرة في بطلان البيع هي بالمحل غير المشروع الذي يرد عليه، وهو هنا تركة مستقبلة، جملة من النتائج أهمها:

1- لا يعتبر باطلا التعهد المؤجل التنفيذ إلى وقت الوفاة post mortem، لأنه لا يعد تعاملا في تركة مستقبلة، مثال ذلك إن يشتري شخص عقارا ويتعهد بدفع ثمنه عند موت مورثه، أو يشتري المورث مالا معينا ويؤجل وفاء ثمنه إلى يوم موته[1]. فهذا النوع من التعامل لا يعد تعاملا في تركة مستقبلة ولو كان الباعث له أمل المدين في سداد الدين من التركة التي سيرثها، فهو لا يعدوا إن يكون تحديد لأجل دين لا علاقة له بالتركة، ما دام إن الالتزام قد نشأ في ذمة المدين حال حياته.

فعقد البيع الذي يتفق فيه المشتري على دفع الوفاء بالثمن عند وفاة مورثه، عقد صحيح، فقد نشا التزام المشتري في الحال، إما وفاة المورث فهي الأجل المضروب لتنفيذ الالتزام. وقد يسقط هذا الأجل قبل حلوله بسبب من الأسباب المسقطة للأجل (المادة 296 مدني عراقي): فإذا أشهر إفلاس المشتري أو أشهر إعساره، أو اضعف التأمينات، أو لم يقدم المشتري ما كان قد وعد بتقديمه من تأمينات، فان الأجل يسقط فيصبح الدين (ثمن المبيع) مستحق الأداء، ويكون للبائع التنفيذ على مال المشتري حال حياة المورث.

2- ينعقد عقد الوعد ببيع عقار معين صحيحا ولو اتفق على انه لا يجوز للموعود له استعمال خياره في الشراء إلا عند وفاة المالك، وذلك إذا تبين إن نية الطرفين قد انصرفت إلى إلزام الواعد بعدم التصرف في العقار إلى الغير حال حياته. وعلى العكس يقع الوعد باطلا، باعتباره تعاملا في تركة مستقبلة، إذا كانت نية الطرفين

---

[1] انظر: د. عبد الحي حجازي، الموجز، ج1، طبعة 1955، ص88.

قد انصرفت إلى تخويل الواعد حرية التصرف في العقار حـال حيـاتـه، بحيـث لا يكـون للموعـود لـه الحـق في الشراء إلا إذا كان العقار قد بقي في ملك الواعد إلى حين وفاته: ففي هذه الحالة من الواضح إن المقصود هو إنشاء حق للموعود له على تركة الواعد بعد وفاته، لا حقا قبل الواعد نفسه حال حياته، فيكون هـذا تعـامـلا في تركة مستقبلة غير جائز.

3- يعتبر البيع باطلا إذا التزم البائع بنقل ملكية مال معين على انه سيؤول إليـه في تركة مورثه، بينما ينعقـد البيع صحيحا ولكنه موقوفا على إجازة المورث إذا باع الوارث مالا مملوك لمورثه على أسـاس انه مملـوك له.

الفرع الثاني
إن يكون المبيع معينا أو قابلا للتعيين

من الشروط الجوهرية التي تقضي القواعد العامة توفرها في المبيع لكي يكون محلا صالح لعقد البيع، إن يكون هذا المبيع معينا أو قابلا للتعيين. ويتوقف التعيين أو القابلية للتعيين على طبيعة الشيء فيما إذا كان شيئا قيميا أو مثليا.

أولاً: بالنسبة للأشياء القيمية:

الأشياء القيمية أو الأشياء المعينة بالذات هي ما تتفاوت آحادها تفاوتا يعتد به، أو لم تتفاوت ولكـن انعدمت نظائرها في الأسواق[1].

فالأشياء القيمية إذا هي أشياء معينة بذاتها فلا يوجد لها نظير مـن جنسـها مسـاو أو مقـارب لهـا في القيمة بحيث يقوم بعضها مقام بعض عند الوفاء، كالعقارات بوجه عام والكتب المخطوطة والخواتم والمجوهرات وكل شيء ينظر فيه إلى وصف ذاتي

---

[1] انظر في ذلك: د. السنهوري، الوسيط، ج8، ص87- 88، د. عبد الفتاح عبد الباقي، نظرية الحق، مصدر سابق، ص212، كـما نصت المادة 146 من مجلة الإحكام العدلية على انه (ألقيمي ما لا يوجد له مثل في السوق أو يوجد لكـن مـع التفـاوت المعتد به في القيمة) وانظر في شرح هذا النص علي حيدر، ج1، ص105.

يميزه ككتاب موقع عليه من مؤلفه أو ساعة نقشت عليها علامة معينة، والحقيقة إن تعيين الشيء ألقيمي يختلف باختلاف كون هذا الشيء ألقيمي موجود وقت إبرام العقد أو غائبا.

فإذا كان المبيع موجودا وقت العقد، فان تعيينه يكون عن طريق الإشارة إليه أو إلى مكانه الخاص. حيث نصت الفقرة الأولى من المادة 128 مدني عراقي على انه (يلزم إن يكون محل الالتزام معينا تعيينا نافيا للجهالة الفاحشة سواء كان تعيينها بالإشارة إليه أو إلى مكانه الخاص إن كان موجودا وقت العقد...).

فإذا كان المبيع خاتما اثريا موضوع على رف معين في محل البائع، كان تعيينه عن طريق إشارة المشتري إليه، وإذا كان عقارا كان تعيينه عن طريق الإشارة إليه بحضور المشتري، ولكن لإثبات كون المبيع هو ما قصده المتبايعان، فان عليهما إن يثبتا في العقد أوصاف المبيع النافية للجهالة الفاحشة، فالبائع قد يسلم المشتري بعد البيع خاتما غير الخاتم المتفق عليه أو إن يسجل البائع باسم المشتري عقارا غير العقار الذي أشار إليه قبل إبرام العقد.

لذلك كان على المتبايعين دفعا للإشكاليات التي قد تحدث، ذكر الصفات المميزة للمبيع والتي تحول دون الخلط بين المبيع وبين غيره من الأشياء المملوكة للبائع، فيذكر إن الخاتم هو يماني احمر مصوغ من الفضة أو إن المبيع حصان سباق ادهم أو أشهب، أو إن العقار هو عبارة عن دار للسكن تحتوي على مجموعة من الغرف والمرافق والمقامة على القطعة المرقمة كذا والبالغ مساحتها كذا[1].

---

[1] قضت محكمة استئناف نينوى في قرارها المرقم 3/ت. ب/1978 بتاريخ 1978/2/14 بأن (بيع نصف الأرض التي سيحصل عليها البائع من لجنة توزيع الأراضي التي ينتمي إليها يعتبر باطلا موضوعا لجهالة المبيع جهالة فاحشة (المادة 138 مدني) وليس للمشتري طلب التعويض استنادا لقرار مجلس قيادة الثورة المرقم 1198 والمؤرخ في 1977/11/2 لانطباق هذا القرار على عقود العقارات الباطلة شكلا دون الباطلة موضوعا)، مجموعة الإحكام العدلية، ع1، س9، 1978، ص221- 223.

إما إذا كان المبيع غائبا، فان تعيينه يتم عن طريق وصفه في مجلس العقد وصفا تنتفي معه الجهالة الفاحشة، فإذا كان المبيع سيارة معينة، كان على البائع إن يصفها وصفا يستطيع به المشتري التعرف عليها بمجرد رؤيتها عن طريق تمييزها عن غيرها من السيارات، وذلك بذكر ماركة السيارة وسنة صنعها ولونها ورقمها.

إن ما تقدم يمكن إرجاعه إلى قاعدة أصولية في الفقه الإسلامي مفادها إن (الوصف في الحاضر لغو وفي الغائب معتبر)[1]. فإذا كان المبيع موجودا وقت إبرام العقد فلا حاجة إلى وصفه ما دام المشتري يراه، فما فائدة إن يصف البائع للمشتري إن المبيع هو عبارة عن حقيبة سوداء مصنوعة من جلد طبيعي، إذا لم يكن البائع يملك غيرها وكان المشتري يراها، لأنها حاضرة في مجلس العقد، إما إذا كان المبيع غائبا، كان وصف البائع له معتبرا، فإذا اتحد الجنس واختلف الوصف، كان للمشتري فسخ البيع بخيار الرؤية.

كما نصت الفقرة الثانية من المادة 128 مدني عراقي على انه (يكفي إن يكون المحل معلوما عند العاقدين ولا حاجة لوصفه وتعريفه بوجه أخر).

فإذا كان المشتري قد رأى المبيع قبل البيع، ثم أراد شرائه فلا حاجة لوصفه وتعريفه، لان المبيع معلوم عنده، إما إذا وجد المبيع على غير ما رآه كأن أصابه تلف أو تغيرت حالته لمرور فترة طويلة كما لو كان المبيع حيوانا سمينا فوجده المشتري هازلا، كان له فسخ البيع بخيار الرؤية.

والفقهاء المسلمون كفقهاء القانون المدني وشراحه، يشترطون إن يكون المبيع معينا تعيينا نافيا للجهالة الفاحشة، وإلا كان البيع فاسدا عند الحنفية، باطلا عند غير الحنفية.

كما ذهب الفقهاء المسلمون إلى التمييز في تعيين المبيع بين المبيع الموجود وقت العقد، حيث تكفي المشاهدة عندهم لتعيين المبيع أو الإشارة إليه.

---

[1] هذه القاعدة نصت عليها المادة 65 من مجلة الإحكام العدلية؛ انظر في شرحها علي حيدر، ج1، ص57- 58.

إما بيع الغائب عن مجلس العقد، فقد اختلفوا في حكمه؛ فقال أبو حنيفة: يجوز بيع العين الغائبة من غير صفة، ثم له إذا رآها الخيار، فان شاء أنفذ البيع وان شاء رده. وكذلك المبيع على الصفة من شرطه عندهم خيار الرؤية وان جاء على الصفة.

وذهب الشافعية إلى إن بيع الغائب لا يجوز بحال من الأحوال إلا ما وصف ولا ما لم يوصف، وهذا أشهر قولي الشافعي.

وقال مالك وأكثر أهل المدينة: يجوز بيع الغائب على الصفة إذا كانت غيبته يؤمن إن لا تتغير فيه قبل القبض صفته[1].

وقال الحنابلة: يصح بيع العين الغائبة على الصفة[2].

وذهب الجعفرية إلى صحة بيع الغائب عن مجلس العقد مع ذكر جنسه وصفته، فإذا رأى المشتري المبيع، لم يثبت له خيار الرؤية إلا إن يجده بخلاف الجنس أو الصفة، وإما إذا وجده كما عين ووصف فليس له الخيار[3].

والظاهر إن فقهاء المذهب الجعفري يخلطون بين الجنس والوصف، فإذا اختلف الجنس لم يوجد المبيع المتفق عليه، فالمفروض إن البيع باطل، بينما نجد فقهاء الجعفرية يعتبرون البيع صحيحا ويجيزون للمشتري إما إن يأخذ المبيع أو يفسخ العقد بخيار الرؤية.

ويعلل الإمام القاضي ابن رشد الحفيد - وما أروع تعليله - سبب اختلاف الفقهاء المسلمون في حكم بيع الأعيان الغائبة، فيقول "وسبب الخلاف هل نقصان العلم المتعلق بالصفة عند العلم المتعلق بالحس هو جهل مؤثر في بيع الشيء فيكون من الغرر الكثير، أم ليس بمؤثر؟ وانه من الغرر اليسير المعفو عنه؟ فالشافعي رآه من الغرر الكثير. ومالك رآه من الغرر اليسير، وإما أبو حنيفة فانه رأى انه إذا كان له خيار الرؤية انه لا غرر هناك وان لم تكن له رؤية"[4].

---

(1) انظر في ذلك: ابن رشد الحفيد، بداية المجتهد ونهاية المقتصد، مج2، ص149- 150.

(2) انظر في موقف الفقه الحنبلي: المقدسي، الإقناع، ج2، ص65.

(3) انظر في موقف الفقه الجعفري: الطوسي، الخلاف، سلسلة الينابيع الفقهية، ج35، ص4، الشيخ المفيد، المقنعة، ص593- 594، ألعاملي، الروضة البهية في شرح اللمعة الدمشقية، مطبعة اسماعليان، ط3، قم، 1417، ص25، الحلي، مختلف الشيعة، ج5، ص319.

(4) ابن رشد الحفيد، بداية المجتهد ونهاية المقتصد، مج2، ص150.

ويلاحظ أخيرا انه قد يتبادر إلى الذهن إن شرط تعيين المبيع إذا كان المبيع غائبا يختلط بخيار الرؤية، أو إن إحكام خيار الرؤية تغني عن اشتراط تعيين المبيع. ولكن الحقيقة على خلاف ذلك، فتعيين المبيع لا يؤدي إلى سقوط خيار الرؤية في حالة بيع الأعيان الغائبة، فإذا وصف البائع للمشتري السيارة التي يريد المشتري شرائها، فإذا كان وصف البائع مانعا للجهالة الفاحشة بحيث يستطيع المشتري أو غير المشتري إن يتعرف على السيارة بمجرد رؤيتها بناء على الوصف، كان البيع صحيحا، لان المبيع قد تم تعيينه تعيينا نافيا للجهالة، فإذا تخلفت بعض الأوصاف في السيارة المبيعة بقي البيع صحيحا وكان للمشتري فسخ البيع بخيار الرؤية.

ونحن نرى إن شرط التعيين يتعلق بالجنس، إما خيار الرؤية فيتعلق بالوصف، الأمر الذي يترتب عليه انه إذا اختلف الجنس بطل البيع لعدم وجود المبيع[1]، إما إذا اتحد الجنس واختلف الوصف كان للمشتري خيار الوصف أو خيار الرؤية[2].

مثال ذلك: إن من اشترى فصا على انه ياقوت فإذا به زجاج لا ينعقد البيع لاختلاف الجنس، إما لو اشتراه على انه ياقوت احمر فإذا هو اخضر ينعقد العقد لاتحاد الجنس ويكون للمشتري الخيار في قبول المبيع بالثمن المسمى أو فسخ البيع.

ولذلك نحن لا نرى تناقضا أو عدم انسجام بين شرط التعيين الذي يترتب على تخلفه بطلان البيع وبين ظهور المبيع على خلاف الوصف والذي يترتب عليه بقاء البيع صحيحا وثبوت الخيار للمشتري[3].

---

(1) نصت الفقرة الأولى من المادة 117 مدني عراقي على انه (إذا وقع غلط في محل العقد وكان مسمى ومشار إليه فان اختلف الجنس تعلق العقد بالمسمى وبطل لانعدامه...).

(2) وللمشتري إن يرفع الدعوى على أساس خيار الرؤية فيفسخ البيع دون حاجة لإثبات تخلف الوصف المرغوب فيه في المبيع، كما إن له إن يرفع دعوى الغلط وفق الفقرة إحكام الفقرة الأولى من المادة 117 مدني عراقي ولكن يجب عليه إثبات انه وقع في غلط وان البائع كان قد وقع في نفس الغلط أو كان على علم به أو كان من السهل إن يتبين وجوده وفقا لإحكام المادة 119 مدني عراقي.

(3) ويبدو إن د. عباس الصراف قد لاحظ ذلك فعالج خيار الرؤية عند كلامه عن شرط تعيين المبيع، انظر مؤلفه شرح عقدي البيع والإيجار، ص81 وما بعدها.

ثانياً: بالنسبة للأشياء المثلية:

أما الأشياء المثلية فهي الأشياء التي يقوم بعضها مقام بعض عند الوفاء، ويشترط لكي يتوفر فيها شرط التعيين أو القابلية للتعيين إن نميز بين فرضين:

الأول: إذا تم البيع بسعر الوحدة، فلا يغني في تعيين المبيع إن يذكر نوعه وجنسه ووصفه، بل يجب إن يحدد مقداره كذلك. فإذا كان الشيء المبيع من المكيلات وجب ذكر الكيل، وإذا كان من الموزونات لزم ذكر الـوزن، وإذا كان من المذروعات اقتضى ذكر عدد الأذرع المباعة.

الثاني: إما إذا تم بيع الأشياء المثلية جزافا، فلا يشترط لتوفر شرط التعيين إن يـذكر مقدارها، بل تأخـذ حكم الأشياء المعينة بالذات، فيكتفي في بيعها بتعيين وصفها وجنسها ونوعها[1].

نصت الفقرة الثانية من المادة 515 مدني عراقي على انه (ويعتبر البيع جزافا في المكيلات والموزونات والمذروعات حتى لو وجب لتحديد الثمن تعيين مقدار المبيع).

فإذا باع شخص لأخر ما في مخزنه من الرز بسعر الطن الواحد (500000) دينارا، فان البيع يعتبر جزافا في هذه الحالة، ولو كان تعيين المقدار ضروري لتحديد مقدار الثمن، إذ لا نستطيع تحديد المبلغ الواجب دفعه من قبل المشتري إلا إذا قمنا بوزن ما في المخزن من رز. والعلة في صحة بيع الأشياء المثلية جزافا هي إن الكمية قد حددت بما في المخزن منها، فلا حاجة لها إلى تعيين إضافي ولا تفترق هذه الحالة عن حالة بيع ماكينة محددة بذاتها قائمة في محل معين. وإذا كنا نحتاج لتحديد الثمن إلى وزن الكمية، فان هذا الوزن ليس ضروريا لتعيين المبيع في العقد، وإنما هو ضروري لتحديد ثمن المبيع، وهذا ما قد يجري بعد انعقاد العقد وإثناء التسليم.

---

[1] نصت الفقرة الأولى من المادة 515 مدني عراقي على انه (يصح بيع المكيلات والموزونـات والمعـدودات كيلا ووزنا وعددا وذرعا كما يصح بيعها جزافا. ويعتبر البيع جزافا حتى ولو وجب لتحديد الثمن تعيين مقدار المبيع).

وكذلك إذا بيع مقدار ما ينتجه مصنع معين من المصانع لمدة معينة، فان هذا البيع صحيح، والمبيع معين، ما دام قد حصل على الجزاف وهو مقدار ما ينتجه المصنع خلال المدة المحددة.

وإذا لم يحدد مقدار المبيع في العقد، لا من حيث العدد ولا من حيث الوزن أو المقياس أو الكيل، فيجب على الأقل إن يتضمن العقد ما يستطيع به تعيين ذلك المقدار. كما لو باع شخص لأخر الأغذية اللازمة لإطعام طلبة مدرسة في مدة محددة، لان المبيع وان لم يكن محددا في العقد فهو قابل للتحديد[1].

ولكن ما الحكم لو إن المتعاقدين لم يتفقا على درجة الشيء من حيث جودته؟

إذا لم تتمكن محكمة الموضوع من تحديد صنف المبيع طبقا للعقد أو للعرف الجاري، فيجب القول بانعقاد العقد على الصنف المتوسط، فلا يكون جيدا حتى يغبن المدين، ولا يكون رديئا حتى يغبن الدائن[2].

وتجب ملاحظة إن الإفراز اللازم لنقل ملكية الشيء المعين بالنوع ليس هو التعيين اللازم لنشوء الالتزام، ويعتبر شرط التعيين متوفرا لمجرد ذكر جنس الشيء ونوعه ومقداره حتى لو لم يحصل إفرازه بعد.

الفرع الثالث

إن يكون المبيع مشروعا

تحديد منطقة مشروعية المبيع:

يذهب بعض الفقهاء إلى وجوب التمييز بين عدم قابلية المبيع للتعامل، ويتحقق ذلك إذا كان عدم القابلية يرجع إلى طبيعة المبيع أو إلى الغرض الذي خصص له، وبين عدم مشروعية المبيع، ويتحقق ذلك إذا كان المبيع مخالفا لنص في القانون أو للنظام العام أو للآداب[3].

---

(1) ويتفق هذا الحكم مع ما يقول به الفقهاء المسلمون، انظر: الشيخ علي الخفيف، إحكام المعاملات الشرعية، ص254.

(2) وهذا البيع في الفقه الإسلامي باطل، انظر: محمد الحسين أل كاشف الغطاء، تحرير المجلة، ج1، المكتبة المرتضوية ومطبعتها الحيدرية، النجف الاشرف، 1359، ص171.

(3) د. السنهوري، نظرية العقد، ج1، ص487 هامش (1).

فهذا الرأي يقتضي إذن إن يتوفر في المبيع، بالإضافة إلى قابليته للتعامل، إن يكون المبيع مشروعا.

بينما يذهب رأي أخر في الفقه إلى إن قابلية المبيع للتعامل فيه ليست إلا صورة من المشروعية، فليس الشيء في ذاته هو الممنوع التعامل فيه، وإنما هو تصرف يبيحه القانون فيكون مشروعا وأخر يمنعه القانون فيكون غير مشروع[1].

والحقيقة هي ما ذهب إليه أصحاب الرأي الثاني، فقابلية المبيع للتعامل فيه لا تعدو إن تكون صورة من صور المشروعية، التي يشترط القانون توفرها في المبيع لكي يكون محلا قابلا لان يرد عليه عقد البيع.

فالمبيع إذا لم يكن قابلا للتعامل فيه، فهذا يعني انه غير مشروع، وعدم مشروعية المبيع تتأتى إما من كون الشيء المبيع يخرج عن التعامل بطبيعته كأشعة الشمس أو ماء البحر وبالتالي يحرم القانون التعامل فيه، أو لان القانون يحرم التعامل فيه لمخالفته للنظام العام أو الآداب.

متى يعتبر المبيع غير مشروع:

لا ينشأ عقد البيع صحيحا إلا إذا كان محله مشروعا بان كان غير ممنوع قانونا ولا مخالف للنظام العام أو الآداب. وليس هنا موضوع دراسة فكرة النظام العام والآداب[2]، فنحيل فيها

---

[1] انظر في ذلك: د. احمد حشمت أبو ستيت، مصدر سابق، مصادر الالتزام، ط2، 1954، ص198- 199، د. عني حسون طه، مصدر سابق، نظرية الالتزام، ص229، وقارن؛ د. عباس الصراف، مصدر سابق، البيع والإيجار، ص93 وما بعدها، د. حلمي بهجت بدوي، مصدر سابق، نظرية العقد، ص152- 153.

[2] نصت المادة 130 من القانون المدني العراقي على انه (1- يلزم إن يكون محل الالتزام غير ممنوع قانونا ولا مخالفا للنظام العام أو للآداب وإلا كان العقد باطلا). يقابل نص المادة 135 مدني سوري، 136 مدني سوري، 135 مدني ليبي، 192 عقود وموجبات لبناني، كما نصت المادة 6 من القانون المدني الفرنسي على انه (لا يجوز، بطريق اتفاقات خاصة، مخالفة القوانين التي تمس النظام العام والآداب). وانظر أيضا المادة 1128 مدني فرنسي.

إلـى الكتـب المخصصة للمدخل للعلوم القانونيـة ولنظريـة الالتـزام[1].

والحقيقة إن المبيع يكون غير مشروع، إما لان طبيعتـه تستعصيـ عـلى الاسـتئثار بـه، أو لان القـانون يحرم التعامل فيه لأسباب تتصل بالنظام العام و الآداب. ونرى كل صورة من هذه الصور عـلى حـدا وذلـك في النقاط الآتية:

1- الأشياء التي تخرج عن التعامل بطبيعتها (تستعصي طبيعتها على الاستئثار بها):

والأشيـاء التـي تخـرج عن التعامـل بطبيعتها هـي الأشـياء المشـتركة choses communes ، أي التـي يشترك في الانتفاع بها الناس كافة فلا يحول انتفاع احـدهم بهـا دون انتفـاع الآخـرين، كـالهواء والمـاء الجـاري وأشعة الشمس، فانتفاع شخص بها لا يقتضي إن يستأثر بها استئثار يحجز الآخرين عنها، وهي لذلك لا تصـلح محلا لعقد البيع، إذ إن فكرة البيع تقوم على نقل ملكية شيء كان يحوزه البائع ويستأثر به إلى المشتري بحيث يستطيع الأخير إن يحوزه ويستأثر به أيضا، الأمر الذي يترتب عليـه بطـلان البيـع إذا ورد عـلى شيء تستعصيـ طبيعته على الاستئثار به.

---

[1] انظر في فكرة النظام العام والآداب: د. عبد الرزاق احمد السـنهوري و د. احمـد حشـمت أبـو سـتيت، أصـول القـانون أو المدخل لدراسة القانون، مطبعة لجنة التأليف والترجمة والنشر، القاهرة، 1952، هـامش ص180 ومـا بعـدها، د. توفيـق حسن فرج، المدخل للعلوم القانونية، القسم الأول، النظريـة العامـة للقانـون، الدار الجامعية للطباعـة والنشرـ بـيروت، 1993، ص79- 82، د. حسن كيره، أصول القانون، ط2، 1959- 1960، ف23 وما بعدها، أ. عبد البـاقي البكـري و أ. زهـير البشير، المدخل لدراسة القانون، مديرية دار الكتب للطباعة والنشر، بغداد، 1989، ص213 وما بعـدها، د. حسـن حـرب اللصاصـمة، دراسـات في المـدخل إلى العلـوم القانونيـة، ط1، دار الخلـيج للنشرـ والتوزيـع، عـمان، 2005، ص82- 84، د. سليمان الناصري، المدخل لدراسة القانون، دراسة مقارنـة، ط1، دار وائـل للطباعـة والنشرـ عـمان، 1996، ص50- 51، د. السنهوري، نظرية العقد، ج1، ص232 وما بعدها، والوسيط، ج1، ص434 وما بعدها، د. غني حسون طه، نظرية الالتزام، ص232 وما بعدها، د. احمد حشمت أبو ستيت، مصدر سابق، مصادر الالتزام، ط2، 1954، ص203- 210.

2- **الأشياء التي تخرج عن التعامل بحكم القانون:**

والأشياء التي تخرج عن التعامل بحكم القانون هي في الحقيقة أشياء قابلة للتعامل فيها بطبيعتها. ولكن المشرع أخرجها عن التعامل لاعتبارات ترجع إلى المصلحة العامة، وبعبارة أخرى، إلى ما يدعى بالنظام العام والآداب. مثال ذلك: الأموال العامة من طرق وجسور وشواطئ وغير ذلك، والتي حرم المشرع العراقي التصرف فيها ما دامت مخصصة للمنفعة العامة (المادة 71 مدني عراقي)؛ ذلك لان إباحة التصرف في هذه الأموال عن طريق بيعها إلى الغير من شانه تعطيل الغرض الذي خصصت هذه الأموال من اجله. ولكن يلاحظ بان ليس هناك ما يمنع من التصرف في هذه الأموال عن طريق بيعها إذا فقدت صفتها بانتهاء تخصيصها للمنفعة العامة بالفعل أو بمقتضى القانون (المادة 72 مدني عراقي) حيث تزول علة منع التصرف في هذه الأموال وتصبح من أموال الدولة الخاصة التي يجوز التصرف فيها عن طريق بيعها. كذلك الأموال الموقوفة، التي يجعل ريعها لسلسلة لا تنقطع من المنتفعين، وهذا التخصيص يقتضي إلا يجوز التصرف فيها بالبيع حتى لا تنقطع سلسلة الانتفاع به.

وكذلك أيضا تحريم المشرع العراقي التصرف في الآثار، حيث نصت المادة (22/ ثالثا) من قانون الآثار والتراث رقم 55 لسنة 2001 على انه (يمنع بيع أو إهداء الآثار والمواد التراثية أو إخراجها خارج العراق في غير الأحوال المنصوص عليها في هذا القانون)، وتحريم الأسلحة النارية والحربية التي لا يجوز الاتجار بها إلا بإجازة من وزير الداخلية (المادتان 3 و 4 من قانون الأسلحة رقم 13 لسنة 1992)، وتحريم بيع الأطفال أو المتاجرة بهم (أمر سلطة الائتلاف رقم 89 لسنة 2004 المعدل لقانون العمل رقم 71 لسنة 1987)، وتحريم بيع الزرنيخ ومركباته التي لا يجوز الاتجار بها إلا بإجازة من وزارة الصحة (المادة 44 من قانون مزاولة مهنة الصيدلة رقم 40 لسنة 1970)، وغير ذلك[1].

---

(1) وقد يحرم المشرع التعامل في أشياء هي في الأصل قابلة للتعامل لظروف معينة وتحقيقا للمصلحة العامة، مثال ذلك ما جاء في قرار محكمة التمييز رقم 720/مدنية أولى/1991 بتاريخ 1991/12/25 (يكون عقد البيع باطلا إذا كانت المادة محل العقد ممنوع بيعها - وهي في هذه القضية مادة الكازولين - ويتعين في هذه الحالة إعادة المتعاقدين إلى الحالة التي كانا عليها قبل العقد م 138 مدني عراقي). إبراهيم ألمشاهدي، المختار من قضاء محكمة التمييز، قسم القانون المدني والقوانين الخاصة، ج8، مطبعة جعفر، بغداد، 2002، ص85.

مما تقدم يتبين لنا إن فكرة المصلحة العامة هي الفيصل في تحديد ما يقبل من الأشياء التعامل فيه وما لا يقبل ذلك. فما ورد فيه نص يحرم التعامل فيه إنما هو في الوقت ذاته مخالف للنظام العام أو للآداب أولهما معا[1]، و وجود النص دليل على عناية المشرع بالأمر، فاثر إن يورد نصا، أو هو إيضاح في مقام قد يكون عدم النص فيه مؤديا للغموض و الإبهام.

فيمكن القول إذا إن المبيع يكون غير مشروع وبالتالي يكون البيع باطلا إذا كان مخالفا للنظام العام أو للآداب، سواء ورد فيه نص في القانون بتحريمه أو لم يرد. فالمسالة إذا تدور حول معرفة ما هو النظام العام وما هي الآداب التي لا تجوز مخالفتها وهو ما نترك البحث فيه للمراجع المتخصصة.

موقف الفقه الإسلامي:

نجد فكرة مشروعية المحل واضحة جلية في الفقه الإسلامي[2]، من خلال اشتراط الفقهاء المسلمون في محل العقد إن يكون قابلا لحكمه شرعا[3]، فإذا لم يقبل

---

(1) إن فكرة تخصيص المال لغرض معين تتصل بالنظام العام وهي تطبيق من تطبيقات فكرة النظام العام.

(2) انظر في موقف الفقه الإسلامي: الشيخ علي الخفيف، إحكام المعاملات الشرعية، ص255، الإمام محمد أبو زهرة، مصدر سابق، ص254 وما بعدها، د. عبد الكريم زيدان، المدخل لدراسة الشريعة الإسلامية، ط2، المطبعة العربية، بغداد، 1966، ص307، د. رمضان علي السيد الشرنباصي و د. جابر عبد الهادي سالم الشافعي، المدخل لدراسة الفقه الإسلامي، ط1، منشورات الحلبي الحقوقية، بيروت، 2005، ص336، د. وهبة الزحيلي، مصدر سابق، ج4، ص3024- 3025.

(3) ويشترط الفقهاء المسلمون في الشيء لكي يكون قابلا لحكم العقد شرعا، إن يكون مالا، وان يكون متقوما، جاء في رد المحتار على الدر المختار حاشية ابن عابدين، ج7، دار المعرفة بيروت، ط1، 2000، ما نصه (المراد بالمال ما يميل إليه الطبع ويمكن ادخاره لوقت الحاجة، والمالية تثبت بتمويل الناس كافة أو بعضهم، والتقوم يثبت بها بإباحة الانتفاع به شرعا؛ فما يباح بلا تمول لا يكون مالا كحبة حنطة وما يتمول بلا إباحة انتفاع لا يكون متقوما كالخمر، وإذا عدم الأمران لم يثبت واحد منهما كالدم). وانظر في تقسيم المال إلى متقوم وغير متقوم وما يترتب على هذا التقسيم من نتائج؛ د. عبد الكريم زيدان، مصدر سابق، ص220 وما بعدها، الإمام محمد أبو زهرة، مصدر سابق، ص48 وما بعدها، د. محمد زكي عبد البر، مصدر سابق، ص84.

حكمه لم يصلح محلا، ولم يصح العقد، وعدم قبول المحل لحكم العقد قد يكون راجعا إلى علاقة المتعاقدين به وان احدهما لا يملك فيه ما لا يملكه الأخر، وليس أولى به منه، وذلك كما في التعاقد على تملك الأشياء المباحة، كأن يبيع إنسان لأخر ما لا يملك من الطيور في الهواء، أو من الأسماك في الماء، أو من المياه في مجاريها، أو من الفلزات في معادنها، فمثل هذا البيع لا يتم لأنه ورد على محل غير قابل لحكمه، إذ حكمه نقل الملكية، ولا ملكية لأحد في هذه الأشياء حتى يلتزم بنقلها إلى غيره.

وقد يكون مرجعه إلى إن حكم العقد يتنافى مع ما خصص له ذلك المحل من إغراض عامة، وذلك كالمساجد والأنهار والقناطر، وما أشبهها مما خصص للمنافع العامة، فعقود التمليك إذا وردت على هذا المحال، وهي مخصصة لهذه الإغراض لا تنعقد لعدم قبولها لحكمها إذ لا تقبل إن تملك لأحد، لمنافاة ذلك لما خصصت له من إغراض عامة.

وقد يكون مرجعه إلى ما ورد عن الشارع من نهى في ذلك لحكمة راعاها، كالمحافظة على الآداب العامة، أو على الأخلاق أو المحرمات، أو على أموال الناس وعدم أكلها بالباطل، أو على الصلات الاجتماعية، كما في بيع الميتة حتف انفها، وكما في بيع الخمر أو الخنزير لمسلم، وغير ذلك.

خلاصة القول إن الفقهاء المسلمون كفقهاء القانون المدني يشترطون في المحل إن يكون مشروعا قابلا لحكم العقد، وإلا كان البيع باطلا.

المبحث الثاني

الثمــــــن

نتناول في هذا المبحث ماهية الثمن أو المقصود به، ثم الشروط الواجب توفرها في الثمن لكي يصلح محلا لالتزام المشتري، وأخيرا حرية المتعاقدين في تقدير الثمن، وذلك على النحو الأتي.

المطلب الأول
ماهيـة الثمـن

نوزع هذا المطلب على ثلاث فروع، الأول لتعريف الثمن، والثاني لصور الثمن، والثالث لتمييز الثمن عما يختلط به من مقابل.

الفرع الأول
تعريف الثمن

الثمن - كما سبق منا القول - هو احد محلي عقد البيع، وهو عبارة عن مبلغ من النقود يلتزم المشتري بدفعه إلى البائع مقابل انتقال ملكية الحق المبيع إليه[1]. فالصفة النقدية للثمن في عقد البيع هي المميزة له عن سائر العقود الأخرى الناقلة للملكية وخاصة المقايضة.

---

[1] الثمن من الناحية الاقتصادية يشمل:

1- قيمة الشيء التي تتحدد طبقا لقانون العرض والطلب.

2- وهامش الربح الذي يعود على البائع وهو الذي يعتبر المحرك الرئيسي للنشاط الاقتصادي ويتوقف نطاقه على عوامل كثيرة منها: الظروف، ومهارة البائع وقوته وضعفه من الناحية الاقتصادية.

3- المصاريف المختلفة، مثل الضرائب والرسوم، نفقات التعبئة والتخزين وغير ذلك. وهي تأخذ حكم الثمن فتقع على عاتق المشتري ما لم يوجد اتفاق مخالف.

إما من الناحية الاقتصادية فهو يشمل: كل العناصر التي تعود بالفائدة على البائع والتي تقابل في ذمته المالية قيمة الشيء المبيع. ولذلك يكون الثمن في المعتاد مبلغ من النقود يعطى للبائع بالإضافة إلى المصاريف المختلفة.

Ph. Malaurie, L. Aynes, Droit civil, Les contrats spéciaux ed, 1995- 1996, P.150.

انظر في تعريف الثمن: د. عبد المنعم البدراوي، عقد البيع، ط1، 1957، ص192، د. خميس خضر العقود المدنية الكبيرة، ط1، 1979، ص94، د. سعدون العامري، البيع والإيجار، ط2، 1970، ص79، د. نبيل إبراهيم سعد، البيع، ج1، ص165.

فقد انتقل المجتمع الدولي ومنذ وقت ليس بالقصير من طور المبادلات بالمقايضة إلى طور المبادلات بالبيوع على اثر ظهور النقود، والسر في ذلك يرجع إلى المميزات التي تمتاز بها النقود كأداة وفاء، فهي العملة الواجبة التداول داخل الدولة حسب السعر الذي يحدده لها البنك المركزي، وليس لأحد إن يمتنع عن التعامل بها لأنها من أسس النظام العام، كما أنها القاسم المشترك لتقدير قيمة الأشياء في ضوء إحكام العرض والطلب[1].

ومن الملاحظ بان الفقهاء المسلمون وعلى خلاف التشريعات المدنية الحديثة لم يشترطوا نقدية الثمن، فالقاعدة العامة في الفقه الإسلامي هي إن (كل ما يمكن إن يكون مبيعا أمكن إن يكون ثمنا ولا عكس)[2].

فالمبيع والثمن عند جمهور الحنفية من الأسماء المتباينة الواقعة على معان مختلفة، فالمبيع في الغالب: ما يتعين بالتعيين، والثمن في الغالب: ما لا يتعين بالتعيين. وهذه القاعدة العامة أو الأصل العام يحتمل تغيره في الحالتين بعارض من العوارض، فيصير ما لا يحتمل التعيين مبيعا كالمسلم فيه، وما يحتمل التعيين ثمنا كراس مال السلم، إذا كان عينا من الأعيان. وعلى هذا فاعتبار الثمن دينا في الذمة هو الأغلب، وذلك عندما يكون الثمن نقودا أو أموالا أخرى مثلية ملتزمة بلا تعيين بالذات كالقمح والزيت ونحوهما من كل مكيل أو موزون أو مذروع أو عددي متقارب.

ويمكن أيضا إن يكون الثمن أعيانا قيمية كالحيوان والثياب ونحوهما، كما لو بيعت كمية من الحنطة إلى اجل بشيء من القيميات، فالحنطة مبيع والعين القيمية ثمن، ويكون البيع سلما، لأنه بيع مؤجل بمعجل.

وقال الشافعي وزفر: المبيع والثمن من الأسماء المترادفة الواقعة على مسمى واحد، وإنما يتميز احدهما عن الأخر في الإحكام بحرف الباء. ولكل من الفريقين دليله. والقضية اصطلاحية[3].

---

[1] Ripert et Boulanger, traite de droit civil, tome 3, Paris, 1958, P. 453.

[2] د. وهبة الزحيلي، مصدر سابق، ج5، ص3372.

[3] د. وهبة الزحيلي، مصدر سابق، ج5، ص3370- 3371.

ولكن كيف يتميز المبيع من الثمن في الفقه الإسلامي؟

أريد أولا إن أبين وقبل كل شيء إن التمييز بين المبيع والثمن إنما يكون في النقود والأعيان القيمية والمثليات. وذلك على النحو الأتي:

1- النقد عامة من الذهب والفضة أو الفلوس الرائجة وهي القطع المعدنية المصطلح على تثمينها، ويلحق بها الأوراق النقدية المتعامل بها في العصر الحاضر إذا كان هو احد البدلين في البيع والأخر من غير النقد، فالنقد هو الثمن والأخر هو المبيع حتما، كما في بيع خاتم بعشرة ألاف دينار، فالخاتم هو المبيع، وان كانا نقدين كان كل منهما ثمنا فيه معنى المبيع، وكان العقد صرفا، وذلك كما في مبادلة إلف دينار عراقي بمائة دولار أمريكي كل دولار يساوي عشرة دنانير.

2- إما إذا لم يكن احد البدلين نقدا، وكان احدهما مثليا والأخر قيميا، فالمثلى هو الثمن إذا كان عينا معينة، والقيمي هو المبيع، مثال ذلك: إن تبيع دارا بهذه الصبرة من القمح، أو إن تبيع هذه الصبرة من القمح بهذه الدار، فصبرة القمح هي الثمن في الحالتين والدار هي المبيع، إما إذا كان المثلي غير معين كعشرة أرادب من القمح فالثمن ما دخلت عليه الباء والأخر هو المبيع، فإذا قلت: بعتك هذه الدار بألف إردب من القمح كان القمح ثمنا والدار مبيعة. وإذا قلت بعتك إلف إردب من القمح بهذه الدار كان القمح مبيعا والدار ثمنا، وكان العقد سلما، وان كانا قيميين كان كل منهما مبيعا فيه معنى الثمن، وسمى العقد حينئذ مقايضة، مثل بعتك ارضي بجهة كذا بدارك ببلدة كذا. فكل من الأرض والدار مبيع فيه معنى الثمن، وان كانا مثليين ليسا من النقد، فكذلك الحكم إذا كانا معينين أو غير معينين.

ويترتب على التمييز بين المبيع والثمن في الفقه الإسلامي جملة من الإحكام، أهمها:

1- يشترط لانعقاد عقد البيع إن يكون المبيع مالا متقوما ولا يشترط ذلك في الثمن.
2- يشترط لنفاذ عقد البيع إن يكون المبيع موجودا في ملك البائع ولا يشترط ذلك في الثمن.
3- لا يجوز تأجيل الثمن في بيع السلم، ويجب تأجيل المبيع.

4- مؤونة تسليم الثمن على المشتري، و مؤونة تسليم المبيع على البائع.

5- البيع مع عدم تسمية الثمن فاسد، إما مع عدم تسمية المبيع، فباطل غير منعقد.

6- هلاك المبيع قبل التقابض يمنع إقالة البيع، ولا يمنع ذلك هلاك الثمن.

7- هلاك المبيع قبل التسليم مبطل للبيع، ولا يبطله هلاك الثمن.

8- لا يجوز تصرف المشتري في المبيع المنقول قبل قبضه، ويصح تصرف البائع في الثمن قبل قبضه.

9- على المشتري تسليم الثمن أولا ليحق له استلام المبيع. ما لم يرضى البائع.

ويذهب الأستاذ سعدون العامري[1] إلى إن الفقهاء المسلمون لم يشترطوا في الثمن إن يكون مبلغا من النقود، ذلك إن القاعدة المقررة عندهم هي إن (كل ما يصلح إن يكون دينا في الذمة يصلح إن يكون ثمنا، وغيره لا يصلح)، وقد تأثر القانون المدني بهذا الرأي فعرف الثمن في الفقرة الأولى من المادة 526 بأنه (ما يكون بدلا للمبيع ويتعلق بالذمة). والظاهر من هذه المادة أنها تجيز إن يكون الثمن غير نقدي، ولتوضيح ذلك نقول - والكلام لا زال له - بان الذي يصلح لان يكون دينا في الذمة هي الأشياء المثلية، ذلك إن الفقهاء المسلمين يقسمون الأموال إلى ثلاثة أقسام: مبيع محض كالأشياء المعينة بالتعيين وثمن محض كالدراهم والدنانير (أي النقود) ومتردد بينهما كالمثليات. ويترتب على هذا:

1- إن النقود إثمان دائما سواء قوبلت بجنسها أو بغير جنسها، وسواء دخلت عليها باء الثمنية - وهي التي تدخل عادة على الإثمان - أو لم تدخل. ويترتب على ذلك إن كلا من العوضين في الصرف يسمى ثمنا.

2- إن الأعيان القيمية مبيعات دائما سواء قوبلت بقيمي أو بغيره وسواء دخلت عليها الباء أو لم تدخل. ويترتب على ذلك إن كلا من العوضين في المقايضة يسمى بيعا.

---

[1] مؤلفه، البيع والإيجار، ص81- 82، ويؤيده في ذلك: د. كمال قاسم ثروت، البيع، طبعة 1976، ص90 هامش (1).

3- إن الأعيان المثلية إن قوبلت بمثلي ولم يكن شيء منها في العقد بالإشارة إليه، يسمى ما دخلت عليه الباء ثمنا لأنه يصلح دينا في الذمة، وقد تعين للثمنية بدخول الباء عليه. ويسمى ما لم تدخل عليه الباء مبيعا. فان كان احد العوضين معينا في العقد كان هو المبيع سواء دخلت عليه الباء لم لا، وكان ما لم يتعين ثمنا. وإذا تعين كل منهما بالإشارة إليه، فالثمن ما دخلت عليه الباء.

وينتهي الأستاذ العامري إلى القول بان الفقه الإسلامي يجيز إن يكون الثمن شيئا مثليا من غير النقود، وان المشرع العراقي قد حاول إن يوفق بين الفقه الإسلامي والفقه الغربي فعرف الثمن بأنه ما يكون بدلا للمبيع ويتعلق بالذمة (المادة 526 ف 1) وهو في هذا التعريف متأثر بالفقه الإسلامي، ولكنه عاد فاوجب في البيع المطلق إن يكون الثمن مقدرا بالنقود (المادة 527 ف 1) وهكذا وصل التقنين المدني العراقي إلى ما وصلت إليه التقنينات المدنية الحديثة دون إن يصطدم بالقواعد المقررة في الفقه الإسلامي، وتجنب في مسلكه هذا الخلط الذي وقع فيه كثير من فقهاء الشريعة الإسلامية بين عقد البيع وبين عقود المعاوضة، إذ يكاد يصبح كل عقد من عقود المعاوضات عندهم بيعا.

والحقيقة إن ما أورده الدكتور سعدون العامري لا يمثل رأي اغلب الفقهاء المسلمون، وإنما يمثل رأي المذهب الحنفي ورأي بعض فقهاء المذاهب الإسلامية الأخرى[1].

فإذا كان الفقهاء المسلمون متفقون على إن المال المثلي يصلح إن يكون دينا في الذمة وبالتالي ثمنا في عقد البيع، فأنهم مختلفون في المال القيمي ولهم فيه رأيان:

حيث ذهب بعضهم إلى انه لا يصح إن يكون دينا في الذمة، لان المطالبة بالوفاء به تتعلق بعينه، ولا يحل بعض آحاده محل بعض في الأداء، ولما بينها من خلاف في القيمة المالية يؤدي في الكثير إلى النزاع بين المتعاقدين ولهذا لا يجوز فيه القرض والسلم، بخلاف المثلي.

---

[1] انظر في موقف الفقه الحنفي: ابن عابدين، رد المحتار على الدر المختار حاشية ابن عابدين، مصدر سابق، ج7، دار المعرفة، بيروت، ط1، 2000، ص574 وما بعدها.

بينما ذهب البعض الأخر إلى إن ألقيمي كالمثلي يصح إن يكون دينا في الذمة، وإذا كان الأداء في المثلي يتحقق بالمماثلة الكاملة في الصورة والقيمة، فانه في ألقيمي يمكن تحققه بالمماثلة في الخلقة والصورة مع التغاضي عن التفاوت اليسير في القيمة، كما يمكن تحققه بأداء القيمة المالية وهي المقصود الأول في المبادلات المالية.

فذهب أهل الظاهر وبعض الفقهاء كالمزني وأبي سليمان إلى إن ألقيمي بجميع أنواعه يصح إن يكون دينا في الذمة كالمثلي ودليل ذلك أنهم أجازوا القرض في كل ما يحل تملكه بأي سبب من أسباب الملك، فأجازوا في الجواري والدواب و الارضين وغير ذلك قالوا إن الواجب فيه رد المثل إن كان له مثل حقيقة كالمكيل والموزون ورد المثل في الخلقة والصورة إن لم يكن له مثل حقيقة كما في الحيوان والدور.

ومذهب الشيعة الأمامية قريب مما ذهب إليه أهل الظاهر فيجوز عندهم قرض المكيل والموزون إجماعا، وكذا يجوز قرض غيرهما مما يثبت في الذمة، كما يجوز إقراض غير المثلي كالجواهر والحيوان وأشباهها ويكفي فيها العلم بقيمتها حين الإقراض وان لم يمكن ضبط أوصافها[1].

وإذا كان المال المقترض مثليا كالحنطة والشعير والذهب، ثبت في ذمة المقترض مثله، ولو كان غير مثلي (قيمي) كالحيوان ونحوه ثبت في ذمته قيمته وقت الإقراض والقبض[2].

إما السلم فلا يجوز فيما لا يمكن ضبط أوصافه التي تختلف القيمة والرغبات باختلافها كالجواهر واللالىء والعقار وأشباهها مما لا يرتفع الجهالة والغرر فيها إلا بالمشاهدة، بخلاف ما يمكن ضبطها مما يؤدي إلى عزة الوجود كالخضر والفواكه والحبوب كالحنطة والشعير ونحو ذلك، وعلى ذلك يصلح ألقيمي عند الجعفرية، لان يكون دينا في الذمة متى أمكن انضباطه[3].

---

[1] انظر في ذلك: العلامة الحلي، مختلف الشيعة، ج5، ص408- 409، العلامة الحلي، شرائع الإسلام في مسائل الحلال والحرام، ق2، ص68، وعكس ذلك: الطوسي، المبسوط في فقه الأمامية، ج35، سلسلة الينابيع الفقهية، ص238.

[2] انظر في ذلك: العلامة الحلي، مختلف الشيعة، ج5، ص408- 409.

[3] انظر في ذلك: العلامة الحلي، شرائع الإسلام في مسائل الحلال والحرام، ق2، ص62، العلامة الحلي، مختلف الشيعة، ج5، ص165، الطوسي، المبسوط في فقه الأمامية، ج35، سلسلة الينابيع الفقهية، ص132- 133.

وذهب المالكية إلى جواز القرض والسلم في جميع الأشياء متى علمت بأوصافها، فيصح القرض والسلم في الثياب والحيوان وغيرها إلا الجواري وحدهن، وبهذا صح إن يكون ألقيمي دينا في الذمة عندهم[1].

وللحنابلة رأيان: فقد ذهب بعضهم إلى جواز القرض في كل عين يصح بيعها من مكيل وموزون و مذروع ومعدود وغير ذلك ما عدا الرقيق[2]. وكذلك أجازوا القرض في المنافع. وعلى هذا يصح ألقيمي إن يكون دينا في الذمة، وذهب البعض الأخر منهم إلى منع ذلك في ألقيمي لعدم انضباطه، وتعذر الوفاء بالمثل فيه[3].

إما الشافعية فقد ذكر ابن قدامه في المغني إن لهم رأيين كرأيي الحنابلة[4].

خلاصة القول إن المال ألقيمي كالمال المثلي في الفقه الإسلامي يصح إن يكون ثمنا للمبيع، وان المشرـع العراقي لم يجاري الفقه الإسلامي في ذلك، وإنما أوجب صراحة إن يكون الثمن مقدرا بـالنقود (م 527 ف 1 م. ع) متأثرا في ذلك بما توصلت اليه التقنينات المدنية الحديثة.

ومن نافلة القول، إن مبدأ اشتراط كون الـثمن في عقد البيع مبلغا مـن النقـود انحـدر إلى القـوانين المدنية الحديثة عن القانون الروماني والقانون الفرنسي القديم[5]، حتى أصبح مـن الأمـور البديهيـة التـي رأت بعض التشريعات عدم النص عليها صراحة كقانون الالتزامات السويسري (م 184) والقانون المـدني الألمـاني (م 433) وقانون الموجبات والعقود اللبناني (م 372) والقانون المدني الأردني (م 465) والقانون

[1] انظر بحث الأستاذ محمد طه البشير، الدين وإحكامه في الفقه الإسلامي والقانون الوضعي، دراسة مقارنة، مجلـة العلـوم القانونية والسياسية، عدد خاص، مايس، 1984، ص170، وانظر كذلك؛ ابن رشد الحفيد، بداية المجتهد ونهاية المقتصد، مج2، ص192- 193.
[2] المقدسي، الإقناع، ج2، ص147.
[3] أ. محمد طه البشير، البحث المشار إليه سابقا، ص170 والمراجع المشار إليها فيه.
[4] انظر في موقف الفقه الإسلامي البحث القيم للأستاذ محمد طه البشير، مصدر سابق، ص170 والمراجع المشار إليها فيه.
[5] انظر: أ. محمد طه البشير، د. هاشم الحافظ، القانون الروماني، الأموال و الالتزام، مطبعة جامعة بغداد، بغداد، 1983، ص165.

التونسي (م 564) والقانون المراكشي (م 478)، إما القانون المدني الفرنسي فانه لم يرى ضرورة في النص عليه، وان كان قد أشار إليه. ويتبين وجه الإشارة من الجمع بين كل من نصي المادتين 1582 و 1702 فلقد نص المشرع الفرنسي في المادة 1582 على انه (البيع عقد بموجبه يتعهد شخص بتقديم شيء لأخر على إن يلتزم هذا الأخير بدفع المقابل). ونص في المادة 1702 على انه (عقد المقايضة عقد بموجبه يقدم كل شخص للأخر شيئا ما).

بينما أبرزت بعض التشريعات المدنية الحديثة الصفة النقدية للثمن، كالقانون المدني المصري في المادة 418 والقانون المدني السوري في المادة 386 والقانون المدني الليبي في المادة 407.

الفرع الثاني

صـور الثمـن

سبق منا القول انه يكفي في الثمن إن يكون مبلغ من النقود يتفق المتعاقدان على تقديره، ولا يهم بعد ذلك طريقة تحديده أو الوفاء به. فقد يتفق على إن يكون الثمن مبلغا إجماليا يدفع معجلا أو مؤجلا وقد يكون الثمن إقساط، وقد يكون إيرادا دائما أو إيرادا مرتبا مدى الحياة، مادام هذا الإيراد نقودا.

أولاً: الثمن مبلغا إجماليا:

إذا كان الثمن مبلغا إجماليا فهو إما إن يكون معجلا وهذا هو الأصل أو يكون مؤجلا، ونرى كل صورة في فقرة خاصة.

(1) الثمن مبلغا إجماليا يدفع جملة واحدة معجلا:

والأصل في عقد البيع إن يكون الثمن مبلغا إجماليا يدفع جملة واحدة، حيث نصت الفقرة الأولى من المادة 575 من القانون المدني العراقي على انه (البيع المطلق الذي لم يذكر في عقده تأجيل الثمن أو تعجيله، يجب فيه الثمن معجلا)[1].

[1] ويتفق القانون المدني العراقي في ذلك مع الفقه الإسلامي، إذ القاعدة العامة في الفقه الإسلامي تقضي بان (إطلاق العقد يقتضي كون الثمن حالا). انظر في ذلك المادة 424 من كتاب مرشد الحيران، ص79، علي حيدر، مصدر سابق، ص194، الشيخ علي الخفيف، إحكام===

ولا يثير الثمن المقدر بصورة إجمالية والمستحق الدفع فورا (معجلا) إشكاليات كبيرة في الوقع العملي، حيث يترتب على إبرام عقد البيع صحيحا التزام المشتري بدفع الثمن المتفق عليه مقبل قيام البائع بنقل ملكية المبيع إليه[1]، ويتم الوفاء بالثمن بالعملة الرسمية المتداولة داخل الدولة، حيث نص القسم السادس من أمر سلطة الائتلاف رقم 43 لسنة 2003 على انه (2- تكون أوراق نقد الدينار العراقي الجديد الصادرة عن البنك المركزي العراقي هي العملة القانونية الرسمية الوحيدة المسموح بتداولها في العراق بعد 15 كانون ثاني عام 2004).

كما أجاز المشرع العراقي لطرفي عقد البيع إن يتفقوا على إن يكون ثمن المبيع مقدار بعملة أجنبية غير العملة العراقية، حيث نص القسم السابع من أمر سلطة الائتلاف المشار إليه سابقا على انه (يجوز للإطراف المتعاقدة أو للإطراف المشاركة في أي معاملة تجارية طوعية إن تقرر استخدام الدينار العراقي بصفته العملة الرسمية القانونية المتداولة في العراق للوفاء بالتزامات الدفع الناجمة عن العقد المبرم بينهم أو عن المعاملة التجارية التي يشاركون فيها كما يجوز لهم إن يختاروا الوفاء بالتزامات الدفع بأي عملة أجنبية يتفقون عليها أو بأي وسيلة أخرى يتم الاتفاق عليها ويسمح بها القانون العراقي).

والسؤال الذي يطرح في هذا الصدد: إذا تم الاتفاق على دفع الثمن معجلا، فهل يستطيع المشتري إجبار البائع على قبول الوفاء بالثمن عن طريق الحوالة أو عن طريق الشيك؟

=== المعاملات الشرعية، ص417، ألعاملي، اللمعة الدمشقية، سلسلة الينابيع الفقهية، ج14، ص570، المحقق الحلي، تبصرة المتعلمين في إحكام الدين، سلسلة الينابيع الفقهية، ج35، ص303، العلامة الحلي، إرشاد الأذهان، سلسلة الينابيع الفقهية، ج35، ص321.

[1] ويذهب القضاء العراقي إلى إن البيع المطلق الذي لم يذكر في عقده تأجيل الثمن أو تعجيله يتضمن قرينة قانونية على إن هذا البيع الذي سلم فيه المبيع قد تم فيه أداء الثمن، إلا إن هذه القرينة غير قاطعة بل تقبل ألدليل العكسي فلا يسند على البائع سبيل المطالبة بباقي الثمن إنما يقع عليه عبء الإثبات فحسب. قرار محكمة التمييز رقم 511/حقوقية/1965 بتاريخ 1965/7/26، مجلة القضاء، ع2، س21، 1966، ص115- 117.

مثال ذلك: إن يشتري شخص من أخر سلعة معينة بثمن قدره عشرة آلاف دينار ويعرض على البائع إن يقبل حوالة الثمن على مدين له أو يقبل شيك بالثمن فإذا رفض البائع ذلك فهل يستطيع المشتري إجباره على القبول قانونا؟

الحوالة سواء كانت مدنية أو تجارية هي عبارة عن عقد يتم باتفاق أرادتين، والمشتري لا يستطيع إن يجبر البائع على التعاقد بدون أرادته أو رضاه[1]، الأمر الذي يترتب عليه عدم إمكانية إجبار البائع على القبول بالثمن عن طريق الحوالة سواء كانت تجارية أو مدنية بدون رضاه صراحة.

إما عن إمكانية إجبار البائع على قبول الوفاء عن طريق الشيك، فكذلك لا يستطيع المشتري إجبار البائع على قبول الوفاء بالشيك[2]، ولكن البائع يستطيع إجبار المشتري على دفع الثمن بشيك إذا كان البيع تجاريا وجاوز مقدار الثمن عشرة ألاف دينار، حيث نصت المادة 179 من قانون التجارة العراقي رقم 30 لسنة 1984 على انه (للدائن في المسائل التجارية إن يلزم المدين بدفع الدين بشيك إذا جاوز مقدار الدين عشرة ألاف دينار).

---

(1) د. عبد المجيد الحكيم، الموجز في شرح القانون المدني العراقي، ج2، في إحكام الالتزام، ط1، بغداد، 1960، ص268، د. إسماعيل غانم، في النظرية العامة للالتزام، ج2، إحكام الالتزام والإثبات، مكتبة عبد الله وهبة، مصر، 1967، ص356-357، وانظر في الخلاف الذي دار حول تكييف الاتفاق الذي تتم به الحوالة، د. السنهوري، الوسيط، ج3، مكتبة النهضة المصرية، القاهرة، 1958، ص470- 471.

(2) انظر: د. محسن شفيق، القانون التجاري المصري، الأوراق التجارية، دار المعارف، ط1، الإسكندرية، 1954، ص10وص693، د. صلاح الدين الناهي، الوسيط في شرح القانون التجاري العراقي، إحكام الأوراق التجارية، شركة الطبع والنشر الأهلية، ط4، بغداد، 1962، ص12، د. أكرم ياملكي و د. فائق الشماع، القانون التجاري، بغداد، 1980، ص212، د. فوزي محمد سامي، شرح قانون التجارة الجديد، الأوراق التجارية، بغداد، 1972، ص11.

R.M. Good, Commercial Law, England, 1985, P. 348.

(2) الثمن مبلغ إجماليا يدفع جملة واحدة مؤجلا:

وإذا كان الأصل إن الثمن يدفع معجلا، فان لا مانع يمنع من الاتفاق على تأجيل دفع الثمن، حيث نصت الفقرة الأولى من المادة 574 من القانون المدني العراقي على انه (يصح البيع بثمن حال أو مؤجل معلوم). ويعتبر ابتداء مدة الأجل في عقد البيع من وقت تسليم المبيع، ما لم يتفق على غير ذلك (م 574 ف 2 م. ع).

ويثير تأجيل الثمن عدت إشكاليات، أهمها تغير العملة في الفترة بين إبرام البيع والأجل المتفق عليه لدفع الثمن، وانخفاض قيمة العملة أو ارتفاعها.

(أ) تغير العملة في النوع أو الشكل:

يحدث في كثير من الأحيان على اثر قيام ثورة أو انقلاب عسكري إن يتم تغيير العملة، وقد حدث غير مرة إن تم تبديل العملة في العراق، وأخر تبديل للعملة في العراق تم بعد اقل من عام على سقوط بغداد في 2003/4/9، حيث نص القسم السادس من أمر سلطة الائتلاف رقم 43 لسنة 2003 على انه (2- تكون أوراق نقد الدينار العراقي الجديد الصادر عن البنك المركزي العراقي هي العملة القانونية الرسمية الوحيدة المسموح بتداولها في العراق بعد 15 كانون ثاني عام 2004).

ويتكفل القانون عادة عند تغيير العملة بمعادلة قيمة العملة الجديدة بالعملة القديمة، فقد يتم استبدال الدينار القديم بنفس الدينار الجديد، وقد تتم معادلة ثلاثة دنانير من العملة القديمة بدينار من العملة الجديدة وهكذا.

وقد نص القسم الخامس من أمر سلطة الائتلاف رقم 43 لسنة 2003 على انه (تستبدل أوراق وقطع النقد المعدنية لدينار عام 1990 وللدينار السويسري بأوراق نقد الدينار العراقي الجديد أسعار التحويل الرسمية التالية دينار واحد /1/ من دنانير عام 1990 مقابل دينار عراقي جديد واحد /1/ ودينار سويسري واحد /1/ مقابل مائة وخمسين 150 دينار عراقي جديد).

كما لا يجوز للمشتري إن يمتنع عن دفع الثمن أو إن يطالب البائع بتخفيضه بحجة استبدال العملة، خاصة إذا كانت العملة الجديدة أقوى اقتصاديا من العملة القديمة

ومقبولة التداول عالميا، كما حصل في العراق بعد إن تم استبدال العملة الجديدة المقبولة عالميا بالعملة القديمة غير المقبولة عالميا، حيث نص القسم الثامن من أمر سلطة الائتلاف المشار إليه سابقا على انه (لن تأثر إحكام هذا الأمر على أي مستند قانوني ولن تؤدي إلى تغييره أو تغيير أي من شروطه كذلك لن تؤدي إحكام هذا الأمر إلى إعفاء أي متعاقد من التزاماته التعاقدية أو عدم مؤاخذته على إخفاقه في تنفيذ التزاماته التعاقدية وتحميله عواقب ذلك ما لم تكن الإطراف المتعاقدة قد اتفقت فيما بينها على خلاف ذلك).

(ب) تغير العملة في القيمة من حيث سعر الصرف:

إن التغيير الأكثر خطورة على البائع أو المشتري ليس هو تغيير العملة في شكلها أو نوعها، وإنما تغيير العملة في قيمتها تبعا لتغيير سعر الصرف الأجنبي. فكلما زادت قيمة العملة الوطنية انخفضت أسعار الواردات وزادت أسعار الصادرات، وجانب الخطورة هو عكس هذه المعادلة، فانخفاض قيمة العملة الوطنية نتيجة الظروف الاقتصادية الحالية يشكل عائقا إمام تطور اقتصاديات الدول النامية، وهو السبب الرئيسي في رفع سعر السلع في البلد الذي تنخفض عملته، والواقع إن هذا الموضوع يشكل واقعة مستمرة، حيث إن جل الدول النامية تعاني حرجا كبيرا في هذا الموضوع، ذلك إن سعر الصرف الأجنبي في تغير مستمر، وان هذه التغيرات التي تعكس التغيرات المستمرة في المراكز الاقتصادية للدول في محيط التجارة الدولية هي التي تخلق جوا من الحيطة والحذر أو التحفظ تجاه المعاملات الدولية[1].

ويرى الفقه التقليدي[2] إن العبرة في العلاقة بين البائع والمشتري سواء في المعاملات الداخلية أو الخارجية هي بعدد النقود المحددة في العقد ونوع العملة سواء

---

[1] انظر: الأستاذ عبد الرحمن بسيري احمد، مقدمة في الاقتصاد الدولي، دار النهضة العربية، بيروت، 1974، ص18، روجيه دوهيم، مدخل إلى الاقتصاد، ترجمة د. سموحي فوق العادة، منشورات عويدات، بيروت- باريس، ط2، 1982، ص166 وما بعدها.

[2] انظر: د. السنهوري، الوسيط، ج1، ص424، د. محمد لبيب شنب، مصدر سابق، دروس في نظرية الالتزام، ص194، د. علي علي سليمان، مصدر سابق، ص72.

أزادت عند الوفاء قيمة العملة الوطنية أو انخفضت، فالعدد هو هو أو كما يقال (الدينار هو الدينار) ويحمل البائع المشتري تبعة سعر الصرف. وقد جاء في المادة 134 من القانون المدني العراقي ما نصه (إذا كان محل الالتزام نقودا التزم المدين بمقدار عددها المذكور في العقد دون إن يكون لارتفاع قيمة هذه النقود أو لانخفاضها وقت الوفاء أي اثر)[1].

وبالتالي فان البائع أو المشتري قد يلحق احدهما ضرر أو نفع نتيجة زيادة سعر صرف العملة أو نتيجة نقصان سعر الصرف واثر ذلك يعود بالطبع على المعاملات التجارية داخل الدولة.

من هنا يثور التساؤل حول مدى إمكانية التغلب على هذه المشكلة بحيث نجنب المشتري أو البائع مخاطر سعر الصرف أو انخفاضه؟

ابتداء قد يحاول المتعاقدان معالجة اختلال التوازن العقدي إذا توقعا حدوث تقلبات في العملة. ويسعى البائع عادة إلى ذلك إذا كانت تلك التقلبات تؤدي إلى انخفاض قيمة النقود إذ يمكنه إن يتفق مع المشتري على تطويع العقد تبعا لتقلبات الأسعار بما يحافظ على التوازن العقدي، ويتخذ هذا الاتفاق صورة الشرط الذي يدرج في العقد أو يتم الاتفاق عليه على نحو مستقل. ويتخذ هذا الشرط الصور الآتية:

(1) شرط الذهب (Clause-or):

يلتزم المشتري بموجب هذا الشرط في مواجهة البائع بتنفيذ التزامه بواسطة الدفع بالذهب بدلا من النقود، كأن يلتزم، على سبيل المثال بدفع 200 غرام من الذهب ثمنا للمبيع. والواقع إن جواز هذا الشرط كان محل جدل انتهى إلى تقرير بطلانه على اعتبار انه يؤدي إلى استبعاد العملة الوطنية من التعامل وبذلك يخالف النظام العام الاقتصادي، هذا ما لم يكن التعامل به على المستوى الدولي[2].

---

(1) تقابل المادة 135 مدني سوري، المادة 95 مدني جزائري.

(2) انظر: د. السنهوري، الوسيط، ج1، ص425 وما بعدها، د. سليمان مرقس، إحكام الالتزام، القاهرة، 1957.

(2) شرط قيمة الذهب (Clause valeur-or):

يلتزم المشتري بموجب هذا الشرط بتنفيذ التزامه على أساس الدفع بالعملة الوطنية، ولكن تحديد مقدار الثمن الواجب يتم بواسطة الذهب، من ذلك على سبيل المثال، إن يشترط البائع على المشتري إن يدفع كمية من النقود تكفي لشراء 200 غرام من الذهب. فهنا لا ينفذ المشتري التزامه بدفع الذهب وإنما يدفع مبلغا من النقود يقدر على أساس قيمة الذهب [1].

(3) شرط الدفع بالعملة الأجنبية (La clause monnair étagère)، أو شرط الدفع بقيمة العملة الأجنبية (La clause valeur monnaie):

يتم الاتفاق بموجب هذا الشرط على إن ينفذ المشتري التزامه بدفع عملة أجنبية كالدولار أو اليورو أو الباون الانكليزي أو الفرنك الفرنسي ... الخ، وذلك عند حلول اجل الثمن عندما تكون العملة الأجنبية أكثر استقرارا واقل تعرضا لانخفاض قيمتها الشرائية.

وكان هذا الشرط باطلا في نطاق القانون العراقي لمخالفته لنظام العام الاقتصادي، حيث نصت المادة 33 من قانون البنك المركزي العراقي رقم 64 لسنة 1976 على انه (يجري كل بيع أو وفاء أو أي التزام مالي أخر في الجمهورية العراقية بالدينار العراقي، ويجب إن يحرر به كل سند أو وثيقة أيا كانت...).

ولكن موقف القانون العراقي هذا تم تعديله، حيث سمح المشرع للمتعاقدين إن يتفقا على إن يكون دفع الثمن بالعملة الأجنبية، حيث نص القسم السابع من أمر سلطة الائتلاف رقم 43 لسنة 2003 وتحت عنوان (حرية التعاقد) على انه (يجوز للإطراف المتعاقدة أو للإطراف المشاركة في أي معاملة تجارية طوعية إن تقرر استخدام الدينار العراقي بصفته العملة الرسمية القانونية المتداولة في العراق للوفاء بالتزامات الدفع الناجمة عن العقد المبرم بينهم أو عن المعاملة التجارية التي يشاركون فيها كما يجوز

---

[1] انظر: د. صبري حمد خاطر، تطويع العقد في ظل تقلبات الأسعار، بحث منشور في مجلة جامعة صدام، مج2، ع3، تشرين الثاني، 1998، ص83.

لهم إن يختاروا الوفاء بالتزامات الدفع بأي عملة أجنبية يتفقون عليها أو بأي وسيلة أخرى يتم الاتفاق عليها ويسمح بها القانون العراقي).

كما نصت المادة 37 من الملحق رقم (1) البنك المركزي العراقي الصادر بموجب الأمر رقم 56 لسنة 2004 على انه (قد تقوم الإطراف المتعاقدة أو أي مشروع طوعي أخر أو معاملات تجارية، بما فيها الفاتورة، أو الأداة، أو كمبيالة أو ورقة مالية بتقويم التزامها بأي عملة يتم الاتفاق عليها...).

كما نصت المادة 38 على انه (يتم تنفيذ الالتزامات بالعملة الأجنبية استنادا إلى شروطها...).

مما تقدم يتبين لنا إن المشرع العراقي أجاز إن يتم الاتفاق بين البائع والمشتري على إن يكون ثمن المبيع بالعملة الأجنبية أو يكون بالعملة العراقية مقدرا بما يعادلها من عملة أجنبية، مثال الاتفاق الأول إن يكون ثمن المبيع آلف دولار يدفع بعد شهر، ومثال الاتفاق الثاني إن يكون ثمن المبيع بالدينار العراقي يدفع بعد شهر بما يساوي إلف دولار فيكون الدفع بالدينار العراقي إما العملة الأجنبية (الدولار) فتتخذ معيارا لتقدير المبلغ الذي يجب دفعه من العملة الوطنية عند دفع الثمن.

ولكن إذا لم يتفق الطرفان على مواجهة تقلبات قيمة العملة الوطنية، فهل يجوز إن يتدخل القاضي بناء على طلب احد المتعاقدين لإعادة التوازن العقدي الذي اختل نتيجة تقلبات العملة الوطنية؟

قيلت عدة أراء[1] في هذا الصدد يجمعها قاسم مشترك هو محاولة البحث في القواعد العامة عما يسند سلطة القاضي في التطويع، فذهب رأي في الفقه الألماني إلى إن ارتفاع قيمة العملة الوطنية في الفترة بين إبرام عقد البيع وحلول اجل دفع الثمن يؤدي إلى نوعين من الاستحالة: استحالة مادية مطلقة واستحالة اقتصادية. وتكون الاستحالة الاقتصادية إذا نجم عن القوة القاهرة ارتفاع في قيمة النقود على نحو يلحق

---

[1] انظر في عرض هذه الآراء والرد عليها: د. صبري حمد خاطر، البحث المشار إليه سابقا، ص86.

ضررا كبيرا لا يحتمله المشتري. مثال ذلك: إن يشتري شخص من أخر سيارة بثلاثة ألاف دينار على إن يدفع الثمن بعد سنة من إبرام عقد البيع، إلا انه وعند حلول اجل الثمن ارتفعت قيمة العملة الوطنية بحيث أصبحت قيمة السيارة الجديدة تساوي إلف دينار الأمر الذي ترتب عليه عدم إمكانية المشتري الوفاء بثمن السيارة أو تكون الحالة معكوسة بان تنخفض قيمة العملة الوطنية بحيث تصبح قيمة السيارة وقت الوفاء بتسعة ألاف دينار فيتضرر البائع ضررا جسيما.

ولكن هذا الرأي لا يمكن الأخذ به في ظل القانون العراقي للأسباب الآتية:

1- إن ارتفاع أو انخفاض قيمة العملة الوطنية لا يعتبر من قبيل القوة القاهرة التي تجعل مـن تنفيـذ التـزام المشتري بدفع الثمن مستحيلا.

2- إن تطبيق إحكام القوة القاهرة يؤدي إلى انفساخ عقد البيع وهي نتيجة لا يريدها القاضي ولا المتعاقدين.

وذهب رأي أخر إلى إن البائع الذي يقبل بتأجيل الثمن لفترة طويلة أو قصيرة فانه يفعل ذلك في ظل شرط ضمني هو إن لا تتغير الظروف الاقتصادية خلال الفترة المتفق عليها. ومن ثم إذا حدث تغيير في قيمة العملة بعد إبرام عقد البيع وأدى إلى اختلال التوازن العقدي الذي يفترض انه كان قائما وقت التعاقد فان ذلك يفرض تعديل الثمن وإلا يصبح البيع ملغيا.

وهذا الرأي أيضا لا يمكن الأخذ به في ظل نصوص القانون المدني العراقي للأسباب الآتية:

1- لا يمكن إن نفترض انصراف إرادة المتعاقدين إلى مثل هذا الشرط، لأنه إذا كان بالإمكان إن تنصرف إرادة أحد المتعاقدين إلى مثل هذا الشرط، كالبائع في حالة ارتفاع قيمة العملة، فكيف تنصرف إرادة المشتري الى هذا الشرط وهو لا يستفيد منه، فالمصالح تتعارض وتحول دون افتراض إرادة تمنح القاضي سـلطة تعديل الثمن.

2- إن الشرط الضمني الذي يفترض وجوده يؤدي إما إلى تعديل الـثمن، وإمـا إلى إلغاء البيع، وإذا كنـا نقبـل بتعديل الثمن، فانه من غير المقبول القول بإلغاء البيع.

وذهب رأي ثالث، إلى القول، إن تغيير قيمة العملة الوطنية يؤدي إلى إلحاق الغبن بالبائع، بينما يستفيد المشتري من انخفاض قيمة النقود في دفع الثمن. ولما كان الغبن عيبا من عيوب الإرادة خاصة في ظل المادة 1675 مدني فرنسي، فقد استند هذا الرأي إلى هذه المادة للقول بسلطة القاضي في تعديل الثمن.

كما ذهب رأي رابع: إلى الاستعانة بفكرة الغلط بوصفه عيبا من عيوب الإرادة. والغلط هنا يرد على الثمن، فإذا انخفضت قيمة العملة في الفترة بين تكوين عقد البيع وبين الأجل المحدد لدفع الثمن، فان ذلك يعني إن المتعاقدين وقعا في حالة توهم حملتهما على الظن الخاطئ بان قيمة العملة ستبقى ثابتة. أي إن إرادتهما معيبة نتيجة الغلط. وهذا الغلط جوهري يجوز للقاضي إن يستند إليه لتطويع العقد.

والحقيقة إن الرأيين الأخيرين اللذين يستندان إلى فكرة الغبن والغلط بوصفهما عيبان من عيوب الإرادة لا يمكن الأخذ بأي منهما في ظل القانون العراقي، وذلك للأسباب الآتية:

1- إن الغبن والغلط بوصفها من عيوب الإرادة يتعلقان بتكوين العقد وليس بتنفيذه.
2- لا يمكن القول إن ضحية الغبن أو الغلط لا يعلم بتقلبات قيمة العملة ولا يتوقعها خاصة في ظل ظروف اقتصادية معينة كارتفاع معدلات التضخم نتيجة الحصار الاقتصادي الذي فرض على العراق بعد عام 1991.
3- إن الغبن وحده لا يكفي في ظل القانون المدني العراقي ليعيب الإرادة، وإنما لابد إن يقترن كقاعدة عامة بالتغرير.
4- إذا ثبت الغلط أو الغبن كان للمتعاقد بائعا أو مشتريا إن يطالب بنقض العقد وهذا لا ينسجم مع حكم التطويع الذي يقتصر على تعديل الثمن المتفق عليه.

إذا القاضي لا يستطيع وفقا للقواعد العامة إن يعدل في ثمن المبيع لمواجهة تقلبات قيمة العملة وإنما يجب إن يتدخل المشرع إزاء مثل هذه الظاهرة الخطيرة، لسن قواعد عامة تحدد منهج يضمن الوفاء بالثمن دون إخلال بالتوازن العقدي.

خلاصة القول إن المتعاقدين في ظل الوسائل أو الأساليب المتاحة في الوقت الحاضر يستطيعوا تجنب تقلبات قيمة العملة الوطنية، وذلك باشتراط دفع الثمن بعملة

أجنبية كالدولار أو إن يتفقوا على دفع الثمن بالدينار العراقي ولكن بما يساوي مبلغ معين من الدولار، فيجري التعامل بالعملة الوطنية إما العملة الأجنبية (الدولار) فتتخذ معيارا لتقدير الثمن الذي يجب دفعه من العملة الوطنية عند حلول اجله.

ومن نافلة القول أيضا، إن المتعاقدين يستطيعا إن يستعينا بسعر السوق لتخلص من تقلبات قيمة العملة، حيث نصت المادة 527 مدني عراقي في فقرتها الثانية على انه (إذا اتفق على إن الثمن هو سعر السوق وجب عند الشك إن يكون الثمن سعر السوق في المكان والزمان اللذين يجب فيهما تسليم المبيع للمشتري...).

فهنا يجوز الاتفاق على إن يكون الثمن هو سعر السوق وقت حلول الأجل. مادام النص جاء مطلق لا يقيده إلا قاعدة (الشك يفسر لمصلحة المدين)، لأنه إذا انخفضت قيمة العملة، فمن مصلحة المشتري إن يحدد القيمة الاسمية لالتزامه بدفع الثمن في وقت سابق على وقت تنفيذ هذا الالتزام، فهو يدفع بذلك كمية اقل من النقود.

موقف الفقه الإسلامي:

يصح الاتفاق في الفقه الإسلامي، كما هو في الفقه الوضعي، على تأجيل ثمن المبيع، إذا كان دينا، وذلك كما لو بعت ضيعة بعشرة ألاف دينار وأجلت أداء الثمن شهرا مثلا فان ذلك يجوز، ولا نعلم خلافا في جواز ذلك بين المذاهب الإسلامية. ويؤيد جواز هذا التأجيل إن الله تعالى أجاز لنا في كتابه الكريم تأجيل الديون فقال سبحانه وتعالى (**يأيها الذين امنوا إذا تداينتم بدين إلى اجل مسمى فاكتبوه**)[1]. ويؤيد ذلك أيضا ما روى عن الرسول صلى الله عليه وسلم انه اشترى من يهودي طعاما بثمن مؤجل أجلا

[1] الآية 282 من سورة البقرة، وانظر الخلاف الذي دار بين الفقهاء المسلمون حول ما إذا كان قوله تعالى في هذه الآية عاما في تأجيل جميع الديون، أم خاصا بتأجيل بعضها: الرازي (محمد فخر الدين بن ضياء الدين)، تفسير الرازي، ج2، ط1، مصر، 1308، ص364، النيسابوري (الحسن بن محمد حسين ألقمي)، تفسير غرائب القران و رغائب الفرقان، مطبوع على هامش جامع البيان في تفسير القران لأبي جعفر محمد بن جرير الطبري، ج3، مصر، 1324، ص97، ابن كثير (إسماعيل بن كثير)، تفسير ابن كثير، ج2، مصر، 1343، ص71-72.

معلوما ورهنه درعا له[1]، فدل هذا على صحة تأجيل ثمن المبيع. وقد اجمع الصحابة والتابعون وسائر المذاهب الإسلامية على جواز تأجيل ثمن المبيع إذا كان دينا[2]، كما جرى بذلك عرف الناس. ويلاحظ إن تأجيل ثمن المبيع- إذا كان دينا- يصح سواء اتفق عليه في عقد البيع أم اتفق عليه بعد ذلك في اتفاق لاحق، لان الثمن حق البائع وله إن يؤخر استيفاء حقه تيسيرا على المشتري، لان البائع له إبراء المشتري من الثمن جميعه، فمن باب أولى له تأخير استيفاء هذا الثمن من المشتري[3].

---

(1) مسلم (أبي الحسين مسلم بن الحجاج بن مسلم القشيري)، صحيح مسلم، مطبوع على شرح النووي، ج11، المطبعة المصرية، 1349، ص39.

(2) انظر: عند الحنفية المرغيناني (أبي الحسن علي بن أبي بكر عبد الجليل)، الهداية شرح بداية المبتدى، طبعة ألبابي الحلبي، ج3، مصر، 1355، ص17، وعند المالكية الدسوقي (شمس الدين الدسوقي)، حاشية الدسوقي على الشرح الكبير، ج3، ط1، مصر، ص1324، ص58، وعند الشافعية عميرة والقليوبي، حاشية على شرح المنهاج، ج2، القاهرة، 1353، ص78، وعند الحنابلة ابن إدريس (منصور ابن إدريس)، كشاف القناع، ج2، ط1، مصر، 1359، ص37، وعند الشيعة الأمامية المحقق الحلي (أبي القاسم نجم الدين جعفر بن الحسن بن أبي زكريا يحيى بن الحسن بن سعيد الهذلي)، المختصر النافع، سلسلة الينابيع الفقهية، ج14، ص454، الشهيد الأول ألعاملي (الشيخ أبي عبد الله شمس الدين محمد بن الشيخ جمال الدين مكي بن الشيخ شمس الدين محمد بن حامد بن احمد ألمطلبي ألعاملي)، اللمعة الدمشقية، ج14، سلسلة الينابيع الفقهية، ص570، وعند الشيعة الزبدية الحيمى (حسين ابن احمد بن الحسين)، الروض النضير شرح مجموع الفقه الكبير، ج3، مصر، 1348، ص214، وعند الظاهرية ابن حزم (أبي محمد علي بن احمد بن سعيد بن حزم)، المحلى، ج8، مصر، 1350، ص412.

(3) ويشترط الفقهاء المسلمون في الأجل إن يكون معلوما، فإذا كان الأجل مجهولا كان البيع باطلا عند الجعفرية والمالكية والشافعية والظاهرية على تفصيل، وفاسدا عند الحنفية على تفصيل إما الحنابلة فالبيع صحيح والأجل فاسد ولمن فاته غرض من التأجيل إن يطلب فسخ البيع، وانظر عند الجعفرية: الحلي، المختصر النافع، سلسلة الينابيع الفقهية، ج14، ص454، الحلي، السرائر الحاوي لتحرير الفتاوى، سلسلة الينابيع الفقهية، ج14، ص324، العلامة الحلي، تبصره المتعلمين في إحكام الدين، سلسلة الينابيع الفقهية، ج35، ص303- 304، العلامة الحلي، تلخيص المرام في معرفة الإحكام، سلسلة الينابيع الفقهية، ج35، ص339، وعند المالكية الدسوقي، حاشية الدسوقي على الشرح الكبير، ج3، ص179، وعند الشافعية القليوبي وعميرة، حاشية على شرح المنهاج، ج2، ص178، وعند الظاهرية ابن حزم، المحلى، ج8، 412، وعند الحنفية المرغيناني، الهداية، ج3، ص37، الكمال بن الهمام، فتح القدير، ج5، مصر، 1356، ص222، الكاساني، بدائع الصنائع في ترتيب الشرائع، ج5، ص300، وعند الحنابلة ابن إدريس، كشاف القناع، ج2، ص41.

إما إذا كان ثمن المبيع من الأعيان، وذلك كما في الصرف مثلا، فانه لا يجوز تأجيله، فلو بيعت أربعة دنانير ذهبا بأربعين دينار فضة، فانه لا يجوز تأجيل تسليم دنانير الفضة عن مجلس العقد. ويؤيد ذلك قول الرسول صلى الله عليه وسلم في حديث الربا (الذهب بالذهب، والفضة بالفضة ... مثلا بمثل ويدا بيد) ومعنى ذلك إن بيع الذهب بالذهب لابد فيه من المماثلة في القدر ولكن يشترط فيه التقابض في محل العقد، لأنه لا مبرر للتأجيل فيه لوجود النقدين واتفاق المتصارفين على انتقال الملكية فيهما، ولان النقود تتغير أسعارها وقيمتها الاقتصادية في مدة الأجل بما يسمح لأحد المتبايعين بان يحصل على زيادة لا عوض لها فتكون ربا، وقد اجمع فقهاء الشريعة[1] على اشتراط قبض بدلي الصرف في مجلس العقد، فكان التأجيل فيه غير جائز.

---

[1] انظر عند الحنفية السرخسي (أبي بكر محمد بن سهل السرخسي)، المبسوط، ج14، ط1، مصر، ص72- 73، الكاساني (أبي بكر بن مسعود)، بدائع الصنائع في ترتيب الشرائع، ج5، ط1، مصر، 1328، ص215، المرغيناني (أبي الحسن علي بن أبي بكر عبد الجليل)، الهداية شرح بداية المبتدى، ج3، مطبعة ألبابي الحلبي، مصر، 1355، ص61، الكمال بن الهمام (كمال الدين محمد بن عبد الواحد)، فتح القدير، ج5، مصر، 1356، ص372، الزيلعي (عثمان بن محمد)، تبين الحقائق شرح كنز الدقائق، ج4، ط1، مصر، 1324، ص134- 135، وعند المالكية مالك (مالك بن انس)، المدونة، ج3، ط1، مصر، 1324، ص89 وما بعدها، الدسوقي (شمس الدين عرفه الدسوقي)، حاشية الدسوقي على الشرح الكبير، ج3، ط1، مصر، 1324، ص26- 27، الخرشي (أبي عبد الله محمد)، شرح الخرشي على مختصر خليل، ج3، مصر، 1306، ص243، ابن رشد، المقدمات المهدآت، ج2، ط1، مصر، 1325، ص181، وعند الحنابلة ابن قدامة (أبي محمد بن عبد الله بن احمد)، المغني، ج4، مصر، 1347، ص177، ابن إدريس (منصور بن إدريس)، كشاف القناع، ج2، ط1، مصر، 1359، ص99، وعند الشيعة الأمامية الحلي (أبي منصور محمد بن إدريس محمد ألعجلي)، السرائر الحاوي لتحرير الفتاوى، سلسلة الينابيع الفقهية، ج14، ص310، ألعاملي، اللمعة الدمشقية، سلسلة الينابيع الفقهية، ج14، ص565، العلامة الحلي، قواعد الإحكام في مسائل الحلال والحرام، سلسلة الينابيع الفقهية، ج14، ص515، الطوسي، الخلاف، سلسلة الينابيع الفقهية، ج35، ص29.

ويخلص من ذلك إن ثمن المبيع إذا كان دينا، جاز تأجيل الالتزام بأدائه، بخلاف ما إذا كان عينا، وذلك تطبيق لقاعدة في الفقه الإسلامي تقضي بان (الأجل يليق بالديون ولا يليق بالأعيان)[1].

إما عن مشكلة تقلبات قيمة النقد، فقد تطرق لها الفقهاء المسلمون، حيث اجمعوا على إن الدراهم إذا رخصت قيمتها أو غلت، لا ينفسخ البيع بالإجماع، بل البيع على حاله، ولا يتخير المشتري بل على المشتري إن ينقد مثلها عددا، ولا يلتفت إلى القيمة هنا، لان الرخص أو الغلاء لا يوجب بطلان الثمنية - إلا ترى إن الدراهم قد ترخص وقد تغلو وهي على حالها إثمان[2].

إما عن تغيير العملة أو استبدالها، فقد قال العلامة الحلي " إذا سقطت تلك الدراهم وجاءت غيرها، لم يكن له عليه إلا الدراهم التي اقرضها إياه أو سعرها بقيمة الوقت الذي اقرضها فيه. وكذا قال ابن البراج وابن إدريس. وقال الصدوق في المقنع: وان استقرضت من رجل دراهم ثم سقطت تلك الدراهم وتغيرات فلا يباع بها شيء، فلصاحب الدراهم الدراهم التي تجوز بين الناس.

[1] جاء في الهداية، ج3، ص36- 37 (الأجل شرع ترفيها فيليق بالديون دون الأعيان)، وفي فتح القدير، ج5، ص273 (التأجيل في الأعيان لا يصح)، وفي نهاية المحتاج شرح المنهاج، ج3، ص60 (الأعيان لا تقبل التأجيل ثمنا ومثمنا...).

[2] الكاساني، بدائع الصنائع في ترتيب الشرائع، ج5، ط1، مصر، 1328، ص242، ابن عابدين، رد المحتار على الدر المختار، ج4، ص32- 34، ابن عابدين، رسالته تنبيه الرقود على مسائل النقود، ضمن مجموع رسائله، ج2، ص58 وما بعدها، مرشد الحيران إلى معرف أحوال الإنسان، ص153 مادة 788، الهذلي (أبي يحيى بن زكريا بن احمد بن يحيى بن الحسن بن سعيد)، الجامع للشرائع، سلسلة الينابيع الفقهية، ج14، ص476، العلامة الحلي، قواعد الإحكام في مسائل الحلال والحرام، سلسلة الينابيع الفقهية، ج14، ص517، ابن حمزة (عماد الدين أبي جعفر محمد بن حمزة الطوسي المعروف بابن حمزة)، الوسيلة إلى نيل الفضيلة، سلسلة الينابيع الفقهية، ج13، ص229- 230، ابن قدامة، المغني، ج4، ص360، المقدسي، الإقناع، ج2، ص148، وانظر أيضا بحث السيد محسن الخرازي، الأوراق النقدية، مجلة فقه أهل البيت، ع26، س7، 2002، ص9- 28 وانظر بالأخص ص19.

وقال ابن إدريس في موضع أخر: متى كان له على إنسان دراهم أو دنانير أو غيرهما من السلع جاز له إن يأخذ مكان ماله من غير الجنس الذي له عليه بسعر الوقت، فان كانت دراهم وتعامل الناس بغيرها واسقط الأولى السلطان فليس له إلا مثل دراهمه الأولى، ولا يلزمه غيرها مما يتعامل ألان به إلا بقيمتها من غير جنس؛ لأنه لا يجوز بيع الجنس بالجنس متفاضلا"[1].

خلاصة القول إن الفقهاء المسلمون لا يجيزون للبائع إن يطالب بزيادة الثمن إذا انخفضت القوة الشرائية للنقود، إما إذا تغيرت العملة فله إن يطالب بالثمن على وفق العملة الجديدة بدون زيادة أو نقصان فإذا كان الثمن إلف دينار بالعملة القديمة وأصبح عشرة ألاف بالعملة الجديدة، كان له إن يطالب بعشرة ألاف دينار على أساس العملة الجديدة.

ومع ذلك يذهب بعض فقهاء الشريعة المحدثون[2] إلى انه "إذا ارتفعت أو انخفضت القوة الشرائية للنقود المقترضة تفقد مثليتها وتتحول إلى المال ألقيمي لان مثل الشيء ما يساويه صورة ومعنى (قيمة) فعلى المقترض إن يرد للمقرض ما يساوي قيمة (القوة الشرائية) المبلغ المقترض حين القبض فإذا رد له نفس المبلغ فان كانت القوة الشرائية يوم الرد أكثر من يوم القبض فلا يجوز إلا برضائه البعيد عن شائبة الإكراه المادي أو المعنوي. وإذا انخفضت القوة الشرائية فعلى المقترض إن يرد للمقرض ما يعادل قيمة النقود المقترضة حين القبض. وإذا رد له نفس المبلغ فلا يصح وفاؤه بل يكون ناقصا ما لم يكن برضاء تام للمقرض بعيدا عن شائبة الإكراه".

[1] العلامة الحلي، مختلف الشيعة، ج5، ص411، مسالة (31).
[2] د. مصطفى إبراهيم الزلمي، الالتزامات في الشريعة الإسلامية والتشريعات المدنية العربية، ج1، مطبعة السعدون، بغداد، 2001، ص279، وانظر في مناقشة نفس الحجج التي جاء بها الأستاذ الزلمي وتفنيدها بحث السيد محسن الخرازي، سابق الإشارة إليه.

ثانياً: الثمن يدفع على إقساط:

أجازت الفقرة الأولى من المادة 574 من القانون المدني العراقي إن يكون الثمن على إقساط بنصها على انه (... ويجوز اشتراط تقسيط الثمن إلى إقساط معلومة تدفع في مواعيد).

من هذا النص يتضح لنا إن الثمن يكون مقسطا عندما يتفق الطرفان على إن يدفع الثمن على إقساط معلومة في مواعيد معلومة قد تكون كل يوم أو شهر أو سنة، والأصل في الإقساط إن تكون متساوية من حيث مبلغ القسط الذي يلتزم المشتري بدفعه ومع ذلك فلا مانع يمنع من الاتفاق على إن تكون مبالغ الإقساط غير متساوية، فيجوز الاتفاق على إن يدفع المشتري إلف دينار كقسط أول وإلفان دينار كقسط ثان وأربعة ألاف دينار كقسط رابع وهكذا.

كما لا يشترط إن تكون مواعيد دفع الإقساط متساوية، بل يجب فقط إن تكون معلومة، حيث يجوز الاتفاق على إن يكون دفع القسط الأول من الثمن بعد شهر من استلام المبيع والقسط الثاني بعد ثلاثة أشهر والقسط الثالث بعد خمسة أشهر وهكذا.

ويثير الثمن في البيع بالتقسيط عدة إشكاليات من الناحية العملية أهمها، ضمانات البائع في الحصول على الثمن في حالة تلكىء المشتري أو امتناعه عن دفع الثمن.

وللبائع وفق للقواعد العامة إن يطالب المشتري بالتنفيذ العيني، وذلك بالحجز على أموال المشتري وبيعها لاستيفاء القسط المستحق من الثمن مع الفوائد القانونية[1]، كما إن له إن يطالب بالفسخ مع التعويض إذا كان له مقتضى.

---

[1] كما إن للبائع سواء كان المبيع منقول أو عقارا امتياز على الشيء المبيع. انظر: المادة 1376 مدني عراقي فيما يتعلق بامتياز بائع المنقول، والمادة 1378 مدني عراقي فيما يتعلق بامتياز بائع العقار. ويذهب الأستاذ محمد طه البشير إلى عدم سريان امتياز بائع المنقول في مواجهة الدائنين إذا أشهر إفلاس المشتري بعد وصول البضائع إليه. ومع المؤسف إن هذا الكلام غير صحيح إذ إن امتياز بائع المنقول في قانون التجارة العراقي وعلى خلاف القانون المصري يسري في مواجهة مجموع الدائنين إذا أشهر المشتري إفلاسه. انظر: أ. محمد طه البشير، الوجيز في الحقوق العينية التبعية، دراسة تحليلية مقارنة، ط2، مطبعة العاني، بغداد، 1973، ص163، والمذكرة التفسيرية لقانون التجارة العراقي رقم 149 لسنة 1970، ص210. وانظر في موقف القانون المصري؛ د. محمد سامي مدكور، د. علي حسن يونس، الإفلاس، دار الفكر العربي، 1960- 1961، ص396.

موقف الفقه الإسلامي:

البيع بالتقسيط ليس من البيوع الحديثة كما يظن البعض فقد عرفه المتقدمون من فقهاء الشريعة الإسلامية وذكروه عند بحثهم للبيع بثمن مؤجل. ولكنهم لم يفردوه باب مستقل، ولم يصطلح على تسميته بهذا الاسم. فالمصطلح المرادف للتقسيط في الفقه الإسلامي مصطلح التنجيم[1]، حيث يستعمله الفقهاء المسلمون للدلالة على البيع بالتقسيط، فقد ذكر صاحب الجواهر (المتوفى 1266هـ) بأنه (إن اشترط التأجيل للثمن جميعه أو بعضه ولو نجوما متعددة صح إجماعا بقسميه ونصوصا (عموما وخصوصا) في البعض وهو المسمى بالنسيئة)[2].

وقد عرفت المادة 157 من مجلة الإحكام العدلية البيع بالتقسيط بأنه (تأجيل أداء الدين مفرقا إلى أوقات متعددة معلومة)[3].

---

[1] والتنجيم في اللغة مأخوذ من (النجم) وهو الكوكب، والمراد به: الوقت المضروب، يقال (نجم المال تنجيما): إذا أداه نجوما، انظر: النووي (الإمام أبي زكريا)، تهذيب الأسماء واللغات، مصورة عن الطبعة المنيرة، ج3، دار الكتب العلمية، بيروت، ص160- 162، الفيروزابادي (العلامة مجد الدين محمد بن يعقوب)، القاموس المحيط، تحقيق مكتب التراث مؤسسة الرسالة، (باب الميم، فصل الميم)، مؤسسة الرسالة، ط1، بيروت، 1406، ص1499، الفيومي (الإمام أبي العباس احمد بن محمد)، المصباح المنير في غريب الشرح الكبير، مكتبة لبنان، 1987، ص227، والتنجيم في الاصطلاح: (المال المؤجل بأجلين فصاعدا) أو (إن يوزع الدين على إقساط تستوفى في أوقات معينة) انظر في ذلك: كشاف القناع عن متن الإقناع، للعلامة منصور بن يونس بن إدريس البهوتي الحنبلي، ج5، مطابع الحكومة، مكة المكرمة، 1394، ص598، محمد جواد مغنية، فقه الإمام جعفر الصادق عليه السلام ، ج4، مؤسسة أنصاريان للطباعة والنشر، ط6، إيران، بلا سنة طبع، ص17.

[2] جواهر الكلام في شرح شرائع الإسلام لشيخ الطائفة صاحب الجواهر، ج23، ص99 أشار إليه: حسن ألجواهري، بحوث في الفقه المعاصر، ج1، دار الذخائر، ط1، بيروت، بلا سنة طبع، ص42، وانظر أيضا: ألعاملي (الشهيد السيد محمد بن جمال الدين مكي ألعاملي)، الدروس الشرعية، سلسلة الينابيع الفقهية، ج35، ص361.

[3] انظر: علي حيدر، ج1، ص110.

كما نصت المادة 421 من كتاب مرشد الحيران على انه (ويجوز اشتراط تقسيط الثمن إلى إقساط معلومة تدفع في مواعيد معينة...)[1].

ويعلل ألعاملي صحة البيع بالتقسيط بالفقه الإسلامي بقوله "وهو صحيح - أي البيع بالتقسيط - لوجود المقتضى مع عدم المانع من الغرر والجهالة، لان الأجل منضبط"[2].

ويثير الثمن في البيع بالتقسيط في الفقه الإسلامي عدة إشكاليات أهمها، مدى جواز الاتفاق على زيادة الثمن المقسط عن الثمن الحال وضمانات حصول البائع على حقه بالثمن في حالة تلكء أو امتناع المشتري عن دفع الإقساط المستحقة.

إما عن المسالة الأولى، ونقصد بها مدى إمكانية الاتفاق على زيادة الثمن المقسط عن الثمن الحال، فقد اختلف الفقهاء المسلمون في ذلك، فذهب جمهور الفقهاء المسلمون إلى جواز زيادة ثمن المبيع المؤجل عن سعره الفوري[3]، بينما ذهب فريقا

---

(1) انظر: علي حيدر، ج1، ص110.

(2) السيد محمد حسن العاملي، الزبدة الفقهية في شرح الروضة البهية، ج4، دار الهادي، ط1، بيروت، 1995، ص640هامش(3). وانظر أيضا في تعليل صحة هذا البيع محمد جواد مغنية، فقه الإمام جعفر الصادق عليه السلام ، ج3، ص242- 243.

(3) انظر: السرخسي (شمس الأئمة أبي بكر محمد بن أبي سهل السرخسي الحنفي)، المبسوط، ج13، مطبعة السعادة، مصر، 1324، ص8، الزيلعي (فخر الدين عثمان بن علي)، تبين الحقائق شرح كنز الدقائق، ج4، المطبعة الأميرية ببولاق، ط1، 1314، ص79، الباجي (أبي الوليد سليمان بن خلف)، المنتقى شرح الموطأ، ج5، مطبعة السعادة، ط1، مصر، 1332، ص36- 37، ابن عابدين (محمد أمين بن عمر ابن عابدين)، حاشية ابن عابدين (رد المحتار على الدر المختار شرح تنوير الإبصار)، ج5، شركة مصطفى البابى الحلبى وأولاده، ط3، مصر، 1404، ص105، المزني (الإمام إبراهيم بن إسماعيل)، مختصر المزني (مختصر إلام للشافعي)، مطبوع بهامش الام للشافعي، المطبعة الأميرية ببولاق، ج2، 1321، ص204، د. فضل الرحمن دين محمد، مسائل الإمام احمد، برواية ابنه صالح، ج3، الدار العلمية، ط1، دلهي- الهند، 1408، ص40، البهوتي (العلامة منصور بن يونس ابن إدريس البهوتي الحنبلي)، كشاف القناع عن متن الإقناع، ج3، مطابع الحكومة، مكة المكرمة، 1394، ص163، المرداوي (العلامة الإمام علاء الدين أبي الحسن علي ابن سليمان)، الإنصاف ===

أخر من الفقهاء - يمثلون القلة القليلة - إلى تحريم زيادة الثمن المقسط عن الثمن الفوري للمبيع[1] ولكل فريق حججه[2].

ويتفق الفقه الإسلامي في هذه المسالة مع القانون، فالشريعة الإسلامية كالقانون تجيز إن يتفق المتبايعان على زيادة ثمن المبيع المقسط عن سعره الفوري دون إن تكون هذه الزيادة ربا.

=== في معرفة الراجح من الخلاف على مذهب الإمام المبجل احمد بن حنبل، ج4، تحقيق محمد حامد ألفقي، دار السنة المحمدية، ط1، مصر، 1376، ص311، الحيمي (الحسين ابن احمد بن الحسين الحيمي اليمني)، الروض النضير شرح مجموع الفقه الكبير، ج3، مصر، 1348، ص269، الشوكاني (محمد بن علي بن محمد)، نيل الاوطار من أحاديث سيد الأخيار شرح منتقى الإخبار، ج5، مج3، دار الكتب العلمية، بيروت، 1999، ص162، العلامة الحلي، إرشاد الأذهان، سلسلة الينابيع الفقهية، ج35، ص321، المحقق الحلي، شرائع الإسلام في مسائل الحلال والحرام، سلسلة الينابيع الفقهية، ج14، ص422، ومن الروايات الدالة على صحة البيع بالتقسيط مع زيادة الثمن عند الجعفرية صحيحة محمد بن قيس عن الإمام الباقر عليه السلام قال في ذيلها: (قال أمير المؤمنين عليه السلام ... من ساوم بثمنين احدهما عاجلا والأخر نظرة، فليسم احدهما قبل الصفقة)، وسائل الشيعة، ج12، باب 2 من إحكام العقود، ج1، أشار إليه السيد حسن ألجواهري، ج1، ص44.

[1] جاء في نيل الاوطار للشوكاني ، ما نصه (يحرم بيع الشيء بأكثر من سعر يومه لأجل النساء، وقد ذهب إلى ذلك زين العابدين علي بن الحسين والناصر والمنصور بالله والهادوية والإمام يحيى). الشوكاني (الشيخ محمد بن علي بن محمد)، نيل الاوطار من أحاديث سيد الأخيار شرح منتقى الإخبار، ج5، مج3، دار الكتب العلمية، بيروت، 1999، ص162، الشوكاني (الشيخ الإمام محمد بن علي بن محمد)، السيل الجرار المتدفق على حدائق الإزهار، ج3، تحقيق محمود إبراهيم زايد، دار الكتب العلمية، ط1، بيروت، 1405، ص87، محمد أبو زهرة، الإمام زيد حياته وعصره، آراؤه الفقهية، دار الفكر العربي، بلا سنة طبع، ص294.

[2] انظر في عرض هذه الحجج والرد عليها: حسن ألجواهري، بحوث في الفقه المعاصر، مصدر سابق، ص48- 49، عبد الناصر توفيق العطار، نظرية الأجل في الالتزام، بلا مكان وسنة طبع، ص214 وما بعدها، سليمان بن تركي التركي، بيع التقسيط وإحكامه، دار اشبيليا، ط1، الرياض، 2003، ص207 وما بعدها.

إما عن المسالة الثانية، ونقصد بها ضمانات البائع في الحصول على الثمن في حالة تلكىء أو امتناع المشتري عن دفع الإقساط المستحقة.

اختلف الفقهاء المسلمون في مدى جواز اشتراط البائع على المشتري انه إذا تأخر عن أداء قسط في حينه تحل جميع الإقساط، فذهب فريق منهم إلى جواز مثل هذا الشرط، جاء في إعلام الموقعين لابن القيم ما نصه (فان خاف صاحب الحق إن لا يفي له من عليه بأدائه عند كل نجم كما اجله، فالحيلة: إن يشترط عليه انه إذا حل نجم ولم يؤد قسطه فجميع المال عليه حال، فان نجمه على هذا الشرط جاز وتمكن من مطالبته به حالا ومنجما...)[1].

وبهذا الرأي اخذ مجمع الفقه الإسلامي في جدة في قراره الصادر في دورة مؤتمره السادس، حيث جاء فيه (يجوز شرعا إن يشترط البائع بالأجل حلول الإقساط قبل مواعيدها عند تأخر المدين عن أداء بعضها، ما دام المدين قد رضي بهذا الشرط عند التعاقد)[2].

بينما ذهب فريق أخر إلى عدم جواز اشتراط حلول جميع الإقساط إذا تأخر المشتري عن أداء قسط في حينه، ويترتب على هذا الشرط بطلان البيع[3].

ولكن يجوز للبائع بالإضافة إلى حقه في إجبار المشتري على دفع الثمن بواسطة القضاء، إن يشترط على المشتري إن يكون له الحق في طلب فسخ البيع إذا تأخر المشتري عن دفع القسط في الوقت المحدد، وكذا يحق له الفسخ إن أفلس[4].

---

(1) ابن القيم الجوزية (الإمام شمس الدين أبي عبد الله محمد بن أبي بكر ألزرعي الدمشقي)، إعلام الموقعين عن رب العالمين، ج4، تحقيق عبد الرحمن الوكيل، مكتبة ابن تيمية، القاهرة، 1409ص52.

(2) مجلة مجمع الفقه الإسلامي، العدد6، الجزء1، تصدر عن مجمع الفقه الإسلامي التابع لمنظمة المؤتمر الإسلامي، جدة، ص446، وانظر المادة 83 من مجلة الإحكام العدلية.

(3) انظر: محمد جواد مغنية، فقه الإمام جعفر الصادق عليه السلام ، ج4، ص18.

(4) حسن ألجواهري، ج1، ص57- 58.

ولكن يلاحظ إن فاعلية هذا الشرط تقتضي وجود المبيع وقت طلب الفسخ، إما إذا لم يكن المبيع موجودا كما لو تلف أو باعه المشتري، فستكون للبائع قيمته في ذمة المشتري باعتباره دائنا عاديا.

ثالثاً: الثمن دخل دائم[1]:

عرفت الفقرة الأولى من المادة 694 من القانون المدني العراقي الدخل الدائم بأنه (الدخل الدائم هو إن يتعهد شخص بان يؤدي إلى شخص أخر والى خلفائه من بعده دخلا دوريا يكون محله مبلغا من النقود أو مقدارا معينا من أشياء مثلية أخرى، ويكون هذا التعهد بعقد من عقود المعاوضة).

من هذا النص يتبين لنا، إن مصدر الدخل الدائم يجب إن يكون بعقد من عقود المعاوضة، ولما كان البيع هو من أهم عقود المعاوضة، فيصح إذا إن يترتب الدخل الدائم بعقد بيع، مثال ذلك: إن يبيع شخص دارا مملوكة له بثمن هو دخل دائم، ويصح إن يتم ذلك بإحدى طريقتين. فإما إن يتفق البائع والمشتري على إن يكون الثمن مقدرا معينا من النقود يكون رأس مال، ويحول في عقد البيع ذاته إلى دخل دائم. وإما إن يتفق المتبايعان على إن يكون الثمن رأسا دخلا دائما. وفي كلتا الحالتين لا يكون الدخل الدائم عقدا مستقلا عن عقد البيع، بل يكون ركنا في عقد البيع هو الثمن. غير انه في الطريقة الأولى إذا أريد استبدال الدخل الدائم، كان رأس المال الواجب الرد هو مقدار الثمن الذي حدد أولا في عقد البيع (م 697 ف 1 م. ع). و رأس المال الواجب الرد في الطريقة الثانية هو مبلغ من النقود فائدته محسوبة بالسعر القانوني تساوي الدخل (م 697 ف 2 م. ع).

---

[1] انظر في الدخل الدائم: د. السنهوري، الوسيط، ج5، دار النهضة العربية، القاهرة، 1962، ص482- 504، د. محمد كامل مرسي، العقود المدنية الصغيرة، مطبعة فتح الله الياس نوري وأولاده، ط2، مصر، 1938، ص314- 325، د. محمد كامل مرسي، شرح القانون المدني الجديد، العقود المسماة، المطبعة العالمية، القاهرة، 1949، ص346- 356، د. حسن علي الذنون، شرح القانون المدني العراقي، العقود المسماة، العقود الواردة على الملكية، شركة الرابطة للطبع والنشر والتوزيع المحدودة، بغداد، 1954، ص227- 233.

وإذا كانت الطريقة الأولى واضحة، فان الطريقة الثانية تحتاج إلى إيضاح، ونحن نوضحها بضرب المثال الأتي: باع شخص إلى أخر دارا مقابل داخل دائم قدره مائة إلف دينار في السنة، ثم وقع الإيفاء (أو الاستبدال كما يسميه المشرع العراقي) بناء على رغبة المشتري أو رغم إرادته، فانه في هذا المثال يلتزم المشتري بان يرد إلى البائع مبلغا من النقود قدره مليونين وخمس مائة إلف دينار إذا كان ترتيب الدخل الدائم عملا مدنيا، وذلك لان السعر القانوني في هذه الحالة هو (4%) وعلى هذا فان فائدة المليونين وخمس مائة إلف دينار تكون مائة إلف دينار، إما إذا كان ترتيب الدخل الدائم عملا تجاريا، فان المشتري يلتزم بان يرد إلى البائع مبلغا من النقود قدره مليونين دينار، لان السعر القانوني في هذه الحالة هو (5%) وهكذا.

ويثير الدخل الدائم باعتباره صورة من صور الثمن عدة إشكاليات، أهمها حالة امتناع المشتري عن دفع الدخل أو الإيراد المتفق عليه وحالة إفلاسه أو إعساره.

إما عن **الحالة الأولى**، فقد نصت المادة 696 مدني عراقي على انه (ليس للدائن طلب الإيفاء بالعوض الذي دفعه لتأسيس الإيراد إلا في الأحوال الآتية: أ- إذا لم يدفع المدين الدخل سنتين متواليتين رغم إنذاره).

وبالجمع بين هذا النص والقواعد العامة، فان للبائع إذا امتنع المشتري عن دفع الدخل:

أولاً: إجباره على الدفع. فيطالبه قضائيا بدفع الدخل المتأخر مع الفوائد التاخيرية بالسعر القانوني، فإذا حصل على حكم بذلك قابل للتنفيذ، نفذه على أموال المشتري وفقا لإحكام قانون التنفيذ.

ثانياً: طلب الفسخ إذا كانت مدة التأخير عن دفع الدخل سنتين متواليتين، بعد أعذاره، ولكن يلاحظ إن القاعدة التي تقررها الفقرة (أ) من المادة السالفة ليست من النظام العام، وبالتالي يجوز أن يتفق المتبايعان على إن مجرد التأخر عن دفع الإيراد سنة واحدة يعطي للبائع حق طلب الإيفاء، كما يجوز الاتفاق على التخفيف من حكمها كأن يتفق المتبايعان على إن البائع لا يكون له حق طلب الإيفاء إلا إذا تأخر المشتري عن دفع الإيراد ثلاث سنين متوالية أو أربع سنين.

إما عن **الحالة الثانية**، ونقصد بها حالة إفلاس المشتري أو إعساره، فقد نصت الفقرة (ح) من المادة 696 مدني عراقي على انه (ليس للدائن طلب الإيفاء بالعوض الذي دفعه لتأسيس الإيراد في الأحوال الآتية... ح- إذا أفلس المدين أو أعسر).

فإذا أفلس المشتري أو أعسر، فان الأجل يسقط في هذه الحالة، ومن ثم يجوز للبائع إجبار المشتري المفلس أو المعسر على الاستبدال ورد الثمن (رأس المال).

إما عن موقف الفقه الإسلامي، فان عقد البيع الذي يكون فيه الثمن إيرادا دائما هو عقد باطل، لان الدخل الدائم هو في الحقيقة الربا المنهي عنه شرعا، والدليل على ذلك إن المشرع العراقي طبق إحكام عقد القرض بفائدة على الدخل الدائم، حيث نصت الفقرة الثانية من المادة 694 مدني عراقي على انه (ويتبع في الدخل الدائم من حيث سعر الفائدة القواعد التي تسري على القرض ذي الفائدة).

رابعاً: الثمن إيراد مرتب مدى الحياة[1]:

نصت الفقرة الأولى من المادة 977 من القانون المدني العراقي على انه (يجوز للشخص إن يلتزم بان يؤدي إلى شخص أخر مدى الحياة مرتبا دوريا، ويكون ذلك بعوض أو بغير عوض).

من هذا النص يتبين لنا إن مصدر المرتب مدى الحياة، قد يكون عقد تبرع أو عقد معاوضة، ولما كان البيع من عقود المعاوضة، فانه يمكن إن يكون مصدرا لمرتب مدى الحياة، مثال ذلك: إن يبيع شخص عينا، عقارا أو منقولا من أخر، ويتقاضى الثمن إيراد مرتبا مدى الحياة، ويكون المرتب في هذه الحالة عادة اكبر من ريع العين، إذ لو اقتصر على ريع العين لما كانت هناك فائدة للبائع من إن يبيع العين بإيراد لا يزيد على ريعها، وكان أولى به إن يستبقي العين ويستولي على ريعها، فيكسب نفس

---

[1] انظر في عقد الإيراد المرتب مدى الحياة: د. السنهوري، الوسيط، ج7، مج2، عقود الغرر، دار النهضة العربية، القاهرة، 1964، ص1043- 1077، د. محمد كامل مرسي، شرح القانون المدني الجديد، العقود المسماة، المطبعة العالمية، القاهرة، 1949، ص357- 368، د. محمد كامل مرسي، العقود المدنية الصغيرة، ط2، مصر، 1938، ص325- 334.

ما كاسبه بالبيع دون إن يخسر العين، إذ إن الإيراد المرتب مقسم على جزأين جزءا منه يعادل ريع العين والجزء الأخر يعادل استهلاك العين المبيعة شيئا فشيئا. لذلك يسمى هذا البيع بالفرنسية (alienation a fonds pern) أي " التصرف المستهلك للعين " أو " التصرف المستهلك ". ويترتب على كون الإيراد المرتب اقل من ريع العين، إن الثمن وهو هنا الإيراد المرتب يلحق في هذه الحالة بالثمن التافه فيكون العقد هبة لا بيعا، والهبة مكشوفة لا مستترة، يشترط فيها الرسمية في الأحوال التي يوجب القانون فيها ذلك[1].

ولكن إذا باع شخص دارا بإيراد يعادل الريع الحالي للمبيع، وظهر من الظروف إن هذا الريع الحالي غير مستقر، وانه عرضة للنقصان إما لأسباب طبيعية وإما لسبب خاص كأن كانت الدار معرضة للتخريب من إعمال عنف أو حرب أو غير ذلك، فأراد البائع إن يكفل لنفسه إيرادا ثابتا وان كان لا يزيد على الريع الحالي للدار، جاز اعتبار الثمن هنا جديا لا تافها، وان كان ثمنا بخسا، وصح البيع.

كما يجوز للبائع إن يبيع عينا بثمن معين، ويتقاضى إلى جانب الثمن كعنصر إضافي مرتبا مدى الحياة.

ويترتب على تكييف عقد المرتب مدى الحياة في الصور التي استعرضناها أعلاه بأنه عقد بيع، وان المرتب هو الثمن جملة من النتائج أهمها:

1- يكون دفع المرتب مدى الحياة مضمونا بحق الامتياز على الشيء الذي رتب الإيراد في مقابله، وهو امتياز البائع على الشيء المبيع[2].

2- تطبق على العقد إحكام البيع، ويكون الدائن ضامنا قبل المدين بنفس الشروط التي يكون البائع ضامنا فيها للمشتري.

---

[1] انظر: المادة 602 من القانون المدني العراقي.

[2] انظر: في امتياز بائع المنقول المادة 1376 مدني عراقي، وفي امتياز بائع العقار المادة 1378 مدني عراقي.

ويلاحظ أخيرا، إن البيع الذي يكون فيه الثمن إيرادا مرتبا لا يبقى تصرفا رضائيا بل ينقلب إلى تصرف شكلي، لا ينعقد إلا بالكتابة⁽¹⁾. ذلك إن المرتب الذي ينشئه عقد البيع في هذه الحالة مقدر له إن يدوم طول حياة البائع أو المشتري أو حياة شخص أخر، وقد تطول هذه الحياة، فرأى المشرع إن يحتاط واوجب الكتابة حتى يوفر لطرفي التصرف طوال مدة بقاء المرتب السند اللازم الذي يقرر حقوق كل منهما.

والكتابة هنا للانعقاد لا للإثبات، فإذا لم يكتب عقد البيع في ورقة كان باطلا، حتى لو اقر به الخصم أو نكل عن اليمين.

ويثير البيع الذي يكون فيه الثمن إيرادا مرتبا مدى الحياة مثله مثل غيره من البيوع غير الفورية الثمن عدة إشكاليات، أهمها امتناع أو تأخر المشتري عن دفع إقساط المرتب المستحقة، نصت المادة 982 مدني عراقي على انه (إذا لم يقم المدين بالتزامه وكان العقد بعوض جاز للدائن إن يطلب تنفيذ العقد أو فسخه مع التعويض إن كان له محل).

من هذا النص يتبين لنا، إن للبائع إن يطالب بالتنفيذ العيني في حالة امتناع أو تأخر المشتري عن دفع القسط المستحق من المرتب، كما إن له إن يطلب فسخ العقد مع التعويض في الحالتين إذا كان له مقتضى، وهذا النص تطبيق محض للقواعد العامة.

ومن نافلة القول، إن البيع الذي يكون فيه الثمن إيرادا مرتبا مدى الحياة، باطل في الفقه الإسلامي لأنه من بيوع الغرر المنهي عنها شرعا.

⁽¹⁾ انظر: المادة 979 من القانون المدني العراقي.

الفرع الثالث

تمييز الثمن عما يختلط به من مقابل

هناك حالات يكون فيها الثمن من غير النقود، أو يكون بعضها من غير النقود، ومع ذلك يذهب بعض الفقه إلى اعتبار العقد بيعا، ونرى كل حالة على حدا.

أولاً: المقابل أوراق مالية أو بضائع:

من الأموال ما يسهل معرفة قيمتها نقدا بالرجوع إلى كشوف التسعيرة كبعض البضائع، أو يسهل تحويلها إلى نقود بعد معرفة قيمتها في أسواق البورصة وهي الأسهم والسندات. فإذا كان المقابل شيئا من هذه الأشياء فهل يعتبر العقد بيعا أو مقايضة؟

ذهب بعض الفقهاء و الشراح إلى إن العقد يعتبر في هذه الحالة بيعا لا مقايضة، وذلك لسهولة تقدير المقابل و إمكان تحويله إلى نقود بسهولة، كالبيع مقابل أسهم أو سندات أو وزن من ذهب.

ولكن هذا الرأي منتقد من غالبيه الفقهاء و الشراح، لأنه سيؤدي عملا إلى اعتبار العقد بيعا كلما أمكن تقويم احد البدلين[1].

أما أذا حدد الثمن نقودا فالعقد بيع، حتى لو اشترط إن يدفع الثمن أسهما أو سندات بسعرها في البورصة، فيكون المشتري قد باع بالثمن الذي في ذمته الأسهم أو السندات المشترطة.

---

[1] انظر: د. منصور مصطفى منصور، مذكرات في القانون المدني، العقود المسماة، البيع والمقايضة والإيجار، منشاة المعارف، 1956- 1957، فقرة 15، د. سليمان مرقس، شرح القانون المدني، 3، العقود المسماة، عقد البيع، مطبعة النهضة العربية، 1968 فقرة 94، د. جميل الشرقاوي، مصدر سابق، ص166، د. خميس خضر، مصدر سابق، ص38.

ثانياً: المقابل دينا في ذمة البائع:

ليس هناك ما يمنع إن يكون الثمن دينا للمشتري في ذمة الغير وأحاله به الى البائع مادام البائع قد قبل الحوالة، إما إذا كان المقابل دينا في ذمة البائع نفسه، مثال ذلك إن يعطي البائع للمشتري مالا منقولا أو عقارا في مقابل دينه، كان العقد وفاء بمقابل. وقد سبق إن تعرضنا للتمييز بين البيع والوفاء بمقابل[1].

ثالثاً: المقابل بعضه من النقود والبعض الأخر من غير النقود:

قد يكون بعض الثمن من النقود والبعض الأخر مالا غير نقدي، كما لو اشترى شخص من أخر منزلا مقابل مبلغ من النقود وسيارة، وفي هذه الحالة يشتبه الأمر فيما يتعلق بطبيعة العقد، هل هو بيع أم مقايضة؟

ذهبت المحاكم الفرنسية إلى إن مثل هذا العقد يتضمن في الواقع عقدين بيع ومقايضة، ولذلك أعطت المقايض المستحق للمعدل النقدي امتياز البائع فيما يتعلق بهذا المعدل.

ولكن هذا الرأي منتقد من الفقهاء، لان العقد وحدة في نظر المتعاقدين، فلا يجوز تجاهل إرادتهما وتقسيمه إلى عقدين، بل يجب الاختيار بين هذين العقدين وفقا للخصائص الغالبة لكل عقد، ونحن من جانبا ننتقد رأي هؤلاء الفقهاء، لأنه قد لا نستطيع إن تعرف على الخصائص الغالبة لكل عقد وذلك إذا تساوى المعدل مع المقابل النقدي، ونستطيع عن طريق الاستعانة بفكرة العقد المختلط أو المركب إن نطبق إحكام البيع والمقايضة معا دون تجاهل إرادة الطرفين أو إهمالها.

ولكن نحن نفضل عدم اللجوء إلى فكرة العقد المختلط إلا إذا عجزنا عن التعرف على الخصائص الغالبة لكل عقد، ولذلك يبقى التساؤل قائما عن كيفية التعرف على هذه الخصائص؟

---

[1] انظر بالإضافة إلى ما سبق ذكره: د. سليمان مرقس، مصدر سابق، ص166، د. أنور سلطان، العقود المسماة، شرح عقدي البيع والمقايضة، دار النهضة العربية، بيروت، 1983، ص115، د. سعدون العامري، مصدر سابق، ص26.

اختلف الفقه في الإجابة على هذا التساؤل، فذهب جانب من الفقه إلى وجوب الرجوع إلى نية المتعاقدين واستخلاصها من وقائع وظروف التعاقد، فإذا كانت هذه النية اتجهت إلى المقايضة وجب اعتبار العقد مقايضة، وإذا كانت انصرفت إلى البيع لزم اعتبار العقد مبايعة، وفي هذه الحالة لا يكون الفرق بين مقدار المعدل النقدي وقيمة الشيء الأخر المقدم من المشتري إلا عنصرا من عناصر التعرف على هذه النية دون إن يكتفي به وحده للاستدلال عليها.

وقال جانب أخر إن طبيعة العقد تتحدد بالرجوع إلى النسبة بين الشيء المعطى ومقدار المعدل النقدي، فإذا كانت قيمة هذا الشيء تجاوز مقدار المعدل اعتبر العقد مقايضة، وان قلت عنه اعتبر بيعا[1].

وذهب رأي ثالث وهو الراجح إلى إن العقد يكون بيعا إذا كان المعدل يزيد بكثير عن قيمة الشيء الذي قرن به لتكميل قيمته بحيث يعتبر هذا الشيء هو المكمل للمعدل لا المعدل هو المكمل للشيء. إما إذا كان الأمر معكوسا كان العقد مقايضة، وإذا تساوت قيمة الشيء ومقدار المعدل كان العقد مركب من بيع ومقايضة[2].

رابعاً: المقابل التزاما بعمل:

قد يتفق المتعاقدان في العقد على إن يلتزم احدهما بنقل ملكية شيء في مقابل التزام المتعاقد الأخر بإيوائه وإطعامه وكسوته. ومثل هذا الاتفاق لا يمكن اعتباره بيعا ولو أطلق عليه المتعاقدان هذا الاسم، لان المقابل ليس من النقود، بل مجرد التزام بعمل تعهد به المشتري المزعوم[3].

---

(1) Planiol et Ripert, Traite pratique de droit civil français par Hamel et Givord et tunc 2e ed, t.x, Paris, 1959.P. 35.no 35.

(2) انظر: د. السنهوري، الوسيط، ج4، ص858، د. سعدون العامري، مصدر سابق، ص186- 187، د. أنور سلطان، مصدر سابق، ص115- 116، د. عبد المنعم البدراوي، مصدر سابق، ص174، د. منصور مصطفى منصور، مصدر سابق، ص28، د. خميس خضر، مصدر سابق، ص39.

(3) انظر: د. محمد كامل مرسي، شرح القانون المدني، العقود المسماة، عقد البيع وعقد المقايضة، ج6، تنقيح المستشار محمد علي سكيكر والمستشار معتز كامل مرسي، منشاة المعارف، الإسكندرية، 2005، ص162، د. عبد الفتاح عبد الباقي، مصدر سابق، البيع، طبعة 1956، فقرة 58، د. جميل الشرقاوي، مصدر سابق، البيع، طبعة 1956، ص110.

كذلك لا يعتبر مقايضة، لان البدلين في هذا العقد يشترط في كل منهما إن يكون حقا من الحقوق المالية سواء كان حقا عينيا أو شخصيا، ولذا يعتبر هذا العقد من العقود غير المسماة وتسري عليه الإحكام العامة في الالتزامات، ويذهب القضاء الفرنسي إلى اعتباره عقد من نوع خاص [1].

المطلب الثاني
الشروط الواجب توفرها في الثمن

يشترط في الثمن باعتباره محلا لالتزام المشتري ما يشترط في المحل وفقا للقواعد العامة، إذ يجب إن يكون الثمن مقدرا، أو على الأقل قابلا للتقدير [2]. فإذا لم يتضمن البيع تعيين الثمن أو طريقة تعيينه لم ينعقد أصلا لفوات ركن من أركانه. كذلك فان العقد لا يكون بيعا بالمعنى الصحيح إلا إذا كان الثمن حقيقيا وجديا، فإذا لم يكن كذلك لم نكن بصدد بيع بل جاز إن يكون الاتفاق هبة.

أذا شروط الثمن هي:

1- إن يكون الثمن مقدرا أو قابلا للتقدير.

2- إن يكون حقيقيا وجديا.

ونرى كل شرط من هذين الشرطين في فرع خاص.

---

[1] انظر في موقف القضاء الفرنسي: د. عبد المنعم البدراوي، مصدر سابق، ص194.

[2] قضت محكمة النقض المصرية بأنه (الثمن وان كان يعتبر ركنا أساسيا في عقد البيع إلا انه وعلى ما يستفاد من نص المادتين 423، 424 مدني لا يشترط إن يكون الثمن معينا بالفعل في عقد البيع بل يكفي إن يكون قابلا للتعيين باتفاق المتعاقدين صراحة أو ضمنا على الأسس التي يحدد بمقتضاها فيما بعد). نقض 1980/1/28 س31 ص318. وانظر أيضا نقض 1988/6/1 طعن 1142 س56 ق.

الفرع الأول
إن يكون الثمن مقدرا أو قابلا للتقدير

القاعدة العامة:

نصت الفقرة الأولى من المادة 527 من القانون المدني العراقي على انه (في البيع المطلق يجب إن يكون الثمن مقدرا بالنقد).

وتقديرا الثمن قد يكون بناء على اتفاق بين المتعاقدين وهذا هو الأصل، أو يكون عقب رسو المزاد بناء على طرح المبيع في المزايدة.

إما إذا لم يتفق المتعاقدين على تقدير الثمن، فان البيع لا ينعقد إلا إذا تضمن العقد بيان الأسس التي سيحدد بمقتضاها الثمن فيما بعد بلا نزاع بين المتبايعين (م 527 ف 2 م. ع).

كما لو اتفق المتعاقدان على إن يكون الثمن هو المقرر بقائمة أسعار السوق mercuriales في يوم البيع أو في يوم أخر، أو إن يكون الثمن مساويا لما اشترى به البائع، أو مساويا للثمن الذي باع به البائع لشخص أخر، أو مساويا للثمن الذي يبيع به التجار المجاورين للبائع. ففي جميع هذه الحالات يتم تحديد الثمن وفقا لأسس مادية لا تثير أي نزاع بين الطرفين لأنها غير متوقفة على إرادة احد منهما.

ويتفرع عن هذه القاعدة انه لا يجوز بيع الشيء بثمنه العادل prix a son juste أو بقيمته، أي بالثمن الذي يساويه a sa valeur دون بيان الثمن[1]، ولكن هل يجوز ترك تحديد ثمن المبيع لمشيئة أحد العاقدين؟

---

[1] ومع ذلك يذهب بوتييه إلى إن البيع في الحالة الثانية، حالة بيع الشيء بقيمته أي بالثمن الذي يساويه جائز، لان المقصود بالبيع وفقا لما يساويه المبيع هو ترك تحديد قيمته لأهل الخبرة. إلا انه لا يمكن الأخذ بهذا الرأي في ظل القانون الفرنسي الحالي، لان هذا القانون يستلزم من المتعاقدين إذا أرادا تحديد الثمن بمعرفة أهل الخبرة إن يقوما بتعيينهم.

اختلف الفقهاء في الإجابة على هذا التساؤل:

فذهب بعض الفقهاء إلى إن الاتفاق الذي بموجبه يلزم المشتري بقبول الثمن الذي يعينه البائع صحيح، ولكن البيع نفسه لا يوجد إلا من وقت تعيين الثمن، وعلى العكس يبطل العقد إذا ترك تحديد الثمن لمحض إرادة المشتري، لان الشرط في هذه الحالة يعتبر إراديا محضا[1].

بينما ذهب البعض الأخر إلى انه؛ إذا كان المقصود إن يكون ذلك العاقد حرا في تحديد الثمن أو عدم تحديده وفي المبلغ الذي يحدده، فان هذا الاتفاق لا يكفي ولا ينعقد به العقد لأنه يعلق العقد وما ينشا عنه من التزامات على محض مشيئة ذلك العاقد. إما إذا كان المقصود به إن يتولى ذلك العاقد تحديد الثمن دون إبطاء وان يكون تحديده إياه على أساس عادل بحيث لو بطا أو خالف العدالة جاز للطرف الأخر الالتجاء إلى القضاء لتحديد الثمن، كان ذلك كافيا لاعتبار الثمن قابلا للتعيين، ولا يعتبر هذا الشرط إراديا محضا مادام يجوز التغلب على إرادة العاقد بالالتجاء إلى المحكمة[2].

ويذهب الرأي الراجح في الفقه إلى عدم جواز ترك تحديد الثمن لمشيئة احد العاقدين فقط، بل يجب إن يكون التحديد وليد إرادتيهما معا. ويعلل البعض سبب ذلك في احتمالية امتناع المتعاقد الذي ترك لمشيئة تحديد الثمن أو تعسفه في التقدير، الأمر الذي يترتب عليه تعطيل تكوين العقد وتنفيذه[3].

---

[1] انظر في عرض هذا الرأي: د. أنور سلطان، مصدر سابق، ص121.

[2] د. سليمان مرقس، مصدر سابق، البيع، طبعة 1968، ص171.

[3] ومن المؤيدين لهذا الرأي: د. السنهوري، الوسيط، ج4، ص370، د. أنور سلطان، مصدر سابق، ص121، د. محمد كامل مرسي، مصدر سابق، البيع والمقايضة، طبعة 2005، ص169، د. عبد المنعم البدراوي، مصدر سابق، ص195، د. سعدون العامري، مصدر سابق، ص83، د. عباس الصراف، مصدر سابق، ص117، د. محمد حسين منصور، إحكام البيع، دار الفكر الجامعي، الإسكندرية، 2006، ص370.

ويتفق هذا الرأي مع رأي فقهاء الشريعة الإسلامية الغراء، جاء في مختلف الشيعة للعلامة الحلي، ج5، ص265 مسالة 233 ما نصه " لا يجوز البيع بحكم احدهما في الثمن، فان بيع كذلك، بطل البيع، ولو حكم الحاكم منهما بأي شيء كان، لم يلزم، بل يبطل البيع، فان كانت السلعة قائمة، استردها البائع، وان كانت تالفة، وجب على المشتري قيمتها، ولا اعتبار بما يحكم به احدهما.

هذا إذا كانت من ذوات القيم، وان كانت من ذوات الأمثال، وجب عليه مثلها، فان تعذر المثل، فقيمة المثل يوم الإعواز".

كذلك لا يجوز إن يتم الاتفاق على إن يكون الثمن مساويا لما يعرضه غير المشتري على البائع، لان مثل هذا الاتفاق كما يقول بوتييه يؤدي إلى الغدر والغش، فقد يتواطأ البائع مع شخص أخر على إن يتقدم للشراء بثمن صوري مرتفع حتى يصير المشتري ملتزما بالشراء بذلك الثمن وفقا لشروط العقد، كما قد يدس المشتري للبائع شخصا يعرض عليه ثمنا قليلا لحمله على البيع له به. والرأي الذي عليه الجمهور إن الثمن في هذه الحالة لا يعتبر انه قد تعيين، فلا يوجد بيع، بل يوجد وعد بالتفضيل[1].

ولكن إذا اتفق المتبايعان على إن يحددا الثمن في تاريخ تال، فهل ينعقد البيع؟

الحقيقة لا ينعقد البيع - ولا حتى وعد بالبيع - في هذه الحالة لعدم تعيين الثمن في أصل العقد.

التقدير بمقتضى أسس معينة:

لا يشترط إن يكون الثمن مقدرا في العقد، بل يجوز إن يكون قابلا للتقدير. وفي هذا تنص الفقرة الأولى من المادة 527 مدني عراقي على انه (... ويجوز إن يقتصر التقدير على بيان الأسس التي يحدد الثمن بموجبها فيما بعد).

---

[1] ويذهب د. عبد المنعم البدراوي إلى إن الشرط في هذه الحالة غير محدد للثمن، ومن ثم فهو غير جائز، إلا في الحالات التي يكون فيها تفسيره على إن المتعاقدين قصدا به الإحالة إلى سعر السوق. ص195.

فيكفى إذن لانعقاد البيع إن يكون تقدير الثمن ممكنا بناء على الأسس المذكورة في العقد. ولكن يشترط إلا تكون هذه الأسس متوقفة على إرادة احد المتعاقدين، بل يجب إن تكون أسس مادية معينة تعيينا من شانه منع أي خلاف بين المتعاقدين. وسنعرض هذه الأسس فيما يلي:

أولاً: البيع بسعر السوق[1]:

بعد إن وضع المشرع العراقي في الفقرة الأولى من المادة 527 مدني المبدأ العام من إن البيع ينعقد ولو لم يتحدد الثمن فيه، إذا تضمن العقد ما يستطاع به تحديد الثمن فيما بعد، أتى في الفقرة الثانية بتطبيق عملي لذلك، فقرر انه (وإذا اتفق على إن الثمن هو سعر السوق وجب عند الشك إن يكون الثمن سعر السوق في المكان والزمان اللذين يجب فيهما تسليم المبيع للمشتري. فإذا لم يكن في مكان التسليم سوق وجب الرجوع إلى سعر السوق في المكان الذي يقضي العرف بان تكون أسعاره هي السارية)[2].

فقد رأى المشرع إن من الأشياء ما يكون لها سعر جار في السوق. وان مثل هذه الأشياء يجوز بيعها بسعر السوق، أي بالسعر الجاري في مكان معين يوم البيع أو في أي يوم أخر يتفق عليه المتعاقدين.

ولكن يلاحظ إن البيع بسعر السوق قد يثير بعض الصعوبات من الناحية العملية. فقد يثور الشك حول تحديد الوقت الذي أراد المتعاقدان الرجوع إليه لتحديد سعر السوق، هل هو وقت التسليم؟ أو وقت الوفاء بالثمن؟ وقد يثور الشك أيضا في معرفة المكان الذي يرجع إليه لتحديد سعر السوق، هل هو مكان البيع أو مكان وجود البضاعة أو مكان تسلمها؟

---

(1) ويشبه البيع بسعر السوق بيع الاسترسال الذي يعرفه فقهاء المذهب المالكي والحنبلي، وفيه يستأمن المشتري - ويكون عادة لا دراية له بالأسواق أو بالسلعة التي يشتريها - البائع فيشتري منه السلعة بما تبيع به الناس أي بالسعر المتداول في التجارة.

(2) تقابل المادة 423 مدني مصري، المادة 391 مدني سوري، المادة 296 مدني بولوني، 453 مدني ألماني، 184 و212 ف1 التزامات سويسري، والمادة 1591و 1592 مدني فرنسي.

على قاضي الموضوع في مثل هـذه الحـالات الرجـوع إلى العقـد لإعـمال نصوصـه. إلا إن العقـد قـد لا يتضمن اتفاقا على هاتين المسألتين؛ المكان والزمان اللذين يرجع إليهما لتحديد سعر السوق.

لقد افترضت الفقرة الثانية من المادة 527 مدني، كما رأينا، إنهما قصدا (سعر السوق في المكان والزمان اللذين يجب فيهما تسليم المبيع للمشتري).

ومعنى هذا انه إذا لم يتم الاتفاق على زمان ومكان السوق الذي يرجع إليه لتحديد الثمن فيـه وقـام شك لدى القاضي في هذه المسألة، وجب الرجوع عندئذ إلى سعر السوق في المكان والزمان اللازم تسليم المبيـع فيه[1].

ومكان تسليم المبيع هو المكان المتفق عليه في عقد البيع، فان لم يوجد اتفاق فالمكان الذي يوجد فيه المبيع وقت البيع إذا كان المبيع عينا معينة بالذات، و إلا فموطن البائع أو مركز إعماله وقت وجوب التسليم. وزمان التسليم هو الوقت المتفق عليه، فان لم يوجد اتفاق وجب التسليم فورا بمجرد انعقاد البيع.

فإذا فرضنا انه لم يوجد في المكان الواجب تسليم المبيع فيه سوق يحدد سـعر البضـاعة المبيعـة، كـأن كان التسليم في قرية صغيرة ليس فيها سوق، وجب في هذه الحالة الرجوع إلى سعر السوق الذي يقضي العرف بوجوب الرجوع الى أسعاره. وقد يقضى العرف في هـذه الحالـة بـان تكـون أسـعار اقـرب سـوق هـي الأسـعار السارية[2].

---

(1) وفي نطاق بيع السيارات الجديدة في أوروبا هناك شرط معتاد ينص على إن (الثمن الذي يؤخذ به هو الثمن الذي سيكون سائدا في يوم تسليم السيارة أيا كان اتجاه تغير الأسعار، بالارتفـاع أو بالانخفـاض) والقضـاء في فرنسـا مـتردد بـين بطـلان وصحة هذا البيع. كما إن لجنة الشروط التعسفية تمنت إن يعلن هذا الشرط تعسفيا.

Ph. Malaurie, L. Aynes, op. cit, no. 209,P. 155.

(2) ويتشدد القضاء الفرنسي، لعدم وجود نص مماثل، في هذه الحالة فيشترط إن يكون سعر السوق غير متحكم فيـه أي مـن البائع أو المشتري، فإذا كان كذلك كان البيع باطلا. وكذلك إذا تم الإحالة إلى سعر سوق غير موجود.

Com, 10 dec. 1975, 12 mars 1983 précises.

ولكن سعر السوق في بعض البضائع قد يكون متقلبا في اليوم الواحد، فكيف نحدد سعر المبيع في هذه الحالة؟

الواجب في مثل هذه الحالة الرجوع إلى العقد لإعمال نصوصه. حيث يجوز الاتفاق على إن سعر السوق هو سعر فتح السوق أو إقفاله. إما في حالة عدم الاتفاق، فنحن نرى وجوب إن يكون السعر هو السعر المتوسط للبضاعة في السوق في ذلك اليوم، فلا يكون السعر الأعلى حتى لا يغبن المشتري ويثري البائع ولا السعر الأقل حتى لا يثري المشتري ويغبن البائع.

ثانياً: السعر المتداول في التجارة أو السعر الذي جرى عليه التعامل بين المتعاقدين.

عالج المشرع العراقي حالة خلو عقد البيع من ذكر الثمن، أو من ذكر الأسس التي سيتحدد بمقتضاها الثمن بصورة صريحة، فنص في المادة 528 مدني على انه (إذا لم يحدد المتعاقدين ثمنا للمبيع فلا يترتب على ذلك بطلان البيع متى تبين من الظروف إن المتعاقدين نويا اعتماد السعر المتداول في التجارة أو السعر الذي جرى عليه التعامل بينهما).

من هذا يتبين لنا انه لا يشترط إن يكون تحديد الثمن - أو تعيين الأسس التي تؤدي إلى تقديره - صريحا، بل يجوز إن يكون تعيينا ضمنيا تكشف عنه ظروف وملابسات التعاقد. وعلى هذا الأسس فإذا اعتاد تاجر المفرد مثلا إن يطلب من تاجر الجملة كل يوم أو كل أسبوع قدرا معينا من بضاعة معينة بسعر معين أو بسعر يتغير بتغير سعر السوق، فاستمرار تاجر الجملة في توريد البضاعة لتاجر المفرد دون ذكر الثمن يكون معناه إنهما قصدا ضمنا إن يكون السعر هو هذا السعر المعين مادام البائع (تاجر الجملة) لم ينبه المشتري (تاجر المفرد) برفع هذا الثمن، أو السعر المتغير الذي جرى عليه التعامل بينهما.

كما قد يستفاد من الظروف والوقائع على إن المتعاقدين تركا تعيين الثمن إلى السعر المتداول في التجارة، فيحدث كثيرا بين التجار إن يرسل التاجر طالبا البضاعة من تاجر أخر دون ذكر الثمن، ففي هذه الحالة أيضا، لا يبطل البيع لعدم ذكر الثمن صراحة، وإنما يعتبر البيع انه قد تم بسعر البورصة أو سعر السوق المحلية في مكان

تسليم المبيع أو غيره من الأمكنة. والعبرة هنا ليست بقيمة المبيع في ذاته، بل بسعره المتداول في الأسواق، سواء كان هذا السعر اقل أو أكثر من قيمة المبيع الحقيقية. وإذا لم يتبين للقاضي بوضوح السعر المتداول في الأسواق، كان له إن يلجا في تبينه الى خبير من التجار.

أما إذا لم يتفق المتعاقدان لا صراحة ولا ضمنا على تحديد الثمن، أو على جعله قابلا للتحديد بذكر الأسس التي سيقدر بموجبها، فلا ينعقد البيع لتخلف ركن من أركانه.

ومن نافلة القول إن الثمن إذا كان مجهول في الشريعة بان لم يكن مقدرا أو قابلا للتقدير كان البيع باطلا[1].

ثالثاً: البيع على أساس الثمن الذي اشترى به البائع:

قد يتفق على البيع بالثمن الذي اشترى به البائع. فيشتري المشتري بمثل ما اشترى البائع أو بأكثر أو بأقل. فقد نصت المادة 530 مدني عراقي على انه (1- يجوز البيع مرابحة أو تولية أو إشراكا أو وضيعة. 2- والمرابحة بيع بمثل الثمن الأول مع زيادة ربح معلوم، والتولية بيع بمثل الثمن الأول دون زيادة أو نقص، والإشراك تولية بعض المبيع ببعض الثمن، والوضيعة بيع بمثل الثمن الأول مع نقصان مقدار معلوم منه. 3- ويلزم في هذه البيوع إن يكون الثمن الأول معلوما تحرزا عن الخيانة والتهمة).

إن نص المادة 530 أعلاه مقتبس من الفقه الإسلامي ولا نظير له في القوانين المدنية الحديثة، ويطلق الفقه الإسلامي على هذه الأنواع من البيوع اسم (بياعات الأمانة) وهذه البيوع هي؛ بيع المرابحة، بيع التولية، بيع الإشراك، وبيع الوضيعة. وعلى البائع في هذا النوع من البيوع التي يفرض فيها على الناس الأمانة في التعامل إلى ابعد مدى، ولا يسمح بأي غش، حتى يجعل مجرد الكذب فيها خيانة وتغريرا، إن يكشف للمشتري عن الثمن الذي اشترى به المبيع، لان الثمن الذي اشترى به البائع

---

[1] العلامة الحلي، مختلف الشيعة، ج5، ص266.

المبيع يعد في هذه الحالة امرأ جوهريا لابد من التثبت منه حتى يقدر على أساسه الثمن الذي يشتري به المشتري المبيع من البائع، كما إن للمشتري إن يثبت إن الثمن الذي بينه البائع يزيد عن الثمن الحقيقي وله إن يثبت ذلك بجميع طرق الإثبات ومن بينها البينة والقرائن، ذلك لأنه يثبت واقعة مادية، إذ شراء البائع للمبيع بثمن معين يعتبر بالنسبة إلى المشتري واقعة مادية لا تصرفا قانونيا، فضلا عن إن البيان الصادر من البائع بثمن أعلى من الثمن الحقيقي ينطوي على غش والغش يثبت بجميع الطرق.

ولا يكتفي من البائع في هذا النوع من البيوع ببيان مجمل عن الثمن، بل يجب عليه إن يبين ما أحاط الثمن من ملابسات وما اقترن به من أوصاف. فيبين إن كان الثمن الذي اشترى به المبيع معجلا أو مؤجلا أو مقسطا. ثم يبين إن كان دفع هذا الثمن نقدا أو بدين له على بائعه، وان كان بدين فهل دفعه عن طريق المساومة أو على سبيل الصلح. ثم يذكر إن كان المبيع بقي على حاله عنده بعد إن اشتراه أو هو تعيب، وما إذا كان العيب حادثا بفعل منه أو بفعل الغير أو قضاء وقدرا. وكل هذه أوصاف وملابسات تؤثر في رضاء المشتري بالصفقة، والكذب فيها أو الانتقاص منها يجعل البيع مشوبا بالغش والتغرير.

ولكن تأثير ما أحاط الثمن من ملابسات وما اقترن به من أوصاف يتوقف على نية المتعاقدين، فان قصدا التأسيس على الثمن الذي اشترى به البائع بكل ما أحاطه من ظروف وملابسات، كان مجرد كذب البائع في هذه الظروف والملابسات تغريرا يترتب عليه إذا اقترن بغبن حق المشتري في الرجوع بالتعويض - إذا كان الغبن يسيرا - أو نقض البيع - إذا كان الغبن فاحشا - وان قصدا التأسيس على الثمن الأول دون نظر إلى هذه الملابسات، وجب على المشتري قبول المبيع بحالته التي اشتراه بها وان يدفع الثمن الأول أو اقل أو أكثر حسب الاتفاق.

ويذهب الفقه العراقي الى أن نص المادة 530 مدني عراقي لا ضرورة له[1]، لان في القواعد العامة ما يغني عنه. فقد سبق للمشرع العراقي النص على حكم المادة

---

[1] د. حسن علي الذنون، مصدر سابق، البيع، فقرة 130، د. عباس الصراف، مصدر سابق، ص123، د. غني حسون طه، مصدر سابق، البيع، ص191.

المذكور أعلاه في الفقرة الثانية من المادة 121 مدني التي نصها الأتي (ويعتبر تغريرا عدم البيان في عقود الأمانة التي يجب التحرز فيها عن الشبهة بالبيان كالخيانة في المرابحة والتولية والإشراك والوضيعة).

حكم بيوع الأمانة في القانون المدني العراقي:

يعد الغبن والتغرير عيبان مستقلان من عيوب الإرادة في التشريعات المدنية الغربية ومعظم تشريعات الدول العربية، ولكن المشرع العراقي متأثرا بالنهج الذي سار عليه بعض فقهاء المذاهب الإسلامية، لم يعتبر التغرير عيبا مستقلا، كما انه لم يعتبر الغبن، كقاعدة عامة، عيبا مستقلا من عيوب الإرادة، بل اشترط اقتران الغبن بالتغرير. فقد نصت الفقرة الأولى من المادة 124 مدني عراقي على انه (مجرد الغبن لا يمنع نفاذ العقد مادام الغبن لم يصاحبه تغرير).

وهذا يعني إن البائع إذا كتم بعض الملابسات الجوهرية للثمن، كما لو قال؛ انه اشترى المبيع بمائة دينار معجلة وكان الثمن مؤجلا أو مقسطا، فهنا للمشتري إذا أصابه غبن يسير لا فاحش الحق في الرجوع على البائع بالتعويض دون إن يكون له الحق في نقض البيع[1].

أما إذا اثبت المشتري انه قد أصابه غبن فاحش نتيجة تغرير البائع به، كان البيع متوقفا على إرادته، فله إن يجيز العقد أو ينقضه[2].

ولكن إذا اثبت المشتري إن الثمن الأول الذي ذكره البائع أعلى من الحقيقة، كان له إن يحط من الثمن المقدار الزائد من الثمن وما يناسبه من الربح إن كان البيع مرابحة، أو المقدار الزائد من الثمن فقط إن كان البيع تولية أو إشراكا، أو المقدار الزائد

---

[1] نصت المادة 123 مدني عراقي على انه (يرجع العاقد المغرور بالتعويض إذا لم يصبه إلا غبن يسير...).

[2] نصت المادة 121 مدني عراقي على انه (1- إذا غرر احد المتعاقدين بالأخر وتحقق إن في العقد غبنا فاحشا كان العقد موقوفا على إجازة العاقد المغبون...).

من المال أو ما يناسبه من انخفض إن كان البيع وضيعة. وهذا المقدار الزائد وما يتبعه يسترده المشتري من البائع إن كان قد دفعه، ولا يلتزم بدفعه له إن لم يدفعه. وللمشتري في جميع الأحوال إن يرجع على البائع بالتعويض إذا اثبت من جانبه غشا أو تقصيرا.

رابعاً: تقدير الثمن على أساس ريع المبيع:

أصبح من المألوف في الوقت الحاضر إن يرغب البائع في كثير من الأحيان في الاشتراك في ريع المبيع. مثال ذلك في بيع المشاريع الإنتاجية يشترط إن الثمن المستحق للبائع سيكون نسبة من ثمن الأشياء المباعة التي ينتجها المبيع، كذلك بالنسبة للموزع ألحصري Concession d exclusivité حيث يكون المشتري الموزع عليه التزام ببيع حد أدنى من الأشياء، الثمن في هذه الحالة يعتمد على عدد الأشياء المباعة للمستهلكين. وكذلك في بيع براءة الاختراع يشترط في كثير من الأحيان إن الثمن المستحق للبائع سيكون بالنظر إلى العائد الذي يتحصل عليه المشتري، وفي بيع حق المؤلف يشترط في كثير من الأحيان إن يكون الثمن مبلغ من النقود ونسبة من مبيعات الكتاب محل عقد البيع، وفي بيع العقارات للاستعمال التجاري، هناك جزء من الثمن يكون مكون في بعض الأحيان من جزء من الإيجارات المستحقة للمشتري من المستأجرين لهذه العقارات يدفعها المشتري للبائع خلال مدة معينة.

وفي نطاق القانون الفرنسي، ولعدم وجود نص صريح، قررت المحاكم بصفة عامة، إن هذا البيع صحيح، لان البائع ليس تحت رحمة المشتري ولكن هناك بعض المخاطر التجارية المقبولة[1].

ولكن جانب من القضاء الفرنسي، التزم بحرفية نصوص القانون المدني الفرنسي، التي تشترط إن يكون الثمن محددا، فحكمت ببطلان البيع لعدم تحديد الثمن، ولان المشتري هو الحكم في تحديد الثمن مما يجعل البائع تحت رحمته[2].

ونحن نرى إن البيع الذي يكون فيه تحديد الثمن مقدرا على أساس عائد (ريع) الشيء المبيع، يعتبر صحيحا في ظل نصوص القانون المدني العراقي، مادام تحديد

---

[1] Req. 5 mai 1905, D. P. 06. I. 360.
[2] Com. 5 mai 1959. Bull. III. No. 193, D. 59. 575.

الثمن لا يخضع لتحكم البائع أو المشتري، وإنما يكون مرتبطا غالبا بسعر السوق أو بالسعر المتداول في التجارة وخاضعا لقانون العرض والطلب.

خامساً: تقدير الثمن بواسطة أجنبي يتفق عليه المتبايعان:

الأصل في عقد البيع إن المتبايعين هما اللذان يحددان ثمن المبيع. ولكن لا يوجد ما يمنع من إن يتركا لغيرهما تحديد الثمن، ويرتضيان مقدما الثمن الذي يحدده. وان كان هذا الإجراء يكاد عملا إن يكون نادرا.

وقد أشارت المادة 1592 من التقنين المدني الفرنسي إلى مثل هذا الاتفاق، فقضت بأنه (يجوز إن يترك تحديد الثمن لتحكيم شخص ثالث، ولا يوجد البيع إذا رفض هذا الشخص تحديد الثمن أو عجز عن تحديده).

وكانت المادة 185 من المشروع التمهيدي للقانون المدني المصري تنص على انه (1- إذا ترك تعيين الشيء لأحد المتعاقدين أو لأجنبي عن العقد وجب إن يكون هذا التعيين قائما على أساس عادل. فإذا إبطا التعيين أو قام على أساس غير عادل كان تعيين الشيء بحكم من القضاء. 2- ومع ذلك إذا ترك التعيين لأجنبي عن العقد ولمحض اختياره فان العقد يصبح باطلا إذا لم يستطع هذا الأجنبي إن يقوم بالتعيين أو لم يرد القيام به في وقت معقول أو قام به وكان تقديره غير عادل).

والحكم الذي جاءت به المادة 185 من المشروع التمهيدي لتنقيح القانون المدني المصري حكما عاما لكل العقود لورودها في باب الالتزامات، وجاء في مذكرة المشروع التمهيدي شرحا لهذه المادة ما نصه (يقع أحيانا إن يترك تعيين الشيء لأحد المتعاقدين أو لأجنبي عن العقد. ويجب في الحالة الأولى إن يتم التعيين دون إبطاء وان يكون قائما على أساس عادل، وإلا فيكون التعيين بحكم من القضاء. ويجب في الحالة الثانية أيضا إن يقوم الأجنبي بالتعيين بما يجب من السرعة والعدالة وإلا حل القاضي محله في ذلك. وتفترق الحالة الثانية عن الأولى بأنه إذا اشترط ترك أمر التعيين عن العقد واحتكم إلى تقديره فيكون العقد باطلا لعدم تعيين المحل إذا لم يقم هذا الأجنبي بإجراء التعيين على وجه عادل في فترة معقولة. ولا يجوز إن يحل قضاء

القاضي محل تقدير الأجنبي وخياره في هذه الحالة. إما إذا عهد بالتعيين لأحد المتعاقدين فلا يجوز إن يترك الأمر لمحض اختياره وإلا كان هذا شرطا إراديا بحتا).

ولكن لجنة مراجعة المشروع رأت حذف المادة 185 لأنها تتضمن حكم مسألة تفصيلية قليلة الأهمية. فصدر القانون المدني المصري خلو من نص يحكم مسألة ترك تقدير ثمن المبيع بواسطة الغير.

ومثل موقف القانون المصري موقف القانون المدني العراقي الذي جاء هو الأخر خاليا من أي إشارة إلى حكم هذه المسألة، ومع ذلك فالفقه في مصر والعراق متفق على أن ترك تحديد ثمن المبيع لشخص ثالث يتفق عليه المتعاقدان لا شائبة فيه، إذ انه من شانه جعل الثمن قابلا للتحديد، ولان مثل هذا الاتفاق يعتبر من قبيل بيان الأسس التي يحدد بمقتضاها الثمن فيما بعد (م 423 ف 1 مدني مصري، م 527 ف 1 مدني عراقي).

كيفية تعيين المفوض:

يجب إن نبين أولا وقبل كل شيء إن المتعاقدين إذا لم يتفقا على تحديد الثمن بواسطة الغير، فان القاضي لا يستطيع إن يقضي بتحديد الثمن بواسطة خبير. فلا يجوز إذن للقاضي إن يعين خبيرا لتقدير الثمن في بيع لم يتفق طرفاه على ذلك. هذا ويقع تعيين الغير (المفوض) في عقد البيع نفسه أو باتفاق لاحق أو بواسطة القضاء.

1- والغالب في هذه الحالة النادرة إن يتفق المتعاقدان في العقد على الشخص الذي يحدد الثمن. فإذا لم يقم هذا الشخص (المفوض) بتقدير الثمن لأي سبب، كأن امتنع عن ذلك ولو بغير عذر أو مات قبل إن يقدر الثمن أو تعذر عليه تقديره لعدم خبرته أو لأي سبب أخر، ولم يكن من الجائز إن يستبدل به أخر بحكم قضائي، حتى ولو كان امتناعه نتيجة وسائل تغريرية قام بها احد الطرفين، لان هذه الوسائل لا يمكن إن تؤدي إلا إلى الحكم بالتعويض لصالح الطرف الأخر.

وإذا كان المفوض شخصين ولم يتفقا على تقدير الثمن، فان البيع لا يتم، ولا يستطيعان الاتفاق على شخص ثالث يكون حكما بينهما. ولو كان المفوض عدة

أشخاص ويجب اتفاقهم جميعا لتقدير الثمن، فامتنع احدهم، فان البيع يبطل، ولا يستطيع الآخرون تعيين شخص يحل محل الشخص الممتنع، ما لم يكن الطرفان قد احتاطا مقدما في عقد البيع لهذه الحالة واتفقا مثلا على إن يختار الأشخاص المعينون شخصا أخر لتحكيمه.

2- وقد لا يقع الاتفاق على المفوض في العقد ذاته بل في اتفاق لاحق. فقد ينص في البيع على ترك تحديد الثمن بواسطة مفوض يتفق عليه فيما بعد، فإذا لم يصلا إلى اتفاق بشأنه فان الثمن لا يكون قابلا للتقدير، ومن ثم يقع البيع باطلا، ولم يكن من الجائز إحلال القاضي محل الطرفين في اختيار المفوض، ومع ذلك يذهب جانب من الفقه الفرنسي إلى إن اتفاق الطرفان على إن الثمن سيحدد بخبير فمعنى ذلك إنهما اتفقا ضمنا على انه، عند عدم اتفاقهما على خبير معين، يقوم القاضي بتعيينه.

ولكن إذا رفض احد الطرفين اختيار المفوض، فهل يجوز إن يحكم عليه بالتعويض لإخلاله بالتزام بعمل هو اختيار المفوض؟

اختلفت المحاكم الفرنسية في الرأي حول هذه المسالة. فذهبت بعض الإحكام إلى رفض الحكم بالتعويض على الطرف الذي يرفض اختيار المفوض. واستند البعض منها إلى إن البيع قد انعقد هنا تحت شرط يتوقف على محض إرادة كل من العاقدين. واستند البعض منها على إن البيع هنا يكون باطلا لعدم تحديد الثمن، ومن ثم فلا تنشا عنه دعوى ولا يكون للطرف الأخر المضار من سبيل إلا الرجوع على أساس المسؤولية التقصيرية. على إن الإحكام الحديثة - مؤيدة بأغلبية الشراح - تعطي المتعاقد الحق في التعويض على أساس المسؤولية العقدية[1]، وذلك لإخلال المتعاقد الأخر بالتزام بعمل هو اختيار المفوض. وهذا الإخلال يستتبع الحكم بالتعويض. وهم يرفضون اعتبار البيع هنا موقوفا على محض إرادة احد الطرفين. وقضت بان للقاضي إن يقضي بالتهديدات المالية في سبيل حمل المتعاقد على اختيار المفوض، لأنه إذا لم

[1] Com 29 juin 1981, Bull. IV, no298.

يكن هناك بيع لعدم الاتفاق على مفوض فان هناك مع ذلك اتفاقا تم بينهما على تعيين المفوض[1].

ونحن نرى في ظل القواعد العامة في القانون المدني العراقي، انه إذا امتنع احد المتبايعين عن الاتفاق مع الأخر على تعيين المفوض، كان هذا إخلالا بالتزامه من وجوب الاتفاق على تعيين المفوض، وكان مسؤولا عن التعويض وفقا للقواعد العامة في المسؤولية العقدية، ولكن البيع لا يتم مادام المفوض لم يعين.

3- وقد يترك المتبايعان تعيين المفوض لأجنبي يقوم هذا الأجنبي بتعيينه، فالبيع لا يتم في هذه الحالة بمجرد تعيين الأجنبي الذي وكل إليه تعيين المفوض، بل يجب إن يعين الأجنبي المفوض فعلا حتى يتم البيع موقوفا على شرط واقف هو تقدير المفوض للثمن.

4- وأخيرا قد يتم اختيار الغير بواسطة القضاء، وقد اختلف الفقه حول صحة مثل هذا الاتفاق، فذهب جانب من الفقه إلى إن القاضي لا يستطيع تقدير الثمن بنفسه، حتى لو عهد إليه المتبايعان في ذلك وجعلاه هو المفوض، لان القاضي ليست مهمته إن يكمل العقود التي لم تتم، بل إن يحسم الخلاف في عقود تمت، بينما ذهب جانب أخر إلى صحة مثل هذا الاتفاق.

طبيعة عمل المفوض:

جرى البحث حول الطبيعة القانونية لعمل المفوض[2]، فقيل إن الغير الذي يفوضه المتعاقدان تقدير الثمن لا يمكن اعتباره محكما، لان التحكيم يفترض نزاعا على حقوق وجدت فعلا، وهنا الأمر متعلق بتحديد عنصر من عناصر الاتفاق.

---

[1] انظر في عرض موقف القضاء الفرنسي: د. عبد المنعم البدراوي، مصدر سابق، ص200- 201.

[2] انظر في ذلك: د. السنهوري، الوسيط، ج4، ص379 هامش (1)، د. محمد كامل مرسي، مصدر سابق، البيع والمقايضة، طبعة 2005، ص173-174، د. سليمان مرقس، مصدر سابق، البيع، طبعة 1968، ص174، د. أنور سلطان، مصدر سابق، البيع، طبعة 1983، ص125.

كما لا يمكن القول إن عمل المفوض عمل من إعمال الخبرة، لان وظيفة المفوض تختلف عن وظيفة الخبير من حيث الأثر. فرأي الخبير من قبيل الرأي الاستشاري دائما ولا يلزم المتعاقدين أو القاضي، في حين إن الثمن الذي يعينه المفوض يكون ملزما للمتعاقدين.

فلا يمكن إذن اعتبار الاتفاق على تقدير الثمن بواسطة مفوض من قبيل التحكيم ولا من قبيل اختيار واحد من أهل الخبرة. ولذلك فلا يخضع هذا الاتفاق لما يستوجبه القانون من شروط في هاتين الحالتين، ولا يلزم إتباع الإجراءات التي رسمها قانون المرافعات لعمل المحكمين وأهل الخبرة.

كذلك لا يمكن اعتبار هذا الاتفاق صلحا، لان الصلح يفترض وجود نزاع على حق من الحقوق ونزولا من كل طرف عن بعض حقه في مقابل إقرار الطرف الثاني بالبعض الأخر. وليس الحال كذلك في الاتفاق على ترك تقدير الثمن الى مفوض.

لهذا ذهبت بعض إحكام المحاكم الفرنسية يؤيدها جانب من الفقه إلى إننا بصدد اتفاق من نوع خاص[1].

إلا إن الإحكام الحديثة في القضاء الفرنسي[2] والمصري[3]، يؤيدها معظم الفقهاء والشراح الفرنسيون والمصريون والعراقيون[4]، تذهب إلى إن الاتفاق على

---

(1) انظر في تأييد هذا الاتجاه في الفقه المصري: د. عبد المنعم البدراوي، مصدر سابق، ص203 د. منصور مصطفى منصور، مصدر سابق، فقرة 31، ص58، وقارن د. محمد لبيب شنب، شرح إحكام عقد البيع، 1962، ص48 حيث ينظر إلى العقد الذي يتعهد بمقتضاه الشخص الذي يفوض في تحديد الثمن فيقول انه إن كان بأجر فهو مقاولة، وإلا فهو عقد غير مسمى. وفي نفس المعنى قارن د. إسماعيل غانم، عقد البيع، ط1، 1958، ص80- 81.

(2) Com. 25 mai 1981, Bull. IV. no. 244.

(3) قضت محكمة النقض المصرية في حكم حديث لها صدر في 8/ 5/ 1988 طعن 439 س50 ق. جاء فيه (في عقد البيع قد يترك الطرفان تحديد الثمن لأجنبي يتفقان عليه وقت العقد فيكون الثمن في هذه الحالة قابلا للتقدير بتفويض الأجنبي في تقديره، وما يقدره هذا الأجنبي ثمنا للبيع ملزم لكل من البائع والمشتري فهو وكيل عنهما، ويتم هذا البيع من الوقت الذي اتفق فيه الطرفان على المفوض، ففي ذلك الوقت كان البيع مستكملا لجميع عناصره و أركانه ومنها الثمن).

(4) انظر في تأييد هذا الاتجاه في الفقه:

Planiol, Ripert et Boulanger, Traite elememtaire de droit civil, T. II, 1949, NO. 2380. ===

تعيين مفوض لتقدير الثمن هو من قبيل الوكالة عن الطرفين، أي إن المفوض يعتبر وكيلا فوضه كل من الطرفين في تعيين الثمن، فيسري تقديره في حقهما. وهذه وكالة لا يجوز فيها عزل الوكيل بإرادة أحد موكليه لأنه قد عين باتفاق بينهما. بل لابد في عزله من اتفاقهما معا كما هو في تعيينه. فإذا اتفقا على عزله قبل إن يقدر الثمن، لم يعد يجوز له إن يقدره. ويجوز للمتبايعين إن يتفقا على مفوض أخر لتقدير الثمن، ويجوز لهما إن يتفقا مباشرة على الثمن، ولكن البيع لا يعتبر تاما إلا من وقت اتفاقهما على الثمن، أو من وقت اتفاقهما على تعيين المفوض الأخر ويكون البيع في هذه الحالة موقوفا على تقدير المفوض الجديد للثمن.

وقد اعترض جانب من الفقه على تكييف المفوض بتقدير الثمن بأنه وكيل[1]، ونعرض أدناه أهم الاعتراضات والرد عليها على النحو الأتي:

1- لا يجوز إن يكون شخص واحد نائبا عن طرفي العقد. ويرد على هذا الاعتراض بان هذا يجوز بإجازة لاحقة، وهنا يوجد ما هو أقوى من الإجازة اللاحقة فالمتبايعان اقرأ معا إن يقوم المفوض بتقدير الثمن.

2- الوكيل يجوز عزله وهنا المفوض لا يجوز إن يستقل أحد المتبايعين بعزله. ويرد على هذا الاعتراض بان الوكيل الذي عينه المتبايعان معا لا يجوز عزله إلا باتفاقهما.

3- تحديد الثمن عمل مادي، والوكيل لا يقوم إلا بتصرف قانوني، ويرد على هذا الاعتراض بان تحديد الثمن هو جزء من عقد البيع وعنصر جوهري فيه، فهو تصرف قانوني لا عمل مادي.

=== د. السنهوري، الوسيط، ج4، ص378- 379، د. محمد كامل مرسي، مصدر سابق، البيع والمقايضة، طبعة 2005، ص174، د. أنور سلطان، مصدر سابق، البيع، ص125، د. حسن علي الذنون، مصدر سابق، فقرة 130، د. عباس الصراف، مصدر سابق، ص120، د. سعدون العامري، مصدر سابق، ص86، د. غني حسون طه، مصدر سابق، ص191.

[1] د. سليمان مرقس، مصدر سابق، البيع طبعة 1968، ص174- 175، د. عبد المنعم البدراوي، مصدر سابق، ص203، د. منصور مصطفى منصور، مصدر سابق، ص58، د. عبد الفتاح عبد الباقي، محاضرات في العقود، ج2، البيع، 1956، فقرة 67.

4- إن المفروض في الوكالة إن الوكيل منفذ لإرادة الموكل، إما هنا فالمفوض يفرض إرادته على من وكله. ويرد على ذلك بان النائب يجري التصرف بإرادته هو لا بإرادة الأصيل وتنفذ هذه الإرادة في حق الموكل لأنه ارتضى ذلك مقدما.

طبيعة البيع المقترن بهذا الاتفاق:

اختلف الفقه في تحديد طبيعة البيع الذي يتفق فيه المتعاقدان على ترك تحديد الثمن إلى مفوض، فذهب جانب من الفقه الفرنسي إلى إن البيع لا ينعقد إلا من وقت تحديد الثمن، إما قبل ذلك فيعتبر العقد من العقود غير المعينة[1]، ويكون المقصود منه إما التزام كل من المتعاقدين بإتمام البيع وفقا للثمن الذي يحدده المفوضون، وإما الالتزام بتعيين المفوضين، أو قبول المفوضين الذين تعينهم المحكمة[2].

وذهب رأي أخر في الفقه المصري إلى إن وصف البيع في هذه الحالة بأنه معلق على شرط واقف لا يصح إلا إذا اتضح من إرادة المتعاقدين إنهما علقا كل اثأر العقد على تحقق الشرط ولكن ليس ثمة ما يمنع من إن يكون الالتزام بدفع الثمن هو وحده المعلق على شرط واقف[3].

غير إن غالبية الفقه الفرنسي والمصري والعراقي متفق على إن البيع المقترن بهذا الاتفاق هو بيع تحت شرط واقف هو تحديد الثمن بواسطة المفوض[4]. وهم

---

(1) ويذهب الأستاذ سليمان مرقس إلى إن تعيين الغير للثمن هو الذي يكتمل به عقد البيع ولا يكون له اثر رجعي، إما قبل ذلك فيكون العقد عقدا غير مسمى. ص176، وفي هذا المعنى أيضا د. جميل الشرقاوي، مصدر سابق، ص124- 125.

(2) Planiol et Ripert, Traite pratique de droit civil français, par Hamel et Givord et tunc, 2e ed, T.X, Paris, 1959, no. 37- 38.

(3) د. منصور مصطفى منصور، مصدر سابق، فقرة 31 ص58، د. إسماعيل غانم، مصدر سابق، البيع، طبعة 1958، ص80.

(4) د. السنهوري، الوسيط، ج4، ص378- 379، د. أنور سلطان، مصدر سابق، البيع، طبعة 1983، ص125، د. المنعم البدراوي، مصدر سابق، ص203، د. محمد كامل مرسي، مصدر سابق، البيع والمقايضة، طبعة 2005، ص174، د. إسماعيل غانم، مصدر سابق، البيع، طبعة 1958، ص80، د. خميس خضر، مصدر سابق، ص99، د. عباس الصراف، مصدر سابق، ص120- 121، د. سعدون العامري، مصدر سابق، ص87، د. غني حسون طه، مصدر سابق، البيع، ص193. وانظر في موقف القضاء المصري: حكم محكمة النقض المصرية الصادر بتاريخ 8/ 5/ 1988 والذي جاء فيه (... ويتم هذا البيع من الوقت الذي اتفق فيه الطرفان على المفوض، ففي ذلك الوقت كان البيع مستكملا لجميع عناصره و أركانه ومنها الثمن). سابق الإشارة إليه.

يعتبرون كذلك أيضا كل بيع توقف فيه تحديد الثمن على أسس مادية حددها المتعاقدان في اتفاقهما.

ويترتب على ذلك انه إذا تحقق هذا الشرط بان قدر المفوض الثمن، اعتبر البيع قد تم من وقت العقد، وإذا لم يتحقق سقط البيع واعتبر كأن لم يكن.

ويلاحظ انه إذا لم يعين المتعاقدان المفوض في نفس العقد، بل اتفقا على تعيينه في عقد لاحق، فان البيع يوجد من تاريخ هذا العقد الأخير لأنه هو الذي استكمل به العقد ركن الثمن. فإذا قدر الثمن استند البيع إلى هذا التاريخ.

كذلك إذا ترك المتبايعان تعيين المفوض لأجنبي يقوم هذا الأجنبي بتعيينه، فالبيع لا يتم في هذه الحالة بمجرد تعيين الأجنبي الذي وكل إليه تعيين المفوض. بل يجب إن يعين الأجنبي المفوض فعلا حتى يتم البيع موقوفا على شرط واقف هو تقدير المفوض الثمن.

فالبيع المصحوب بتفويض الغير في تحديد الثمن هو إذن بيع تحت شرط واقف.

ويترتب على ذلك جملة من النتائج أهمها:

1- إذا تحقق الشرط اعتبر البيع كأنه وجد منذ تاريخ العقد، ومن ثم تنتقل الملكية في المنقول المعين بالذات من وقت البيع، وفي العقار من وقت التسجيل ولو سجل العقد قبل تقدير المفوض الثمن.

2- كل تصرف صدر من البائع في الفترة بين تاريخ البيع وتقدير الثمن لا يكون نافذا في مواجهة المشتري إلا بإجازاته، وعلى ذلك فإذا كان المبيع عقارا من مصلحة المشتري المبادرة إلى تسجيله دون انتظار لتحديد الثمن، حتى يستطيع إن يحتج بملكيته على كل من يرتب لهم البائع حقا عينيا على المبيع في الفترة بين العقد وتحديد الثمن[1].

3- يبطل كل حجز توقع على المبيع في مواجهة البائع في هذه الفترة.

---

[1] أو حقا شخصيا يمكن الاحتجاج به في مواجهة المشتري، كحق المستأجر بموجب عقد إيجار ثابت التاريخ (المادة 786 ف 1 مدني عراقي).

4- إذا هلك المبيع قبل تقدير الثمن، ولو كان في يد المشتري، فهو على البائع. لان الشرط ليس له اثر رجعي بالنسبة إلى تحمل تبعة الهلاك[1].

ويترتب على ذلك أيضا انه لتقدير قيمة الشيء المبيع يجب على المفوض إن يقدر الثمن وفقا للسعر الجاري وقت البيع لا وقت التقدير. إما إذا ترك المتبايعان تعيين المفوض لأجنبي يقوم هذا الأجنبي بتعيينه. فان تقدير المفوض للثمن يكون بحسب السعر الجاري وقت تعيين المفوض لأنه هو الوقت الذي يستند إليه قيام البيع، ويصدق ذلك في حالة تعيين المفوض لأنه هو الوقت الذي يستند إليه قيام البيع، ويصدق ذلك في حالة تعيين المفوض بواسطة أجنبي وفي حالة تعيين المتبايعين للمفوض في اتفاق لاحق.

وعليه إذن أي المفوض إن يصرف النظر عن كل تغير طرا في قيمة المبيع بالزيادة أو النقصان في الفترة ما بين قيام البيع بتعيين المفوض وبين لحظة تقدير الثمن.

إما إذا لم يقم المفوض بتقدير الثمن لأي سبب، كأن رفض القيام بالمهمة ولو بغير عذر أو استحال عليه ذلك لعدم خبرته أو مات قبل إن يقدر الثمن أو تعدد المعينون للتقدير ولم يتفقوا فيما بينهم دون إن يكون متفقا على إن يكون فيهم مرجح، فان الشرط الواقف لا يتحقق، ويعتبر البيع كأن لم يكن، ولا يستطيع القاضي إجبار المفوض على تقدير الثمن كما لا يستطيع إن يعين شخصا مكانه، أو إن يقوم بتقدير الثمن بنفسه. ولكن يستطيع المتبايعان الاتفاق على شخص أخر يحل محل الأول، فإذا ما قدر المفوض الجديد الثمن اعتبر البيع قد تم من وقت تعيين هذا المفوض الجديد ولا يتأخر تمام البيع إلى وقت تقدير الثمن.

---

[1] نصت المادة 290 مدني عراقي على انه (2- ومع ذلك لا يكون للشرط اثر رجعي إذا أصبح تنفيذ الالتزام قبل تحقق الشرط غير ممكن بسبب أجنبي لا يد للمدين فيه). إما إذا كان الهلاك بخطأ المشتري تحمل وحده تبعة الهلاك.

التزام المتعاقدين بالثمن الذي يقدره المفوض:

الأصل إن ما يقدره المفوض من الثمن يعتبر نهائيا وملزما للطرفين بحيث لا يجوز لأحدهما الطعن فيه، حتى ولو جاوز قيمة الشيء المبيع. وليس في هذا سوى تطبيق للقواعد العامة التي تقضي بان الاتفاق شريعة المتعاقدين، فالمتعاقدان تراضيا على إن يقبلا الثمن الذي يحدده المفوض فوجب إن يؤخذ بتراضيهما، كما لا تملك المحكمة التدخل في عمل المفوض بتعديل الثمن بالزيادة أو النقصان.

ولا يمكن الطعن في نطاق القانون المدني العراقي في تقدير المفوض بدعوى إن تقديره مخالف للعدالة كما هو الحال في القانون الألماني طبقا لنص المادة 319 مدني، وذلك لعدم وجود مثل هذا النص في تقنيننا المدني.

ومع ذلك يجوز الطعن في تقدير المفوض طبقا للقواعد العامة في الحالات الآتية:

1- إذا وقع المفوض في غلط جوهري أو ارتكب تغريرا نحو احد المتعاقدين، ففي هذه الحالة يكون للمتعاقد المضرور إن يطالب تقديرا جديدا للثمن.

2- إذا خرج المفوض على حدود التفويض، ففي هذه الحالة للمتعاقدين إن يطلبا بطلان تقدير الثمن، مثال ذلك: إذا كان المفوض مكلفا بتحديد ثمن المحصول قائما فادخل في حسابه زيادة الإثمان بعد حصد المحصول.

3- إذا خرج المفوض عن حدود تقدير الثمن التي اتفق عليها المتبايعان، كأن يضعا حدا أدنى وحدا أعلى، فلا يجوز للمفوض في هذه الحالة إن يجاوز في تقديره الحد الأعلى ولا إن ينزل عن الحد الأدنى، وإلا كان تقديره باطلا واعتبر البيع كأن لم يكن[1].

---

[1] انظر في هذه الحالات: د. أنور سلطان، مصدر سابق، البيع، طبعة 1983، ص127- 128، د. محمد كامل مرسي، مصدر سابق، البيع والمقايضة، طبعة 2005، ص174، د. عبد المنعم البدراوي، مصدر سابق، ص205.

الفرع الثاني

إن يكون الثمن حقيقيا وجديا

تمهيد:

يشترط في الثمن بالإضافة إلى كونه مقدرا أو قابلا للتقدير، إن يكون حقيقيا وجديا، حتى يكون البيع صحيحا. فإذا لم يكن الثمن حقيقيا بان كان صوريا، أو إذا لم يكن جديا بان كان تافها، وقع البيع باطلا.

ويتبين لنا عدم حقيقة الثمن، أي صوريته، إذا نحن حللنا إرادة المتعاقدين وثبت لنا أنها قد اتجهت إلى عدم إلزام المشتري بدفع ثمن مقابل اكتسابه الملكية.

إما عدم جدية الثمن فيمكن التوصل إليها عن طريق مقارنة الثمن المسمى بالقيمة الفعلية للمبيع.

وعلة اشتراط جدية الثمن وحقيقته توجد في نظرية السبب التقليدية، فلا يكفي في منطوق هذه النظرية إن يكون الطرفان قد أرادا البيع - بمعنى رضا خالي من العيوب - وإنما يلزم إن يكون لالتزام البائع سببا، وهو الثمن، الذي يشكل المقابل للشيء المبيع.

وتختلف فكرة الثمن الحقيقي عن فكرة الثمن الجدي من حيث احدهما شخصية تتعلق بقصد المتعاقدين، والثانية موضوعية مرتبطة بالوجود المادي للثمن، وتتفق الفكرتان من حيث الجزاء وأثره على البيع. إذ يقع البيع باطلا إذا لم يتوفر في الثمن هذان الشرطان ولكنه يجوز إن يصح كهبة على الوجه الذي سنبينه فيما يلي.

أولاً: إن يكون الثمن حقيقياً:

ويكون الثمن حقيقيا إذا اتجهت إرادة البائع وقت العقد إلى اقتضائه بالفعل، إما إذا لم تتجه إرادة البائع إلى اقتضاءه إنما تم ذكره لكي يكتمل للبيع أركانه، كان الثمن صوريا.

ولا يشترط في الثمن لكي يكون حقيقيا إن يكون معادلا لقيمة المبيع الحقيقية، أو لقيمته في السوق، إذ الثمن هو القيمة التي يقدر المتعاقدان بها المبيع، فيصح إن يكون بخسا، أي ناقصا، ولا يؤثر ذلك في صحة البيع.

ولذلك يكون الثمن غير حقيقي إذا ترك تقديره لمحض إرادة احد الطرفين، كما لو اتفق المتبايعان على إن الثمن سيحدد فيما بعد بواسطة المشتري، إذ إن هذا الأخير يستطيع عدم تحديد الثمن بالمرة.

ولا يعتبر بيعا بثمن حقيقي البيع الذي يثبت فيه إن البائع لم يقصد مطالبة المشتري بالثمن. وهذا القصد قد يكون ظاهرا في العقد ذاته، كما لو ثبت من حالة المشتري المالية وقت البيع انه لا يمكنه دفع الثمن أو إن البائع بالتالي لم يكن قصد إلى مطالبته به. وهذا هو الثمن الصوري.

فالثمن الصوري هو إذن ذلك الثمن الذي لا يقصد المشتري دفعه ولا البائع اقتضاءه، وإنما ذكر في العقد حتى يسلم للبيع مظهره الخارجي. ومتى ثبت إن الثمن صوري فان العقد لا يكون بيعا، لان الثمن ركن من أركان البيع. ولكنه قد يكون هبة كما سنرى.

وصورية الثمن قد تكون مطلقة إذا اتفق المتعاقدان على إن لا يلتزم المشتري بأي شيء من الثمن المسمى في العقد. وقد تكون نسبية إذا خالف الثمن المسمى في العقد حقيقة الثمن المتفق على إن يدفعه المشتري فعلا زيادة أو نقصانا.

وصورية الثمن أي انعدامه يمكن إثباتها طبقا للقواعد العامة، ففيما بين الطرفين لا يجوز إثباتها إلا بالكتابة (ورقة الضد) متى كان العقد المتضمن ذكر الثمن مكتوبا. إما بالنسبة للغير فيجوز إن تثبت صورية الثمن بكل الطرق هذا مع ملاحظة إن المادة 149 مدني عراقي لا تجيز الطعن بالصورية في التصرفات الواقعة على العقار بعد تسجيلها في دائرة التسجيل العقاري. وصورية الثمن قد تكون - كما أسلفنا - ظاهرة في العقد نفسه كما لو ابرأ البائع المشتري من الثمن في العقد أو وهبه له أو ترك دفعه لمحض إرادته. ويكون معنى هذا إن البائع ليس في نيته إن يتقاضى الثمن، وإنما يريد إن يسبغ على العقد صورة البيع. وفي هذه الحالة لا يكون العقد بيعا، وإنما قد يعتبر هبة كما سنرى.

ولكن الغالب إلا تكون صورية الثمن ظاهرة. وعندئذ يستطيع الغير إثباتها بجميع الطرق بما فيها البينة والقرائن. ومن القرائن القوية على الصورية إن يكون عجز المشتري عن دفع الثمن واضحا كل الوضوح، بحيث لا يعقل إن يكون البائع قد اخذ الأمر محمل الجد، وان الثمن المذكور في العقد ليس إلا ثمنا صوريا والعقد ليس إلا تبرعا. على انه لا يجوز دائما أن نستشف من مجرد إعسار المشتري وعلم البائع بهذا الإعسار إن الثمن صوري ليس في نية البائع تقاضيه، فقد يؤمل البائع إن المشتري سيلقى بعد عسر يسرا. إما العكس فغير صحيح، وقد قضت محكمة النقض المصرية في هذا المعنى بأنه (لا تعارض بين إن يكون المشتري في حالة تمكنه من دفع الثمن وان يكون الشراء الحاصل منه صوريا، إذ لا تلازم بين حالة الإعسار وصورية الثمن. فإذا اقتنعت المحكمة بان تصرفا ما كان صوريا فليس هناك ما يحتم عليها إن تعرض بالبحث للمستندات المقدمة من المشتري إثباتا ليسره ومقدرته على دفع الثمن، فان هذا لا يقدم ولا يؤخر)[1].

لكن إذا تم عقد البيع بذكر ثمن حقيقي فيه، ثم بعد ذلك ابرأ البائع المشتري من الثمن أو وهبه إياه، فان البيع يبقى صحيحا فقد سبق إن انعقد بثمن حقيقي، وإبراء البائع المشتري من الثمن أو هبته له بعد ذلك ليس من أسباب البطلان.

ويترتب على ذلك انه يجوز الأخذ بالشفعة في هذا البيع، ويأخذ الشفيع العقار بالثمن المسمى الذي ابرئ منه المشتري أو وهب إياه، ولو اعتبر العقد هبه لما جاز الأخذ بالشفعة، حيث نصت الفقرة الثانية من المادة 529 مدني عراقي على انه (وللبائع إن يحط جميع الثمن قبل القبض، ولكن لا يلحق هذا الحط بأصل العقد، فلو ابرأ البائع المشتري من جميع الثمن واخذ الشفيع المبيع، وجب إن يأخذه بالثمن المسمى).

خلاصة القول: إن الثمن إذا لم يكن حقيقيا بان كان صوريا وقع العقد هبة لا بيعا بين الطرفين.

---

[1] نقض مدني 2 يناير 1941 مجموعة محمود عمر 3 رقم 88 ص296.

ثانياً: إن يكون الثمن جدياً:

ويكون الثمن جديا إذا كان على قدر من التناسب مع قيمة المبيع، فإذا انعدم كل تناسب بين الـثمن وقيمة المبيع، كان الثمن غير جدي أي تافها. وكما لا يتم البيع بثمن صوري كذلك لا يتم بثمن تافه.

والثمن التافه: هو عبارة عن مبلغ من النقود يصل من التفاهة في عدم تناسبه مع قيمة المبيع إلى حد يبعـث على الاعتقاد بان البائع لم يتعاقد للحصول على مثل هذا المقدار التافه، وان كان قد حصل عليه فعلا.

ومثال الثمن التافه إن يبيع شخص عقار قيمته عشرة ملايين دينار بعشرة ألاف دينار، فهنا لا يوجد أي تناسب بين قيمة المبيع والثمن المسمى في العقد، فيقع البيع بـاطلا، لان الـثمن إذا كـان تافهـا كـان في حكـم المنعدم، فيقع البيع باطلا لنقصان ركن من أركانه هو الثمن.

وإذا كان الثمن التافه يلحق في حكم الثمن الصوري، إلا إن بين الثمنـين اخـتلاف يتمثـل في إن الـثمن التافه وان كان مقدار قليل من النقود لا يتناسب أصلا مع قيمة المبيع، ولكن البائع يحصل عليـه فعـلا. إما الثمن الصوري فيكون عادة مقدار من النقود مناسبا لقيمة المبيع، ولكن البائع لا يحصل عليه ولا يقصد ذلك.

ومع ذلك يمكن إن يستخلص في كثير من الحالات من تفاهة الـثمن المـذكور في العقد انـه ثمـن غـير حقيقي أي صوري لم تتجه إرادة المشتري إلى دفعه ولا إرادة البائع إلى اقتضائه، وعندئذ يكون هذا الثمن ثمنا صوريا. والثمن الصوري كما قلنا لا ينعقد به العقد.

ولكن إذا لم ينحط الثمن إلى درجة كبيرة جدا بان كان ثمنا بخسا فانه يعتبر ثمنا كافيا لانعقاد البيع. ولكن ما المقصود بالثمن البخس؟ وكيف نميزه عن الثمن التافه؟

الثمن البخس: هو الثمن الذي يقل كثيرا عن قيمة المبيع ولكنه لا ينزل إلى حد الثمن التافه الذي لا يعتـد بـه ولا يهم البائع الحصول عليه. فهو ثمن جدي كان الحصول عليه هو الباعث الدافع عـلى الالتـزام بنقـل ملكيـة المبيع إلى المشتري، وهو لذلك يكفي لانعقاد البيع. وترجع التفرقة بين الثمن التافه الذي يبطل البيع والـثمن البخس الذي ينعقد به

البيع صحيحا إلى قدر التفاوت بين قيمة المبيع والثمن المسمى. فلا يشترط التكافؤ بين الثمن وقيمة المبيع، لان تقدير الثمن متروك لحرية المتعاقدين، وإنما يجب إن يكون العقد مستوفيا ركن الثمن، وهذا الركن ينعدم إذا كان الثمن تافها. ولكن كيف يستطيع قاضي الموضوع التمييز بين الثمن البخس والثمن التافه؟

إذا كان **الثمن بخسا** فمعنى هذا إن البائع قد لحقه غبنا فاحشا، إذا البحث في الثمن البخس هو بحث في تحديد الغبن الفاحش وتمييزه عن الغبن اليسير.

وقد سبق إن فصلنا القول في الغبن الفاحش فلا نعيد ما قلناه هناك هنا منعا لتكرار ونحيل إليه في مكانه المخصص من البحث.

ويلاحظ إن الثمن البخس إذا كان ينعقد به البيع صحيحا، إلا انه يجيز للمتعاقد الطعن في العقد في حالات معينة هي في القانون المدني العراقي ما يأتي:

1- حالة الغبن المصحوب بالتغرير:

أشارت الفقرة الأولى من المادة 121 من القانون المدني العراقي إلى حكم العقد الذي يقترن به غبن فاحش - أي يكون الثمن بخسا - ناتج عن تغرير صادر من البائع بان قضت بتوقف العقد على إجازة المشتري.

ويكون البيع موقوفا كذلك على إجازة المشتري إذا صدر التغرير المقترن بغبن فاحش من غير البائع ولكن البائع يعلم بهذا التغرير أو كان من السهل عليه إن يعلم به وقت إبرام البيع (م 122 مدني عراقي).

ولكن لا يحق للمشتري المغبون إن يطالب بنقض البيع ويقتصر حقه على المطالبة بالتعويض إذا كان التغرير المقترن بالغبن الفاحش قد صدر من غير البائع ولم يعلم به البائع أو لم يكن من السهل عليه إن يعلم به (م 123 مدني عراقي).

ويطبق نفس الحكم إذا تعذر فسخ العقد حيث يقتصر حق المشتري على المطالبة بالتعويض. ذلك إن من اثأر الفسخ الجوهرية إعادة الطرفين المتعاقدين إلى الحالة التي كانا عليها قبل إبرام البيع. فإذا لم يكن في إمكان المشتري رد ما قبضه بالحالة التي كان عليها عند التعاقد، سقط حق الفسخ، كما لو هلكت العين التي تسلمها المشتري أو حدث فيها عيب أو تغيير جوهري، واقتصر حقه على المطالبة بالتعويض.

2- حالة الغبن الناتج عن استغلال:

نصت المادة 125 من القانون المدني العراقي على انه (إذا كان احد المتعاقدين قد استغلت حاجته أو طيشه أو هواه أو عدم خبرته أو ضعف إدراكه فلحقه من تعاقده غبن فاحش جاز له في خلال سنة من وقت العقد إن يطلب دفع الغبن عنه إلى الحد المعقول...).

من هذا النص يتضح لنا، إن المشتري إذا اثبت إن بخس الثمن كان نتيجة استغلال البائع حاجته أو طيشه أو هواه أو عدم خبرته أو ضعف إدراكه كان له - أي المشتري - إن يطلب رفع الغبن عنه إلى الحد المعقول أي تعديل الثمن بجعله مساويا أو مقاربا لقيمة المبيع الحقيقية، على إن يكون ذلك خلال سنة تبدأ من وقت البيع.

3- حالة الغبن الفاحش الذي يصيب المحجور أو الدولة أو الوقف:

نصت المادة 124 من القانون المدني العراقي في فقرتها الثانية على انه (إذا كان الغبن فاحشا وكان المغبون محجورا أو كان المال الذي حصل فيه الغبن مال الدولة أو الوقف، فان العقد يكون باطلا).

فإذا كان الثمن بخسا وكان المشتري محجورا أو الدولة أو جهة الوقف وقع البيع باطلا.

إما في غير هذه الحالات الثلاثة فلا أهمية لتعادل الثمن مع قيمة المبيع أو عدم تعادله وسواء كان أعلى من هذه القيمة أم اقل منها، ما لم ينحط الثمن بدرجة فاحشة تجعله تافها.

الجزاء المترتب على عدم حقيقة الثمن وعدم جديته:

أذا انعدم الثمن لعدم جديته أي لتفاهته، كان البيع باطلا. ولذلك فان الدعوى بالبطلان لا تسقط بمرور ثلاثة اشهر وهي المحددة لدعوى نقض العقد الموقوف (م 136 مدني عرقي)، أو بمدة السنة المحددة لرفع الغبن الفاحش إلى الحد المعقول في حالة الاستغلال (م 125 مدني عراقي). بل هي لا تسقط أصلا في القانون المدني العراقي، حيث يمكن إقامتها حتى بعد مضي خمس عشرة سنة أو أكثر على إبرام البيع. ولا يلحق هذا البطلان الإجازة.

وهذا البطلان يختلف عن نقض البيع الذي يكون نتيجة التغرير المقترن بالغبن (م 124 مدني عراقي)، فالدعوى الناشئة عن هذا العيب يجب رفعها خلال ثلاثة أشهر من وقت انكشاف التغرير. وهو يختلف أيضا عن دعوى البطلان المقصورة على حالة الغبن في بيع مال المحجور أو الدولة أو الوقف، من حيث انه ينطبق على كل البيوع سواء تمت لشخص محجور أو للدولة أو لجهة الوقف أو تمت لغير هؤلاء.

على إن العقد وان كان باطلا كبيع إلا انه قد يكون صحيحا كهبة متى استوفت شروطها طبقا لنظرية تحول العقد، ولا شك في انه يجب في هذه الحالة إن تستوفي الهبة شروطها الموضوعية دون الشكلية لورودها في صورة بيع في القوانين المدنية الحديثة.

أما في القانون المدني العراقي، فالحكم مختلف، إذ لابد من التمييز بين بيع العقار بثمن غير حقيقي أو غير جدي، وبيع المنقول.

فإذا كان المبيع عقار وتم تسجيل البيع في دائرة التسجيل العقاري فان المادة 149 من القانون المدني العراقي لا تجيز الطعن بصورية الثمن مطلقا[1].

أما إذا كان بيع العقار بثمن تافه وسجل في دائرة التسجيل العقاري، فهنا يجوز الطعن ببطلان البيع لتفاهة الثمن أي لانعدام ركن من أركانه ويتحول البيع إلى هبة.

أما إذا كان المبيع منقول، وكان الثمن صوريا، فانه يبطل كبيع ويتحول إلى هبة مستترة لا تحتاج إلى قبض لتمام العقد، إما إذا كان الثمن تافها بطل العقد كبيع وتحول إلى هبة مكشوفة تحتاج لتمامها قبض المال الموهوب من قبل الموهوب له بإذن الواهب وإلا كانت الهبة باطلة كذلك.

---

[1] نصت المادة 10 من قانون التسجيل العقاري رقم 43 لسنة 1971 على انه (1- تعتمد السجلات الدائمية وسجلات التسوية وسجلات التأمينات العينية وصورها المصدقة وسنداتها أساسا لإثبات حق الملكية والحقوق العينية الأخرى وتعتبر حجة على الناس كافة بما دون بها ما لم يطعن فيها بالتزوير ولا يقبل الطعن بالصورية في التصرفات المسجلة).

الفصل الثالث

الـــسبب

Cause

إحالة للقواعد العامة:

نصت المادة 132 من القانون المدني العراقي على انه (1- يكون العقد باطلا إذا التزم المتعاقد دون سبب أو لسبب ممنوع قانونا ومخالف للنظام العام أو للآداب. 2- ويفترض في كل التزام إن له سببا مشروعا ولو لم يذكر هذا السبب في العقد ما لم يقم الدليل على غير ذلك. 3- إما إذا ذكر سبب في العقد فيعتبر انه السبب الحقيقي حتى يقوم الدليل على ما يخالف ذلك).

الفصل الرابع
الشكـــل
Forme

شكل عقد البيع في القانون الروماني:

ان نشوء الالتزام في القانون الرومـاني يـتم عـن طريـق الاشـتراط (stipulation) الـذي كـان الطريـق الطبيعي لإنشاء كل أنواع الالتزامات والبوتقة التي تصهر فيها كـل أنـواع العلاقـات القانونيـة لإعطائهـا القـوة الملزمة.

وقد كان نشوء الالتزام في الاشتراط يتم بالتلفظ بألفاظ معينة وإتباع شكليات خاصة. فإذا أراد شخص شراء شيء معين، فانه يلتجئ إلى الاشتراط لجعل البائع يلتزم بواسطته بان ينقل إليه ملكية الشيء الـذي يريـد شراءه. ولكن ملكية هذا الشيء ما كانت تنتقل إلى المشتري في الحال، بـل كـان ينشـأ نتيجـة التلفـظ بالألفـاظ الخاصة بالاشتراط وإتباع شكلياته التزام على عاتق البائع بنقل ملكية الشيء الـذي تعهـد بنقـل ملكيتـه فيمـا بعد، ذلك بإتباع إحدى الطرق الشكلية الخاصة بنقل الملكية، وهي الإشهاد (mancipatio) أو التنازل القضائي (jure iu cession) أو القبض (tradition) أو التقادم (usucapio).

وهذا الالتزام بنقل الملكية الذي ينشأ على عاتق البائع عن طريق الاشتراط كان مسـتقلا عـن التـزام المشتري بدفع الثمن، والذي ما كان بدوره ينشأ إلا بإتباع طريقـة الاشـتراط ذاتهـا وبصـورة مسـتقلة، فيـتلفظ المشتري بالألفاظ الخاصة لينشأ في ذمته التزام بدفع الثمن إلى البائع. فكان يجب اللجـوء إلى الاشـتراط مـرتين: مرة لإنشاء الالتزام على عاتق البائع بنقل الملكية، ومرة لإنشائه على عاتق المشتري بدفع الثمن.

وقد ترتب على هذا النظام الشكلي عدم وجود ارتباط بين الالتزامين: التزام البائع بنقل الملكية، والتزام المشتري بدفع الثمن، بحيث إن القضية إذا عرضت على القاضي فانه لا يستطيع النظر في دعوى البائع ودعوى المشتري في وقت واحد، بل كان على كل منهما إن يقيم دعوى مستقلة للمطالبة بحقه.

ويلاحظ على شكلية عقد البيع في القانون الروماني ما يأتي:

1- أنها شكلية فيها الكثير من التعقيد.

2- ليس الغرض منها - في الكثير من الأحيان - حماية المتعاقد أو الغير.

3- أنها شكلية لا تعتمد على الكتابة في تحققها.

4- أنها شكلية تكفي لوحدها لانعقاد البيع، بصرف النظر عن توفر الإرادة أو خلوها من العيوب، فلم يكن يجوز الطعن في عقد البيع لتخلف الإرادة أو لعيب فيها مادام قد استوفى الإجراءات الشكلية.

ولكن تقدم التفكير القانوني ومقتضيات الحياة في روما والحاجة إلى كثرة التبادل ووجوب السرعة في المعاملات أدت إلى التمييز بين الشكل والإرادة في العقد والتخفيف من هذه الشكليات وإعطاء الإرادة قسطا من الحرية. فاعترف القانون الروماني بكفاية الإرادة لإنشاء أربعة عقود رضائية مهمة كان البيع من ضمنها[1].

غير إن القانون الروماني لم يعترف في أي عصر من عصوره بمبدأ سلطان الإرادة كمبدأ عام - على الرغم من معرفته للعقود الرضائية الأربعة - بل ظلت الشكليات، بعد تهذيبها والتخفيف منها، هي التي تخلق العقد بقدر اختلف قوة وضعفا بحسب تطور القانون واتساع نطاق التبادل والمعاملات.

شكل عقد البيع في القوانين الحديثة:

سبق منا القول إن البيع - كقاعدة عامة - يعتبر من العقود الرضائية التي تتم بمجرد توافق الإرادتين الإيجاب والقبول، ولا تتوقف صحته على استيفاء شكل معين.

ومع ذلك نجد بعض البيوع لا يكفي لانعقادها التراضي، بل يجب إلى جانب ذلك إتباع شكل خاص يفرضه القانون.

والغالب في الشكل في القانون الحديث إن يكون سندا رسميا يجب إن يفرغ فيه عقد البيع، أي سندا يقوم بتحريره موظف مختص، وقد تكون الشكلية كتابة عادية (عرفية).

---

[1] بالإضافة إلى البيع كانت الإجارة والوكالة والشركة.

ويلاحظ على شكلية عقد البيع في القانون الحديث ما يأتي:

1- أنها اقل تعقيدا إذا ما قورنت بالشكلية في القانون الروماني.

2- الغرض من اشتراط الشكلية في القانون الحديث حماية المتعاقدين عن طريق تنبيههما أو تنبيه احدهما إلى خطورة العقد الذي يريدان إبرامه أو حماية الغير.

3- أنها شكلية تعتمد على الكتابة في تحققها.

4- أنها شكلية لا تكفي لوحدها لانعقاد البيع، بل لابد من توافر الإرادة وخلوها من العيوب، حيث يجوز الطعن في عقد البيع لتخلف الإرادة أو لعيب فيها.

هذا ويلاحظ إن القانون إذا اوجب إتباع شكلية معينة في إبرام بيع من البيوع، فانه يتعين حتى لا تفوت الحكمة المقصودة من فرض الشكلية، إتباع الشكلية ذاتها في الوعد بإبرامه (المادة 2/91)، وفي التوكيل، وفيما يتفق على إدخاله على العقد من تعديل (المادة 2/90). كما يجب إن تتبع هذه الشكلية في إجازة البيع إن كان موقوفا.

التمييز بين الشكلية في انعقاد البيع والنظم الأخرى التي قد تشتبه بها:

يجب التمييز بين الشكلية التي يوجبها القانون على سبيل الاستثناء لانعقاد بعض أنواع البيوع، وبين الكتابة التي يوجبها القانون للإثبات، والإجراءات اللازمة لنفاذ العقد في مواجهة الغير.

أولاً: الإثبات الكتابي:

إن القاعدة في الإثبات إن التصرف القانوني الذي تزيد قيمته عن خمسة آلاف دينار، لا يجوز إثباته بالشهادة أو القرائن القضائية، بل يجب الإثبات بالكتابة (م 77 اثبات). فيتعين على المتعاقد اليقظ، إن كانت قيمة عقد البيع تزيد على خمسة آلاف دينار، إن يحصل وقت الاتفاق على ورقة موقعة من الطرف الأخر تثبت انعقاد البيع. إذ هو معرض، إذا ما ثار نزاع بينه وبين الطرف الأخر فأنكر هذا ما تم من بيع، إلى إن يخسر دعواه إذا لم يقدم دليلا كتابيا على العقد الذي يدعيه. ولكن ليس معنى هذا إن البيع لا ينعقد إلا إذا كان مكتوبا. بل إن عقد البيع قد انعقد بمجرد تبادل الإيجاب والقبول وتطابقهما، ولو لم يثبت ذلك في سند مكتوب؛ فالكتابة اللازمة في التصرف

القانوني الذي تزيد قيمته على خمسة ألاف دينار، ليست شرطا لانعقاده، وإنما هي دليل لإثباته. ولا حاجة إلى الإثبات إلا حيث ثور النزاع. فلا يمنع تخلف الكتابة من إن تترتب كافة اثار العقد عليه إذا اقر الطرف الأخر به، فالإقرار حاسم للنزاع. وإذا نكل الطرف الأخر فوجهت إليه اليمين فنكل عنها، كان نكوله بمثابة إقرار منه بالبيع فتترتب على العقد كافة أثاره رغم انه غير مكتوب.

وعلى العكس إذا كان البيع عقدا شكليا، فاكتفى المتعاقدان بتبادل الإيجاب والقبول دون إتباع الشكل الذي يتطلبه القانون لانعقاده، كعقد بيع عقار تم الاتفاق عليه شفويا، فان العقد لا ينعقد أصلا، ولا يجدي الإقرار بحصول الاتفاق الشفوي[1]، ولا يجوز توجيه اليمين.

وهذا الفارق الجوهري بين الشكلية والإثبات يقتضي إن نحدد، في حالة ما إذا اوجب القانون الكتابة في عقد معين دون إن يفصح عن وظيفة الكتابة المطلوبة، ما إذا كانت هذه الكتابة واجبة لانعقاد العقد أم هي ضرورية فحسب لإثباته أيا كانت قيمته. والسبيل إلى ذلك هو تقصي قصد المشرع، والفرض انه لم يفصح عنه، بطرق التفسير المعروفة. فإذا تعذر ذلك، وجب الرجوع إلى القواعد العامة. ولما كان الأصل في العقود طبقا للمادة 90 مدني عراقي هو الرضائية، والشكلية استثناء، فان الكتابة، عند الشك في وظيفتها، تكون للإثبات فحسب[2].

---

[1] قضت محكمة التمييز في قرارها المرقم 11/ م2/1978 بتاريخ 1978/1/30 بأنه (لا يثبت ملكية العقار بتصادق الطرفين بل يجب التثبت من قيدها في دائرة التسجيل العقاري)، مجموعة الإحكام العدلية، ع1، س9، 1978، ص52.

[2] قضت محكمة التمييز في قرارها رقم الاضبارة 381/م2/1972 بتاريخ 1972/8/9 بأنه (وان كانت المادة الثانية من قانون تسجيل المكائن توجب على من يكتسب حق ملكية ماكنة إن يقوم بتسجيلها لدى الكاتب العدل وان المادة الخامسة تقرر عدم سماع دعوى اكتساب الملكية بسبب ما كالشراء إلا إذا كان ذلك موثقا بشهادة تسجيل صادرة وفق القانون أو إذا كان التسجيل لم يتم بعذر مشروع، فان مناط هذه القواعد يكون في إثبات التصرفات الإنشائية على المكائن لا التصرفات الاقرارية، فلا تسمع دعوى ملكية الماكنة غير المسجلة إذا كان هناك نزاع بين الطرفين حول هذه الملكية. إما إذا كانت ملكيتها ليست محل نزاع بينهما فلا مجال ===

وقد يكون البيع رضائيا في أصله، أي إن القانون لم يستلزم لانعقاده إتباع شكل خاص، فيتفق المتعاقدان على إن لا يتم هذا العقد إلا بالكتابة فتكون الشكلية هنا واجبة الإتباع بإرادة المتعاقدان لا بنص القانون. فالشكلية في هذه الحالة شرط انعقاد لا يتم البيع دون استيفائها، ولكن قد يقصد المتعاقدان من اشتراط الكتابة إن تكون وسيلة إثبات للعقد لا ركنا في انعقاده، فيمكن إذن إن يقوم شك في تفسير قصد المتعاقدين من اشتراطهما الكتابة. هل هي ركن شكلي لا ينعقد العقد بدونها أم هي مجرد وسيلة للإثبات.

عالجت بعض القوانين المدنية الحديثة هذه المسالة بنص صريح، حيث افترضت إن المتعاقدين قد اشترطا الكتابة للانعقاد لا للإثبات، وهذا ما نصت عليه صراحة الفقرة الأولى من المادة 116 من تقنين الالتزامات السويسري بأنه (إذا اتفق المتعاقدان على إن يستوفي العقد شكلا خاصا لم يشترطه القانون، فيفترض إنهما لم يقصدا إن يلتزما إلا من استيفاء العقد لهذا الشكل).

=== لتطبيق القواعد المذكورة كأن يقر المدعى عليه بدعوى المدعي وذلك لسبق بيعه الماكنة فلا مجال لاعتبار البيع باطلا بمقولة انه لم يسجل لدى الكاتب العدل عملا بالمادتين (2 و 5) من قانون تسجيل المكائن لان إحكام القانون المذكور يجب العمل بها في أضيق الحدود لمنافاتها لقاعدة أصيلة هي انتقال الملكية في المنقول بمجرد البيع إذا كان عينا معينة (م 531 مدني)، مجلة القضاء، ع3- 4، س27، 1972، ص138- 141. وانظر عكس ذلك؛ د. السنهوري، الوسيط، ج1، ص165- 166 هامش (1) حيث يذهب إلى انه " إذا غم الأمر ولم يتبين القاضي - بعد إن يستنفد وسائل التفسير - ما إذا كان المشرع أراد الشكل للانعقاد أو للإثبات، فالأولى إن يكون الشكل للانعقاد أو للإثبات. ولا يجوز هنا إن يقال - كما قيل في الشكل الذي يتفق عليه المتعاقدان - إن الأصل في العقد إن يكون رضائيا. فان هذا الأصل يصدق بالنسبة إلى المتعاقدين لا بالنسبة إلى المشرع. ولا يصح إن نسلم في يسر بان المتعاقدين أرادوا خلق شكل لا يوجد العقد بدونه إلا إذا نصو صراحة على ذلك. إما المشرع فسلطانه كامل في إن يخلق الشكل الذي يريد، ومتى فرض شكلا، ولم يقم دليل على انه مقرر للإثبات، فالمفروض انه مقرر لانعقاد العقد ".

إن القرينة التي أوردها المشرع السويسري هي قرينة قانونية قابلة لإثبات العكس مما يعني انه يجب البحث دائما عن القصد الذي اتجهت إليه نية المتعاقدين من اشتراط هذا الشكل[1].

بينما ذهب القضاء الفرنسي والمصري لعدم وجود نص يحكم المسألة إلى افتراض إن المتعاقدين قد اشترطا الكتابة للإثبات لا للانعقاد، لان الشكل خروج على قاعدة رضائية العقود ما لم تقم قرينة من ظروف الواقع ترجح احد الفرضين.

إما القانون المدني العراقي، فقد جاء خاليا من النص على حكم هذه المسالة، ونحن نذهب إلى ما ذهب إليه القضاء في فرنسا ومصر، لأنه يتفق مع حكم القواعد العامة في تقنيننا المدني.

ثانياً: الإجراءات اللازمة لنفاذ العقد في مواجهة الغير:

قد يوجب المشرع في بعض الحالات إتباع إجراء معين لإمكان الاحتجاج بالعقد في مواجهة الغير، ولا يترتب على ذلك إن يصبح البيع شكليا، طالما انه ينعقد صحيحا بمجرد تراضى المتعاقدين، ومادام انه يرتب كافة أثاره فيما بينهما بمجرد هذا التراضي.

مثال ذلك حوالة الحق، فهي عقد يتم بين الدائن الأصلي (المحيل) والدائن الجديد (المحال له). ولكن القانون يشترط إعلان المدين بالحوالة أو قبوله لها حتى تنفذ في مواجهة أي شخص أخر يكون قد تعلق له حق خاص بالحق المحال (م 363 مدني عراقي). ولكن ليس معنى ذلك إن عقد الحوالة عقد شكلي لا ينعقد بمجرد تراضي طرفيه الدائن المحيل والدائن المحال له. فاعلان المدين أو قبوله ليس شرطا لانعقاد الحوالة، وإنما هو شرط للاحتجاج بها على غير طرفيها فحسب. ولذلك فان عقد الحوالة يرتب أثاره بين طرفيه بمجرد اتفاقهما على إبرامه.

---

[1] انظر: د. غني حسون طه، مصدر سابق، نظرية الالتزام، ص72- 73.

موقف القوانين الحديثة من شكلية عقد البيع:

أولاً: موقف القانون الفرنسي:

نصت الفقرة الأخيرة من المادة 1582 من القانون المدني الفرنسي على انه (البيع يمكن حصوله بمحرر رسمي أو بمحرر عرفي).

وقد جرى البحث في الفقه الفرنسي فيما إذا كان المشرع الفرنسي قصد من هذا النص إن يكون البيع بالكتابة، وانعقد الإجماع على إن الكتابة ليست لازمة، أما سبب وضع النص فهو إن مشروع المادة كان يقرر إن بيع العقارات يجب إن يحصل بالكتابة ويمكن حصوله بمحرر رسمي أو بمحرر عرفي، ذلك إن بعض القوانين الفرنسية القديمة كانت تشترط الشكل الرسمي في عقد بيع العقار. ولكن النص عدل بحذف الجزء الأول من المادة وترك للمتعاقدين الحرية الكاملة في اختيار شكل العقد إذا ما أرادوا إثباته بالكتابة[1].

حيث كانت ملكية العقار في القانون المدني الفرنسي تنتقل بالعقد، فيما بين المتعاقدين وبالنسبة للغير، إلا إذا انتقلت بعقد تبرع كالهبة فلا يحتج به على الغير إلا بالتسجيل. ثم صدر تشريع 23/مارس/1855 يوجب تسجيل عقود المعاوضة والتبرعات للاحتجاج بها على الغير. وفي 20/أكتوبر/1935 صدر مرسوم بقانون أضاف إلى التصرفات الواجبة التسجيل التصرفات والإحكام الكاشفة. وفي يناير سنة 1955 صدر مرسوم، تسري إحكامه ابتداء من أول يناير 1956 ينظم الشهر في الحقوق العينية الأصلية والتبعية بصفة عامة، وقد حل هذا التشريع محل تشريعي سنة 1855 وسنة 1935[2].

كما يلاحظ إن التشريعات الحديثة التي صدرت في فرنسا، جعلت مبدأ الرضائية في مجال عقد البيع يتراجع في عدة حالات. ففي بعض أنواع من البيوع، فرض المشرع على البائع النص على بعض البيانات الإلزامية في العقد وذلك بقصد إعلام وتبصير المتصرف إليه مثال ذلك بيع المحل التجاري، والبيع بالأجل... الخ.

---

[1] د. محمد كامل مرسي، مصدر سابق، البيع والمقايضة، ص183 هامش (2).

[2] د. السنهوري، الوسيط، ج4، ص436 هامش (1).

وقد يضاف إلى هذا الاشتراط، على نحو استثنائي محض الرسمية مثال ذلك بيع العقار تحت الإنشاء الواقع في نطاق الحماية.

ويلاحظ إن هذه القواعد يجب إن تحترم وإلا يقع التصرف قابلا للإبطال وذلك على خلاف ما هو مستقر تقليديا من بطلان العقد بطلانا مطلقا عند تخلف الشكل المنصوص عليه في القانون. وذلك باستثناء الوعد بالبيع الملزم لجانب واحد عندما يكون محله عقار معين (أو مال من الأموال التي شبهت به) حيث إن التصرف العرفي المتضمن له يجب تحت طائلة البطلان، إن يكون محلا لإجراء ضرائبي، وهو التسجيل، وهذا بطبيعة الحال على خلاف مبدأ الرضائية المعتاد[1].

ثانياً: موقف القانون الانكليزي:

العقد في القانون الانكليزي على نوعين؛ نوع شكلي (covenant ,deed) لا يتم إلا باستيفاء شكل معين، هو إن يختم العقد (وتضاف عادة الإمضاء إلى الختم بعد إن انتشرت الكتابة) ويتم تسليمه، ويقوم مقام التسليم عبارة تفيد حصوله، كأن يقول الملتزم " اسلم هذا عقدا وسندا على ". والنوع الثاني هو العقد ألرضائي (agreement ,promise)، ويتم بمجرد الإيجاب والقبول، ويشترط إن يكون هناك اعتبار قانوني في التعاقد (consideration) شبيه بالسبب (cause) في القانون العراقي.

ولكل شخص بوجه عام إذا تعاقد إن يتخذ العقد الرسمي أو العقد العرفي، ولكن استثناء من قاعدة حرية اتخاذ العقد الرسمي أو العرفي، توجد بعض البيوع لا يجوز إبرامها إلا في عقد رسمي وهي:

1- نقل ملكية الأرض بموجب تشريع الأموال لسنة 1925.

2- نقل ملكية السفن الانكليزية أو أي سهم فيها.

والى جانب العقد الرسمي الذي يجب إن تتوفر فيه شكلية معينة توجد في القانون الانكليزي عقود يجب إن تكون مكتوبة (Must be in writing) وأخرى يجب إن تثبت بالكتابة (Must be evidenced by writing).

---

[1] د. نبيل إبراهيم سعد، مصدر سابق، ص40- 41.

إما البيوع التي يجب إن تكون مكتوبة فهي:

1- عقد البيع الايجاري بموجب تشريع البيع الايجاري لسنة 1965.

(Hire Puchase Act, 1965)

2- نقل ملكية الأسهم في شركة مسجلة بموجب تشريع الشركات لسنة 1985.

(Companies Act, 1985)

3- حوالة حق التأليف بموجب تشريع التأليف لسنة 1956.

(Copy right Act, 1956)

إما البيوع التي يجب إن تثبت بالكتابة فهي عقود بيع أو عقود التصرف الأخرى بالأرض بموجب نص المادة (40) من تشريع الأموال لسنة 1925.

ولا يترتب على عدم توفر الشكلية في عقود البيع سالفة الذكر - الرسمية أو المكتوبة أو التي يجب إن تثبت بالكتابة - بطلان البيع أو قابليته للبطلان بل يبقى البيع صحيحا ولكنـه غـير قابـل للتنفيـذ مـن خـلال المحاكم. والغرض من الشكلية في القانون الانكليزي هي لتحقيق اليقينية وبالتالي تجنب المنازعات التي تظهر في نقل الملكية في مختلف أنواع الأموال [1].

ثالثاً: موقف القانون العراقي:

الأصل في عقد البيع في القانون المدني العراقي انه مـن العقـود الرضـائية التـي لم يشترط القانون لانعقاده شكلا خاصا. بل ينعقد بمجرد تراضي المتبايعين ومع ذلك فهناك بيوع في القانون العراقي تعتبر مـن العقود الشكلية [2] ويكون التسجيل في الدائرة المختصة هو الشكل المطلوب : ويعتبر الشكـل في هـذه البيـوع ركنا من أركان العقد، ولا ينعقد البيع إلا باستيفائه.

ولا تثير عقود البيع الشكلية في القانون العراقي أي إشكاليات لأنها تعتبر باطلة في حالة عدم تسجيلها في الدائرة المختصة لان وجودها القانوني رهن بتسجيلها

---

[1] G. H. TREITEL, op. cit, P. 134 - 137.

- Smith & Keenan 's, op. cit, P. 285 - 287.

[2] انظر في البيوع الشكلية في القانون العراقي ما سبق ذكره في ص من هذا المؤلف.

ومقتضى البطلان إعادة المتبايعين إلى الحالة التي كانا عليها قبل البيع، فإذا كان البائع قد تسلم الثمن فعليه رده وإذا كان المشتري قد تسلم المبيع فعليه رده أيضا[1].

ومع ذلك فان المشرع العراقي يلقي على عاتق الناكل عن التسجيل في نطاق بيع العقار خارج دائرة التسجيل العقاري التزام بالتعويض. نصت عليه المادة 1127 من تقنيننا المدني بقولها (التعهد بنقل ملكية عقار يقتصر على الالتزام بالتعويض إذا اخل احد الطرفين بتعهده سواء اشترط التعويض في التعهد أو لم يشترط).

وقد قام خلاف في الفقه العراقي على تحديد كل من مصدر هذا التعويض ومصير الشرط الجزائي الذي تضمنه التعهد. والحقيقة إن التعهد السابق على البيع - وهو التعهد المنصوص عليه في المادة 1127 مدني عراقي - عقد غير مسمى، فهو ليس إذن بعقد بيع. ولكنه عقد ملزم، إذا اخل به المدين التزم بالتعويض. وهذا التعويض ينشأ عن مسؤولية عقدية لا تقصيرية لان مصدره هذا التعهد الملزم وهو عقد غير مسمى كما سبق القول. فإذا اتفق المتعاقدان في التعهد على مقدار التعويض - وهذا ما يسمى بالشرط الجزائي - جاز للقاضي الحكم بما اتفق عليه المتعاقدان، كما يجوز له الحكم بتخفيض الشرط الجزائي إذا اثبت المدين إن التقدير كان فادحا، أو بعدم استحقاقه أصلا إذا اثبت المدين إن الدائن لم يلحقه أي ضرر، وكل هذا تطبيقا للقواعد المقررة في الشرط الجزائي (م 170 مدني عراقي).

وإذا لم يتفق المتعاقدان على شرط جزائي، فان هذا لا يمنع القاضي من تقدير التعويض عن الضرر الذي أصاب الدائن من جراء إخلال المدين بالتزامه، طبقا للقواعد العامة في هذا الصدد (م 169 مدني عراقي)، ومصدر هذا التعويض الذي

---

[1] انظر قرار محكمة التمييز رقم 199/هيئة عامة/1971 بتاريخ 1972/1/22، النشرة القضائية، ع1، س3، ص32، القرار رقم 346/استئنافية/ 86-1987 بتاريخ 1987/11/11، المختار من قضاء محكمة التمييز، ج5، إعداد إبراهيم المشاهدي، مطبعة الزمان، بغداد، 2000، ص39.

يقدره القاضي هو، كمصدر الشرط الجزائي، المسؤولية العقدية دائما[1] وليس المسؤولية التقصيرية[2].

ويخلص من ذلك إن القول بان مصدر التعويض عن الإخلال بالتعهد بنقل ملكية العقار المنصوص عليه في المادة 1127 مدني عراقي هو المسؤولية التقصيرية ليس بالقول السليم، إذ المصدر هو المسؤولية العقدية[3]، وكذلك القول بان هذا التعهد

---

[1] قضت محكمة التمييز في قرارها المرقم 2237/ حقوقية/1965 بتاريخ 1965/6/21 بأنه (بيع العقار لا ينعقد إلا بالتسجيل في دائرة الطابو ولا تنتقل الملكية إلى المشتري إلا من وقت التسجيل إلا إن التعهد السابق على العقد المبرم بين الطرفين والمنصوص عليه في المادة 1127 مدني هو عقد غير مسمى وليس عقد بيع وهو ملزم للطرفين فإذا اخل به احدهما التزم بالتعويض (الشرط الجزائي) وهذا التعويض ينشا عن مسؤولية عقدية، فإذا اتفق الطرفان على مقداره جاز للمحكمة الحكم به ولها إن تخفضه إذا اثبت احد الطرفين إن تقديره كان فادحا وفق المادة 170 مدني وذلك بعد التعرف على الناكل عن تنفيذ العقد)، مجلة القضاء، ع2، س21، 1966، ص123-125، كما قضت في قرارها المرقم 987/ حقوقية/1968 بتاريخ 1968/12/15 بان (عقد بيع العقار لا ينعقد إلا إذا سجل بدائرة الطابو (م 508 مدني) إلا إن التعهد السابق على البيع المنصوص عليه في المادة 1127 من القانون المدني هو عقد غير مسمى وليس عقد بيع، ولكنه عقد ملزم للطرفين إذا اخل احد المتعاقدين به التزم بالتعويض ألاتفاقي وهو التزام ينشأ عن مسؤولية عقدية، ولهذا فلا محل للقول إن العقد موضوع الدعوى باطل وان كل ما يبنى على العقد الباطل باطل أيضا...)، مجلة العلوم القانونية، مج1، ع1، 1969، ص182- 183.

[2] انظر في ذلك: د. عبد المجيد الحكيم، إحكام الالتزام، ط1، بغداد، 1960، ص35 وما بعدها، أ. عبد الباقي البكري، شرح القانون المدني العراقي، ج3، في إحكام الالتزام، تنفيذ الالتزام، دراسة مقارنة، مطبعة الزهراء، بغداد، 1971، ص161، د. سعدون العامري، مصدر سابق، ص105، د. غني حسون طه، مصدر سابق، البيع، ف385، د. عبد المجيد الحكيم، أ. عبد الباقي البكري، محمد طه البشير، القانون المدني وإحكام الالتزام، ج2، بغداد، 1986، ص69- 70.

[3] يذهب جانب من الفقه العراقي إلى إن البيع قبل التسجيل باطل، وبطلانه يؤدي إلى بطلان ما تضمنه من شرط جزائي. لان الشرط الجزائي التزام تبعي يبطل تبعا لبطلان العقد. ولما كان التعويض لازما سواء اشترط في التعهد أم لم يشترط، فليس إمام الدائن غير المطالبة ===

المنصوص عليه في المادة 1127 مدني عراقي يتحول من عقد بيع باطل إلى عقد غير مسمى ليس سليما، ولسنا هنا في حاجة إلى التحول، فان العقد ينشا منذ البداية عقدا غير مسمى صحيحا ملزما، وليس عقد بيع باطل يتحول بعد ذلك إلى عقد غير مسمى[1].

ونحن ندعو إلى ضرورة تعديل نص المادة 1127 مدني عراقي وذلك بجعل التعهد ملزما بنقل الملكية عينا، فلا يقتصر على الإلزام بالتعويض. وهذا ما يقرره القانونان الألماني والسويسري وكذلك القانون المدني السوري، وهي قوانين أخذت كالقانون العراقي بنظام السجل العيني[2].

والجدير بالذكر إن المشرـع العراقـي قـد عـدل نـص المـادة 1127 عـن طريـق القـرار رقـم 1198 في 1977/11/2 الصادر عن مجلس قيادة الثورة (المنحل) حيث أعطى المشرع للتعهد بنقل ملكية عقار قيمـة قانونية أقوى من التي كانت له قبل التعديل وذلك عن طريق ما يأتي:

1- أعطى المشرع للمشتري بموجب القرار 1198 الحق في إجبار البائع على نقل ملكية العقار إذا أقام في العقار بدون معارضة تحريرية من البائع أو أقام في منشات[3].

=== بتعويض على أساس المسؤولية التقصيرية، دون التمسك بما تضمنه العقد الباطل من شرط بطل ببطلانه. والحقيقة إن هذا الاتجاه وان ساير منطق الشكلية، إلا إن يفضي إلى هدر قيمة التعهد السابق على التسجيل وما تضمنه من شرط جزائي. انظر في ذلك: د. حسن علي الذنون، إحكام الالتزام، ف59، وقارن أيضا مؤلفه، شرح عقد البيـع، ص128 وما بعدها، أ. شاكر ناصر حيدر، الوسيط في شرح القانون المدني الجديد، ج1، ف191- 192.

[1] د. عباس حسن الصراف، مصدر سابق، ص146 وما بعدها. وبحثه العربون وإحكامه في القانون المـدني العراقـي، العـددان الأول والثاني، 1958، ص38.

[2] انظر: د. عباس الصراف، مصدر سابق، ص142- 143.

[3] انظر قرار محكمة التمييز رقم 100/هيئة عامة/1978 بتاريخ 1978/10/21 والذي جاء فيه (لمشـتري الـدار خـارج دائـرة التسجيل العقاري إن يطلب من المحكمة تسجيل الدار باسمه===

2- لا يقل مقدار التعويض في حالة إخلال احد الطرفين بتعهده عن الفرق بين قيمة العقار المعينة في التعهـد وقيمته عند النكول، دون إخلال بالتعويض عن أي ضرر أخر[1].

يذهب البعض[2] إلى إن هذا القرار خرج على القواعد العامة في التعويض المنصوص عليها في المادتين 169 و 170 مدني عراقي. ونحن لا نرى في هذا القرار خروج على نص المادتين 169 و 170 بل على العكس إن القرار جاء تطبيقا للقواعد العامة في التعويض إذ إن عناصر التعويض وفقـا لقواعـد المسؤولية العقديـة هـي الخسارة التي أصابت الدائن والكسب الذي فاته، وهذه العناصر هـي عـبر عنهـا القرار 1198 بنصـه علـى إن التعويض يجب إن لا يقل مقداره عن الفرق بين قيمـة العقار المعينة في التعهد وقيمتـه عنـد النكـول، دون إخلال بالتعويض عن أي ضرر أخر.

=== إذا كان قـد سكنهـا طبقا لقرار مجلـس قيـادة الثورة المرقم 1198 والمـؤرخ في 1977/11/2)، مجموعـة الإحكـام العدلية، ع4، س9، ص14، كذلك قرار محكمة استئناف بغداد رقم 247/ حقوقية /1979 بتاريخ 1980/6/2، وأيضا قـرار محكمة استئناف بغداد رقم 229/ حقوقية/ 1980 بتاريخ 1980/4/20، مجموعـة الإحكام العدلية، ع2، س11، 1980، ص136- 147.

[1] انظر قرار محكمة استئناف بغداد رقم 229/ حقوقية/1980 بتاريخ 1980/4/20، مجموعـة الإحكام العدلية، ع2، س11، 1980، ص147.

[2] د. عبد المجيد الحكيم وآخرون، مصدر سابق، ج2، ص70.

المراجــع

1- باللغة العربية.

أولاً: كتب القانون:

1– د. احمد حشمت أبو ستيت، نظرية الالتزام في القانون المدني الجديد، ك1، مصادر الالتزام، ط2، مطبعة مصر، 1954.

2– د. احمد شوقي عبد الرحمن، الدراسات البحثية في نظرية العقد، منشاة المعارف، الإسكندرية، 2006.

3– د. إسماعيل غانم، في النظرية العامة للالتزام، ج1، مصادر الالتزام، مصر، 1966.

4– د. إسماعيل غانم، في النظرية العامة للالتزام، ج2، إحكـام الالتزام والإثبات، مكتبـة عبد اللـه وهبـة، مصر، 1967.

5– د. أكرم ياملكي و د. فائق الشماع، القانون التجاري، بغداد، 1980.

6– د. أنور سلطان، النظرية العامة للالتزام، ج1، مصادر الالتزام، القاهرة، 1962.

7– د. أنور سلطان، الوجيز في العقود المسماة عقدي البيع والمقايضة، 1983.

8– د. توفيق حسن فرج، عقد البيع والمقايضة، 1979.

9– د. توفيق حسن فرج، المدخل للعلوم القانونية، القسم الأول، النظرية العامة للقانون، الـدار الجامعيـة للطباعة والنشر، بيروت، 1993.

10– د. جعفر ألفضلي، الوجيز في العقود المدنية، البيع والإيجار والمقاولة، ط2، عمان، 1997.

11– د. حلمي بهجت بدوي، أصول الالتزامات، ك1، نظرية العقد، مطبعة نوري، القاهرة، 1943.

12– د. حسن علي الذنون، النظرية العامة للالتزام، ج1، مصادر الالتزام، بغداد، 1949.

13– د. حسن علي الذنون، العقود المسماة، عقد البيع، بغداد، 1953.

14- د. حسن علي الذنون، شرح القانون المدني العراقي، العقود المسماة، العقود الواردة على الملكية، شركة الرابطة للطبع والنشر والتوزيع المحدودة، بغداد، 1954.

15- د. حسن كيره، أصول القانون، ط2، 1959- 1960.

16- د. حسن حرب اللصاصمة، دراسات في المدخل إلى العلوم القانونية، ط1، دار الخليج للنشر والتوزيع، عمان، 2005.

17- د.خميس خضر، العقود المدنية الكبيرة، البيع والتامين والإيجار، ط2، 1979.

18- زياد أبو حصوه، عقد التأجير التمويلي، دراسة مقارنة، دار الرأي للطباعة والنشر، بيروت، ط1، 2005.

19- د. سليمان مرقس، شرح القانون المدني،3 ، العقود المسماة، عقد البيع، مطبعة النهضة العربية، 1968.

20- د. سليمان مرقس، إحكام الالتزام، القاهرة، 1957.

21- د. سليمان مرقس، الوافي في شرح القانون المدني، في الالتزامات، مج1، نظرية العقد، ط4، 1987.

22- د. سعدون العامري، مذكرات في النظرية العامة للالتزام، موجز نظرية العقد، بغداد، 1966.

23- د.سعدون العامري، الوجيز في العقود المسماة، ج1، البيع والإيجار، ط2، بغداد، 1971.

24- د. سليمان الناصري، المدخل لدراسة القانون، دراسة مقارنة، ط1، دار وائل للطباعة والنشر عمان، 1996.

25- د. سعيد مبارك وآخرون، الموجز في شرح العقود المسماة، بغداد، 1996.

26- أ. شاكر ناصر حيدر، الوسيط في شرح القانون المدني الجديد.

27- د. صلاح الدين الناهي، الوسيط في شرح القانون التجاري العراقي، إحكام الأوراق التجارية، شركة الطبع والنشر الأهلية، ط4، بغداد، 1962.

28- د. صلاح الدين الناهي، مبادئ الالتزامات، مطبعة سلمان الاعظمي، بغداد، 1968.

29- د. عبد الحي حجازي، في النظرية العامة للالتزام، ج1، القاهرة، 1954.

30- د. عبد الحي حجازي، النظرية العامة للالتزام، ج2، طبعة 1954.

31- د. عبد الحي حجازي، موجز النظرية العامة للالتزام ، ج1، مصادر الالتزام، المطبعة العالمية، القاهرة، 1955.

32- د. عبد الحي حجازي، في المصادر الإرادية، ج1، القاهرة، 1962.

33- د. عبد الرزاق احمد السنهوري، شرح القانون المدني، النظرية العامة في للالتزامات، نظرية العقد، ط2، منشورات الحلبي الحقوقية، بيروت، 1998.

34- د. عبد الرزاق احمد السنهوري ، الوسيط في شرح القانون المدني الجديد، ج1، نظرية الالتزام بوجه عام، مصادر الالتزام، دار النهضة العربية، ط2، القاهرة، 1964.

35- د. عبد الرزاق احمد السنهوري ، الوسيط في شرح القانون المدني الجديد ، ج4، العقود التي الملكية، مج1، البيع والمقايضة، مطابع دار النشر للجامعات المصرية، القاهرة،1960.

36- د. عبد الرزاق احمد السنهوري ، الوسيط في شرح القانون المدني الجديد ، ج5، العقود التي تقع على الملكية، الهبة والشركة والقرض والدخل الدائم والصلح، دار النهضة العربية، القاهرة، 1962.

37- د. عبد الرزاق احمد السنهوري ، الوسيط، ج7، مج 1، العقود الواردة على العمل، دار النهضة العربية، 1964.

38- د. عبد الرزاق احمد السنهوري ، الوسيط في شرح القانون المدني الجديد، ج7، مج2، عقود الغرر (المقامرة والرهان والمرتب مدى الحياة وعقد التامين)، دار النهضة العربية، القاهرة، 1964.

39- د. عبد الرزاق احمد السنهوري و د. احمد حشمت أبو ستيت، أصول القانون أو المدخل لدراسة القانون، مطبعة لجنة التأليف والترجمة والنشر، القاهرة، 1952.

40- د. عبد الفتاح عبد الباقي، إحكام القانون المدني المصري، عقد الإيجار، الإحكام العامة، ج1، دار الكتاب العربي، مصر، 1952.

41- د. عبد الفتاح عبد الباقي، محاضرات في العقود، ج2، البيع، 1956.

42- د. عبد الفتاح عبد الباقي، نظرية الحق، ط2، القاهرة، 1964.

43- د. عبد المجيد الحكيم، الموجز في شرح القانون المدني العراقي، ج2، في إحكام الالتزام، ط1، بغداد، 1960.

44- د. عبد المجيد الحكيم، الموجز في شرح القانون المدني العراقي، ج1، ط3، بغداد، 1969.

45- د. عبد المجيد الحكيم، أ. عبد الباقي البكري، محمد طه البشير، القانون المدني ومصادر الالتزام، ج1، مطبعة جامعة بغداد، بغداد، 1986.

46- د. عبد المجيد الحكيم، أ. عبد الباقي البكري، محمد طه البشير، القانون المدني وإحكام الالتزام، ج2، مطبعة جامعة بغداد، بغداد، 1986.

47- أ. عبد الباقي البكري، النظرية العامة للالتزام، ج1، في مصادر الالتزام، مطبعة شفيق، بغداد، 1959-1960.

48- أ. عبد الباقي البكري، شرح القانون المدني العراقي، ج3، في إحكام الالتزام، تنفيذ الالتزام، دراسة مقارنة، مطبعة الزهراء، بغداد، 1971.

49- أ. عبد الباقي البكري و أ. زهير البشير، المدخل لدراسة القانون، مديرية دار الكتب للطباعة والنشر، بغداد، 1989.

50- د. عبد المنعم البدراوي، عقد البيع في القانون المدني، دار الكتاب العربي، ط1، مصر،1957.

51- د. عباس الصراف، شرح عقدي البيع والإيجار في القانون المدني الجديد، مطبعة الأهالي، بغداد، 1955.

52- عبد الناصر توفيق العطار، نظرية الأجل في الالتزام، بلا مكان وسنة طبع.

53- د. علي علي سليمان، النظرية العامة للالتزام، مصادر الالتزام، الجزائر،1988.

54- د. غني حسون طه، الوجيز في شرح القانون المدني العراقي، عقد البيع، بغداد، 1969- 1970.

55- د. غني حسون طه، الوجيز في النظرية العامة للالتزام، ك1، مصادر الالتزام، مطبعة المعارف، بغداد، 1971.

56- د. قدري عبد الفتاح الشهاوي، موسوعة التأجير التمويلي، منشاة المعارف، الإسكندرية، 2003.

57- د. كمال قاسم ثروت، شرح إحكام عقد البيع، ط2، مطبعة الرصافي، بغداد، 1976.

58- د. محمد لبيب شنب، شرح إحكام عقد المقاولة، دار النهضة العربية، القاهرة، 1962.

59- د. محمد لبيب شنب، دروس في نظرية الالتزام، مصادر الالتزام، دار النهضة العربية، القاهرة، 1967-1977.

60- د. محمود سعد الدين الشريف، شرح القانون المدني العراقي، نظرية الالتزام، ج1، مصادر الالتزام، بغداد، 1955 .

61- د. محمد علي عبده، نظرية السبب في القانون المدني، منشورات الحلبي الحقوقية، ط1، بيروت، 2004.

62- د. محمد جابر الدوري، عيوب الرضا ومدلولاتها الفلسفية في التشريعات المدنية، دراسة مقارنة، مطبعة الشعب، بغداد، 1988.

63- أ. محمد طه البشير، الوجيز في الحقوق العينية التبعية، دراسة تحليلة مقارنة، ط2، مطبعة العاني، بغداد، 1973.

64- أ. محمد طه البشير، د. هاشم الحافظ، القانون الروماني، الأموال و الالتزام، مطبعة جامعة بغداد، بغداد، 1983.

65- د. محمد علي عرفة، التقنين المدني الجديد، شرح مقارن على النصوص، مكتبة النهضة العربية، ط2، القاهرة، 1955.

66- د. محمد سامي مدكور، د. علي حسن يونس، الإفلاس، دار الفكر العربي، 1960- 1961.

67- د. محمد حسين منصور، إحكام البيع، دار الفكر الجامعي، الإسكندرية، 2006.

68- د. محمد كامل مرسي، العقود المدنية الصغيرة، مطبعة فتح الله الياس نوري وأولاده، ط2، مصر، 1938.

69- د. محمد كامل مرسي، شرح القانون المدني الجديد، العقود المسماة، المطبعة العالمية، القاهرة، 1949.

70- د. محمد كامل مرسي، شرح القانون المدني، العقود المسماة، ج6، البيع والمقايضة، طبعة 1953، والطبعة المنقحة من قبل المستشار محمد علي سكيكر والمستشار معتز كامل مرسي، منشاة المعارف، الإسكندرية، طبعة 2005.

71- د. محسن شفيق، القانون التجاري المصري، الأوراق التجارية، دار المعارف، ط1، الإسكندرية، 1954.

72- الأستاذ مصطفى الزرقا، في البيع في القانون المدني السوري، دمشق، 1953.

73- مصطفى احمد الزرقا، المدخل الفقهي العام إلى الحقوق المدنية في البلاد السورية، ج1، مطبعة الجامعة السورية، ط3، 1952.

74- د. منصور مصطفى منصور، مذكرات في القانون المدني، العقود المسماة، البيع والمقايضة والإيجار، منشاة المعارف، 1956- 1957.

75- الأستاذ منير القاضي، ملتقى البحرين الشرح الموجز للقانون المدني العراقي، مج1، الباب التمهيدي ونظرية الالتزام العامة، مطبعة العاني، بغداد، 1951- 1952.

76- د. منذر الفضل، النظرية العامة للالتزامات، بغداد، ط1، 1991.

77- د. ناصر احمد إبراهيم النشوي، عقد الاستصناع، دار الفكر الجامعي، ط1، الإسكندرية، 2007.

78- د. نبيل إبراهيم سعد، عقد البيع، الإسكندرية، بلا سنة ومكان طبع.

ثانياً: كتب الفقه والحديث والتفسير:

1- ابن إدريس (منصور بن إدريس)، كشاف القناع، ج2، ط1، مصر، 1359هـ.

2- ابن كثير (إسماعيل بن كثير)، تفسير ابن كثير، ج2، مصر، 1343.

3- ابن رشد (الإمام الحافظ أبي الوليد محمد بن احمد بن انس)، ملحق المدونة الكبرى للإمام مالك بن انس، مقدمات ابن رشد لبيان ما اقتضته المدونة من الإحكام، ضبطه وخرج آياته وأحاديثه الشيخ زكريا عميرات، مج5، منشورات محمد علي بيضون، دار الكتب العلمية، بيروت، ط1، 2005.

4-ابن رشد، المقدمات المهدآت، ج2، ط1، مصر، 1325هـ
5-ابن رشد الحفيد، بداية المجتهد ونهاية المقتصد، مج2، المكتبة العصرية، بيروت، 2004.
6-ابن عابدين (محمد أمين بن عبد العزيز بن احمد المشهور بابن عابدين)، حاشية رد المحتار على الدر المختار، شرح تنوير الإبصار، مطبعة الحلبي، القاهرة، ط2 1386 هـ
7-ابن عابدين، رسالته تنبيه الرقود على مسائل النقود، ضمن مجموع رسائله، ج2.
8-ابن نجيم (زين الدين بن نجيم الحنفي)، البحر الرائق كنز الدقائق، ج6، دار المعرفة للطباعة والنشر، بيروت.
9-ابن المرتضى (احمد بن يحيى بن المرتضى)، البحر الزخار الجامع لمذاهب علماء الأمصار،ج2، مؤسسة الرسالة، ط2، 1975.
10- ابن حمزة (عماد الدين أبي جعفر محمد بن على بن حمزة الطوسي المعروف بابن حمزة)، الوسيلة إلى نيل الفضيلة، سلسلة الينابيع الفقهية، ج13، المتاجر، ط1، بيروت، 1990.
11- ابن القيم الجوزية، إعلام الموقعين عن رب العالمين، تحقيق وضبط عبد الرحمن الوكيل، مطبعة دار الكتب الحديثة، القاهرة، 1389هـ
12- ابن قدامه (موفق الدين أبي محمد عبد الله بن احمد ابن قدامه المقدسي)، المغني شرح مختصر الخرقي، تحقيق د.عبد الله بن المحسن التركي ود.عبد الفتاح محمد الحلو، هجر للطباعة والنشر والتوزيع، ج6، القاهرة، ط1، 1408.
13- شيخ الإسلام ابن تيمية، وتلميذه ابن القيم، القياس في الشرع الإسلامي، المطبعة السلفية، القاهرة، 1385هـ
14- ابن حزم (أبي محمد علي بن احمد بن سعيد بن حزم)، المحلى، ج8، مصر، 1350هـ
15- الشيخ احمد إبراهيم، المعاملات الشرعية، 1936.
16- د. احمد فراج حسين، الملكية ونظرية العقد في الشريعة الإسلامية، ط1، مؤسسة الثقافة الجامعية.

17- البهوتي (منصور بن يونس بن إدريس)، كشاف القناع عـن مـتن الإقنـاع، ج3، مطبعـة الحكومـة، مكـة، 1394هـ

18- التمرتاشي (الشيخ شمس الدين)، رد المحتار على الدر المختار حاشية ابن عابـدين، عـلى شرح الشيخ محمد بن علي الحصكفي، لمتن تنوير الإبصار، ومعـه تقريـرات الرافعـي وضـعت في الهـامش زيـادة في المنفعة، تحقيق عبد المجيد طعمه حلبي، ج7، دار المعرفة، ط1، بيروت، 2000.

19- التبريزي، جواد، إرشاد الطالب إلى التعليق على المكاسب، ج2، في البيع، مطبعة مهر، قم، بلا سنة طبع.

20- الباجي (أبي الوليد سليمان بن خلف)، المنتقى شرح الموطأ، ج5، مطبعة السعادة، ط1، مصر، 1332هـ

21- التركي، سليمان بن تركي، بيع التقسيط وإحكامه، دار اشبيليا، ط1، الرياض، 2003.

22- الجز يري، عبد الرحمن، الفقه على المذاهب الأربعة، ج2، مكتبة الثقافة الدينية، ط1، القاهرة، 2005.

23- ألجواهري، حسن، بحوث في الفقه المعاصر، ج1، دار الذخائر، ط1، بيروت، بلا سنة طبع.

24- العلامة الحلي (الحسن بن المطهر)، تذكرة الفقهاء، ج7، كتاب البيع، النجف، 1955.

25- العلامة الحلي (الحسن بن يوسف بن المطهر)، مختلف الشيعة في إحكام الشريعة، ج5، المتاجر والديون وتوابعها، مطبعة مكتبة الإعلام الإسلامي، ط2، قم.

26- الحلي (أبي جعفر محمد بن إدريس محمد العجلي)، السرائر الحاوي لتحرير الفتاوى، سلسلة الينابيع الذهبية، ج14، المتاجر، ط1، بيروت، 1990.

27- العلامة الحلي، إرشاد الأذهان، سلسلة الينابيع الفقهية، ج35، المتاجر، ط1، بيروت، 1993.

28- المحقق الحلي (أبي القاسم نجم الدين جعفر بن الحسن بن أبي زكريا يحيى بن الحسن بن سعيد الهذلي)، المختصر النافع، سلسلة الينابيع الفقهية، ج14، المتاجر، ط1، بيروت، 1990.

29- العلامة الحلي، تلخيص المرام في معرفة الإحكام، سلسلة الينابيع الفقهية، ج35، المتاجر، ط1، بيروت، 1993.

30- العلامة الحلي (الشيخ جمال الدين أبي منصور الحسن بن سديد الدين يوسف بن زين الدين علي بن محمد بن مطهر الحلي)، قواعد الإحكام في مسائل الحلال والحرام، سلسلة الينابيع الذهبية، ج14، المتاجر، ط1، بيروت، 1990.

31- العلامة الحلي (الشيخ جمال الدين أبي منصور الحسن بن سديد الدين يوسف بن زين الدين علي بن محمد مطهر)، تبصرة المتعلمين في إحكام الدين، سلسلة الينابيع الفقهية، ج35، بيروت، 1993.

32- الحسني، هاشم معروف، نظرية العقد في الفقه الجعفري، دار التعارف للمطبوعات، بيروت، 1996.

33- الحلبي (حمزة بن علي بن زهرة الحسيني الاسحاقي)، غنية النزوع إلى علمي الأصول والفروع، ج13، سلسلة الينابيع الفقهية، ط1، بيروت، 1990.

34- الحصفكي (علاء الدين محمد بن علي ألحصني)، الدر المختار شرح تنوير الإبصار مع حاشية رد المحتار، ج5، مطبعة مصطفى ألبابي الحلبي وأولاده، ط3، مصر، 1985.

35- الحطاب (أبو عبد الله محمد بن محمد بن عبد الرحمن المغربي)، مواهب الجليل بشرح مختصر-خليل، ج4، ط3، دار الفكر، 1992.

36- الحيمي (الحسين ابن احمد بن الحسين الحيمي اليمني)، الروض النضير شرح مجموع الفقه الكبير، ج3، مصر، 1348هـ.

37- الشيخ الخفيف،علي ، الضمان في الفقه الإسلامي، القسم الأول، المطبعة الفنية الحديثة، القاهرة، 1971.

38- الشيخ الخفيف،علي، إحكام المعاملات الشرعية، دار الفكر العربي، القاهرة، 2005.

39- الخرشي (أبي عبد الـلـه محمد)، شرح الخرشي على مختصر خليل، ج3، مصر، 1306هـ
40- الدسوقي (شمس الدين الدسوقي)، حاشية الدسوقي على الشرح الكبير، ج3، ط1، مصر.بلا سنة طبع.
41- الرازي (محمد فخر الدين بن ضياء الدين)، تفسير الرازي، ج2، ط1، مصر، 1308هـ
42- د. الزحيلي، وهبة، الفقه الإسلامي وأدلته، ج5، دار الفكر، ط8، دمشق، 2005.
43- د. الزلمي، مصطفى إبراهيم، الالتزامات في الشريعة الإسلامية والتشريعات المدنية العربية، ج1، مطبعة السعدون، بغداد، 2001.
44- الزيلعي (عثمان بن محمد)، تبين الحقائق شرح كنز الدقائق، ج4، ط1، مصر، 1324هـ
45- د. السنهوري، عبد الرزاق احمد، مصادر الحق في الفقه الإسلامي، ج1، منشورات محمد الداية، بيروت، 1954-1953.
46- السيد سابق، فقه السنة، مج3، المكتبة العصرية، بيروت، 2005.
47- السرخسي (شمس الأئمة أبي بكر محمد بن أبي سهل السرخسي- الحنفي)، المبسوط، ج13- 14، مطبعة السعادة، مصر، 1324هـ
48- الشلبي (شهاب الدين احمد الشلبي)، حاشية الشلبي على تبيين الحقائق للزيلعي، ج4، مطبوع بهامش تبين الحقائق، المطبعة الأميرية ببولاق، مصر، ط1، 1315هـ
49- الشيرازي (أبي اسحق إبراهيم بن علي بن يوسف الفيروزابادي)، المهذب في فقه الإمام الشافعي، ج2، دار المعرفة، ط1، بيروت، 2003.
50- الشوكاني (الشيخ محمد بن علي بن محمد)، نيل الاوطار من أحاديث سيد الأخيار شرح منتقى الإخبار، ج5، مج3، دار الكتب العلمية، بيروت، 1999.
51- الشوكاني (الشيخ الإمام محمد بن علي بن محمد)، السيل الجرار المتدفق على حدائق الإزهار، ج3، تحقيق محمود إبراهيم زايد، دار الكتب العلمية، ط1، بيروت، 1405هـ

52- الصنعاني (السيد الإمام محمد بن إسماعيل الكحلاني ثم الصنعاني المعروف بالأمير)، سبل السلام، مج2، دار إحياء التراث العربي، بيروت، ط4، 1960.
53- الصديق محمد الأمين الضرير، الغرر وأثره في العقود في الفقه الإسلامي، ط1، 1386هـ
54- الصهرشتى (نظام الدين أبي الحسن سلمان بن الحسن بن سليمان)، إصباح الشيعة بمصباح الشريعة، ج13، سلسلة الينابيع الفقهية، المتاجر، ط1، بيروت، 1990.
55- الطوسي (أبي جعفر محمد بن الحسن شيخ الطائفة)، الخلاف، سلسلة الينابيع الفقهية، ج35، المتاجر، ط1، بيروت، 1993.
56- الطوسي (أبي جعفر محمد بن الحسن)، المبسوط في فقه الأمامية، سلسلة الينابيع الفقهية، ج35، المتاجر، ط1، بيروت، 1993.
57- ألعاملي (الشهيد السيد محمد بن جمال الدين مكي ألعاملي)، الدروس الشرعية، سلسلة الينابيع الفقهية، ج 35 ، المتاجر، ط1، بيروت، 1993.
58- ألعاملي (زين الدين يحيى بن ألعاملي)، الروضة البهية في شرح اللمعة الدمشقية، ج3، مطبعة الآداب، ط1، النجف الشرف.
59- ألعاملي (السيد محمد حسن ترحيني ألعاملي)، الزبدة الفقهية في شرح الروضة البهية، ج4، دار الهادي، بيروت، ط1، 1995.
60- ألعاملي (الشيخ أبي عبد الله شمس الدين محمد بن الشيخ جمال الدين مكى بن الشيخ شمس الدين محمد بن حامد بن احمد المطلبى العاملى الشباطى الجزينى المشتهر بالشهيد الأول)، اللمعة الدمشقية، سلسلة الينابيع الفقهية، ج14، المتاجر، ط1، بيروت، 1990.
61- الكاساني (علاء الدين أبي بكر بن مسعود الكاساني الحنفي)، بدائع الصنائع في ترتيب الشرائع، ج5، دار إحياء التراث العربي، بيروت، ط2، 1402هـ
62- الكمال بن الهمام، فتح القدير، ج5، مصر، 1356هـ

63- المقدسي (شيخ الإسلام المحقق أبى النجا شرف الدين الحجاوي المقدسي)، الإقناع في فقه الإمام احمد بن حنبل، ج2، تصحيح وتحقيق عبد اللطيف محمد موسى السبكى، المطبعة المصرية.
64- المزني (الإمام إبراهيم بن إسماعيل)، مختصر المزني (مختصر إلام للشافعي)، مطبوع بهامش إلام للشافعي، المطبعة الأميرية ببولاق، ج2، 1321هـ.
65- المرداوي (العلامة الإمام علاء الدين أبي الحسن علي ابن سليمان)، الإنصاف في معرفة الراجح من الخلاف على مذهب الإمام المبجل احمد بن حنبل، ج4، تحقيق محمد حامد ألفقي، دار السنة المحمدية، ط1، مصر، 1376هـ.
66- د. المحمصاني، صبحي، النظرية العامة للموجبات والعقود في الشريعة الإسلامية، ج2، بيروت، 1948.
67- الشيخ المفيد (فخر الشريعة أبي عبد الله محمد بن محمد بن نعمان العكبري البغدادي)، المقنعة، مؤسسة النشر الإسلامي، ط4، قم، 1417هـ.
68- المرغيناني (أبي الحسن علي بن أبي بكر عبد الجليل)، الهداية شرح بداية المبتدى، طبعة ألبابي الحلبي، ج3، مصر، 1355هـ.
69- النووي (أبي زكريا محيي الدين يحيى بن شرف النووي)، المجموع شرح المهذب، دار الفكر، ج9، بيروت، بلا سنة طبع.
70- النيسابوري (الحسن بن محمد حسين ألقمي)، تفسير غرائب القران و رغائب الفرقان، مطبوع على هامش جامع البيان في تفسير القران لأبي جعفر محمد بن جرير الطبري، ج3، مصر، 1324هـ.
71- الهذلي (الشيخ أبي زكريا يحيى بن احمد بن يحيى بن الحسن بن سعيد)، الجامع للشرائع، سلسلة الينابيع الفقهية، ج14، بيروت، ط1، 1990.
72- د. عبد الكريم زيدان، المدخل لدراسة الشريعة الإسلامية، ط2، المطبعة العربية، بغداد، 1966.
73- علي حيدر، درر الحكام شرح مجلة الإحكام، تعريب المحامي فهمي الحسيني، المطبعة العباسية، حيفا، 1925.
74- عميرة والقليوبي، حاشية على شرح المنهاج، ج2، القاهرة، 1353هـ.

75- د. فضل الرحمن دين محمد، مسائل الإمام احمد، برواية ابنه صالح، ج3، الـدار العلميـة، ط1، دلهـي- الهند، 1408هـ.

76- مالك (مالك بن انس)، المدونة، ج3، ط1، مصر، 1324هـ.

77- محمد قدري باشا، مرشد الحيران إلى معرفة أحوال الإنسان، ط1، مصر، 1338هـ.

78- د. محمد يوسف موسى، فقه الكتاب والسنة، البيوع والمعاملات المالية المعاصرة، دار الفكر العربي، ط2، مصر، 1954.

79- الإمام محمد أبو زهرة، الملكية ونظرية العقد في الشريعة الإسلامية، دار الفكر العربي، القاهرة، بلا سـنة طبع.

80- الإمام محمد أبو زهرة، الإمام زيد حياته وعصره، آراؤه الفقهية، دار الفكر العربي، بلا سنة طبع.

81- د. محمد زكي عبد البر، إحكام المعاملات في الفقه الحنفي، العقود، العقود الناقلة للملكية، دار الثقافة، ط1، قطر، 1986.

82- محمد جواد مغنية، فقه الإمام جعفر الصادق عليه السلام ، ج3- 4، مؤسسة أنصاريان للطباعـة والنشر، ط6، قم، 2005.

83- د. محمد مصطفى شلبي، المدخل في الفقه الإسلامي، مطبعة الدار الجامعية، 1985.

84- محمد بحر العلوم، عيوب الإرادة في الشريعة الإسلامية، شركة مكتبة الأمين، ط2، 2001.

85- مسلم (أبي الحسين مسلم بن الحجاج بن مسلم القشيري)، صحيح مسلم، مطبوع عـلى شرح النووي، ج11، المطبعة المصرية، 1349هـ.

ثالثاً: البحوث:

1- د. احمد شرف الدين، الإيجاب والقبول في التعاقد الإلكتروني وتسوية منازعاته، بحث منشور على الموقع Arab Law.

2- د. صبري حمد خاطر، تطويع العقد في ظل تقلبات الأسعار، بحث منشور في مجلة جامعة صدام، مج2، ع3، تشرين الثاني، 1998.

3- د. عبد المجيد الحكيم، هل يمكن إن يوجد التزام بنقل الملكية وهل يمكن إن يكون للالتزام اثر، بحث منشور في مجلة القضاء، ع2، س21، 1966.

4- د. عباس الصراف، العربون وإحكامه في القانون المدني العراقي، بحث منشور في مجلة القضاء، العددان الأول والثاني، 1958.

5- الأستاذ محمد طه البشير، الدين وإحكامه في الفقه الإسلامي والقانون الوضعي، دراسة مقارنة، بحث منشور في مجلة العلوم القانونية والسياسية، عدد خاص، مايس، 1984.

6- السيد محسن الخرازي، الأوراق النقدية، بحث منشور في مجلة فقه أهل البيت، ع26، س7، 2002.

رابعاً: كتب في علم الاقتصاد:

1- روجيه دوهيم، مدخل إلى الاقتصاد، ترجمة د. سموحي فوق العادة، منشورات عويدات، بيروت- باريس، ط2، 1982.

2- الأستاذ عبد الرحمن بسيري احمد، مقدمة في الاقتصاد الدولي، دار النهضة العربية، بيروت، 1974.

خامساً: معاجم اللغة العربية:

1- ابن منظور (الإمام العلامة أبي الفضل جمال الدين محمد بن مكرم ابن منظور الإفريقي المصري)، لسان العرب، مج2، دار صادر، ط3، بيروت، 2004.

2- الفيروزابادي (العلامة مجد الدين محمد بن يعقوب)، القاموس المحيط، تحقيق مكتب التراث مؤسسة الرسالة، (باب الميم، فصل الميم)، مؤسسة الرسالة، ط1، بيروت، 1406هـ

3- الفيومي (الإمام أبي العباس احمد بن محمد)، المصباح المنير في غريب الشرح الكبير، مكتبة لبنان، 1987.

4- النووي (الإمام أبي زكريا)، تهذيب الأسماء واللغات، مصورة عـن الطبعـة المنـيرة، ج3، دار الكتـب العلميـة، بيروت.

سادساً: المجموعات القضائية والمجلات القانونية والشرعية:

1- قضاء محكمة التمييز، المكتب الفني في محكمة التمييز.

2- قضاء محكمة تمييز العراق، المكتب الفني في محكمة التمييز.

3- النشرة القضائية، المكتب الفني في محكمة التمييز.

4- مجموعة الإحكام العدلية، قسم الإعلام القانوني في وزارة العدل في العراق.

5- المختار من قضاء محكمة التمييز، إعداد إبراهيم المشاهدي.

6- المبادئ القانونية في قضاء محكمة التمييز، إعداد إبراهيم المشاهدي.

7- مجلة القضاء، تصدرها نقابة المحامين في العراق.

8- مجلة العلوم القانونية، مج1، ع1، 1969، تصدرها كلية الحقوق بجامعة بغداد.

9- مجلة كلية صدام للحقوق، تصدرها كلية صدام للحقوق (سابقا)، كلية النهرين للحقوق (حاليا).

10- مجلة فقه أهل البيت، ع26، س7، 2002، تصدرها مؤسسة دائرة معارف الفقـه الإسلامي طبقـا لمـذهب أهل البيت عليهم السلام.

11- مجلة مجمع الفقه الإسلامي، العدد6، الجزء1، تصدر عن مجمع الفقـه الإسلامي التابع لمنظمـة المـؤتمر الإسلامي، جدة.

2- باللغة الأجنبية:

أولاً: باللغة الفرنسية:

1- Ph. Malaurie, L. Aynes, Droit civil, Les contrats spéciaux ed, 1995/1995.

2- Planiol et Ripert, Traite pratique de droit civil français par Hamel et Givord et tunc 2e ed, t.x, Paris, 1959.

3- Planiol Marcel Ripert Georges et Boulanger Jean, Traite de droit civil, tome II,Paris, 1959.

4- Ripert et Boulanger, traite de droit civil, tome 3, Paris, 1958.

ثانياً: باللغة الانكليزية:

1- David Tiplady, "Introduction to the law of international trade", BSP Professional books, 1989.

2- Ewan Maclutyre, Business Law, second edition, Longman, England, 2005.

3- G. H. Treitel, The Law of Contract, Seventh Edition, London, 1987.

4- Henry R. Cheesenan, Business Law, Fifth Edition, PEARSON Prentice Hall, United States, 2004.

5- R.M. Good, Commercial Law, England, 1985.

6- Smith & Keenan 's, English Law, 14th Edition, Longman, England, 2004.

المؤلف في سطور

- حصل على البكالوريوس من كلية الحقوق في جامعة النهرين عام 2001.
- حصل على الماجستير في القانون من كلية الحقوق في جامعة النهرين بتقدير جيد جدا عام2003.
- حصل على الدكتوراه في القانون من كلية الحقوق جامعة النهرين بتقدير جيد جدا عام 2006 وكان الأول على دفعته.
- عين تدريسي في كلية القانون – جامعة ذي قار عام 2003.
- درس مادة العقود المسماه والحقوق العينيه وقانون التنفيذ والمدخل لدراسة القانون.
- تولى رئاسة قسم القانون الخاص في كلية القانون – جامعة ذي قار منذ عام 2006 والى حد الان.
- شارك في العديد من المؤتمرات والندوات.

صدر للمؤلف:

- ضرر الموت وتعويضه في المسؤولية التقصيرية - بحث مشترك في منشور في مجلة جامعة ذي قار، العدد (1) ، المجلد (2) ، السنة 2007.
- تطويع التعويض في ظل التحولات الاقتصادية - دراسة في المسؤولية التقصيرية - بحث منشور في مجلة جامعة ذي قار ،العدد (2) ، المجلد (3) ، السنة 2007.
- مجلس العقد الالكتروني - بحث منشور في مجلة بيت الحكمة- قسم الدراسات القانونية – العدد 20، السنة 2007.
- ماهية عقد نقل التكنولوجيا وضمانات نقلها - بحث القي في المؤتمر العلمي الرابع المقام من قبل كلية القانون - جامعة كربلاء - منشور في مجلة جامعة كربلاء، السنة 2008.
- الملكية العلمية - بحث منشور في مجلة القانون المقارن, العدد 55, السنة، 2008.
- سمات الاتحاد في العراق الفدرالي، بحث القي في المؤتمر العلمي الأول المقام من قبل المجلس الأكاديمي الإسلامي، لسنة 2008.
- الحماية القانونية للمعلومات غير المفصح عنها، بحث منشور في مجلة الحقوق، جامعة النهرين، السنة 2009.
- مفهوم جريمة غسيل الأموال والعقوبات المقررة لها، بحث منشور في مجلة القانون المقارن، العدد 61، لسنة 2009.
- مدى ضمان العيب الخفي في عقود المعلوماتية، بحث مقبول للنشر في مجلة القانون والشريعة، كلية القانون، جامعة الأمارات العربية المتحدة.
- التنظيم ألاتفاقي للمفاوضات العقدية، دراسة في عقد التفاوض الالكتروني، بحث القي في المؤتمر العلمي الأول المقام من قبل كلية القانون- جامعة القادسية، ومقبول للنشر في مجلة العلوم القانونية والاقتصادية، كلية القانون، جامعة القادسية.
- دور ديوان الرقابة المالية في ضبط المعاملات والحفاظ على المال العام، بحث مقدم لغرض المشاركة به في المؤتمر العلمي الأول المقام من قبل الهيئة العامة للنزاهة، بغداد، 2008.
- وظيفة المسؤولية المدنية (بحث غير منشور) – (قيد الإنجاز).
- المركز القانوني للمرسل إليه – دراسة في عقد النقل (بحث غير منشور) – (قيد الإنجاز).
- القوة الملزمة للإيجاب (بحث غير منشور) – (منجز).